HISTOIRE PARLEMENTAIRE

DE LA

RÉVOLUTION FRANÇAISE,

OU

JOURNAL DES ASSEMBLÉES NATIONALES,

DEPUIS 1789 JUSQU'EN 1815.

PARIS. — Imprimerie d'ADOLPHE EVERAT et Ce,
Rue du Cadran, n. 16.

HISTOIRE PARLEMENTAIRE

DE LA

RÉVOLUTION

FRANÇAISE,

OU

JOURNAL DES ASSEMBLÉES NATIONALES,

DEPUIS 1789 JUSQU'EN 1815,

CONTENANT

La Narration des événemens; les Débats des Assemblées; les Discussions des principales Sociétés populaires, et particulièrement de la Société des Jacobins; les Procès-Verbaux de la Commune de Paris; les Séances du Tribunal révolutionnaire; le Compte-Rendu des principaux procès politiques; le Détail des budgets annuels; le Tableau du mouvement moral, extrait des journaux de chaque époque, etc.; précédée d'une Introduction sur l'histoire de France jusqu'à la convocation des États-Généraux;

PAR P.-J.-B. BUCHEZ ET P.-C. ROUX.

TOME VINGT-SIXIÈME.

PARIS.

PAULIN, LIBRAIRE,

RUE DE SEINE-SAINT-GERMAIN, N° 33.

M.DCCC.XXXVI.

PRÉFACE.

Le moment où les Girondins vont être renversés nous a paru convenable pour examiner, un peu en détail, leurs idées constitutionnelles. La préface du précédent volume est l'appréciation morale de ce parti considéré comme pouvoir révolutionnaire : ici, nous allons essayer de le caractériser par l'exposé critique des formules qu'il a émises comme pouvoir organisateur.

Le projet de constitution rédigé par Condorcet, Gensonné, Barrère, Thomas Payne, Pétion, Vergniaud, Syeyes et Barbaroux, fut présenté à la Convention, le 15 février 1793. Mis à la discussion, le 17 avril suivant, il occupa de loin en loin l'assemblée, jusqu'au 27 mai, époque où il fut abandonné pour ne plus être repris.

Ceux qui veulent connaître les bases philosophiques de la constitution girondine, doivent les chercher dans le rapport de Condorcet. Là, en effet, sont commentés et expliqués les principes généraux dont la déclaration des droits est le développement, et que la loi constitutionnelle traduit en règles pratiques. Ce travail nous servira de guide pour arriver à la détermination précise de ce que les Girondins entendaient par les mots droit, liberté, égalité, souveraineté du peuple, unité, indivisibilité, nation. Nous puiserons également dans les discours des orateurs qui en admirent les données, et dont les paroles ajoutèrent une vigueur et une clarté nouvelles à celles du rapporteur du comité de constitution.

L'individualisme absolu est la seule réalité qui soutienne les abstractions que nous nous proposons d'éclaircir. Tout part de l'individu et aboutit à l'individu, dans le système girondin. Les divers modes de l'existence personnelle de l'homme y sont indiqués comme les sources essentielles du droit, et les rapports sociaux qu'elles engendrent, comme l'instrumentalité à l'aide de laquelle le droit est exercé.

L'analyse exacte de cette conception se réduit à deux termes et au rapport qui les unit. Les deux termes sont les deux aspects qui comprennent toute la manifestation de nos facultés naturelles, le besoin et la satisfaction; le rapport qui les unit est un moyen placé entre le besoin de nos facultés, qui en est le principe, et leur satisfaction, qui en est le but. Or ce moyen tire sa force et son efficacité de la forme sociale : d'où il résulte que la société humaine peut être définie l'instrument des appétits individuels.

Et voilà justement ce qui sert à distinguer les théories fédéralistes de celles qui ne le sont pas. Les premières s'accordent toutes en ce point, savoir, que la société est un mécanisme; les autres s'accordent aussi en ce point, savoir, que la société est à la fois un principe, un mécanisme et un but. Le lien fédéral est, en effet, une convention par laquelle des individus s'obligent librement et volontairement à user de la forme sociale pour leur meilleure conservation réciproque. Un tel lien ne les attache qu'à eux-mêmes; car il a pour premier anneau leur besoin, et pour dernier leur satisfaction; car les chaînons communs sont des termes de passage, où les individus qui vont de leur besoin à leur satisfaction ne doivent, ni ne peuvent jamais s'arrêter. Le lien social, au contraire, n'est pas une convention, mais une obligation. Fondé sur un devoir commun, il a pour premier anneau, l'enseignement; pour chaînons intermédiaires, les moyens; pour dernier anneau, l'accomplissement de ce devoir. Le lien social, proprement dit, unit donc les hommes dans un principe, dans un moyen et dans un but placés en dehors d'eux-mêmes; toute société digne de ce nom n'est donc pas seulement un mécanisme commun à des individus; elle est de plus un principe et un but dont la communauté constitue l'essence de l'unité sociale. Nous en avons assez dit là-dessus dans nos précédentes préfaces; nous avons assez souvent et assez explicitement développé notre théorie du devoir, de l'unité humaine, du pouvoir, de la nationalité, etc., pour qu'il ne soit pas nécessaire de reprendre ici chacun de ces termes généraux. En conséquence, prenant appui sur les exposés dogmatiques que nous avons faits ailleurs, nous nous bornerons à critiquer la doctrine des Girondins, et à démontrer qu'elle est conforme à nos assertions.

Dans le langage des Girondins, l'unité et l'indivisibilité de la République française signifiaient l'unité de gouvernement ; l'unité nationale était pour eux l'unité de territoire. Discutant la forme de la monarchie héréditaire, Condorcet dit dans son rapport :

« L'unité, l'activité, la force du gouvernement ne sont pas des attri-
» buts exclusivement attachés à ces institutions dangereuses : c'est dans
» la volonté ferme du peuple d'obéir à la loi que doit résider la force
» d'une autorité légitime : l'unité, l'activité, peuvent être le fruit d'une
» organisation des pouvoirs simple et sagement combinée........ Depuis
» une entière unité, comme elle existe en Angleterre, où cette unité
» n'est interrompue que par les divisions de territoire nécessaires à
» l'exercice régulier des pouvoirs, jusqu'à la confédération helvétique,
» où des républiques indépendantes ne sont unies que par des traités
» uniquement destinés à leur assurer l'avantage d'une défense mutuelle,
» on peut imaginer une foule de constitutions diverses, qui, placées
» entre ces deux extrêmes, se rapprocheraient davantage ou de l'unité
» absolue, ou d'une simple fédération. »

Le passage que nous venons de transcrire montre, jusqu'à l'évidence, que l'unité, selon les Girondins, n'était autre chose que l'unité de gouvernement. Condorcet la définit, *une organisation des pouvoirs simple et sagement combinée*. Si les idées ne menaient pas l'esprit indépendamment des mots dont il se sert pour les exprimer, nous ne comprendrions pas comment Condorcet a pu échapper à la logique de ceux qu'il emploie. En déclarant, en effet, qu'il y a plusieurs degrés d'unité, et en arrivant à la moindre de toutes, qu'il appelle une simple fédération, il nomme et définit ce degré par son but, qui est le moyen d'une défense mutuelle. Or si la défense mutuelle, spéculée par les traités des républiques helvétiques, institue entre elles un lien fédéral, c'est apparemment parce qu'une société pour la défense mutuelle est une simple fédération. Le plus ou le moins ne changent rien à l'essence d'une telle société. Ainsi, qu'elle s'arrête à la défense mutuelle envers les nations étrangères, comme dans les républiques helvétiques, ou qu'elle comprenne la défense des gouvernés contre les gouvernans, et la défense des individus les uns à l'égard des autres, elle n'en est pas moins une simple fédération. Dans le premier cas, la défense mutuelle institue un fédéralisme inter-national; dans le second, un fédéralisme politique et civil. Dire que l'unité avait des degrés, c'était déjà rendre le sophisme aussi clair que peut l'être une contradiction dans les termes; car l'unité ne croît, ni ne décroît. Le fédéralisme seul est à un degré ou à un autre, en raison des aspects de la défense mutuelle auxquels il répond; il est complet lorsqu'il s'étend à tous. Au lieu donc d'être particulièrement au point de vue de la forme gouvernementale, si Condorcet se fût placé au point de vue du but, il aurait aperçu que le but qui fédéralisait entre elles les républiques helvétiques, était le même pour lequel il voulait organiser le fédéralisme politique et civil de la France. La défense mutuelle, en effet, est une unité purement négative, et ce qu'il y a de réel dans un tel pacte, c'est la pluralité même des individus qui y concourent. En raisonnant ainsi, Condorcet eût écarté le mot unité qui niait ses idées sociales, et il eût annoncé à la Convention le fédéralisme absolu. Un exposé de motifs, conçu et formulé de la sorte, était la voie logique qui lui était imposée pour aboutir à une déclaration des droits où la loi est appelée la *garantie sociale* des droits naturels, c'est-à-dire le moyen de la défense mutuelle.

La doctrine du comité de constitution trouva dans Isnard un interprète plus fidèle; et cependant à des axiomes nettement fédéralistes il associa à son tour les mots d'unité et d'indivisibilité. Cet orateur, considérant le principe, posa la liberté et *son attribut essentiel*, la propriété, comme droits naturels; et déclara que ces droits étaient « les bases éternelles de toute association. » Passant au but, il dit que « le but essentiel de l'association était de faire une mise commune de moyens et de forces, pour se garantir mutuellement par des lois convenues et appuyées par une force publique suffisante pour assurer leur exécution, l'entière et paisible jouissance des droits naturels de l'homme. » Certes, il est difficile d'énoncer plus littéralement que les individus sont le principe et le but, et que la société est le moyen. Il faut donc restreindre à l'uniformité de mécanisme le sens de cette première phrase de son projet de pacte social : « Je déclare, au nom de mes commettans directs que je consens à m'associer à tous les Français, ou autres ici représentés, pour former avec eux une seule et même association, une république une et indivisible. »

Nous ne croyons pas devoir insister davantage. Il nous paraît suffisamment démontré que les Girondins entendaient par unité et indivisibilité, l'unité et l'indivisibilité du gouvernement. Il n'est pas moins certain que le mot nation désignait pour eux l'unité de territoire.

Écoutons Condorcet. Immédiatement après le passage plus haut cité, il ajoute : « La disposition du territoire français, dont les parties rap» prochées entre elles ne sont séparées par aucun obstacle naturel ; les » rapports multipliés établis dès long-temps entre les habitants de ces » diverses parties ; les obligations communes qu'ils ont contractées ; » la longue habitude d'être régis par un pouvoir unique ; cette distri» bution des propriétés, dans chaque province, entre des hommes qui » les habitent toutes ; cette réunion dans chacune d'hommes nés dans » toutes les autres, tout semble destiner la France à l'unité la plus » entière...... Aussi l'on a dû prononcer que la France formerait une » république une et indivisible. » Plus loin, Condorcet résume sa pensée en ces termes : « Dans les temps anciens, les nations étaient un » composé de familles auxquelles on supposait une origine commune, » ou qui du moins remontaient à une réunion première ; les droits po» litiques étaient héréditaires, et c'était par une adoption légale qu'elles » s'affiliaient de nouvelles familles : maintenant, c'est par le territoire » que les nations se distinguent, et ce sont les habitants de ce territoire » qui sont essentiellement les membres de chaque association. »

Ainsi, c'est le territoire qui distingue les nations, et c'est l'unité de territoire qui détermine l'unité nationale ; car elle est la condition première de l'unité de gouvernement. Expliquons ceci par des exemples. La Suisse est le territoire qui distingue la nation suisse ; mais, parce que les parties de ce territoire ne sont pas rapprochées entre elles, parce qu'elles sont séparées par des obstacles naturels, il en résulte qu'il n'y a pas d'unité nationale en Suisse, mais un fédéralisme national, qui unit entre elles les républiques helvétiques, et qui est la juste proportion sociale accommodée aux divisions naturelles du territoire commun. La géographie physique du territoire français, au contraire, en fait un instrument merveilleusement propre à l'unité du gouvernement. Cette opinion nous rappelle malgré nous une opinion contemporaine que nous sommes habitués à combattre. Les éclectiques sont à cet égard les élèves des Girondins, et en particulier de Condorcet. Eux aussi prouvent l'unité nationale par des considérations géographiques. Mais comme la question a marché, comme nous avons enseigné que l'unité française était fondée sur un devoir proposé à tous les hommes, et qu'en ce sens notre nation ne différait pas de l'humanité, la postérité des Girondins a reconnu cette universalité nationale de la France, et elle l'a encore expliquée par la nature de son territoire. L'absurdité poussée à cette limite eût révolté Condorcet lui-même. Son principe y tendait cependant, et c'était à M. Cousin qu'était réservée la gloire d'en faire sortir cette dernière conséquence. Ce prosélytisme traditionnel de l'esprit français, et qui dérive, selon nous, d'une croyance à la fraternité universelle, et d'une pratique constante de ce devoir depuis quinze siècles. M. Cousin l'appelle esprit de cosmopolitisme, et il l'explique par la réunion de tous les climats dans le territoire que nous habitons. Cette étrange théorie se trouve à l'avant-dernière page du rapport de M. Cousin à M. Guizot sur l'état de l'instruction en Prusse (1).

La courte exégèse faite par Condorcet, à propos des nations antiques, dans le passage que nous discutons, nous montre pourquoi il a si mal compris ce qui distinguait les nations modernes. Sans doute les nations antiques étaient composées de familles qui avaient ou croyaient avoir, ce qui revient au même, une origine commune; sans doute les droits politiques étaient héréditaires dans ces nations; mais est-ce bien là désigner tous les élémens de leur unité nationale? La condition indispensable de la fin commune, n'y est pas mentionnée. Les nations qui précédèrent le christianisme avaient toutes pour origine la parole qui avait dit : Croissez et multipliez. La croyance au devoir de fonder, d'accroître et de conserver une race fut leur principe ; l'accomplissement de ce devoir fut leur but commun; la forme héréditaire des droits politiques fut le moyen prescrit par un tel principe et pour un tel but. Voilà ce qu'étaient les nations antiques. Les nations modernes, ainsi que nous l'avons si souvent démontré dans nos préfaces, ont l'Évangile pour origine, la fraternité universelle pour but, et pour moyen une organisation sociale fondée sur le dévouement. Ce qui distingue les nations modernes, ce n'est ni l'origine, qui est la même loi proposée, ni le but, qui doit être la même loi accomplie : c'est la pratique de chaque peuple moderne sur le terrain de l'Évangile. Aujourd'hui les nations se distinguent dans l'humanité, comme les individus dans les nations, par leur conduite respective à l'égard de la parole qui a voulu l'unité humaine.

(1) Ce rapport de M. Cousin est examiné fort au long dans le huitième numéro du nouvel *Européen*.

Mais reprenons. Le même territoire et le même gouvernement étaient, on vient de le voir, ce que les publicistes girondins entendaient par les mots d'unité et d'indivisibilité. En cela ils donnaient une valeur à des abstractions sophistiques, dont la fausseté était facile à découvrir. C'était véritablement se moquer que de faire consister l'unité de territoire dans l'absence des obstacles naturels. Les obstacles politiques, ceux qui procèdent de la volonté des hommes, sont les seuls qui forment des divisions infranchissables, et le dogme de la propriété, tel que les Girondins le professaient, fractionnait le territoire de la république en autant de parties absolument séparées l'une de l'autre, qu'il y avait de possesseurs. Chaque fonds de terre était l'instrument particulier de quelqu'un, et l'ensemble de ces instrumens pouvait bien être relié dans un système fédéral conservateur de leur individualité respective, mais non pas dans un système unitaire, qui de tous ces instrumens eût fait un instrument unique. Il en était de même de la prétendue unité de gouvernement : d'après les définitions girondines, le gouvernement étant la garantie sociale des droits naturels, c'est-à-dire une arme mise entre les mains de chacun pour sa défense personnelle, il s'ensuivait que cet instrument particularisé par son but, était précisément le contraire de l'unité.

Au reste, toutes ces erreurs tiennent à ce que les Girondins regardaient la société comme un mécanisme ; là est le vice capital de leur philosophie. Les habitudes matérialistes du dix-huitième siècle avaient tellement concentré certains esprits sur l'animalité de l'homme, que, appelés à faire des lois, ils ne sortirent pas de l'étude des instincts. N'est-il pas étonnant, par exemple, que, même dans le cercle d'instrumentalité, où Condorcet avait borné les questions sociales, il ne se soit pas élevé jusqu'à l'instrument intellectuel. Certes, l'unité de langue lui aurait fourni un moyen de distinguer les nations, meilleur que celui qu'il tire du territoire ; et, parce que la langue est l'instrument social par excellence, la moindre attention sur cette méthode eût préparé la découverte de ce qui constituait l'essence de la société, et n'eût jamais permis de la définir l'instrument des appétits naturels. La langue, en effet, étant le moyen de notre faculté de connaître, et ce moyen, comme tous les moyens possibles, ne pouvant être défini que par la nature de l'agent qui s'en sert, et par le but auquel il est propre, pose nécessairement pour agent une activité libre, et pour but un choix. Dans l'ordre fatal, la connaissance est entièrement inutile, et par conséquent inexplicable ;

elle n'est le moyen de rien. Dans l'ordre du libre arbitre, au contraire, la connaissance est un moyen de rigueur; car, là où il y a deux routes que l'on peut suivre, l'une étant bonne, et l'autre mauvaise, il est indispensable de les connaître toutes les deux pour faire librement son choix. Une simple considération sur la langue eût donc soulevé la question du principe moral, et, dans cette ligne de raisonnement, le passage de l'unité de langue à l'unité de morale étant largement indiqué, le problème social apparaissait alors sous son véritable jour.

Il ne nous reste à éclaircir dans la terminologie girondine que le sens des mots liberté, égalité, souveraineté du peuple. Les longues explications dans lesquelles nous sommes entrés à l'égard des mots unité et indivisibilité, nous dispensent ici d'un commentaire étendu. D'ailleurs, les définitions données par eux-mêmes ne nous laissent rien à ajouter. La liberté était pour eux le droit d'exercer librement les facultés naturelles; l'égalité consistait en ce que ce droit fût le même pour tous; la souveraineté du peuple s'appuyait à la fois sur la liberté et sur l'égalité; elle était la somme des droits individuels confédérés entre eux dans un pacte d'égalité.

Telles sont les principales données d'où les Girondins avaient déduit l'organisation sociale nouvelle. Ainsi que nous le disions, en commençant cette préface, l'individualisme absolu était donc la seule réalité supposée par leurs abstractions. Aussi, avec l'apparence menteuse de l'ordre et de l'unité, leur système politique introduisait-il dans le genre humain la forme par laquelle eussent été infailliblement réalisées la séparation et l'anarchie universelles.

Voyons si leurs adversaires, qui employaient exactement les mêmes mots, y attachaient un sens différent, et, dans cette hypothèse, si la différence du sens était telle qu'elle pût leur démontrer la fausseté de la science politique que le dix-huitième siècle leur avait enseignée, et leur manifester la vraie doctrine sociale. C'est dans les objections qu'ils adressèrent aux Girondins, et dans leurs affirmations directes que nous allons chercher les faits de cette vérification.

Le 17 avril, dans la séance même où le plan constitutionnel des Girondins fut mis en discussion, un membre, député de Cayenne (le *Moniteur* ne le désigne pas autrement), fit la motion suivante : « Les droits naturels ont été donnés à l'homme par l'Être Suprême, source de toutes les vertus. Je demande donc que, préalablement à toute déclaration, la Convention, par le premier article, reconnaisse expressément l'existence de l'Être Suprême. » Louvet demanda l'ordre du jour motivé sur ce que l'existence de Dieu n'avait pas besoin d'être reconnue par la Convention nationale de France. Un nom plus méprisable que celui de Louvet ne pouvait s'associer à un pareil blasphème. Mais passons. La déclaration demandée par le député de Cayenne, et que Robespierre fit décréter plus tard solennellement, était le principe générateur d'un ordre politique entièrement opposé à celui des Girondins. Le dogme de l'existence de Dieu une fois établi, en effet, comme base sociale, la société cessait d'être un instrument compris entre les besoins individuels et la satisfaction de ces besoins; elle cessait d'être un pur mécanisme calculé pour l'exercice des droits naturels; elle renfermait toutes les conditions de l'unité et de l'indivisibilité; car au fond des abstractions de cet ordre ne se cacherait plus maintenant la pluralité individuelle, mais l'unité absolue elle-même. Ainsi, la croyance en Dieu, placée au-dessus de la loi, en fesait un point fixe et immuable, vers lequel devait tendre, et auquel devait s'arrêter toute activité humaine. Ce n'était plus là cette loi destinée à unir l'homme avec lui-même, et qui, partant d'un besoin, passait par le moyen social, et retournait à l'individu pour lui apporter une satisfaction; la loi définie du point de vue de Dieu, était un devoir commun instituant le rapport des hommes entre eux, et des hommes avec Dieu, c'est-à-dire le lien social seul véritablement un, seul véritablement indivisible. A la lumière de ce dogme, il était facile de discerner les partisans de l'unité, des partisans du fédéralisme, et par conséquent de bannir de la langue politique l'équivoque et la confusion. Les Jacobins avaient donc proclamé une vérité qui devait leur faire apercevoir toutes les autres.

Mais celle-là n'était pas la seule qui fût dans leurs convictions, et qui les séparât des Girondins. En outre de l'existence de Dieu et de l'immortalité de l'ame, croyance qu'ils professaient, non pas comme certitude de pratique individuelle, mais comme symbole de pratique sociale, ils soutenaient que l'abnégation personnelle était la condition des rapports sociaux, et que le dévouement absolu était le signe du pouvoir. Dans son discours sur la constitution, à la séance du 10 mai, Robespierre disait que les fonctions publiques étaient des devoirs d'autant plus pénibles qu'elles occupaient un rang plus élevé dans la hiérarchie, et que le magistrat digne de ce nom contractait, par son investiture, l'obligation volontaire de se sacrifier entièrement à la patrie. Le moyen par lequel les individus sont membres de la même unité, le lien de ce corps spirituel, que la doctrine de Jésus-Christ doit édifier dans le monde, était donc affirmé par les Jacobins, et, à l'aide de ce principe fondamental, non-seulement ils pouvaient organiser le présent, mais encore, pénétrant jusqu'au nœud des organisations antérieures, et prévoyant celles qui devaient suivre, ils auraient compris les transformations du pouvoir humain. La loi du progrès, avec la fécondité explicative de ses formules, avec les données immédiates de la forme gouvernementale absolue, était au bout de la voie philosophique que leur ouvrait le principe du dévouement.

Ce n'était pas tout encore. Au dogme de l'existence de Dieu, à celui du dévouement, ils ajoutaient le dogme de la fraternité universelle. Pour renverser de fond en comble la doctrine du droit naturel, il ne leur fallait que reconnaître que toute société humaine était essentiellement active, et que si son existence était à la condition d'une origine commune et d'un moyen commun, elle était aussi à la condition d'un but, ces trois conditions étant nécessaires et inséparables. Or la fraternité universelle présentait évidemment le caractère d'un but, et déjà certaines paroles sorties des rangs jacobins se faisaient jour vers cette appellation. A la séance du 24 avril, Saint-Just improvisa un discours sur la constitution, où il mit en présence, par leur côtés les plus contradictoires, le système des Girondins et celui que le sentiment national lui inspirait. A la liberté qui procédait du droit naturel, et qui n'était autre chose que la liberté des appétits, il opposa, comme seule admissible, la liberté de l'innocence et de la vertu; à la défense mutuelle, à cet intérêt passif des hommes, comme il s'exprimait lui-même, que la constitution girondine déclarait être le seul objet de la garantie sociale, il opposa l'intérêt actif du plus grand nombre, et dit expressément que c'était là l'objet que la société avait pour but de consacrer. Que manquait-il, nous le demandons, à de telles formules pour engendrer le mot de but d'activité commune, cette théorie si simple et si profondément vraie de l'unité sociale, théorie qui commence à se populariser parmi nous, et qui porte, nous n'en doutons pas, toute la fortune de notre avenir national.

Un travail de quelques années, au sein de la paix publique, eût suffi à l'élaboration des principes émis par nos pères; et ils nous eussent devancés certainement dans les découvertes dont ils nous léguèrent tous les commencemens, s'ils n'avaient été avant tout des soldats sur la brèche, si le combat révolutionnaire ne les eût incessamment détournés des méditations constitutionnelles. La science sociale, si avancée de notre temps, ne renferme pas un mot qui ne fût en germe dans leur sentiment. A la France qui demandait à se dévouer, et qui prouva qu'elle le voulait, ils répondirent par un appel à d'immenses sacrifices, tandis que leurs adversaires, et nous bornerons là ce parallèle, disaient par la bouche de Condorcet « qu'on ne pouvait sacrifier la génération présente au bien-être incertain des générations futures. » Ce mot résume les Girondins.

HISTOIRE PARLEMENTAIRE

DE LA

RÉVOLUTION

FRANÇAISE.

AVRIL 1793 (suite).

CONVENTION. — SÉANCE PERMANENTE DU 3.

Du 15, à dix heures du matin.

[Delmas occupe le fauteuil.

Poultier. Je demande que les commissaires qui sont dans les départemens où le recrutement est fini, et où il n'y a plus de troubles, soient rappelés.

La proposition est décrétée.

Charlier. Il est une motion conforme à votre mandat, conforme à la dignité de la Convention, celle qui tend à ce que vous preniez l'engagement de ne pas vous séparer avant d'avoir donné une constitution à la France. (On applaudit.)

Plusieurs membres réclament l'ordre du jour, motivé sur ce que c'est le devoir de la Convention.

L'ordre du jour ainsi motivé est décrété.

Buzot. Je combats cette motion, et je demande que les bases du gouvernement à donner aux Français soient discutées avant tout, afin que le peuple soit plus fort pour repousser les ennemis de l'extérieur.

Robespierre. Eh! qu'importe la perte de quelques instans? Faisons des lois contre les tyrans, c'est le moyen le plus sûr de les vaincre. Posons donc les bases de la déclaration des droits. Je demande le maintien du décret qui met à l'ordre du jour la discussion sur la déclaration des droits.

Le président. J'annonce que les commissaires des quarante-huit sections de Paris demandent à présenter une pétition.

Boyer-Fonfrède. On la connaît déjà cette pétition; elle a pour but le renvoi de plusieurs membres de cette assemblée. Je demande qu'ils soient admis à l'instant, afin de montrer aux départemens qu'ils ont le droit d'imiter Paris, et de rappeler ceux de leurs mandataires qui ont perdu leur confiance; or, vous sentez que ce système est celui du fédéralisme, et tend à dissoudre la Convention.

Un membre propose que les pétitionnaires soient admis ce soir. Le résultat de cette motion a été un décret qui supprime les séances du soir.

Il est décrété que les pétitionnaires seront entendus dans la séance, et qu'ils signeront individuellement leur pétition.

Les commissaires de la majorité des sections de Paris, le maire à leur tête, sont introduits. (Des applaudissemens s'élèvent dans les tribunes.)

Le président leur fait lecture du décret de l'assemblée.

Le maire de Paris. Les quarante-huit sections ont nommé des commissaires pour rédiger une pétition; cette pétition rédigée a été reportée aux sections et dans les communes du département: trente-cinq sections et une seule commune y ont adhéré; les procès-verbaux en font foi. Mais qu'il me soit permis d'observer que, lorsqu'il fut question de la déchéance du ci-devant roi, les sections nommèrent des commissaires pour rédiger une pétition.

Cette pétition, après avoir été rédigée, fut renvoyée aux sections, qui l'adoptèrent ; le maire la présenta à la tête des commissaires, et l'assemblée n'exigea alors que les pouvoirs de ces commissaires.

La pétition que les commissaires des sections présentent aujourd'hui a été envoyée au conseil-général de la Commune, qui y a adhéré, et a chargé le maire d'accompagner les commissaires. Un d'eux va en donner lecture.]

— L'adresse fut lue par Rousselin. Comme le texte donné par le *Moniteur* est tronqué en plusieurs endroits, nous donnons cette pièce telle que nous la trouvons dans la *Chronique de Paris* du 17 avril.

En général, les pièces du *Moniteur* ont besoin d'être revues avec le plus grand soin. Ce qui nous arrive aujourd'hui nous est arrivé aussi à l'occasion du discours de Robespierre prononcé le 10 avril. Nous l'avons collationné sur au même de l'auteur, tel qu'il l'a publié dans les *Lettres à ses Commettans*, et nous avons eu à corriger la version du *Moniteur* en des points très-nombreux et très-importans. Voici l'adresse des sections :

Adresse de la Commune de Paris à la Convention.

« Législateurs, les rois n'aiment pas la vérité, leur règne passera ; le peuple la veut partout et toujours : ses droits ne passeront point.

» Nous venons demander vengeance des outrages sanglans faits depuis si long-temps à ses droits sacrés.

» Les Parisiens ont commencé les premiers la révolution, en renversant la Bastille, parce qu'elle dominait de plus près sur leurs têtes ; c'est ainsi qu'ils viennent aujourd'hui attaquer la nouvelle tyrannie, parce qu'ils en sont les premiers témoins. Ils doivent jeter les premiers dans le sein de la France le cri de l'indignation.

» Ils ne viennent point faire acte exclusif de souveraineté, comme on les en accuse tous les jours ; ils viennent émettre un vœu auquel la majorité de leurs frères des départemens donnera force de loi : leur position seule leur donne l'initiative de la vengeance.

» Nous reconnaissons ici solennellement que la majorité de la Convention est pure, car elle a frappé le tyran. Ce n'est point la dissolution effrayante de la Convention, ce n'est point la suspension de la machine politique que nous demandons ; loin de nous cette idée vraiment anarchique, imaginée par les traîtres qui, pour se consoler du rappel qui les chassera de cette enceinte, voudraient au moins jouir de la confusion et du trouble de la France ; nous venons, armés de la portion d'opinion publique de la majorité des sections, provoquer le cri de vengeance que va répéter la France entière.

» Nous allons lui indiquer les attentats et les noms de ces perfides mandataires.

» Les crimes de ces hommes sont connus de tout le monde; mais nous allons les spécifier ; nous allons, en présence de la nation, fonder l'acte d'accusation, qui retentira dans tous les départemens.

» Ces hommes, dans les temps où ils feignaient de combattre la tyrannie, ne combattaient que pour eux ; ils nommaient, par l'organe de Capet, leur chef et leur complice, des ministres souples et dociles à leurs volontés mercantiles.

» Ils trafiquaient avec le tyran par Boze et Thierri ; ils voulaient lui vendre, à prix d'argent et de places lucratives, la liberté et les droits les plus chers du peuple.

» Brissot, quelques jours avant le 10 août, voulait prouver que la déchéance serait un sacrilége, et Vergniaud osait annoncer au corps législatif que, malgré le vœu connu du peuple, il ne proposerait jamais aucune mesure qui pût amener cette déchéance.

» Guadet protégeait les trahisons de Narbonne ; la mémorable journée du 10 a arraché de leurs mains les pouvoirs qu'ils s'étaient appropriés. Ils ont voulu perpétuer leur dictature ministérielle ; tous ceux qui ont obéi servilement et trahi la cause du peuple, ils les ont encensés ; ils ont voulu anéantir les hommes courageux qui ne savaient pas plier devant leurs basses intrigues et leur insolente avidité. Ils ont présenté à l'Europe comme une idole ce Roland, cet empoisonneur de l'opinion publique ; ils ont tout fait pour précipiter ceux dont le courage et la vertu gênaient leur ambition.

» On sait qu'ils ont voulu couvrir d'intentions du bien public leurs complots les plus sinistres ; mais, en dépit de leurs intrigues, les événemens ont réalisé l'opinion publique sur la vérité de leurs motifs ; ils se sont tous attachés à calomnier le peuple de Paris dans les départemens ; ils ont montré Paris comme usurpateur, pour qu'on oubliât leurs usurpations particulières ; i's ont voulu la guerre civile pour fédéraliser la République ; ils ont, à l'aide de Roland, présenté les Parisiens à l'Europe comme des hommes de sang.

» Après avoir, par ce moyen perfide, aliéné le parti libre et populaire de l'Angleterre, ils ont sollicité la guerre offensive ; ils ont, sous le faux amour des lois, prêché le meurtre et l'assassinat. Au moment même où Pelletier venait d'expirer, où Léonard Bourdon était percé de coups, Salles écrivait dans le département de la Meurthe d'arrêter ses collègues les députés commissaires, comme des désorganisateurs et des factieux. Gorsas, ce calomniateur éhonté, qui ne rougissait pas, il y a quatre jours, d'excuser publiquement Dumourier, au mépris d'un décret qui défend de prendre le parti de ce scélérat, sous peine de mort, ce Gorsas, trouvé clandestinement à la tour du Temple quinze jours avant la mort du tyran, était le thermomètre du traître Dumourier et de son perfide état-major, qui, ses feuilles à la main, faisaient circuler le poison dans l'armée, au lieu de laisser apercevoir aux soldats le véridique bulletin de la Convention.

» Que faisaient les Ramond, les Dumas ? ils encensèrent La Fayette. Qu'ont fait tous les hommes que nous avons désignés ? ils ont encensé Dumourier. Cette preuve n'est pas la seule de leur complicité avec ce soldat rebelle ; leur conduite, leur correspondance, dépose contre eux sans réplique.

» Quand Dumourier est venu faire à Paris son voyage mystérieux, quels sont les hommes qu'il a fréquentés? quels sont les hommes qui, pour arracher le tyran au supplice, ont fait perdre à la Convention trois mois d'un temps précieux et nécessaire à la confection des lois qui manquent à la révolution et la laissent en arrière? quels sont les hommes qui, sous le prétexte perfide de punir les provocateurs au meurtre, voulaient anéantir la liberté de la presse? quels sont les hommes à qui leur conscience coupable faisait appréhender le tribunal révolutionnaire, en même temps que Dumourier répétait leurs blasphèmes?

» Quand Brissot et ses adhérens, sous le vain nom de l'amour des lois, criaient à l'anarchie, Dumourier répétait le même cri; quand ils voulaient déshonorer Paris, Dumourier en faisait autant; quand leurs efforts impuissans voulaient fermer les sociétés populaires, ces foyers de l'esprit public, Dumourier chassait des clubs les hommes libres, comprimait de tous ses moyens l'essor de l'opinion et de la vérité; quand, d'après les indications perfides et si souvent répétées du ministre Roland, ils demandaient une force départementale et prétorienne pour les garder, Dumourier voulait aussi venir sur Paris protéger ce qu'ils appelaient et appellent encore entre eux la *partie saine de la Convention*, et que nous nommons ses plus grands ennemis.

» Leurs vœux et les actions de ce traître se sont toujours rencontrés. Cette identité frappante n'est-elle point complicité? Ah! ne viens pas dire, Pétion, que le peuple change! Ce sont les fonctionnaires qui changent; le peuple est toujours le même; son opinion a toujours suivi la conduite de ses mandataires; il a poursuivi les traîtres sur le trône, pourquoi les laisserait-il impunis dans la Convention? Le temple de la liberté serait-il donc comme *ces asiles d'Italie*, où les scélérats trouvaient l'impunité en y mettant le pied? Non, sans doute, les droits du peuple sont imprescriptibles; les outrages que vous leur avez portés n'ont servi qu'à les graver plus profondément dans son cœur. La République aurait-elle donc pu renoncer au droit de purifier sa representation? Non, sans doute, la révocabilité est son essence, elle est la sauvegarde du peuple ; il n'a point anéanti la tyrannie héréditaire pour laisser aux traîtres le pouvoir de perpétuer impunément les trahisons ; déjà le décret de cette révocabilité, droit éternel de tout commettant, se prononce dans tous les départemens de la République; déjà l'opinion unanime s'élance pour vous déclarer la volonté d'un peuple outragé, entendez-la.

» Nous demandons que cette adresse, qui est l'exposition formelle des sentimens unanimes, réfléchis et constans de la majorité des sections de Paris, soit communiquée à tous les départemens par des courriers extraordinaires, et qu'il y soit annexé la liste ci-jointe de la plupart des mandataires coupables du crime de félonie envers le peuple souverain, afin qu'aussitôt que la majorité des départemens aura manifesté son adhésion, ils se retirent de cette enceinte.

» Brissot, Guadet, Vergniaud, Gensonné, Grangeneuve, Buzot, Barbaroux, Salles, Biroteau, Pontécoulant, Pétion, Lanjuinais, Valazé, Hardy, Lehardy, Louvet, Gorsas, Fauchet, Lanthenas, Lasource, Valady, Chambon.

» L'assemblée, après avoir mûrement discuté la conduite publique des députés de la Convention, a arrêté que ceux énoncés en la liste ci-dessus avaient, selon son opinion la plus réfléchie, ouvertement violé la loi de leurs commettans.

Signé, PHULPIN, *président des commissaires de la majorité des sections*; BONCOURT, *secrétaire*.

»Collationné conforme à l'original, déposé au secrétariat de la commune de Paris, ce 15 avril 1793, l'an 2e de la république française. *Signé*, COULOMBEAU, *secrétaire-greffier*. »

Lorsque Rousselin eut terminé la lecture de l'adresse, le président de la Convention prit la parole.

[*Le président*. Conformément au décret rendu par la Convention nationale, après avoir donné lecture de votre pétition, vous devez tous la signer.

Un huissier recueille les signatures des pétitionnaires.

Le président. Citoyens, un décret solennel invite tous les Français à dénoncer et à surveiller lorsque l'intérêt public le commande. Vous avez cru devoir faire cette démarche pour l'intérêt de la République. La Convention examinera votre pétition. Elle vous invite aux honneurs de la séance.—Ils entrent dans l'assemblée au milieu des applaudissemens des tribunes.

Penières. J'observe à l'assemblée que le maire n'a pas signé la pétition.

Le maire. Je ne suis point pétitionnaire. Le conseil-général de la Commune m'a seulement chargé de les accompagner. Au reste, pour éviter aucun doute à cet égard, je vais la signer. (Vifs applaudissemens des tribunes.)

Le président. Citoyen maire, l'assemblée désire connaître l'état des subsistances de la ville de Paris.

Le maire. L'état des subsistances de Paris est le même qu'il y a quinze jours. Il y existe autant de farines; l'arrivage est le même, et les boulangers cuisent autant; cependant différentes alarmes répandues portent beaucoup de citoyens à accumuler chez eux plus de pain qu'ils n'en consomment. Il est encore une autre cause de l'apparente rareté du pain, c'est l'écoulement qui s'en fait de Paris pour les campagnes voisines. J'ai requis le commandant-général de surveiller et d'empêcher cette exportation, de visiter les coches d'eau qui la favorisent, et d'arrêter les voitures et charrettes qui l'opèrent. Une circonstance imprévue a dû augmenter l'inquiétude; c'est la lettre des administrateurs du département de la Côte-d'Or. Elle a répandu la terreur; on a cru Paris affamé; mais je puis répéter à la Convention nationale que l'état des subsistances de la ville de Paris n'a rien d'alarmant.

Boyer-Fonfrède. J'ai des demandes et des observations à faire sur la pétition qui vient de vous être présentée, et sur le compte satisfaisant qui vient de vous être rendu par le maire de Paris sur l'état des subsistances. Quant à ce dernier, j'en demande la prompte impression et l'affiche sur-le-champ. Il faut calmer les inquiétudes qu'une disette, que je savais bien être factice et le fruit de quelque intrigue des ennemis de la République, aurait pu causer aux citoyens de cette immense cité. Veuillez donc, président, mettre cette proposition aux voix.

Cette proposition est décrétée à l'unanimité.

Boyer-Fonfrède. Je reviens à la pétition. Citoyens, si la modestie n'était pas un devoir plutôt qu'une vertu dans un homme public, je m'offenserais de ce que mon nom n'a pas été inscrit sur la liste honorable qui vient de vous être présentée. (*Et nous aussi ; tous, tous !* s'écrièrent les trois quarts de l'assemblée en se levant.) Je vois, citoyens, que vous partagez mes sentimens et mes regrets, que vous êtes comme moi jaloux d'être signalés pour avoir bien servi la République. J'entends réclamer l'appel nominal ; je l'appuie : je rends justice a cette franchise, qui ne veut pas laisser ses opinions dans l'ombre d'un vote commun. J'annonce demander que mes propositions soient soumises à l'appel nominal. J'entre dans la discussion.

Je rends hommage au patriotisme, au zèle éclairé, à la surveillance active qui a dicté la pétition qu'on vous présente. Qu'il est heureux pour la République que ces pétitionnaires et le maire de Paris veuillent bien vous accorder la faveur de vous soumettre à un scrutin épuratoire ! Je n'élève aucun doute, citoyens : oui, c'est bien là le vœu libre, spontané du peuple ; il est impossible qu'aucune intrigue, pas même la prophétie de Camille Desmoulins, l'ait provoqué : tous les habitans de cette immense cité y ont concouru ; j'assurerais d'avance que vous en aurez bientôt la preuve ; ainsi donc je l'admets pour une vérité constante.

Maintenant je me rappelle que la volonté du peuple ne peut être exprimée que par ses représentans, ou par le peuple entier ; et moi, j'ai cru jusqu'à ce jour que le peuple français était composé de vingt-cinq millions d'hommes, et que la souveraineté n'existait qu'en eux tous ; j'ai cru que celui-là ou ceux-là, qui voudraient mettre leur volonté à la place de la sienne n'étaient que des tyrans, des usurpateurs. Je conviens que la souveraineté du peuple est quelquefois pour quelques hommes une chose embarrassante ; mais enfin je suis tellement jaloux de lui conserver ses droits, confiés à ma défense ainsi qu'à la vôtre, que jamais je n'aurai la pensée d'y porter atteinte : et je rends ici cette justice éclatante aux pétitionnaires, qu'ils sont ainsi que moi, remplis de respect pour ces principes ; car, après avoir usé du droit sacré de pétition pour demander le bannissement d'une partie des représentans du peuple, ils vous prient de soumettre leur demande à la volonté des départemens. Ils n'ont pas voulu déchirer les saints nœuds de la fraternité qui les unissent à tous les Français de la République. Les pétitionnaires savent bien que cette union fait leur prospérité ; qu'une scission, qu'ils se garderaient bien, ainsi que moi, de provoquer, consommerait leur ruine.

Cependant cette demande a besoin d'une explication. C'est aux départemens, disent-ils, que leur pétition doit être renvoyée : mais qu'entendent-ils par ces mots, *aux départemens?* Si les pétitionnaires étaient des intrigans ou des aristocrates, ils voudraient dire : aux corps électoraux, aux administrations, à des aggrégations particulières ; mais ils sont républicains, ils sont pleins de respect pour les droits du peuple : ce ne peut donc être que le jugement des assemblées primaires qu'ils ont invoqué ; ils savent que c'est là, et là seulement, que réside la souveraineté.

Massieu. Vous réclamez la Constitution de 89. (Violens murmures.)

Boyer-Fonfrède. Président, comme cette discussion est d'un grand intérêt pour le peuple français, je demande l'insertion au bulletin et au procès-verbal des paroles de Massieu et des miennes.....

Il est piquant néanmoins de remarquer que les pétitionnaires réclament l'expulsion de quelques membres, parce qu'ils ont demandé les assemblées primaires, tandis qu'eux-mêmes sollicitent de vous la même mesure. Je serai plus généreux, je ne réclamerai pas l'exclusion des pétitionnaires, car je convertis leur pétition en motion, et je demande que l'assemblée l'adopte. (Applaudissemens.)

Massieu. On m'assure que beaucoup de membres de l'assemblée donnent au mot que j'ai dit une interprétation qui n'est pas la véritable : je n'ai jamais prétendu que la souveraineté du peuple ne fût pas dans ses assemblées primaires ; j'ai seulement voulu faire entendre que l'opinant et quelques autres membres qui parlent dans le même sens invoquaient souvent la Constitution et des lois qui n'ont plus d'existence depuis le 10 août. — (*Plusieurs voix* : Fonfrède n'a point dit cela.) J'ai voulu faire observer à l'assemblée que depuis le 10, les assemblées primaires n'ont point été distinguées des assemblées de sections, et qu'il est arrivé plus d'une fois que l'assemblée a fait droit à une adresse, comme venant du peuple souverain, (Murmures.) comme venant, dis-je, sinon du souverain, mais d'une portion du souverain, toujours estimable à ses yeux. Voilà le sens que j'ai voulu donner à mes expressions.

Boyer-Fonfrède. Je réfuterai les erreurs qui viennent de vous être débitées, non pas pour vous, citoyens, trop instruits pour être séduits par elles, mais pour l'instruction de l'opinant. D'abord, je vous atteste tous, je n'ai pas parlé, je n'ai pas proféré le mot de constitution ; et ce n'est pas moi qui, pendant une demi-heure, vous ai fait, à la royauté près, l'éloge de cette constitution aristocratique de 89. Qu'avais-je besoin de le faire? la souveraineté du peuple n'est-elle pas préexistante à toute constitution? L'opinant a confondu le droit de pétition avec l'exercice de la souveraineté. Le premier est individuel, il est à chacun et à tous ; l'autre n'appartient qu'à la masse entière du peuple. Les individus, les sections du peuple, les sociétés populaires, font des pétitions, des demandes ; le peuple entier ordonne, commande, et je veux enfin que lui seul règne sur vous et sur moi. S'il est quelqu'un qui nie ces principes éternels, ces axiomes de l'art social, qu'il se lève et qu'il m'interrompe!.... Je continue. Ici, je dois faire une déclaration. Si j'avais eu le bonheur d'être sur la liste qui vous a été présentée, tout en applaudissant au zèle éclairé des pétitionnaires, quelle que fût votre détermination, je les conduirais, ainsi que moi, devant leur maître et le mien, devant le peuple français. Tant qu'une goutte de sang coulera dans mes veines, j'ai le cœur trop haut, j'ai l'âme trop fière pour reconnaître d'autre souverain que le peuple. J'estime assez ceux de mes collègues qui ont eu le bonheur d'être proscrits pour croire qu'ils ne balanceront pas à suivre cette marche. Vous ne pouvez les placer que dans deux hypothèses différentes ; ils ne peuvent avoir pour juges de leur rappel que le peuple entier, ou que les assemblées primaires de leurs départemens.

A cette déclaration, j'en ajoute une autre. Si j'étais dans mon département, et puisse ma voix y être entendue! je révérerais trop les représentans du peuple pour croire qu'ils accordassent à une section du peuple le droit exclusif d'émettre son vœu; et sûr, au moins, que mes braves compatriotes n'ont pas voulu commettre la lâcheté de le concéder à d'autres qu'à la Convention nationale, je les inviterais à se rassembler. Sans doute ceux qui ont tant applaudi au dévouement héroïque des pétitionnaires et des citoyens du département de Paris ne sauraient blâmer, par exemple, ceux du département de la Gironde de tenir la même conduite.

Maintenant, citoyens, si vous ne légalisez pas une mesure que les pétitionnaires patriotes que j'appuie vous ont ravi la faculté d'improuver, que va-t-il arriver? Ou les Français que les députés proscrits représentent sont des lâches, et loin de moi cette pensée; ou ce sont des hommes libres, et je ne leur fais pas l'injure d'en douter : dans ce cas, ils doivent se réunir et s'assembler pour exprimer aussi leur vœu; ils vous demanderont aussi des rappels : et, je vous l'annonce avec assurance, les députés qu'on proscrit ici sont révérés là-bas, et ceux que les pétitionnaires ont voulu couvrir d'opprobres seront bientôt couverts du témoignage de l'estime publique, douce récompense de ceux qui ont bien servi la patrie. Par ces différens rappels, par ces listes fatales, la confiance, ainsi que la Convention nationale, sera désorganisée. A l'union, si nécessaire pour repousser l'ennemi, succédera l'esprit de parti, qui va planer sur toute la République; et notre malheureuse patrie, attaquée de toutes parts, sera encore en proie aux discordes civiles. (Murmures.)

Citoyens, ce n'est pas moi, c'est le zèle des pétitionnaires patriotes, qui vous amène à ces tristes résultats. On dira que je demande la guerre civile; citoyens, lorsque je développe la pétition des citoyens de Paris, ce n'est pas à moi qu'il faut adresser ce reproche. On dira que ces idées, que je vous offre sans méditation et sans art, sont empreintes de fédéralisme; citoyens, ce n'est pas moi, ce sont les pétitionnaires de Paris qui vous les ont présentées les premiers; c'est encore à eux qu'il faut en adresser le reproche.

Comme je ne suppose pas qu'aucun représentant du peuple veuille se rendre coupable envers ses commettans du crime de haute trahison par une lâche concession de ses droits, je n'oserais mettre en doute que vous ne permettiez aux citoyens des départemens ce que vous avez permis aux pétitionnaires patriotes et au département de Paris; et je terminerai par un dilemme que j'offrirai au provocateur de cette patriotique pétition et à ceux qui l'ont si fastueusement annoncée. Ou les citoyens de Paris ont usé d'un droit légitime et sacré, et alors vous ne pouvez ravir aux citoyens des départemens l'exercice du même droit; ou ils ont voulu attenter à la représentation nationale, et usurper les droits du peuple, et dans ce dernier cas vous devez faire un exemple éclatant de justice et de sévérité. Pour moi, qui révère le droit sacré de pétition, qui ne sais pas sonder les cœurs pour empoisonner les intentions, j'applaudis à la demande des citoyens de Paris; je la convertis en motion, et j'en demande l'examen et le renvoi à son adresse, c'est-à-dire au peuple.

— Fonfrède descend de la tribune au milieu des applaudissemens d'une grande partie de l'assemblée. — On demande avec chaleur à aller aux voix.

Thirion. C'est à vous, représentans du peuple souverain, d'examiner si la pétition qui vous est présentée est bonne ou mauvaise : si elle est bonne, il faut y faire droit, mais si elle est mauvaise, comme je vais le prouver.... (Quelques murmures.) Je demande si sans aucune discussion l'assemblée peut adopter une mesure qui peut perdre la chose publique. La pétition qui vous est présentée n'est pas bonne, parce qu'elle est partielle.

S'il n'y avait pas dans cette assemblée deux partis, vous n'auriez pas vu tout ce côté (le côté droit) se lever tout entier pour adhérer à un objet qui ne concernait que quelques individus... (Plusieurs voix : *Tous, tous.*) Ce sont les mêmes qui ont voté de la même manière dans le jugement du tyran. (*Plusieurs voix de l'extrémité gauche* : Oui; oui.) Ce sont les mêmes individus qui ont voulu l'appel au peuple, et qui le veulent encore. (*Les mêmes voix* : Oui.) Ce sont encore ces mêmes individus, connus sous le nom d'hommes d'etat (les mêmes : *C'est vrai*), dont la manière de voter à été désapprouvée par la nation entière..... (Les mêmes voix encore : *Il a raison.*) Les adresses de félicitation et d'adhésion portées de tous les points de la République ont ratifié la conduite de la majorité de la Convention nationale, qui a eu le courage de voter la mort du tyran. (Applaudissemens d'une partie de l'assemblée et des citoyens.) Je dis donc, président, que le grand procès que l'on veut susciter dans cette circonstance, où nous avons plus de cinq cent mille citoyens sur les frontières qui ne peuvent se trouver dans les assemblées primaires, est déjà jugé par le fait. Il y a une question bien simple à poser : le peuple français approuve-t-il, ratifie-t-il la conduite de quatre cents membres de la Convention nationale, qui ont l'énergie de fonder la République sur les débris du trône et du tyran? (Mêmes applaudissemens.) Conservera-t-il au nombre de ses mandataires, pour lui faire une constitution, ces hommes lâches qui ont trahi l'égalité, ces hommes qui ont tremblé devant l'idole du tyran détrôné, ces hommes qui ont entravé les délibérations les plus salutaires pour la chose publique, ces hommes qui tout récemment encore se sont refusés à une motion sage qui tendait à proscrire la tête d'un individu qui, après la fondation de la République, se fait appeler le régent du royaume de France? je dis que ces hommes sont royalistes.

La question ainsi posée, le peuple français reconnaîtra-t-il tous ceux qui ont voté la mort du tyran, ou ceux qui s'y sont refusés? je dis que cette question est déjà décidée par le fait; je dis que, d'après les adresses qui sont venues de tous les départemens, ces hommes, s'ils avaient eu quelque pudeur, se seraient déjà retirés du sein d'une Convention qu'ils déshonorent. (Applaudissemens des tribunes.)]

— La discussion est interrompue par la lecture de lettres des commissaires Dubois-Dubay et Briez. Ils envoient une lettre du prince de Cobourg et leur réponse. Dans sa lettre, le général autrichien justifie la démarche de Dumourier, et déclare que le sort des commissaires en son pouvoir dépend de la Convention, en rappelant à la modération quelques membres de l'assemblée trop passionnés. Les commissaires, dans leur réponse, persistent à regarder Dumourier comme traître ; et, quant au sort de leurs collègues, ils s'en reposent sur la loyauté de leurs ennemis même. Ducos regarde cette correspondance comme une controverse scandaleuse ; il fait observer ensuite qu'au conseil exécutif seul appartient le droit de négocier avec les puissances étrangères, et conclut à ce qu'il soit défendu aux commissaires de l'assemblée de correspondre avec l'ennemi, et à ce que Dubois-Dubay et Briez soient rappelés. Bréard et Lacroix appuient cet avis, et l'assemblée décrète les propositions de Ducos.

———

La séance du 15 avril fut la dernière de celles qui sont comprises dans le *Moniteur* sous le titre de : *suite de la séance permanente du 5*. La fin de la permanence n'est pas indiquée dans le bulletin de ce journal ; seulement la séance du 16 porte simplement la date de ce jour ; et la formule ordinaire, *la séance est levée*, termine le compte-rendu, tandis que du 5 au 15 les comptes-rendus se terminent tous par ces mots : *la séance est suspendue*. La durée de la permanence ne peut être fixée que par cette indication. Parmi les nombreux journaux qui nous servent, trois, le *Moniteur*, le *Républicain français*, et le *Républicain, journal des hommes libres*, sont les seuls dont les analyses mentionnent la clôture des séances. Le *Républicain français* prolonge la permanence jusqu'au 22 avril, car il se sert alors pour la première fois des mots : *la séance est levée*. Le *Républicain, journal des hommes libres*, est d'accord avec le *Moniteur*. Comme ce dernier journal était rédigé par un conventionnel (Charles Duval), il ne pouvait être que bien informé, et son témoignage confirmant celui du *Moniteur*, nous fermons ici la séance permanente du 3 avril.

COMMUNE. — *Séance du 15 avril.*

Le conseil-général, informé que la pétition de la majorité des sections présentée aujourd'hui à la Convention nationale a été mal interprétée et a donné lieu à de violens débats; considérant que le vœu des sections n'a point été de demander la convocation des assemblées primaires, mais bien la punition des lâches mandataires qui ont trahi la cause du peuple; a arrêté qu'une députation se présenterait demain à la Convention nationale, à l'effet de rétablir le sens de cette pétition, et de désavouer toute interprétation contraire à son véritable esprit.

Le procureur de la Commune donne lecture d'une lettre du maire qui annonce que beaucoup de voitures chargées de pain sortent de Paris. Il dénonce ensuite que l'on jette du pain dans la rivière. Des ordres ont été donnés pour faire tendre des filets dans la Seine, afin de vérifier ce fait. Une circulaire a été adressée aux quarante-huit sections pour les inviter à empêcher que le pain cuit ne soit emporté de Paris.

Un citoyen annonce que la commune de Bercy manque de pain, et que les boulangers y ont fermé leurs boutiques. Des commissaires envoyés par le conseil pour vérifier ce fait en ont attesté la vérité.

Le conseil a arrêté que sa commission de correspondance avec les quarante-quatre mille municipalités serait mise en activité dans le plus bref délai.

Le conseil a arrêté qu'il serait fait une nouvelle lecture de l'adresse présentée ce matin à la Convention, afin que les membres qui sont présens puissent y apposer leur signature.

Il sera disposé un local destiné au dépôt de toutes les pétitions, afin que tous les citoyens puissent en prendre connaissance et les signer quand ils le jugeront convenable.

Plusieurs sections témoignent leurs inquiétudes sur les subsistances : le président les informe des mesures prises par le conseil.

CLUB DES JACOBINS. — *Séance du 15 avril.*

Présidence de Marat.

Un membre demande des commissaires pour assister à l'expérience d'une découverte, consistant en une nouvelle cartouche, qui ne craint ni la pluie, ni l'humidité, et une arme en forme de pistolet de ceinture, tirant deux coups de suite.

La société accorde quatre commissaires, savoir : Simon, Hassenfratz, Peyre et Hubert.

Le citoyen Bruaut, emprisonné sous le prétexte qu'il a excité le pillage des boutiques d'épiciers, demande des défenseurs-officieux. (Accordé.)

Un député de la société de Strasbourg monte à la tribune et dit :

« Je suis envoyé vers vous pour vous peindre l'affreuse situation du département du Bas-Rhin, et vous demander des conseils et des secours. Je vais entrer dans quelques détails qui vous feront peut-être découvrir le fil de la conjuration ourdie contre les amis de la liberté.

» Vous savez qu'avant le 10 août nos corps administratifs, composés en grande partie des amis et des complices du tyran, s'étaient opposés à la suspension de Capet, et avaient traité les commissaires de l'assemblée de brigands et de scélérats. Ces commissaires suspendirent les fonctionnaires publics. Alors Diétrich émigra, et le patriotisme reprit le dessus. Mais, depuis ce moment, des élections perfides ont reproduit l'aristocratie ; les patriotes ne s'endormirent point, ils tonnèrent contre ces élections; nos généraux partagèrent nos inquiétudes et déclarèrent qu'ils ne pouvaient, avec de pareils administrateurs, répondre de la sûreté et de la tranquillité de la ville ; les administrateurs furent suspendus; mais cette mesure ne suffisait pas ; il fallait suspendre aussi tous les parens et amis des émigrés. Il fallait couper les racines de la conjuration.

» Rulh, cet homme d'un égoïsme et d'un orgueil monstrueux, concerta avec nos ennemis les moyens de faire réussir leurs complots; et tandis que Couturier et son collègue entretenaient le feu sacré du patriotisme, il promettait protection aux malveillans et égarait l'opinion publique. Cependant les départemens se dégarnissaient ; Custine déclara que Landau était défendu.

» La municipalité fit une liste des hommes suspects. Les commissaires, qui trouvèrent dans cette liste les noms des hommes destitués, n'hésitèrent point à les déporter dans l'intérieur de la République. Ces hommes vinrent à Paris, et les noirs qui dominaient dans la Convention firent annuler la déportation et rappelèrent les commissaires. C'est ainsi que quinze individus détruisirent le fruit des opérations civiques de deux commissaires auxquels on ne pouvait reprocher que trop d'indulgence ; car ils auraient dû livrer ces quinze aristocrates au glaive de la justice; au nom de la Convention on s'opposa au recrutement, on arbora la cocarde blanche, que dis-je, au nom de la Convention ? non, ce fut au nom des rolandistes, des brissotins, que l'étendard de la contre-révolution flotta dans les deux départemens. La révolte eût été générale si les administrateurs n'avaient pas été suspendus. Voilà les dangers auxquels nous a exposés un décret au moins imprudent. L'ennemi est entré dans notre département; et Custine, qui l'a dégarni, se plaint aujourd'hui qu'il n'a point d'artillerie, et qu'il est trop faible pour résister à l'ennemi. Et ce même Custine, trois semaines auparavant, assurait à la Convention que tout était dans le meilleur état de défense.

» On nous a envoyé des généraux ineptes, et les conspirateurs, justement déportés, sont à Paris et à Strasbourg. Cependant nos maux ne sont pas sans remède. Que les hommes déportés soient mis en état d'arrestation ; que Dietrich soit livré au tribunal révolutionnaire ; qu'on nous envoie des généraux patriotes, et nous repousserons les satellites du despotisme. »

Ici Bentabolle monte à la tribune, et analyse les débats qui viennent d'avoir lieu à la Convention au sujet de l'adresse de la Commune.

Dubuisson. « Les députés ont adopté pour principe qu'ils appartenaient à la nation entière. Ce principe partageait la moitié de la Convention ; l'autre moitié disait : si un département peut rappeler son mandataire, vous aurez la République fédérative. Le souverain dit : ma volonté est ma raison. Ainsi il suffit que la majorité des quatre-vingt-trois départemens soit pour le rappel des députés. Pourquoi faut-il que le département de Paris soit le premier qui attaque un représentant ? c'est parce qu'il est le plus près d'un mauvais représentant. D'après ce principe, on a dit : le département de Paris aura l'initiative, et quand le nombre de quarante-quatre sera atteint, on dira au député suspect : va-t'en, je déduirai mes raisons au tribunal révolutionnaire.

» M. Pétion, qui avait espionné cette adresse, n'a pu tenir à sa lecture, il s'en est allé par le corridor qui donne sur la terrasse des Feuillans. Il a trouvé un graveur qui lui a fait voir un beau cachet. Un plaisant a dit : Voilà Pétion qui va faire graver ses armes. Non, a dit un autre, ce sont les armes de Pitt. Non, ce sont les armes de Georges. Non, a observé un quatrième interlocuteur, ce sont les armes de Judas, car Pétion est un apostat. Au bout de vingt minutes, Pétion, qui n'avait pas dit un mot, a regardé sa montre et a disparu.

» Quant à M. Fonfrède, permettez-moi d'en dire un mot. M. Fonfrède est le fils d'un marchand de morue de Bordeaux. (On rit.) Il n'y a pas de mal à cela. M. Fonfrède portait à Bordeaux des talons rouges et un plumet blanc ; aujourd'hui il se croit un grand législateur. Voilà le mal.

» Au surplus, nous n'avons pas tout compris dans cette pétition, qui est très modérée, et qui suffit, sauf rédaction, pour démasquer les traîtres dans les départemens. »

Un Marseillais. « Je suis un de ceux que Barbaroux a égarés. On nous défendait d'aller aux Jacobins sous peine d'être regardés comme maratistes et chassés. C'était notre commandant qui nous faisait cette défense. J'ai failli être assassiné par mes camarades informés que j'avais été aux Jacobins. J'ai passé quelque temps à Lyon; je vais vous lire l'adresse que les patriotes ont fait afficher dans cette ville. (Nous avons donné l'extrait de cette affiche.) Ce militaire lit ensuite une lettre de Chalier, qu'il a reçue de Lyon, qui a dénoncé des complots contre-révolutionnaires dont les citoyens Legendre et Bazire lui paraissaient les fauteurs. Il est de la dernière importance, ajoute l'orateur, de purifier cette nouvelle Sodome; et si elle est perdue, prenez garde à vous, Parisiens. » (*Journal des débats du club*, n. CCCLXLV.)

TRIBUNAL RÉVOLUTIONNAIRE.

Affaire de Blanchelande. — 15 avril.

Rouxel Blanchelande fut la troisième personne condamnée à mort par le tribunal révolutionnaire. Il était âgé de cinquante-six ans, natif de Lyon, ancien maréchal-de-camp, et ex-gouverneur des îles françaises sous-le-Vent. Nommé par le ministre la Luzerne, il était parti de France le 8 novembre 1790, et était arrivé dans son gouvernement en janvier 1791. Un décret de la Convention, du 30 novembre 1792, l'avait traduit au tribunal criminel comme prévenu d'avoir : 1° attenté à la liberté individuelle, en ordonnant, en sa qualité de représentant du pouvoir exécutif, l'arrestation d'un citoyen hors du cas déterminé par la loi, en le remettant ensuite à un tribunal sans pouvoirs, et en autorisant la déportation de plusieurs citoyens vivant sous les lois françaises; 2° d'avoir provoqué directement, et par abus de ses fonctions, les citoyens à désobéir à la loi et aux autorités légitimes, soit par ses déclarations écrites, soit par l'approbation par lui donnée à l'arrêté de l'assemblée coloniale de Saint-Domingue du 27 mai 1792; 3° d'avoir, par les mêmes déclarations et approbations, participé à des complots tendant à troubler la colonie de Saint-Domingue et l'état dont elle fait partie, par une guerre civile, en armant les citoyens les uns contre les autres, et contre l'exercice de l'autorité légitime.

Cette affaire se trouvait pendante au tribunal criminel lorsque le tribunal révolutionnaire fut institué, et Blanchelande passa de l'un à l'autre. Son procès dura soixante-quinze heures. L'accusé fut défendu par Tronçon-Ducoudray. L'audition des témoins et les débats présentent un faible intérêt politique, nous nous contenterons de transcrire du numéro X du *Bulletin du tribunal révolutionnaire* les questions posées aux jurés, leur verdict, et le jugement.

« Le citoyen président a posé chacune des questions sur lesquelles les jurés avaient à prononcer; ceux-ci, après s'être retirés dans leur chambre et en avoir délibéré, sont rentrés à l'audience, ont fait à haute voix et individuellement la déclaration suivante, portant que :

« 1° Il y a eu à Saint-Domingue des déportations arbitraires
» pendant que Blanchelande était lieutenant au gouvernement
» général des îles françaises Sous-le-Vent; 2° que ledit Blanche-
» lande est convaincu d'avoir autorisé ces déportations arbitrai-
» res; 3° qu'il y a eu à Saint-Domingue des détentions arbitraires
» de plusieurs citoyens ; 4° que ledit Blanchelande est convaincu
» d'avoir autorisé ces détentions; 5° qu'il y a eu à Saint-Domin-
» gue un parti contre-révolutionnaire portant pour signe de ral-
» liement un ponpon blanc; 6° que ledit Blanchelande est con-
» vaincu d'avoir favorisé ce parti; 7° que pendant l'existence du
» parti contre-révolutionnaire il y a eu des complots tendant à
» allumer la guerre civile dans la colonie, à troubler l'état dont
» elle fait partie, et à armer les citoyens contre l'autorité légi-
» time; 8° que ledit Blanchelande est convaincu d'avoir favorisé
» ces complots; 9° que dans tous les faits qui viennent d'être
» énoncés ledit Blanchelande a eu des intentions contre-révolu-
» tionnaires. »

« Le président ordonne que l'on fasse entrer l'accusé : cet ordre ayant été exécuté, il lui a fait part de la déclaration du jury, lui observant que les deux dernières questions avaient eu pour l'affirmative neuf voix sur onze.

L'accusateur public, sur la déclaration du jury, conclut à la peine de mort, motivée sur l'existence de la loi.

Le président demande à l'accusé s'il n'a rien à dire contre l'application de la loi.

L'accusé répond : Je jure par Dieu, que je vais voir tout à l'heure, que je n'ai trempé pour rien dans les faits que l'on m'impute.

Une pâleur mortelle se répand sur le visage de l'accusé.

Le premier juge motive son opinion, et conclut à la peine de mort et à la confiscation des biens au profit de la République.

L'accusé répond : Elle n'aura rien, car je n'ai rien.

Le président, après avoir reçu les opinions motivées de chacun des juges du tribunal, y joint la sienne et prononce le jugement suivant :

Après soixante-quinze heures de séance,

Le tribunal, après avoir entendu l'accusateur public sur l'application de la loi, condamne ledit Philibert-François Rouxel Banchelande à la peine de mort, conformément à l'art. 2, 2ᵉ section, tit. Iᵉʳ, de la seconde partie du Code pénal, dont il a été fait lecture, laquelle est ainsi conçue :

« Toute conspiration et complots tendant à troubler l'état par
» une guerre civile en armant les citoyens les uns contre les au-
» tres, ou contre l'exercice de l'autorité légitime, seront punis
» de mort. »

Ordonne que ses biens soient acquis au profit de la République, conformément à l'art. 2 du tit. II de la loi du 10 mars dernier ; comme aussi que le présent jugement sera, à la diligence de l'accusateur public, exécuté sur la place de la Réunion de cette ville, et qu'il sera imprimé, publié et affiché dans toute l'étendue de la République.

Fait à Paris le quinzième jour du mois d'avril mil sept cent quatre-vingt-treize, deuxième de la République, en l'audience publique du tribunal, où étaient présens Jacques-Bernard-Marie Montané, président; Étienne Foucault, Christophe Dufriche-Desmagdeleines, et Antoine Roussillon, juges du tribunal, qui ont signé la minute du présent jugement.

Il est sept heures du matin, lundi 15 avril.

L'exécution eut lieu le même jour, sur les quatre heures après midi.

---

presse.—*Le Patriote français*, n. MCCCXLII, sous la rubrique du 15 avril, raconte la fête de l'hospitalité donnée la veille aux Liégeois. Il annonce, sans commentaire, le jugement et l'exécution de Blanchelande. Voici la seule phrase révolutionnaire de son article principal :

« Paris est tranquille. Tout ce qu'il renferme de bons citoyens a applaudi au décret rendu contre Marat. La rage de ses partisans s'est concentrée dans les tribunes de la Convention et dans quelques sociétés.

---

convention.—séance du 16 avril.

On lit successivement des lettres qui apportent des nouvelles satisfaisantes de l'armée du Nord, et de celle employée contre les rebelles de l'Ouest. — Barrère, au nom du comité de salut public, lit et fait adopter le manifeste suivant rédigé par Condorcet :

Manifeste de la Convention nationale de France à tous les peuples et à tous les gouvernemens.

» Ce n'est pas seulement aux peuples qui prononcent le nom de la liberté, ce n'est pas seulement aux hommes dont le fanatisme n'a point égaré la raison, et dont l'ame n'est point abrutie par la servitude, que la nation française dénonce l'atroce violation du droit des gens dont les généraux autrichiens viennent de se rendre coupables; c'est à tous les peuples, c'est à tous les hommes.

» Un Français parjure, abusant contre la Convention nationale d'une autorité qu'il n'a pu recevoir que d'elle, a fait arrêter quatre de ses membres. Ce n'est point un citoyen qui méconnaît dans un ennemi privé, dans un homme d'un parti contraire, le caractère auguste du représentant du peuple; c'est un général qui exerce une violence contre le caractère même qu'il est obligé de défendre.

» Trop sûr que la présence des représentans du peuple français rendrait bientôt l'armée tout entière à la République, Dumourier a porté sa lâche perfidie jusqu'à les livrer aux ennemis; il a osé en faire le prix d'une honteuse protection; il les a vendus dans l'espérance qu'on le laisserait jouir en paix de l'or acquis par ses forfaits; et les généraux autrichiens n'ont pas rougi de se rendre ses complices, de participer à son opprobre comme à son crime.

» Jamais, chez les peuples civilisés, le droit de la guerre n'a autorisé à retenir comme prisonniers, et bien moins encore comme otages, ceux qu'une lâche trahison a livrés; ce n'est point sur le territoire autrichien, c'est sur une terre française qu'ils ont été arrêtés; ce n'est pas la force ou la ruse militaire, c'est le crime seul qui les a mis entre les mains de Cobourg. Se croire en droit de les retenir, c'est vouloir légitimer la conduite de ceux qui les ont livrés; c'est dire que les généraux ont le droit de vendre aux ennemis de leur pays ses ministres, ses magistrats, ses représentans.

» Diront ils qu'ils ne reconnaissent pas la République? Qu'ils nient donc l'existence de la nation française; qu'ils nient donc l'existence du territoire sur lequel vingt-cinq millions d'hommes ont proclamé la liberté républicaine. Ils ne la reconnaissent pas, et ils ont reconnu Dumourier! La trêve convenue avec lui n'a-t-elle pas été présentée à l'armée comme accordée aux troupes de la République? L'armée l'aurait-elle acceptée, si elle n'avait été trompée, si elle avait pu la regarder comme le prix d'une trahison qu'elle déteste? Et quand ils rompent cette trêve au moment où les trames de Dumourier sont découvertes, n'est-ce pas avouer qu'ils ont voulu tromper et l'armée et la France? n'est-ce pas annoncer qu'ils ne veulent traiter qu'avec des conspirateurs et des traîtres ?

» Hommes libres de tous les pays, élevez-vous contre la conduite lâche et perfide des généraux de l'Autriche, ou bientôt vous n'aurez plus d'autres lois que celles des sauvages. Que deviendront vos droits s'il suffit, pour vous en arracher les plus zélés défenseurs, d'un traître qui veuille les vendre, et d'un despote qui ose les acheter?

» Rois, songez qu'un conspirateur peut aussi vous livrer à des ennemis, et que l'exemple donné par Cobourg peut un jour retomber sur vos têtes. Plus le pouvoir que les peuples vous abandonnent est grand, illimité, plus votre sûreté exige que les liens qui unissent les hommes ou les peuples soient religieusement respectés; et vos agens, vos hérauts d'armes, ne les mettez-vous pas en sûreté jusque dans les camps de vos ennemis, par la seule impression du caractère dont ils sont revêtus? Vos négociations, vos guerres (ces guerres que du fond de vos palais vous ne dirigez trop souvent que pour le seul orgueil de la victoire), ne les faites-vous pas à la faveur du droit des gens?

» Prenez garde, l'attentat commis sur les représentans connus d'une grande nation outrage la première des lois, efface la tradition du respect que les peuples civilisés étaient convenus de lui porter, et ne laisse plus apercevoir que ce droit terrible, réservé jusqu'alors aux hordes barbares, le droit de poursuivre ses ennemis comme on poursuit les bêtes féroces.

» Le voile qui cachait si faiblement les intentions des ennemis de la France est déchiré.

» Brunswick nous déclarait en leur nom qu'il venait détruire une constitution où le pouvoir royal était avili : aujourd'hui ils viennent rétablir cette constitution, parce que du moins le nom du roi y était conservé.

» Peuples, entendez-vous ce langage? Ce n'est pas pour vos intérêts que coule votre sang et le nôtre, c'est pour l'orgueil et la tyrannie des rois ; c'est à l'indépendance des nations, et non à la France, qu'ils ont déclaré la guerre.

» Peuples qui vous croyez républicains, ils ne veulent pas souffrir qu'une grande nation n'ait pas un roi; ils savent que l'existence de la République française serait un obstacle éternel au projet qu'ils ont formé de vous donner aussi des maîtres.

» Peuples qui vivez sous des rois, ils ne veulent pas qu'une nation puissante donne à l'Europe l'exemple d'une constitution libre, fondée sur les droits sacrés de l'homme ; ils craignent que le spectacle de cette liberté ne vous apprenne à connaître, à chérir vos droits; il serait perdu pour eux, l'espoir coupable de vous retenir dans ce sommeil dont ils profitaient pour saper les fondemens de la liberté qui vous reste, pour forger ces chaînes auxquelles, dans le délire de leur orgueil, ils ont osé condamner l'espèce humaine.

» Peuples de tous les gouvernemens, c'est sous la sauve-garde de votre générosité et des droits les plus sacrés que la nation française met ses représentans que la trahison a livrés à la tyrannie ; vous êtes plus intéressés que nous à ce qu'ils soient bientôt libres ; vous partageriez la honte d'un crime que vous auriez souffert, et votre faiblesse donnerait aux tyrans la mesure de ce qu'ils peuvent contre vous. »

Cambon. Le comité de salut public, instruit de l'arrestation de Bourbon-d'Orléans, dit Égalité cadet, par ordre de Biron, m'a chargé de vous en faire part, d'autant plus que le ministre doutait si Égalité fils devait être conduit à Marseille, en vertu du décret qui ordonne que la famille des Bourbons sera transférée dans cette ville, ou s'il doit être traduit à la barre. Voici les mesures que le comité a cru devoir vous proposer.

Cambon lit un projet de décret qui est adopté en ces termes :

La Convention nationale, après avoir entendu le rapport de son comité de salut public, décrète :

ART. 1er. Bourbon Montpensier, dit cadet, sera transféré à Marseille, et il y sera détenu, ainsi que les autres individus de la famille des Bourbons.

2. Le président du tribunal criminel du département des Bouches-du-Rhône, ou les juges par lui délégués, interrogeront les individus de la famille des Bourbons détenus à Marseille sur tous les faits relatifs à la conspiration ourdie contre la liberté française, et il sera envoyé au comité de salut public une expédition de ces interrogatoires.

3. Lesdits individus de la famille des Bourbons ne pourront communiquer entre eux qu'après avoir été interrogés, et lorsque la Convention aura statué sur le rapport qui lui sera fait par les commissaires qui ont été nommés pour se transporter dans le département de l'Orne.

Le séquestre des biens de d'Orléans est décrété. La discussion s'ouvre à cinq heures du soir, sur la pétition des sections de Paris.

[*Lasource*. Citoyens, c'est un sentiment de reconnaissance que vos membres dénoncés doivent à leurs dénonciateurs; c'est ce sentiment que je leur vote pour la modération dont ils usent. Je les remercie d'avoir préféré la voix de la calomnie au son du tocsin; je les remercie d'avoir changé la conjuration du 10 mars, ourdie contre notre existence, en un système de diffamation contre notre honneur. Mais ce tribut de reconnaissance que je leur paie serait bien mieux mérité, si tout le monde ne savait qu'on n'a eu recours à des libelles que quand on n'a pas pu exciter des séditions. Quoi qu'il en soit, l'adresse dont je viens appuyer les conclusions a quelque chose qui doit néanmoins étonner.

D'abord, contre qui fait-on cette adresse? On vous a dit que c'était contre les hommes d'état. Eh bien! sommes-nous des hommes d'état, nous qu'on a dénoncés? Huit d'entre nous n'ont-ils pas voté la mort du tyran? Ne l'ai-je pas votée moi-même à deux cent cinquante lieues? Ne suis-je pas venu ratifier mon vœu à cette tribune? Les lâches qui me dénoncent en eussent-ils fait autant si chargés d'une mission par la Convention nationale, ils avaient pu rester cachés au fond d'un département et s'empêcher de prononcer?

Contre qui porte cette adresse, et comment la vote-t-on? D'abord il n'y a aucun fait articulé; il y a quelques suspicions présentées, particularisées contre quatre membres seulement. Est-ce sur des suspicions contre quatre membres qu'on doit venir demander l'expulsion de vingt-deux? On se contente au bas de l'adresse de donner une liste des premiers hommes qui leur ont tombé sous la main, et de dire : Nous demandons que ceux-là soient expulsés; nous demandons.... Ici, citoyens, je me rappelle un ambitieux qui opprima Rome : il faisait lui-même les senatus-consultes, et les souscrivait du nom des premiers sénateurs qui lui venaient dans l'esprit.

J'ignore ce qui fait mouvoir les pétitionnaires; mais n'y est-il pas peut-être le scélérat ambitieux qui, craignant des hommes dont l'énergie est connue, voue leurs têtes à sa vengeance, et forme despotiquement de leurs noms une liste de proscription? Par qui est provoquée cette pétition?.... Ici j'avoue, citoyens, que mon ame se partage entre la douleur et la confusion; ce sont nos propres collègues qui l'ont provoquée, et Robespierre a été l'un des rédacteurs nommés par la Société des Jacobins. (*Robespierre* : Ce n'est pas vrai.) Si ce n'est pas vrai, ce sont donc les journaux même de la société qui mentent.

Après vous avoir exposé ce que je trouvais d'étonnant dans cette adresse, surtout en ce que les membres même de la Convention... (Bruit.) (*N....* Je demande à le prouver, président.) Ils provoquent l'infamie et le déshonneur de leurs collègues. Mais ce n'est pas cela seulement qu'ils veulent : ils ne cherchent à les déshonorer que pour les conduire plus sûrement à la mort. Quoi! ils n'ont point provoqué cette adresse? Mais n'avons-nous pas vu que les membres de la Convention qui siègent là (il désigne l'extrémité gauche) ont applaudi cette adresse, ont manifesté leur adhésion, ont témoigné leur enthousiasme de ce qu'on venait déshonorer et proscrire ceux qu'ils redoutent, quoi qu'ils en disent? (Bruit.) (*Delville*. Souvenez-vous que vous êtes des hommes d'état.)

Une voix. Nous avons si peu applaudi à l'adresse, que nous l'avons regardée comme un piége que nous tendent les appelans.

Lasource. Comment! vous l'envisagez comme un piége! (Interruption.) C'est encore un effort de logique bien extraordinaire que celui qui porte quelques-uns de nos collègues à dire : C'est un piége tendu peut-être par les appelans.

Comment! vous avez cru que c'était un piége! Où étiez-vous donc quand on la proposait? N'étiez-vous pas aux Jacobins? Avez-vous parlé, vous êtes-vous élevés contre cette adresse? Vous y êtes-vous opposés hier pendant que vous faisiez avec les tribunes un *chorus* d'applaudissemens?

Citoyens, j'ai dit ce que je trouvais d'étonnant dans la pétition. Ce qui m'étonne plus encore, c'est qu'on paraît vouloir demander que l'assemblée décrète l'improbation ; car hier un membre de la Montagne vint me dire qu'il fallait improuver l'adresse, et qu'il était dangereux d'y donner des suites. L'improbation ! mais vous qui faites constamment retentir et la tribune de la Convention nationale, et celle des Jacobins, de la souveraineté du peuple et du droit sacré de pétition, vous voulez improuver l'adresse ! (*Une voix*. Non ! — On rit.)

Je réclame, moi aussi, le droit de pétition, et je le réclame auprès de ceux mêmes qui voudraient l'improbation ; car de deux choses l'une : ou les pétionnaires ont parlé dans votre sens, et les hommes qu'ils ont dénoncés sont coupables ; ou bien ils n'ont point parlé dans votre sens, et les hommes dénoncés ne sont point coupables. Si les hommes qu'ils ont dénoncés ne sont point coupables, et que les pétitionnaires aient parlé dans votre sens, pourquoi voulez-vous improuver l'adresse ? Si, au contraire, les hommes qui sont dénoncés ne sont point coupables, pourquoi voulez-vous les empêcher de se justifier, non pas par une improbation qui n'empêcherait pas la propagation de la calomnie, mais par un jugement national, seule mesure que vous puissiez prendre, seul moyen par lequel vous pouvez en imposer aux calomniateurs et à ceux qui les font mouvoir ? Car ici je n'entrerai point dans la discussion de savoir quels sont les hommes qui servent le mieux la patrie, ou de ceux qui ont été dénoncés, ou de ceux qui ont provoqué la dénonciation. Une improbation est une mesure illusoire et chimérique. Une improbation n'empêchera pas que les membres dénoncés ne restent sous le poids d'une inculpation calomnieuse; l'improbation n'empêcherait pas qu'un *comité de correspondance*, patriotiquement officieux, ne fît circuler cette inculpation dans les sociétés populaires; l'improbation n'empêcherait pas que divers comités de correspondance, qui par des embranchemens particuliers aboutissent au comité des Jacobins, ne fissent parvenir beaucoup de prétendues adhésions; en sorte qu'il paraîtrait, sans que la nation eût été consultée, que son vœu serait de proscrire vingt-deux de vos membres.

Il n'est qu'un moyen de connaître quels sont les hommes que la nation estime; quels sont ceux qu'elle veut conserver, quels sont ceux qu'elle ne veut pas. Ce ne sont point des adresses de sociétés populaires qu'il faut pour cela, ce ne sont point des adresses de corps administratifs : c'est un vœu national; et ce vœu, je le répète avec Fonfrède, qui vous l'a dit hier soir, ce vœu national ne peut être émis que par des assemblées primaires. Si vous ne prenez cette mesure, si vous la craignez, vous exposerez la République à des déchiremens inévitables. Qui vous a dit que mon département ne viendra pas dénoncer ceux qui m'ont dénoncé moi-même? Qui vous a dit que mon département, au lieu de venir demander l'expulsion des vingt-deux membres désignés, ne demandera pas vingt-deux membres qui siégent là (désignant ceux de l'extrémité du côté gauche)? Et alors qu'auriez-vous à leur dire? à qui donneriez-vous la préférence? quel est le vœu que vous rempliriez, ou de celui qui vous dénoncerait, ou de celui qui dénoncerait ceux de nos collègues qui peuvent avoir influé dans la dénonciation faite contre nous? Il semble que la Convention se trouverait dans une position bien difficile. Il y a plus : supposons qu'un département vînt vous dire : Si vous ne renvoyez pas tel et tel membre, nous nous insurgerons aussi, nous résisterons à l'oppression, car nous croyons que ces membres trahissent la chose publique et perdent la patrie. Ne serait-ce pas là le fédéralisme, la guerre civile et la dissolution de la République? Que vous reste-t-il donc à faire? Il faut empêcher que les départemens ne manifestent leurs vœux isolément dans un sens qui se choque, qui se contrarie, qui nous offre une confusion, un désordre inextricable, au milieu duquel il serait impossible d'apercevoir le vœu national; mais ce n'est point, comme on l'a entendu d'abord, une convocation d'assemblées primaires pour une nouvelle élection que je veux proposer, car ce moyen n'obvierait à rien.

Le département de Paris dénonce vingt-deux membres; s'ensuit-il que parce que le département de Paris les dénonce ils aient perdu la confiance publique? Non; tout ce qui en résulte, c'est que ces vingt-deux membres ont perdu la confiance du département de Paris. (Interrompu.) Et parce que quelques hommes qui se disent les représentans des quarante-huit sections de Paris, parce que des ignorans qu'on égare, ou quelques furieux qu'on déchaîne, viennent vous dire ici qu'ils parlent au nom de Paris, s'ensuit-il que la majorité de Paris a proscrit aussi ces vingt-deux membres? Non; il s'ensuit que les hommes sur lesquels les intrigans ont de l'influence sont venus emprunter le nom de Paris.... (Murmures. *Quelques membres* : Oui, oui!) Ces murmures sont une preuve de ce que je dis. Si les pétitionnaires ont parlé au nom de Paris, ne murmurez point; laissez faire Paris, il parlera bien lui-même; pourquoi êtes-vous inquiets d'avance? Vous soupçonnez donc que ce n'est pas la ville de Paris qui a parlé; mais quelques intrigans qui ont emprunté son nom. (Murmures.)

Si vous décrétiez l'élection d'une nouvelle Convention nationale, vous n'obvieriez point au mal actuel. En effet, si les votans de chaque département réélisaient les membres inculpés, la calomnie planerait encore sur les têtes de ces membres réélus. Vous avez été élus chez vous, leur dirait-on, par vos amis, par vos intrigues; cela prouve tout au plus que vous avez chez vous de la confiance ou des agens; mais cela ne prouve pas du tout que vous ayez la confiance de la majorité de la nation. C'est donc à ce mal qu'il faut porter remède.

La mesure que je vous propose y obvie pleinement et établit les vrais principes. Jusqu'à présent, c'est par une espèce de fiction politique qu'un député d'un département a été réputé pour représentant de toute la République; car dans le fait il n'avait obtenu que la confiance de son département. Lorsque les assemblées primaires seront convoquées, faites lire dans chaque assemblée primaire la liste des membres de la Convention; obligez le président des assemblées primaires de lire les noms un à un, et à chaque nom prononcé le président demandera : Le représentant dont je viens de prononcer le nom a-t-il, oui ou non, votre confiance? Il en résultera que chaque section, chaque assemblée primaire, émettra son vœu; que vous connaîtrez parfaitement le résultat du vœu national, du vœu, non pas d'un département, mais de toute la République; que vous verrez quels sont les membres qui ont la majorité des assemblées primaires pour eux; et alors, quand il sera constaté que la majorité des assemblées primaires veut conserver tel ou tel membre, alors il faudra bien que les membres qui n'ont pas la confiance de la majorité, la confiance de la nation, obéissent à la volonté générale.

Alors il faudra bien que des pétitionnaires, qui viennent ici lever un front audacieux, qui viennent s'ériger ici en dictateurs de la nation, qui viennent apporter des listes de proscription, qui viennent vouer à l'opprobre les hommes qui ne leur plaisent pas; il faudra bien, parlassent-ils au nom d'un département, au nom de deux, au nom de dix; il faudra bien, dis-je, qu'ils courbent leur tête audacieuse sous la volonté nationale, qu'ils obéissent ou qu'ils déclarent à la nation qu'ils veulent être rebelles et régner seuls! Alors la nation choisira; alors à notre tour nous en appellerons à la France! Nous n'exciterons pas des mouvemens partiels autour de vous; nous ne vous environnerons pas d'hommes qui vous couvrent sans cesse de huées et de murmures scandaleux; mais nous dirons à la France entière : Environnez vos représentans; vous avez dit qu'ils avaient votre confiance; empêchez qu'on ne les insulte; sévissez contre ceux qui les outragent; maintenez leur liberté; et, après avoir secoué le joug d'un tyran, ne subissez pas celui de quelques intrigans qui dominent une ville!...

Citoyens, qu'on ne m'allègue point ici le danger de convoquer les assemblées primaires dans un moment orageux ; qu'on ne vienne point me dire que quelques départemens sont dans ce moment-ci livrés aux horreurs de la guerre civile !

Je répondrai d'abord que le danger qui résulte des circonstances présentes n'est pas aussi grand que celui qui résulterait d'une réunion illégale d'assemblées primaires dans un département et non dans un autre ; cette confusion amènerait nécessairement la guerre civile qu'on redoute. Je répondrai d'ailleurs qu'au mois de septembre, à l'époque où la Convention nationale fut convoquée, il y avait aussi des départemens non-seulement livrés aux horreurs de la guerre civile, mais occupés par les armées étrangères, et cependant la réunion de tous les membres eut lieu ; il y avait aussi dans ce temps-là un mouvement contre-révolutionnaire dans le département de l'Ardèche et dans quelques départemens voisins ; cependant la Convention nationale fut réunie au jour que vous aviez indiqué.

Un spectacle bien éclatant, donné aux tyrans coalisés contre nous, sera celui de la nation entière délibérant en face de l'ennemi qui la presse et des rebelles qui l'agitent dans son sein, confirmant ou rappelant ceux de ses représentans qui auront conservé ou perdu sa confiance ! Ce sera la preuve d'un grand courage ; et vous montreriez une faiblesse indigne de vous, indigne de votre mission, si vous n'osiez convoquer les assemblées primaires parce qu'une poignée de rebelles veut troubler l'ordre public dans quelques départemens, ou parce que des tyrans se présentent à nos frontières et menacent d'envahir notre territoire ! Voulez-vous les intimider, voulez-vous leur faire connaître que vous ne craignez ni les rebelles, ni les tyrans ? Eh bien, au sein de ces agitations soyez calmes, au lieu de vous déchirer entre vous ; laissez à la République le soin de vous juger, de prononcer le plus ou moins de confiance qu'elle a dans ses mandataires, et soyez assurés que lorsque les tyrans cherchent à vous faire peur, s'il était possible que vous fussiez effrayés d'une telle coalition, soyez assurés que ces tyrans trembleront plus en voyant la nation délibérant paisiblement au sein des troubles qu'ils ne trembleraient s'ils vous voyaient vous-mêmes vous défier de vos forces et n'oser convoquer la nation ! Ils croiraient peut-être ou diraient du moins que vous n'osez convoquer les assemblées primaires, parce que vous craignez qu'on ne vote la constitution que ces tyrans viennent vous offrir. Eh bien, apprenez-leur qu'ils ne connaissent point la nation française ! Apprenez-leur que ce ne sont point quelques factieux, comme ils se plaisent à le dire, qui ont aboli la royauté, mais que c'est la nation entière, et qu'elle veut la république ! Apprenez-leur que, dans quelque position que vous vous trouviez, vous n'avez jamais rien à craindre ni d'eux, ni de ceux qui dans leur fureur cherchent à grossir leur ligue impie !

Je crois donc, citoyens, que les objections qu'on pourrait faire deviennent entièrement nulles, et je m'adresse maintenant à ceux qui s'opposent à cette convocation. Avez-vous, leur demanderai-je, la confiance de la nation, oui ou non ? Croyez-vous qu'elle repose sur vos têtes ou sur les nôtres ? Si vous croyez qu'elle repose sur vos têtes, pourquoi craignez-vous le jugement national ? Si vous ne le croyez point, pourquoi êtes-vous assez lâches pour calomnier ceux qui l'ont, non contens de rester à un poste qu'il ne vous est plus permis d'occuper ? Je vous ramènerai toujours à ce dilemme : ou vous avez la confiance nationale, ou nous l'avons. Si vous l'avez, on vous rendra justice, et c'est vous que la nation rappellera ; si nous l'avons, la nation nous rendra justice, et vous obéirez ; alors il n'y aura plus de vociférations scandaleuses, d'injures et de proscriptions. Pourquoi ne voulez-vous pas, comme nous, vous soumettre au vœu national, au jugement non de quelques hommes, mais de de tous les citoyens ? Dans quelque hypothèse que vous vous placiez, vous devez le subir, et si vous craignez la mesure, c'est parce que vous redoutez le jugement de la nation. (*Une voix à gauche* : Ce n'est pas vrai !) Eh bien, si ce n'est pas vrai, et j'aime à le croire, il faut que je sois expulsé, ainsi que tous les autres proscrits, et certes j'y consens ! Je consens à être chassé du temple des lois si la nation me trouve indigne du poste qu'elle m'a confié; je consens à ne sortir du temple des lois que pour aller à l'échafaud si j'ai trompé l'attente du peuple, si j'ai trahi ses intérêts, si j'ai agi contre son bonheur! Mais aussi je veux, si j'ai la confiance de la nation, que quelques scélérats ne puissent point me la ravir; je veux que, si je n'ai point commis de crime, on ne fasse pas pleuvoir sur ma tête et les traits empoisonnés de la calomnie, et les fureurs de quelques hommes égarés auxquels on veut inspirer la soif de mon sang; je veux que vous le subissiez tous, comme moi, le jugement de la nation entière!

Je finis par une réflexion; elle frappera tous les bons esprits. Il ne s'agit point ici des individus, mais de la République; car si l'on fait expulser aujourd'hui vingt-deux membres par une intrigue, rien n'empêchera que demain une nouvelle intrigue n'en expulse cent, et que l'existence de la Convention ne se trouve à la merci des manœuvres des intrigans : d'ailleurs la Convention ne peut faire le bien que par la confiance, et le seul moyen de l'en investir c'est de consulter la nation. Il faut bien qu'elle nous juge, puisque nous n'avons pas su nous-mêmes faire cesser nos divisions!

Encore un seul mot, et j'ai dit. Je sais pourquoi mon nom se trouve dans la liste des proscrits : il n'y eût pas été il y a quinze jours. J'ai parlé d'un homme; c'est assez : j'ai été dénoncé. J'ai témoigné de la méfiance contre un homme (contre Danton) sur le compte duquel on ne voulait pas permettre même le soupçon : dès lors il a bien fallu me proscrire, puisque j'avais eu la témérité de m'élever contre l'idole du jour! La voilà la raison pour laquelle mon nom se trouve dans la liste! car je défie ceux qui me dénoncent de citer une seule de mes opinions, une seule action de ma vie qui puisse prouver que j'aie trahi un instant la cause du peuple, que j'aie cessé un instant d'aimer la liberté de mon pays!

— Lasource rédige ses propositions en un projet de décret portant en substance que les assemblées primaires se réuniront le 5 mai, qu'elles seront consultées sur cette question, appliquée à chaque membre de la Convention, *tel député a-t-il perdu votre confiance, oui ou non*, et que les membres de la Convention qui auront contre eux le vœu de la majorité des assemblées primaires seront exclus de droit.

— Phelippeaux combat cette proposition qu'il qualifie de dangereuse ; puis il rappelle ses collègues aux devoirs de leur mission, censure également les deux côtés de l'assemblée, présente un tableau des maux que leurs divisions causent à la République, et signale comme seuls responsables de ces maux les hommes qui sans cesse s'emparent de la tribune pour y parler d'eux-mêmes ou de leurs adversaires :

Il est temps, dit-il, d'ouvrir les yeux, et de briser le talisman fatal qui nous rend dupes les uns et les autres d'une idolâtrie pernicieuse ! Je n'ai vu moi, et je ne suis pas le seul, qu'un combat d'amour-propre et d'ambition entre ces dix ou douze athlètes qui se donnent si souvent en spectacle pour savoir en dernière analyse qui d'entre eux seront les modérateurs suprêmes de la République ! Si dès l'origine nous eussions pu leur imposer silence, ils eussent peut-être fait tourner au profit de la chose publique les passions fougueuses qui les dévorent, et qui, par notre complaisance à les partager, ont pris un autre caractère. Lorsqu'au comité de défense générale j'entendis mettre en thèse que *si Brissot, Gensonné et trois ou quatre autres pouvaient se réconcilier avec Robespierre la patrie serait sauvée*, je m'écriai avec indignation : il n'existe donc déjà plus de République ! car si le schisme qui divise ce petit nombre d'individus peut la détruire, ces hommes-là seront nos maîtres s'ils peuvent jamais s'entendre !....

Je ne sais si ceux qui nous rassasient à chaque minute de déclamations atrabilaires sont de bonne foi dans leur emportement ; mais à coup sûr, s'ils étaient républicains, ils eussent fait à la patrie le sacrifice de ces déplorables dissensions, qui la tuent ! On a parlé dans cette assemblée d'ostracisme : nous n'avons pas encore cette loi des peuples libres ; mais les individus dont je parle, s'ils étaient généreux, se la seraient imposée à eux-mêmes, puisqu'ils n'ont cessé d'être un sujet de tourmens et de calamités pour la chose publique !

Phelippeaux termine en proposant à la Convention de déclarer par un décret qu'elle veut sauver la République ; qu'elle regardera comme mauvais citoyens ceux qui voudraient sa dissolution en tout ou partie ; qu'en conséquence elle improuve l'adresse qui lui a été présentée au nom des sections de Paris. — L'assemblée passe à l'ordre du jour.

COMMUNE. — *Séance du 16 avril.*

Sur le réquisitoire du procureur de la commune, le conseil-général arrête que le tableau de la déclaration des droits sera placé dans la salle de l'administration de police, afin qu'en y portant les yeux, elle ne prononce jamais d'acte arbitraire.

Le citoyen Tison, valet de chambre de Marie-Antoinette, écrit au conseil pour demander la permission de *communiquer* avec sa fille ; le conseil passe à l'ordre du jour.

Les commissaires, chargés de se transporter ce matin à la Convention pour y donner la véritable explication de l'adresse qui lui avait été présentée le 15, font leur rapport. Ils disent que plusieurs députés patriotes avec lesquels ils ont eu une conférence ont pensé qu'il fallait que cette seconde démarche fût, comme la première, appuyée du vœu des sections.

Le procureur de la commune annonce que cette mesure a été prise, et que déjà plusieurs sections ont donné leur adhésion.

Le conseil a nommé des commissaires pour s'informer auprès de l'administration de la situation actuelle des subsistances et du mode employé pour payer l'indemnité aux boulangers ; il a arrêté qu'il serait fait une instruction sur le tout, qui serait imprimée et affichée.

PRESSE. — « *Paris, le 16 avril.* La même tranquillité continue de régner, quoique les Jacobins *soient debout* et jettent les hauts cris sur le sort de leur président Marat. Mais on a la cruauté de ne pas s'affliger avec eux, il n'y a guère que Cobourg qui soit tenté de partager leur douleur, à cause de la diversion que Marat faisait à son profit. La foule qui se pressait aux portes des boulangers n'a pas troublé le calme, et, quoique MM. Hubert et Chaumette avaient dit en pleine commune qu'il semblait que ces boulangers s'entendissent avec Cobourg et les contre-révolutionnaires, on n'a pas cru qu'il fût utile de piller ni de pendre ces malheureux. Malgré les leçons de Marat, on se persuade que le pillage et le meurtre sont de très-mauvais moyens pour ramener l'abondance. — Les citoyens de Paris ont été un peu surpris d'apprendre par les papiers publics qu'ils avaient adhéré à une pétition et à une liste de proscription contre une partie de la Convention nationale; ils pensent que le maire Pache rêve des adhésions, comme l'orateur Robespierre rêve des interruptions.

» Un courrier extraordinaire, envoyé à Marseille par les Jacobins, a annoncé, en passant par Avignon, que Buzot, Brissot, Guadet et Gensonné étaient en état d'arrestation. Ce sont de bien mauvais plaisans que ces Jacobins.

» Un triste événement vient d'apprendre aux anarchistes quels sont les tristes fruits de leur doctrine affreuse. Un Anglais, dont je tairai le nom, avait abjuré sa patrie parce qu'il détestait les rois; il vient en France, espérant y trouver la liberté; il ne voit que son masque sur le visage hideux de l'anarchie. Déchiré de ce spectacle, il prend le parti de se tuer. Avant de mourir, il écrit ces mots que nous avons lus tracés de sa main tremblante sur un papier qui est dans les mains d'un étranger célèbre.

« J'étais venu en France pour jouir de la liberté, mais Marat
» l'a assassinée. L'anarchie est plus cruelle encore que le despo-
» tisme; je ne puis résister au douloureux spectacle du triomphe
» de l'imbécillité et de l'inhumanité sur le talent et la vertu. »
(*Patriote français*, n. MCCCXLIII.)

Les Girondins essayèrent de tirer parti de cette anecdote. Nous la verrons figurer dans le procès de Marat, où elle s'éclaircira et se réduira à rien.

CONVENTION. — SÉANCE DU 17 AVRIL.

Depuis quelques jours des inquiétudes avaient agité le peuple de Paris sur l'état des subsistances de cette ville : des attroupemens se formaient dès le matin aux portes des boulangers, et plusieurs femmes avaient même été blessées dans la foule. Quelques séances de la Convention, celles surtout de la Commune, et l'article plus haut transcrit du journal *Le Patriote français*, annoncent les commencemens de la disette, tout en contestant qu'elle soit véritable. Une des causes principales qui ne la rendaient que trop réelle, et qui ne pouvaient que l'accroître, si elle n'était détruite, c'était une spéculation fondée par les marchands sur le bas prix du pain à Paris, proportionnellement avec les lieux voisins; ils venaient en chercher de vingt-cinq à trente lieues pour le revendre à un prix infiniment au-dessus de celui qu'ils l'avaient payé. A cette séance, Vergniaud demanda que le comité d'agriculture présentât incessamment un rapport sur les moyens d'arrêter cette exportation. « Ce n'est pas tout, dit-il; ensuite il est à craindre que l'année prochaine les bœufs ne soient pas en proportion avec la consommation. Ne serait-il pas nécessaire d'arrêter pendant un temps la consommation des veaux? (On applaudit.) La religion avait ordonné un carême pour honorer la divinité. Pourquoi la politique n'userait-elle pas d'un moyen pareil pour le salut de la patrie? » Le renvoi des deux propositions de Vergniaud au comité d'agriculture fut décrété. L'ordre du jour était l'ouverture de la discussion sur l'acte constitutionnel.

Romme présenta l'analyse des différens plans de constitution envoyés en très-grand nombre au comité. Le *Moniteur* mentionne à peine ce rapport, et ne dit même pas que l'impression en fut décrétée. Le *Républicain français* n'est pas plus exact.

Le Républicain, journal des hommes libres, dit : « Romme a lu le travail de la commission des Six chargés d'analyser les différens projets de constitution qui ont été présentés. « La décla-
» ration des droits, dit-il, adoptée par l'assemblée constituante,

» n'est qu'une sorte de capitulation avec les préjugés; on voit
» qu'elle a été faite en présence de l'ennemi, et que les patriotes
» n'ont pas toujours été en force. On remarque que les devoirs
» y sont souvent confondus avec les droits, les principes avec les
» conséquences, et que la liberté est plutôt limitée que dé-
» finie. »

« Romme, après en avoir examiné les articles l'un après l'autre, et en avoir fait sentir l'incohérence et l'imperfection, en a présenté une nouvelle, extraite des divers projets, et dans laquelle il a défini d'une manière beaucoup plus étendue la liberté physique, morale, civile, politique et publique de l'homme. » (*Journal cité*, n° CLXVIII.) *Le Patriote français*, n° MCCCXLV, dit de ce rapport que « quelques idées philosophiques y nageaient dans le vide. » — *Le Journal de Paris*, n° CVIII, nous apprend que le projet de Romme « précédé d'une théorie générale des droits, était composé de plus de cent articles. » Il promet de revenir sur ce travail important, mais il ne tient pas parole.

Enfin, *la Chronique de Paris*, n° CIX, le seul journal qu'il faille ajouter à ceux que nous venons de citer, comme ayant fait des réflexions sur le sujet qui nous occupe, en parle en ces termes :

« Romme s'est principalement attaché à récompenser les deux principaux ouvrages de ce genre, le plan de Constitution de 1791, et le projet de 1793; il a successivement examiné les diverses parties de chacun d'eux, et les a comparés ensemble. Les unes et les autres lui ont souvent paru vicieuses; il leur en a substitué de nouvelles.

« Avant de commencer son analyse, il a pensé qu'il fallait être d'accord sur les termes et sur les définitions. Aussi a-t-il d'abord distingué trois sortes de libertés : liberté physique, morale et pacifique ; la première, qui consiste à ne suivre d'autre impulsion dans ses mouvemens que celle de sa volonté; la seconde, à ne professer d'autres opinions que celles qui nous sont suggérées par notre esprit naturel, ou les lumières que nous avons acquises. La troisième, à pouvoir faire tout ce qui n'est pas contraire aux intérêts publics. Il a encore distingué deux espèces d'inégalité que le but de la société est de rendre supportables ; l'une est naturelle, et provient de la différence des forces, des proportions et de l'intelligence entre les individus ; l'autre est politique, et naît de la différence des fortunes et des degrés de considération publique dont les hommes jouissent dans la société. L'un et l'autre se corrigent par les lois qui protégent le faible contre le fort, et l'éducation qui fournit à tous les hommes les mêmes moyens de développer leurs facultés intellectuelles, et de former leurs mœurs. — L'assemblée a décrété l'impression du rapport de Romme, fait avec beaucoup de soin, et conséquemment très-long. »

Nous posséderions le travail de Romme, que l'étendue qu'il avait nous empêcherait certainement de l'insérer. Mais parce qu'il ne nous a pas été possible de retrouver cette pièce, ni par conséquent d'en faire nous-mêmes l'analyse, nous avons réuni tous les renseignemens que les journaux nous fournissaient. La note la mieux faite, et très-probablement la plus exacte est celle de la *Chronique de Paris*. Elle suffit à établir les principes d'où Romme partait, et à faire deviner les conséquences auxquelles il dut aboutir.

Bertrand et Girardin parlèrent après Romme, en faveur des propositions. Salles demanda formellement que « sauf rédaction, sauf les additions qu'on pourrait faire dans la suite, la déclaration des droits de 1791 fut adoptée. » Il fut combattu par Ducos et Cambon. Après avoir entendu Barrère, la Convention accorda la priorité au projet de déclaration des droits, présenté par le comité de constitution.

La fin de cette séance mérite d'être littéralement conservée tant pour quelques critiques fort sages sur le droit naturel, que pour une proposition à laquelle Louvet s'opposa, et qui fut écartée.

Barrère, rapporteur, fait lecture du premier article du projet de déclaration des droits.

« 1° Les droits naturels, civils et politiques des hommes sont la liberté, l'égalité, la sûreté, la propriété, la garantie sociale, et la résistance à l'oppression. »

Lasource. Je n'entends pas bien ce qu'a voulu dire le comité par ces mots, *droits naturels.* Dans l'état de pure nature il n'existe pas de droits; si ce ne sont ceux de la force; dans l'état de nature l'homme a droit à tout ce qu'il peut atteindre, et ce droit n'a de borne que la possibilité. Ce droit, il l'abandonne dès le moment où il entre en société; et je suis étonné que le comité ait pu le comprendre dans un même article avec les droits conventionnels sociaux. Je demande la radiation des mots *droits naturels.*

Garran-Coulon. L'histoire des peuplades les plus sauvages n'offre aucun exemple d'hommes vivant autrement qu'en société. Telle est la nature des goûts de l'homme, que s'il n'y a que deux, dix ou vingt hommes, ils sont bientôt réunis; ils vivent bientôt ensemble, et je pourrais dire que l'état social est le véritable état naturel de l'homme; ses droits sociaux ne sont autre chose que ses droits naturels.

Un membre, député de Cayenne. Les droits naturels ont été donnés à l'homme par l'Être-Suprême, source de toutes les vertus. Je demande donc que, préalablement à toute déclaration, la Convention, par le premier article, reconnaisse expressément l'existence d'un Être-Suprême.

Louvet. Je demande l'ordre du jour, motivé sur ce que l'existence de Dieu n'a pas besoin d'être reconnue par la Convention nationale de France (1).

Vergniaud. Je demande qu'abandonnant la distinction de *naturel* et de *social* la Convention adopte cette rédaction :

---

(1) L'auteur de *Faublas* avait qualité plus que personne pour s'opposer à la déclaration de l'existence de Dieu. Sans doute le Créateur n'avait pas besoin d'être reconnu par la Convention nationale; mais la Convention avait besoin de le reconnaître. Le jeu de mot de Louvet eût été sans conséquence si les Jacobins avaient pris au sérieux la constitution alors discutée; mais ils pensaient que la véritable ne pouvait être fondée qu'après la ruine des Girondins; et ce dernier objet était alors leur unique sollicitude. Il ne faut pas long-temps réfléchir pour se convaincre que sans Dieu il n'y a point de morale, que sans morale il n'y a point de société, et qu'un acte de foi est la base indispensable de toute constitution politique. (*Note des auteurs.*)

« Les droits de l'homme en société sont l'égalité, la liberté, la sûreté, la propriété, la garantie sociale, et la résistance à l'oppression. » (*Adopté à l'unanimité.*)

COMMUNE. — *Séance du 17 avril.*

Les commissaires chargés de rédiger une adresse à la Convention, pour la solliciter d'effectuer les secours promis aux mères, femmes et enfans des soldats volontaires, sont invités à faire leur rapport.

Cet arrêté est exécuté à l'instant, et le conseil charge ses commissaires de presser auprès du comité des finances le rapport qui doit être fait à ce sujet à la Convention nationale.

En vertu d'un arrêté d'hier, la discussion s'ouvre sur les subsistances. Quelques membres proposent, comme moyen de parer aux difficultés actuelles, d'exposer sur le carreau de la Halle la plus grande quantité possible de farines tirées des magasins de la municipalité; mais le substitut du procureur de la Commune pense que cette mesure ne peut que produire de grands maux, en empêchant les boulangers de s'approvisionner au dehors; que lorsque les magasins seront une fois épuisés, la municipalité et les boulangers seront obligés d'acheter la farine au dehors, et qu'alors cela ne sera peut-être plus possible.

Garin, l'un des administrateurs des subsistances, est sommé de déclarer s'il est vrai, comme il l'a avancé, que Paris soit approvisionné suffisamment, et qu'enfin il dise pour combien de temps l'on a des subsistances. Il répond qu'il voit avec douleur que des inquiétudes déplacées dérangent tous les projets de l'administration. Il affirme à plusieurs reprises que les subsistances ne manqueront pas, et propose à ce sujet une proclamation dont la rédaction est adoptée.

Les commissaires des sections, présens à la séance, sont invités à se retirer dans leurs sections respectives, pour leur faire part de ce qu'ils viennent d'entendre sur les subsistances.

Le citoyen maire est invité à donner de son côté les éclaircissemens qu'il peut avoir sur cet objet. Le maire démontre les causes, les circonstances et le résultat des mouvemens dont Paris est agité depuis trois jours. Il fait part au conseil du compte qu'il a rendu à la Convention nationale. Il s'attache à prouver que la discussion sur les subsistances est si délicate, que plus on en parle, et plus les inquiétudes s'accroissent. Les subsistances, dit-il, sont dans le même état qu'elles étaient il y a quinze jours; la quantité du pain cuit est la même; l'arrivage journalier est le même; le trouble et l'agitation n'existent que par le fait des malveillans.

Le conseil invite le citoyen maire à rédiger par écrit les observations qu'il vient de communiquer. Elles seront imprimées, affichées et envoyées aux quarante-huit sections, pour servir d'instruction sur les subsistances.

Une députation des commissaires de la majorité des sections donne lecture d'un projet d'ordre et de marche pour une fête destinée à consacrer l'union. Trente-cinq sections ont déjà adhéré à cette fête.

Des députés demandent qu'il soit ouvert, dans chacune des quarante-huit sections, deux registres destinés à recevoir les signatures des citoyens qui adhèrent à la pétition présentée, le quinze de ce mois, à la Convention nationale.

Après une longue délibération, le conseil-général arrête qu'il sera fait une adresse aux quarante-huit sections, pour leur représenter les inconvéniens d'une fête dans les circonstances actuelles, et les inviter à l'ajourner à un autre temps.

On lit une lettre par laquelle la société des Amis de la liberté et de l'égalité d'Auxerre se plaint du décret d'accusation lancé contre *Marat*.

Le conseil arrête qu'il en sera fait mention civique au procès-verbal, dont un extrait sera envoyé à la société des Amis de la liberté et de l'égalité d'Auxerre.

CLUB DES JACOBINS. — *Séance du 17 avril.*

Présidence de Marat.

Desfieux. « D'après l'arrêté de cette société, votre comité de correspondance a cru devoir envoyer des courriers extraordinaires dans les départemens pour faire connaître la situation de la République. Nous avons fait partir successivement deux courriers à Marseille, pour inviter nos frères à se tenir prêts, et vous avez vu l'heureux résultat de cette mesure, puisque vous avez reçu la nouvelle de l'arrivée de six mille Marseillais.

» Nous avons aussi expédié un courrier pour Toulouse, ce courrier est en prison, il a été arrêté par le département, qui a envoyé deux députés pour rendre compte à la Convention de cet événement ; le frère de Grangeneuve est l'un de ces députés. »

Un membre fait lecture d'une lettre qui annonce que Landau est sur le point d'être attaqué. Tous les paysans conduisent leurs bestiaux et leurs propriétés dans la ville. Une fois cette place prise, l'ennemi marchera sur Paris. Nous sommes environnés de traîtres ; on ne peut se fier à personne ; on dit qu'il y a quatre-vingt mille Parisiens et Marseillais qui viennent à notre secours.

On demande l'ordre du jour. (Bruit.)

Un membre demande que pour ne pas nous étourdir sur nos dangers, on entende la lecture de cette lettre, quoiqu'elle paraisse exagérée. — Le calme se rétablit.

Le citoyen continue : J'apprends dans le moment que l'armée ennemie s'avance de notre côté, et que Mayence n'est plus bloqué. Custines nous trahit ; il faut une fois se montrer républicains ; tous les jours nous crions : aux armes, et nous ne prenons aucunes mesures pour écraser nos ennemis. Rallions-nous, formons des bataillons, marchons tous à la rencontre de l'ennemi, que toute la République ne forme qu'un noyau, qu'on sonne le tocsin, qu'on assigne un jour pour sortir tous de Paris.

Un des adjoints du ministre de la guerre. « Il est certain que le citoyen qui vient de parler à la tribune est un excellent patriote. Il n'est pas moins vrai que l'ennemi porte sa force sur le Bas-Rhin, et comme il compte beaucoup sur nos divisions intérieures, il fera répandre beaucoup de fausses nouvelles pour effrayer le peuple et le porter à demander lui-même quelque accommodement. Quoi qu'il en soit, nous avons juré de sauver la patrie et nous la sauverons. Nous invitons tous les citoyens à nous aider de leurs conseils et de leur instruction. Les sans-culottes seront reçus et traités à l'armée comme des frères et des amis. »

Robespierre. « Il est très-vrai que l'objet de nos ennemis extérieurs et intérieurs est de nous amener à une transaction avec les despotes, et pour y parvenir ils répandent de fausses alarmes. Ne négligeons aucune nouvelle. La vérité ne saurait être trop terrible pour nous. Ceux qui veulent nous forcer à transiger ne connaissent ni l'esprit des républiques, ni le génie de la liberté; mais nous ne pouvons compter sur la punition de nos ennemis qu'autant que nous adopterons des mesures sages et décisives.

» La conjuration de Dumourier a fait de grands maux à la France, mais elle n'est point arrivée à son terme. Pour la première fois nous avons un comité patriote. Le comité de salut public n'a pas encore pris toutes les mesures pour sauver la patrie; mais il a fait des choses très-utiles, et il n'est question que d'éveiller le patriotisme des citoyens qui composent ce comité. (Bruit.)

» Tout ce qui ne porte pas le caractère d'emportement est écouté avec défaveur, et cependant jamais nous n'avons eu un plus grand besoin du sang-froid de la réflexion.

» Ce comité a déjà fait destituer plusieurs officiers aristocrates. Le ministère de la guerre va bien actuellement, je ne réponds pas de l'avenir; mais ce ministère, composé de vrais patriotes, se concerte avec le comité de salut public, et travaille avec autant de zèle que de civisme.

» Notre armée s'est ralliée et a remporté déjà quelques avantages sur les Autrichiens, et c'est un miracle que notre armée ait survécu aux trahisons de Dumourier. Si cette trahison était arrivée à son terme, nos places fortes auraient été livrées à l'ennemi, et c'en était fait de la liberté.

» Pour assurer le salut de la République, il faut que tous les officiers suspects, placés par Beurnonville et ses complices, soient chassés; il faut ensuite, pour purger l'intérieur, chasser tous les agens du pouvoir exécutif; il faut renouveler le directoire des postes; il faut chasser Clavière, l'artisan de tous nos maux, le protecteur de l'agiotage. Toute la France le proscrit, et le comité de salut public ne tardera pas à le chasser.

» Un fléau non moins redoutable, ce sont les papiers publics soudoyés par nos ennemis étrangers. Il est bien singulier qu'ils soient les défenseurs de Dumourier, les interprètes de Cobourg, et qu'ils s'unissent à nos ennemis pour égarer l'opinion publique et étouffer la liberté.

» Une mesure révolutionnaire et indispensable, c'est de créer des papiers patriotes et de proscrire tous ceux que l'aristocratie enfante et protége.

» C'est sur la Convention nationale que nous devons fixer nos regards. Dans son sein il existe un parti qui veut la perte de la République; ce parti a été déconcerté par la découverte de la trahison de Dumourier; mais il conserve encore une grande force, et il la puise dans son système de calomnie, et dans les journaux qui lui sont dévoués et qui corrompent l'esprit public. Je vous ai dit que les ennemis que la République a au sein de la Convention veulent favoriser la contre-révolution par la convocation des assemblées primaires. Cette vérité est sensible. Plusieurs départemens sont déjà, en quelque sorte, en état de contre-révolution. Les choix seraient influencés par les riches, par les égoïstes : le plan de nos ennemis est de ressusciter l'aristocratie. Les assemblées primaires seraient un instrument de guerre civile : parce que le peuple est égaré, il faut s'attacher à l'instruire.

» Les chefs de la faction profitent de l'indignation qu'ils allument dans le cœur des citoyens, pour les forcer à convoquer les assemblées primaires ; il faut éviter ce piége. Notre objet doit être de déconcerter la manœuvre de nos ennemis, qui ont voulu profiter de la pétition pour calomnier les patriotes. Ils ont imaginé des moyens pris dans la source même du patriotisme. On vous a parlé d'un courrier arrêté à Bordeaux. J'ignore de quelles dépêches était porteur ce courrier. Le projet de nos ennemis est de dénoncer encore une fois les Jacobins, de remplir la République de calomnies, d'horreurs et d'intrigues, pour opérer un mouvement favorable aux armées étrangères. Je suis instruit qu'il est faux que six mille Marseillais soient en marche pour se rendre à Paris. Si vous avez ordonné l'impression et l'affiche de la lettre de Marseille, c'est un arrêté sur lequel vous pouvez revenir, parce qu'il pourrait fournir à nos ennemis un nouveau prétexte de renouer leurs intrigues.

» Je propose donc à la société : 1° de rapporter l'arrêté par lequel elle a ordonné la publicité et l'affiche de la lettre de Marseille, et d'attendre de nouveaux renseignemens à ce sujet ; 2° de prendre connaissance du contenu des dépêches du courrier arrêté à Bordeaux. »

Desfieux appuie ces propositions, et assure au surplus que la lettre de Marseille est vraie et que les six mille hommes sont réellement partis.

« Je vais, a ajouté Desfieux, donner à Robespierre des explications sur les dépêches du courrier arrêté. La société a jugé qu'il était indispensable de ranimer l'opinion publique. Le moyen d'éclairer les départemens était de leur dévoiler toutes les trames des généraux et de leurs complices. En conséquence votre comité a fait un historique de tout ce qu'il savait, et tous les membres de la société ont été appelés, et ont concouru à cet historique qui a servi de base à cette adresse pour laquelle Marat est persécuté ; et si Marat est compromis pour avoir signé cette adresse, tous les députés de la Montagne, tous les membres de cette société, qui ont signé cette adresse, seront compromis ainsi que tous les patriotes qui la signeront.

» L'arrestation de notre courrier dépose contre nos ennemis; c'est un acte arbitraire qui prouve qu'ils craignent la lumière. Tout le monde sait que toutes les lettres sont ouvertes à Bordeaux. Tant que les administrateurs violeront le secret des postes, les patriotes de Bordeaux, qui sont de vrais sans-culottes, ignoreront toujours les complots de la faction liberticide. »

La société, consultée, rapporte l'arrêté qui ordonnait l'impression et l'affiche de la lettre de Marseille.

Le citoyen Robespierre propose d'imprimer et afficher l'arrêté qui révoque le premier, afin d'opposer cette pièce aux calomnies de nos ennemis.

Un membre combat cette proposition.

N..... « La mesure que les Marseillais ont prise est grande, est belle, est révolutionnaire; mais elle serait dangereuse, si elle n'était secondée par la simultanéité de toutes les sociétés populaires. »

Payre. « Il s'est élevé un doute sur la véracité de la lettre de Marseille; il importe de dissiper ce doute. »

Robespierre. « Il n'est pas question de la mesure, il est question de savoir s'il n'y a pas d'inconvéniens à rendre publique cette lettre. Tous ceux qui connaissent la perfidie de nos ennemis, doivent sentir que cet arrêté leur fournirait le prétexte de faire croire à ceux qu'ils égarent, que leur tête ne tient pas sur leurs épaules, quoique les Marseillais n'aient pas l'intention de toucher à cette race moutonnière, qui suit aveuglement l'impulsion qu'on lui donne. Ne vous mettez pas en butte à la rage, au désespoir d'une faction capable de tous les crimes. »

La société arrête la proposition du citoyen Robespierre.

Une députation de militaires est admise et justifie le citoyen Royer, colonel du 7e régiment des hussards de la liberté, que la calomnie accusait d'avoir émigré.

Une députation de la section des Quinze-Vingt est admise, et fait part de l'arrêté qu'elle a pris de nommer des commissaires pour être les organes de ses sentimens, et annoncer à la société des Jacobins le serment qu'elle a solennellement prêté, de défendre jusqu'à la mort la personne de Marat, qui a toujours été fidèle aux principes de la liberté et de l'égalité. (Applaudi.)

Le président. « Les applaudissemens que vous venez d'entendre vous témoignent assez que la société partage tous les sentimens généreux que vous avez marqués avec tant de vérité. Elle vous invite aux honneurs de la séance. »

Le ministre de la guerre envoie des tableaux de tout ce qui compose les états-majors de la République. (Applaudi.)

« Ces états, observe Desfieux, seront déposés aux archives, et tous les citoyens sont invités à en prendre communication pour nous donner tous les renseignemens qui dépendront d'eux. Ce même ministre vous promet la liste de tous les commissaires des guerres et celle de tous les employés par Beurnonville. Il se propose, en outre, de faire imprimer ces listes, et de les envoyer dans toute la République, afin qu'il ne reste dans notre armée que de vrais sans-culottes. » (Applaudi.)

La société de Beaune, département du Var, vous écrit : « Nous reconnaissons la nécessité de nous lever une troisième fois. Nous sommes prêts ; donnez-nous le signal. Que notre réveil soit terrible ; ne déposons les armes que quand nous aurons exterminé tous nos ennemis. C'est le seul moyen de sauver la République. » (Applaudi.)

La société d'Auxerre s'exprime en ces termes : « Le décret d'accusation lancé contre Marat, est aux yeux des patriotes une calamité publique. Frères et amis, nous allons voler à votre secours pour exterminer les parricides, et faire avec vous triompher la cause du peuple. (Applaudi.)

» Mais, en attendant, nous mettons sous la responsabilité des sans-culottes des quarante-huit sections de Paris, la vie du plus vigoureux défenseur de la liberté. Tel est le vœu de quarante mille Auxerrois, qui ont invité toutes les sociétés à suivre leur exemple. »

AVRIL (1793).

TRIBUNAL RÉVOLUTIONNAIRE. — *Audience du 17.*

Thomas-Pierre Petit, chiffonnier, âgé de quarante-trois ans, natif de Paris, accusé d'avoir tenté d'embaucher des soldats de la République pour les armées ennemies, a été acquitté.

Étienne-Emmanuel Prieur, âgé de vingt-six ans, frotteur de la citoyenne Dupin, né à Fontenay-le-Saint-Père, département de Seine-et-Oise, demeurant à Paris, rue Neuve-Saint-Nicolas, n° 12, section de Bondy, acquitté de l'accusation portée contre lui comme prévenu d'avoir tenu des propos tendant au rétablissement de la royauté en France, a été mis sur-le-champ en liberté.

Martin Desaubaz, prêtre, âgé de quarante-trois ans, né à Paris, demeurant rue de Sèvres, n° 1060, prévenu d'être réfractaire, a fourni la preuve de son innocence, et a été mis en liberté de la maison d'arrêt de la Conciergerie par jugement rendu dans la chambre du conseil.

CONVENTION. — SÉANCE DU 18 AVRIL.

Pénières fait décréter qu'il n'y a pas lieu à inculpation contre Ailhaud, ex-commissaire civil à Saint-Domingue. — Marat adresse une lettre au président; mais la Convention décrète qu'aucune lettre de lui ne sera ouverte qu'après sa soumission au décret d'arrestation. — Une députation du département de la Gironde paraît à la barre. Grangeneuve jeune, orateur, dénonce une adresse dans laquelle on propose le massacre d'une partie des membres de la Convention. Le président, Thuriot, applaudit au zèle civique des habitans de la Gironde. Renvoi aux comités. — Le département de Paris vient demander la fixation du *maximum*.

Le président du département, orateur de la députation. Nous venons, au nom des citoyens de tout le département de Paris, vous instruire de nos maux, et vous présenter les moyens d'y remédier. Depuis quatre ans, il n'est pas de sacrifices que le peuple n'ait faits à la patrie; pour prix il vous demande du pain.

Les mesures que nous vous offrons ont déjà force de loi dans l'opinion publique. Il s'agit de la classe indigente, pour laquelle le législateur n'a rien fait quand il n'a pas tout fait. Qu'on n'objecte pas le droit de propriété; le droit de propriété ne peut être le droit d'affamer ses concitoyens. Les fruits de la terre, comme l'air, appartiennent à tous les hommes. Nous avons consulté les cultivateurs ; tous ont assuré que la France a dans son sein plus de grains qu'il ne lui en faut pour sa consommation. Nous venons demander : 1° la fixation du maximum du prix du blé dans toute la République ; il pourrait être, pour l'année prochaine, de 25 à 30 livres le setier ; 2° l'anéantissement du commerce des grains ; 3° la suppression de tout intermédiaire entre le cultivateur et le consommateur ; 4° et un recensement général de tout le blé après chaque récolte. »

Vergniaud fait renvoyer cette pétition au comité d'agriculture. — Mathieu et Génissieu annoncent avoir des faits contre le général Kellermann. Ils sont invités à les communiquer au comité de salut public. — On lit les pièces apportées par les députations de la Gironde : ce sont pour la plupart des adresses de la société des Jacobins à Paris et des lettres de plusieurs de ses membres, J.-B. Lacoste, Blanchard, Delpech, Desfieux, etc. — Lettre du général Dampierre, rétractant la nouvelle qu'il avait donnée que le 10° régiment de chasseurs à pied avait passé à l'ennemi. — Après quelques débats, où Robespierre, Duroy et Vergniaud ont parlé, toutes les pièces apportées par la députation de la Gironde sont renvoyées aux comités.

Séance du 18 *au soir*. — Lasource est nommé président ; Doulcet, Lehardy et Chambon sont nommés secrétaires. — La séance n'eut lieu que pour l'appel nominal, dont cette élection fut le résultat. Le *Patriote français*, n. MCCCXLVI, se contenta de faire remarquer que le bureau de la Convention nommé le 18 se composait de quatre des vingt-deux proscrits.

Presse. Le journal de Marat, n. CLXXVI, parle ainsi du nouveau bureau de la Convention :

« Delmas a cédé le fauteuil à Lasource ; c'est un homme de bien remplacé par un scélérat. Delmas est probe, franc, loyal ; mais il manque quelquefois d'énergie, et l'envie qu'il a d'obtempérer, pour ne pas recourir aux mesures rigoureuses contre les ennemis de la chose publique, lui donne alors l'air de la partialité, et même de la connivence, aux yeux des patriotes austères qui ne le connaissent pas. Un homme public, et surtout un représentant de la nation, doit être inflexible ; jamais il ne doit balancer de se prononcer fortement pour la vérité, la justice, la patrie, contre la cabale des intrigans, des fripons et des ennemis du peuple : petit avis que je donne en passant aux hommes à considération. Quant à Lasource, c'est le tartufe le plus infâme qu'ait vomi l'enfer : le lâche vous caresse, pour mieux vous surprendre ; il vous flatte, pour mieux vous trahir ; il vous caresse, pour mieux vous enfoncer le poignard.

» Quand l'hypocrisie sera bannie de la terre, elle se réfugiera dans son cœur, si toutefois Rabaud de Saint-Étienne n'est plus. On ne tarit pas sur les vices des prêtres catholiques, et avec raison ; qui aurait cru cependant que deux jésuites huguenots effaceraient en scélératesse ce que le cloître renferma jamais de plus perfide.

» Avec ce vénérable président de la Convention, les hommes d'état qui la mènent ont porté au bureau Lehardy, Pontécoulant et Chambon, c'est-à-dire la lie de leur clique. Si Reveillère-Lepeaux et Puyravaux sont restés avec eux, patriotes, redoublez de vigilance, et craignez de voir écarter tous les bons décrets à rendre, et retenir ou tronquer tous les bons décrets rendus. »

Commune. — *Séance du 18 avril.*

Le conseil a arrêté que tous ses membres, à l'exception des administrateurs, feraient tour à tour leur service au Temple.

Le procureur de la Commune annonce au conseil qu'en conséquence de la convocation faite par le département de Paris de toutes les communes de son arrondissement, le maire, les officiers municipaux et lui, se sont transportés au lieu du rassemblement indiqué dans la salle des Jacobins; que là des commissaires ont été nommés pour la rédaction d'une adresse à la Convention nationale relativement aux subsistances; que la principale disposition de cette adresse portait l'invitation à la Convention de fixer annuellement le *maximum* du prix des grains, en prenant le quintal pour mesure. Il donne ensuite le détail des débats et discussions qu'a occasionnés à la Convention la lecture de cette adresse, qui a été renvoyée au comité d'agriculture et de commerce. Il invite tous les membres du conseil à se réunir pour sauver le peuple, en répondant à la confiance qu'il leur a accordée. Il leur rappelle ce qu'à fait le conseil-général au 10 août, et le serment sublime qui fut à cette époque prononcé dans cette enceinte. « Le temps est arrivé, ajoute le procureur de la Commune, de renouveler ce serment sacré, d'être unis et de mourir tous à notre poste avant qu'on ait porté la moindre atteinte aux droits du peuple. Jurons-le donc; jurons union, fraternité et protection mutuelle avec les sections, les sociétés populaires et tout le peuple de Paris. »

A l'instant tous les membres du conseil se lèvent et s'écrient : « Nous le jurons ! » Je demande, ajoute Chaumet, que le conseil général déclare qu'il sera en état de révolution, tant que les subsistances ne seront pas assurées; que le conseil-général déclare qu'il se croira frappé, lorsqu'un de ses membres sera frappé pour ses opinions; qu'il se croira frappé, lorsqu'un président ou un secrétaire de société patriotique, d'assemblées de sections, ou, en un mot, un simple citoyen, sera frappé pour ses opinions. »

Le conseil général adopte à l'unanimité toutes les dispositions énoncées dans le réquisitoire du procureur de la Commune.

D'après un autre réquisitoire, le conseil a arrêté que le procès-verbal de cette séance serait porté demain à la Convention pour servir de réponse aux calomniateurs; que le comité de correspondance avec les quarante-quatre mille municipalités serait mis au plus tôt en activité, et composé de neuf membres au lieu de cinq, nombre auquel l'ont porté les précédens arrêtés ; que l'on enverra à toutes les commissions du conseil l'arrêté qui invite tous les membres à signer la pétition présentée, le 15 de ce mois, à la Convention nationale par la majorité des sections; enfin que l'imprimeur sera tenu de remettre, dès demain, au comité de correspondance avec les municipalités, douze mille exemplaires de cette pétition.

CLUB DES JACOBINS. — *Séance extraordinaire du* 18 *avril.*
Présidence de Marat.

Le citoyen Dubuisson, vice-président, occupe le fauteuil.

Bentabolle obtient la parole pour une motion d'ordre. Il y a, dit-il, quelques mois que la société a établi un comité de constitution pour examiner avec maturité, et dans le calme, le projet de la Convention. Aujourd'hui cette constitution va être discutée et organisée au milieu des orages et des dissensions. Quand la nation est environnée d'ennemis, quand elle est assaillie par les puissances étrangères et déchirée par les ennemis intérieurs; dans un moment, enfin, où les patriotes sont éloignés. Les membres du côté droit de la Convention ont imaginé pour sauver leurs personnes, de faire la constitution en quinze jours. Pour remplir ce but, ils emploient des raisons spécieuses. Ils disent que pour faire cesser l'anarchie, il importe d'établir les bases constitutionnelles. On peut répondre à cet argument qu'il faut préalablement rappeler cent treize ou cent quatorze députés patriotes; la nation ayant envoyé sept cent quarante-cinq membres, a droit de demander que sept cent quarante-cinq membres coopèrent à l'acte constitutionnel ; la majorité de la Convention n'est pas du côté de la Montagne, la Montagne est découragée, est discréditée, je le soutiens; qu'en résultera-t-il ? c'est que le parti des intrigans fera la loi et nous donnera une constitution liberticide. Son projet est de profiter de l'absence des députés patriotes. Pour déjouer ce complot, je demande que la société mette la constitution à l'ordre du jour.

N..... « Je viens dans votre sein déposer la déclaration des droits de l'homme et les bases fondamentales d'une constitution républicaine, où la responsabilité soit sévère et où la démocratie fasse trembler les despotes. Le projet de Condorcet est infâme et généralement méprisé.

Lavaux. « Il serait très-impolitique, très-dangereux de traiter les articles constitutionnels pendant l'absence des patriotes. Bentabolle s'est trompé en vous disant que la Montagne est discréditée. Jamais la Montagne n'a joui d'une plus grande vénération. Nos ennemis veulent faire croire que la Montagne ne veut pas de constitution et qu'elle désire perpétuer le règne de l'anarchie. Il importe pour détruire cette calomnie et confondre les scélérats, tels que Vergniaud et Gensonné, de poser les bases d'une constitution populaire.

N..... « Je vais vous proposer deux mesures qui déjoueront les trames des ennemis de la liberté. Il faut 1° que toutes les sections de Paris protestent formellement contre tous les articles de la Constitution qui seraient décrétés pendant l'absence des patriotes; 2° Qu'elles invitent les départemens et les députés absens à faire les mêmes protestations.

Terrasson. « L'astuce du marais de la Convention est plus perfide que vous ne l'imaginez. Vous savez qu'il a eu l'art de gagner les départemens; il faut donc commencer par éclairer nos frères des départemens, et surtout vous opposer à ce qu'on décrète aucun article constitutionnel pendant l'absence des Montagnards. Je ne serais cependant pas d'avis que les sections de Paris se montrassent à cet égard, ce serait encore une raison de les calomnier. Il suffit que nous demandions la suspension de la discussion relative à la Constitution, jusqu'à ce que la représentation nationale soit complète. Je demande que le comité de correspondance soit chargé de faire une adresse aux départemens, pour qu'ils émettent leur vœu à cet égard. »

Dufourny. « J'appuie la motion du préopinant, et j'ajouterai un motif à ceux qu'il vient de développer. Dans toutes les grandes questions, notamment dans l'affaire de Louis Capet, la Convention a eu grand soin d'appeler, de rassembler tous ses membres. Or il n'y a pas de question plus importante que la confection de l'acte constitutionnel. L'alibi est bien prouvé, le nombre des absens est considérable, et la Convention ne peut se dispenser de consulter tous les membres qui la composent sans exception. »

Le citoyen Terrasson résume ainsi sa proposition. Je demande que le comité de correspondance soit chargé d'instruire les départemens sur notre situation actuelle, d'en présenter le danger et de faire connaître combien il serait dangereux que la constitution fût faite avec précipitation dans un moment où une faction domine.

Le vice-président met aux voix la proposition de Lavaux, avec l'amendement de la suppression du mot protester, et la société arrête qu'il sera fait une adresse au département et aux sections de Paris, pour les inviter à représenter à la Convention que si l'on décrétait les articles constitutionnels dans l'absence d'un grand nombre de députés, les droits du peuple et ceux des députés absens seraient lésés, qu'en conséquence (conformément à l'amendement de Bentabolle) ils regardent comme attentatoire aux droits du peuple tout projet de discussion d'article constitutionnel en l'absence des députés patriotes.

Lavaux a proposé de supprimer les mots : et ceux du peuple. (Adopté.)

Bentabolle. « Je vais vous rendre compte de ce qui s'est passé aujourd'hui à la Convention. On avait entamé un rapport sur l'organisation de la cour martiale. Des députés de la Gironde ont été introduits : l'un d'eux est un frère de Grangeneuve. Leur adresse était remplie de diatribes sanglantes contre les Jacobins et la Montagne. Ils ont eu l'audace d'avancer que tout le département de la Gironde était prêt à fondre sur Paris, si on chassait leurs représentans. Le côté droit était triomphant et voulait faire imprimer cette adresse.

On avait annoncé une lettre du citoyen Marat qui réclamait

contre l'acte d'accusation qui n'a pas encore été présenté à la rédaction. On n'a pas donné lecture de cette lettre sous le prétexte que Marat n'a point satisfait à la loi. Je ne connais aucun principe qui justifie ce déni de justice ; un accusé a le droit de réclamer contre l'oppression dans quelque lieu qu'il se trouve.

Le paquet du courrier arrêté à Bordeaux contenait divers imprimés de cette société, et quelques lettres de famille ; on n'a trouvé dans ces lettres que des affaires particulières, et quand elles contiendraient quelques indiscrétions, elles ne pourraient donner lieu à une accusation, parce que tout ce qui est sous le sceau du cachet, tout ce qui est écrit dans l'intimité de la correspondance est sous la sauvegarde de la loi qui protége le secret des lettres. »

Une députation de la section des Amis de la patrie est admise et communique l'arrêté par lequel elle prend sous sa protection l'Ami du peuple.

Le président. « Malgré les nuages élevés par les malveillans sur notre horizon politique, les vrais défenseurs des droits du peuple trouvent dans l'énergie et la reconnaissance de leurs concitoyens des moyens de résistance à l'oppression. Marat sortira vainqueur d'une lutte dans laquelle son patriotisme brillera d'un nouvel éclat. Tous les patriotes s'armeront pour la défense du peuple. Et vous, section des Amis de la patrie, qu'on pourrait nommer la Montagne extérieure de la République, restez debout et soyez l'épouvantail des intrigans ; tous les républicains seconderont vos généreux efforts. Le monde ne fut affermi sur son axe qu'après de fréquentes agitations. Actuellement il est immuable. Nous avons peut-être encore besoin de quelque secousses pour consolider notre liberté ; mais qu'elles ne nous épouvantent pas, elles nous assureront une victoire complète et durable. » (Applaudi.)

Robespierre. « Je dois vous faire part de quelques réflexions sur le prétendu projet de conjuration que nos ennemis ont supposé. On a annoncé des papiers, saisis dans les mains d'un courrier envoyé par cette société. Le paquet, que l'on a remis et ouvert, contenait des imprimés et adresses patriotiques, et quelques lettres confiées par des citoyens qui ont profité de l'occasion de ce courrier. Plusieurs de ces lettres ne parlent que d'affaires de commerce. Il y en avait une où un mot sur les affaires publiques était intercallé ; on y disait que les députés de la Gironde conspiraient contre la République ; mais qu'on attendait un bataillon de Marseille qui purgerait Paris des royalistes. Les tribunes ont applaudi à cette phrase, et des membres ont demandé que le procès-verbal fît mention de ces applaudissemens. Il faut observer que les auteurs de cette allégation appliquaient aux Girondins l'épithète de royalistes. Au moyen d'un faux contenu dans le procès-verbal des administrateurs de la Gironde, ils voulaient constater que c'était les députés de la Gironde que les Marseillais désignaient sous le nom de royalistes et voulaient égorger. Les républicains ont eu beaucoup de peine à obtenir la lecture de ces lettres. On a lu d'abord des circulaires où respirait le plus pur patriotisme.

La lecture de ces pièces donnait à la Convention l'air d'une séance de Jacobins. La tournure que prenait cette affaire ne plaisait pas à ceux qui l'avaient suscitée, ils cherchaient à l'interrompre par divers incidens, et ils proposaient, entre autres choses, de mettre en état d'arrestation les auteurs de ces lettres. Je me suis opposé vigoureusement à cette motion ; nous demandions le renvoi au comité de salut public. Nous avons obtenu avec beaucoup de peine l'impression de toutes les lettres qui appuyaient cette prétendue conspiration ; mais il est probable qu'il n'arrivera aux départemens que le faux qui inculpe les patriotes.

La nation ne connaît que les blasphèmes contre la liberté. Jamais la voix de l'innocence et du patriotisme ne se fait entendre dans les départemens. Certes il est impossible que la cause de la liberté triomphe tant que les départemens seront inondés de journaux perfides.

La société doit déjouer ce nouveau complot qui est lié à celui de Dumourier, à celui de Cobourg, à celui de tous les ennemis de la République. Je rends hommage au patriotisme de celui qui vous a proposé d'envoyer une adresse pour empêcher de brusquer la confection de la Constitution ; mais cette adresse serait impolitique, on la lierait au système de calomnie auquel les patriotes sont en butte ; on dirait que nous protestons contre les décrets de la Convention ; que nous ne voulons point de Constitution. Je demande que vous rapportiez cet arrêté, et que vous arrêtiez une adresse qui dévoile en général les trames de nos ennemis, et qui éclaire les départemens. Nous ne saurions trop être en garde contre les piéges qu'on nous tend, et mesurer les termes que nous employons. A quoi bon se servir de ces expressions : purger la Convention de tous les traîtres? Cela fait qu'on nous peint comme des hommes qui veulent dissoudre la Convention et détruire les appelans et les modérés. Ces phrases donnent un ascendant terrible à nos ennemis. Je vous exhorte à bien peser les termes, et avec des mesures de prudence vous sauverez la République. »

Terrasson. « En applaudissant aux propositions sages du préopinant, je ferai quelques observations relativement au département de la Gironde. Quoiqu'il puisse m'en coûter d'inculper un département qui m'a vu naître, je ne dois consulter que l'amour de la patrie. Je crois que le département a commis la prévarication la plus grande, la plus liberticide. Il faut s'élever contre ces sortes d'infractions avec l'énergie qu'inspire l'amour de la liberté. Que deviendrons-nous si une autorité constituée se donne le droit d'intercepter la correspondance sous le prétexte d'un soupçon vague, lorsqu'un courrier ne portait aucun caractère de suspicion, lorsqu'un courrier s'annonçait pour appartenir à une société qui a bien mérité de la patrie ; de quel droit a-t-on pu se permettre de l'arrêter et de saisir ses paquets ? Je demande donc que nous dénoncions le procédé du département de la Gironde comme attentoire à la liberté. »

TRIBUNAL RÉVOLUTIONNAIRE. — *Audience du* 18.

Jeanne-Catherine Cler, âgée de 55 ans, née à Valenciennes, cuisinière chez le citoyen Doailler, à Paris, rue des Poulies, n° 5, convaincue d'avoir, dans plusieurs cafés, et même au corps-de-garde de Saint-Firmin, et à différentes époques, tenu des propos tendant à provoquer le massacre et la dissolution de la Convention nationale, la destruction de la République et le rétablissement de la royauté en France ; le tout avec des intentions criminelles et contre-révolutionnaires, a été condamnée à la peine de mort; et ce en conformité de la loi du 4 décembre dernier, et ses biens acquis à la République.

CONVENTION. — *Séance du 19 avril.*
Présidence de Lasource.

[*Mazuyer*. Dans ce moment-ci, on prépare le supplice d'une femme (1) qui a tenu des propos anti-civiques. Cette femme n'était pas à elle-même lorsqu'elle tenait ce langage. On dit qu'elle était dans le vin. Je demande qu'il soit sursis à l'exécution du jugement.

Isnard. Le tribunal extraordinaire s'est conformé à la loi; mais la loi n'est pas assez précise; elle est trop générale. Sans doute, un citoyen qui tiendra des propos contre-révolutionnaires avec dessein et connaissance, devra être puni; mais il n'est pas dans votre intention qu'une femme qui ne connaît pas les matières politiques..... (On murmure.) Je ne parle pas de cette femme; car, lorsqu'une loi est portée, je veux qu'elle soit exécutée; mais c'est de l'imperfection de la loi dont je me plains..... (On murmure.) C'est la loi qui a besoin d'être réformée. Nous sommes tous d'accord que celui qui, malicieusement et à dessein, prononcerait des propos tendant au royalisme, soit puni de mort; mais une femme qui ne connaît point les matières politiques.....

Robespierre jeune. Nous avons porté une loi contre le royalisme : celui qui parle contre la loi est un royaliste.

(1) Il s'agit de Jeanne Catherine Cler. (*Note des auteurs.*)

N..... Oui, c'est vouloir protéger les royalistes. Cette femme est convaincue d'avoir prêché la dissolution de la Convention. La loi est formelle, il faut qu'elle ait son exécution.

L'assemblée passe à l'ordre du jour.

Le ministre de la guerre annonce qu'il a nommé pour adjoints, Rousin, Figeac, François Deliste, Xavier Audouin.

On reprend la délibération sur la déclaration des droits.

La discussion s'ouvre sur l'article suivant :

ART. 8. La liberté de la presse, ou tout autre moyen de publier sa pensée, ne peut-être interdite, suspendue ou limitée.

Durand-Maillane. Je demande qu'à l'article on ajoute ces mots : « Si ce n'est dans les cas déterminés par la loi. »

Buzot. Si le peuple français est digne de la liberté, comme je le pense, insensiblement les hommes qui calomnient perdront de leur autorité, insensiblement les hommes vertueux recouvreront la confiance publique ; je demande la question préalable sur l'amendement de Durand-Maillane. Nous allons élever un édifice durable pour les temps de calme ; et je pense que, hors les temps de révolution, la liberté de la presse ne peut être suspendue ni limitée.

Robespierre. Les observations de Buzot sont justes ; mais il en a fait une fausse application. Il n'y a qu'une exception à faire pour les temps de révolution ; les révolutions sont faites ordinairement pour reconquérir les droits de l'homme, et le succès d'une révolution si juste peut exiger la répression d'un complot tramé à l'aide de la liberté de la presse. C'est ce que vous avez fait en prononçant la peine de mort contre ceux qui, par leurs écrits ou leurs discours, attaqueraient l'indivisibilité de la République, ou provoqueraient le rétablissement de la royauté. Je demande le maintien de l'article.

Pétion. Personne n'a proposé de rétracter les lois faites ou de les modifier. De quoi s'agit-il ici ? De présenter une déclaration des droits ; vous ne pouvez restreindre sous aucun prétexte ces droits dans la déclaration que vous en faites ; vous pouvez d'autant moins mettre des limites à la liberté de la presse, que de tous les droits de l'homme, le plus sacré est celui de manifester ses pensées ; cette vérité a été reconnue par tous les publicistes. Je demande que, sans entrer dans aucune discussion sur les lois actuelles, l'article soit adopté.

L'assemblée ferme la discussion, et adopte l'article tel qu'il était présenté par le comité.

Barrère lit l'article IX ainsi conçu : Tout homme est libre dans l'exercice de son culte.

N..... Je demande la suppression de cet article. Ce n'est pas à nous de déterminer les relations de l'homme à Dieu. Quand vous ne déclareriez pas la liberté du culte, croyez-vous qu'il y ait une puissance assez forte sur la terre pour empêcher un homme de rendre hommage à la Divinité. Si on entend par culte un culte extérieur, je soutiens que votre déclaration ne peut en consacrer la liberté ; car peut-être il viendra un temps où il n'y aura d'autre culte extérieur que celui de la liberté et de la morale publique. Je demande la suppression de l'article.

Barrère. Il ne s'agit ici que de consacrer la liberté du culte, à ceux que la même pensée et la même opinion religieuse réunissent pour rendre hommage à la Divinité qu'ils reconnaissent. Le but de l'article est d'assurer la liberté à celui même qui voudrait prendre pour l'objet de son culte ou un rocher, ou l'herbe qui serait sous ses pas. Aucune loi ne peut restreindre la liberté de ce culte, et c'est cette liberté que l'article doit assurer.

Vergniaud. L'article que nous discutons est un résultat du despotisme et de la superstition sous lesquels la France a si longtemps gémi. La maxime de l'Église catholique : *hors de l'Église point de salut*, n'avait pas établi en France l'inquisition, mais elle avait garni nos Bastilles.

Lorsque l'assemblée constituante donna la première impulsion à la liberté, il a fallu, pour faire cesser l'affreuse intolérance qui s'était établie, et pour détruire des préjugés qu'on ne pouvait attaquer de front, consacrer le principe de la tolérance ; et déjà c'était un grand pas de fait ; mais aujourd'hui nous ne sommes plus aux mêmes points, les esprits sont dégagés de leurs honteuses entraves, nos fers sont brisés ; et dans une déclaration des droits sociaux, je ne crois pas que vous puissiez consacrer des principes absolument étrangers à l'ordre social.

Danton. Rien ne doit plus nous faire présager le salut de la patrie, que la disposition actuelle. Nous avons paru divisés entre nous ; mais au moment où nous nous occupons du bonheur des hommes, nous sommes tous d'accord. (Vifs applaudissemens.) Vergniaud vient de vous dire de bien grandes et d'éternelles vérités.

Si la superstition semble encore avoir quelque part aux mouvemens qui agitent la République, c'est que la politique de nos ennemis l'a toujours employée ; mais remarquez que partout le peuple, dégagé des impulsions de la malveillance, reconnaît que quiconque veut s'interposer entre lui et la Divinité, est un imposteur. Partout on a demandé la déportation des prêtres fanatiques et rebelles. Gardez-vous de mal présumer de la raison nationale ; gardez-vous d'insérer un article qui contiendrait cette présomption injuste ; et en passant à l'ordre du jour, adoptez une espèce de question préalable sur les prêtres, qui vous honore aux yeux de vos concitoyens et de la postérité.

Gensonné. Les principes développés pour retirer l'article, me paraissent incontestables ; je conviens qu'il ne doit pas se trouver dans la déclaration des droits, il trouvera sa place dans le chapitre particulier de la constitution, destiné à poser les bases fondamentales de la liberté civile.

On demande à aller aux voix.

Durand-Maillane. Écoutons tout le monde.

Danton. Eussions-nous ici un cardinal, je voudrais qu'il fût entendu.

Guyomard. La suppression de l'article nous mène par deux chemins, ou au théisme, ou à l'athéisme....

Phelippeaux. Je demande que la Convention s'interdise des discussions théologiques.

Férand. Par respect pour la Divinité, ne continuons pas cette discussion.

AVRIL (1793).

Guyomard. C'est parce que je crains les prêtres, le fanatisme et tous les maux qui nous ont déchirés, que je demande qu'on leur arrache la dernière arme qui leur reste, et qu'on consacre par un article la liberté du culte.

Salles. Je demande, et je puis appuyer ma proposition par de nombreux exemples puisés dans l'histoire, que l'article soit retiré; mais j'engage la Convention à rédiger un acte par lequel tout citoyen s'engagera, quel que soit son culte, à se soumettre à la loi de l'état.

La Convention ferme la discussion, et ajourne l'article au moment où elle discutera la constitution.]

COMMUNE. — *Séance du 19 avril.*

L'appel pour le service du Temple ayant été fait comme de coutume, Jacques Roux a été indiqué pour y être de service. Il a déclaré être malade, et que si on le forçait d'aller au Temple il ne paraîtrait plus au conseil.

Cette assertion donne lieu à diverses propositions tendantes à blâmer fortement, et même à dénoncer Jacques Roux à la section. Après une assez longue discussion, le conseil arrête que la réponse de Jacques Roux sera envoyée à sa section (celle des Gravilliers), et passe à l'ordre du jour sur toute explication ultérieure.

Pierre Mayet, négociant, domicilié depuis onze ans à Berlin, demande un passeport pour y retourner. Le conseil arrête qu'il sera retenu à Paris, en otage, jusqu'à ce que les commissaires de la République, retenus par les Prussiens, aient été mis en liberté.

La section des Gravilliers envoie son adhésion pleine, libre et entière à la pétition présentée le 15 de ce mois à la Convention par la majorité des sections.

L'arrêté de la section des Gravilliers sera imprimé à la suite du procès-verbal d'hier.

CLUB DES JACOBINS. — *Séance du 19 avril.*

« La société avait chargé son comité de correspondance de rédiger une adresse circulaire aux sociétés affiliées : elle en entend la lecture, et en arrête l'impression.

« Cette adresse a pour objet des éclaircissemens sur la faction d'Orléans, et le décret d'accusation lancé contre Marat. Les Jacobins qu'on voudrait confondre avec les Orléanais ne répondent à cette attaque que par une exposition des faits. Après en avoir fait la longue énumération ils invitent les sociétés à juger de quel côté sont les factieux. Quant à Marat, on fait connaître les motifs du décret porté contre lui.

« Plusieurs membres proposent plusieurs additions. Robespierre entre autres voudrait qu'il y fût dit qu'on a inséré dans le procès-verbal de la Convention que la tribune avait applaudi à l'idée de massacrer des députés à la Convention, tandis que c'était à l'idée de purger Paris des royalistes qu'il renferme. — Ils sont tous invités à rédiger leurs notes pour les communiquer au comité de correspondance, qui les insérera dans l'adresse.

« Thirion invite la société à discuter dorénavant les projets de constitution pour se mettre en garde contre ceux qui voudraient l'asseoir sur des bases non conformes aux principes de liberté et d'égalité.

« Dubois-Crancé appuie cette proposition : elle est mise à l'ordre du jour. » (*Le Républicain, journal des hommes libres,* n. CLXXI.)

CONVENTION. — SÉANCE DU 20 AVRIL.

Présidence de Lasource.

Lidon dénonce Bouchotte comme incapable d'administrer le ministère de la guerre, et cite plusieurs faits à l'appui de son assertion. Renvoi au comité de salut public. — Lettre des administrateurs du district des Sables, annonçant les succès obtenus sur les brigands de la Vendée. — Thuriot fait arrêter qu'il sera écrit une lettre de félicitation aux représentans Rewbell et Merlin, de Thionville, pour avoir pris la résolution de s'enfermer dans la ville de Mayence, cernée par l'ennemi. Gensonné discute la pétition des sections de Paris, relative à la demande de l'expulsion de vingt-deux députés; il appuie la convocation des assemblées primaires. Il dénonce ensuite l'arrêté par lequel la Commune de Paris se déclare en état de révolution, et veut qu'on discute la question de savoir si toutes les sections de la République seront en permanence. Drouet demande que Gensonné fasse imprimer sa correspondance avec Dumourier. Delaunay, d'Angers, voit de grands inconvéniens dans la convocation des assemblées primaires. Il rejette l'idée de leur présenter les bases de la constitution; il lui semble que ces bases emploieront, pour être fixées, un temps presque aussi long que celui nécessaire à la discussion de la constitution; il voudrait qu'au lieu de répondre aux imputations qui leur sont faites, les députés inculpés traduisissent leurs dénonciateurs devant les tribunaux, et que la calomnie reçût sa punition; il termine par une invitation à bannir des discussions toutes personnalités.

Fauchet succède à Delaunay. Ni le *Moniteur*, ni aucun autre journal quotidien ne nous ont conservé une seule phrase de son discours. Fauchet étant un des orateurs les plus silencieux de la Convention, et la pièce dont il s'agit constatant sa position personnelle vis-à-vis de la Gironde, nous nous reprocherions de ne pas l'insérer intégralement. Nous l'empruntons au n. XII du *Journal des Amis*. Ce même numéro renferme un *post-scriptum* très-honorable pour Fauchet, et qui mérite d'être transcrit. Il avait suspendu son journal à cause du décret sur les députés-journalistes; il le reprenait maintenant que ce décret était abrogé; voici sa note :

« *Reprise du* Journal des Amis.

» Ce discours (celui que nous allons reproduire), tiendra lieu de XIIe numéro à mes souscripteurs, et de prospectus pour la reprise de mon journal.

» Aucune spéculation de lucre n'entre dans ma pensée; mais je ne peux pas, quelque zèle qui m'anime pour la propagation des vérités, me laisser écraser de frais; je n'en ai pas le moyen. Le premier trimestre n'a pas fourni en souscriptions la moitié de la dépense de l'impression et de l'envoi : j'en suis pour dix-huit cents livres du mien en ce moment. J'engage mes souscripteurs, s'ils veulent que mon ouvrage continue, à renouveler leur abonnement, et à me procurer au moins un autre abonné chacun : je n'en ai que deux cents; il en faut cinq cents pour couvrir mes avances. Je veux bien perdre pour être utile, mais je ne peux pas dépasser la mesure de mes facultés. Aucune liste civile ne vient à mon secours; je les ai toutes en horreur, et cette horreur-là les dispensateurs me la rendent bien. Je n'ai pour moi que les listes de proscription; mais c'est de l'honneur tout pur, et dont le profit ne consiste que dans la publique estime. — Jusqu'à ce que je puisse être au niveau de mes moyens, au lieu de quarante-huit pages par numéro, je n'en fournirai que trente-deux. Il me reste six à sept cents exemplaires du premier trimestre; je pourrai donc en fournir aux nouveaux souscripteurs qui voudront avoir la totalité de l'ouvrage : il peut avoir du prix par son ensemble.

» Je continuerai à me montrer avec intrépidité le vengeur de la liberté républicaine et religieuse. Le compte rendu des travaux de la Convention sera plus serré, mais rien d'essentiel ne sera omis.

» Il paraîtra régulièrement un numéro toutes les semaines. Le prix de l'abonnement pour douze numéros est de 7 livres 10 sous à Paris, et de 9 livres dans les départemens, port payé. Toutes les souscriptions et toutes les lettres doivent être adressées à Claude Fauchet, rue Chabanais, n. 47. »

Voici son discours, en réponse à ce qui le concerne dans la pétition des sections de Paris.

« Citoyens, les dénonciateurs qui m'ont proscrit, ont oublié de dire pourquoi; ils ont omis la liste de mes crimes : je vais suppléer à leur silence. Je viens les détailler, mes crimes, et les aggraver; c'est ma méthode de défense : tout accusé peut employer celle qui lui convient.

» J'observe d'abord à mes adversaires que les adhésions du petit troupeau mi-parti de factieux et d'imbéciles qui composent, dans certaines occasions préparées, ce qu'ils appellent l'assemblée générale des sections de Paris, ne prouvent rien autre chose que l'aveugle rage des proscripteurs en chef, et la stupide férocité de deux ou trois cents cannibales qu'ils appellent le peuple par excellence. Ces souverains-là, pourvu qu'on leur dise : « Voilà des têtes à couper et du sang à boire, » s'écrient : « Cela est excellent, nous adhérons. » Mais encore, augustes, clémens et souverains seigneurs, faudrait-il savoir pourquoi cette tête-ci plutôt que celle-là, pourquoi le sang de ce vainqueur de la Bastille, plutôt que celui de ces Orléanistes? Je sais bien qu'il vous faut une boucherie, parce que rien ne défend mieux nos frontières que les massacres qui se font dans cette ville centrale, et ne sert mieux la République que le carnage des Brissotins, des Girondins, et des Rolandins, qui veulent, non pas en parole, mais en effet, par l'action régulière des lois et par les résultats infaillibles de l'ordre, la République une et indivisible. A la bonne heure ; la conséquence coule du principe : reste cependant encore à savoir pourquoi, dans cette majorité brissotine, rolandine et girondine, moi, qui n'ai jamais déjeuné chez Brissot, dîné chez Roland, ni soupé avec la Gironde, je me trouve dans la liste des honorables vingt-deux qui obtiennent une si flatteuse distinction? Proscripteurs! vous n'avez pas voulu dire vos motifs : il faut que je les dise. Adhérens! vous n'avez pas su pourquoi; je vais vous l'apprendre : le tribunal révolutionnaire saura alors comment procéder; et si l'on se passe de son intervention pour ce grand acte de justice qui menace nos têtes, le souverain massacreur saura du moins par quelle raison il fera tomber la mienne.

» Une grande faveur de ma destinée est d'avoir été placé sur toutes les listes de proscription des anciens tyrans et des tyrans nouveaux, des aristocrates monarchiques, et des aristocrates anarchistes, des fanatiques réfractaires, et des fanatiques impies. Je n'en ai pas manqué une. J'ai contre moi les rois et les jacobins, les nobles et les ignobles, les prêtres du capitole et ceux de la montagne, les dévots et les indévots, les traîtres d'un côté, les traîtres de l'autre : qui que ce soit de ces gens-là qui réussisse, je suis victime. Excusez, bons citoyens, je n'ai pour moi que vous, c'est-à-dire la République ; si elle ne se réalise pas, ces messieurs, despotes, rois ou régulateurs, rempliront mon serment, j'aurai la mort, et je finirai avec empressement une existence que la liberté seule pouvait rendre heureuse.

» Mes crimes, impardonnables pour toutes les espèces de tyrans, quels qu'ils puissent être, qui asserviraient ma patrie, sont la prise de la Bastille, la présidence de la police de Paris, pendant les premiers mois de la révolution, police tellement exacte et sage, que jamais il n'y eut plus d'ordre et moins de délits dans cette grande cité que dans ces momens si orageux ; la présidence, encore plus remarquable, que j'ai consécutivement exercée quatre fois dans la Commune de Paris, à l'époque où les sections appelées alors les districts, qui étaient en guerre ouverte avec leurs représentans, se remirent dans la plus heureuse harmonie, et virent s'étouffer les premières semences d'anarchie, qu'on commençait dès lors à répandre comme un moyen de remonter le despotisme à toute sa hauteur. Mes crimes sont la première couronne civique qui ait été donnée en France, et qui fut posée sur ma tête ; les premiers discours républicains qui aient retenti dans les chaires évangéliques, et dont les succès m'attirèrent des haines qui ne s'éteindront point, et des jalousies que mon silence même, et l'abandon que je fais de toutes les tribunes aux déclamateurs qui s'en emparent, ne peuvent calmer : mes crimes sont les assemblées régulières de dix mille auditeurs pendant six mois, dans l'immense local du cirque, où je développais tous les principes de l'ordre social, et où je posais toutes les bases d'une constitution si purement républicaine, que la volonté, très-exactement et très-facilement recueillie du peuple entier devait tout faire, et que les délégués ne pouvaient s'en écarter jamais. Il n'est rien de sagement populaire dans tous les plans qu'on vous présente qui ne soit dans mon ouvrage, et qui n'y soit, je peux le dire, en aussi bon style que celui d'un autre écrivain. Je laisse des hommes qui ont toute l'ambition de l'éloquence et de la politique, s'emparer de mes conceptions et les altérer par des contradictions ineptes. Le moment de la pleine justice n'est pas encore venu, et je sais qu'il est impossible au milieu des passions les plus furieuses de faire entendre de suite, et avec profit pour la chose publique, la voix pure de la raison, et les accens sévères de la liberté.

» Voilà, citoyens, un de mes plus grands crimes; celui-là, aucun des despotes et des ambitieux de tous les partis ne peut me le pardonner. Je me suis enveloppé dans l'obscurité la plus attentive; je n'ai choqué les prétentions d'aucun talent; on ne m'a pas vu briguer la présidence ni la plus légère distinction. N'importe, la France et l'Europe ont su que je suis un homme et que mes preuves sont faites. Les demi-hommes qui se croient des géans ont peur qu'on ne s'en souvienne, ils voudraient m'anéantir. Mes crimes sont d'avoir fortifié dans le Calvados, même avant le temps où il a été permis d'en parler, les penchans au républicanisme et l'aversion pour toutes les autorités arbitraires; d'avoir demandé par une adresse qui fut répandue dans tout l'empire la suppression des articles contraires à la souveraineté du peuple, et qui rendaient la précédente constitution absurde et insoutenable; d'avoir rompu en visière à tous les magistrats aristocrates vendus à la cour; d'avoir réclamé si hautement les droits sacrés de la liberté et de l'égalité, que l'on n'imagina rien de mieux que de me décréter de prise de corps pour m'apprendre à ramper comme un autre devant tous les despotismes. Mon crime est de m'être levé plus ferme républicain après cette proscription, et d'avoir bravé toutes celles que ma civique indépendance ne pouvait manquer de m'attirer; d'avoir le premier dénoncé les ministres perfides, Bertrand et de Lessart, d'avoir poursuivi les directoires aristocratiques et mis à nu les trahisons de la cour et de ses vils agens; d'avoir écarté, par des motions suivies de décrets, les régimens fayettisés qui devaient servir, à Paris, les projets du despote ; d'avoir, avec le même zèle et le même succès, obtenu la libre circulation du peuple sur cette terrasse ou se nourrissait et s'exaltait l'indignation du civisme et l'ardeur de la liberté; d'avoir poursuivi de mes opinions et de mon vœu le traître La Fayette; d'avoir préparé et fait un discours énergique sur la déchéance dont l'effet naturel n'était pas de l'obtenir de la majorité que dominaient les Feuillans, mais d'arriver par un mouvement national à la destruction de la royauté, à l'anéantissement du trône : voilà des crimes réels que ni Cobourg, ni Brunswick, ni Dumourier, ni d'Orléans, ni Marat, ni les régulateurs qui veulent que nous ayons un maître, ne peuvent laisser impunis !

» Voici maintenant, citoyens, les crimes apparens et qui sont les insensés prétextes de la rage qui anime contre moi les bateleurs assassins qui s'efforcent d'abrutir l'opinion publique et de la pousser à la férocité. Ces prétendus crimes prouvent encore mieux ma moralité républicaine et la sévérité de ma démocratie. J'ai blanchi Narbonne; j'ai voulu sauver le tyran; j'ai fait un journal où je m'élève avec véhémence contre ceux que j'appelle factieux et qui, selon moi, violent chaque jour la majesté de la représentation nationale, pervertissent les mœurs du peuple et outragent la sainteté de la nature. Je suis un homme d'état, un royaliste, un fanatique, un scélérat : cela est démontré. Il n'y avait pas besoin de le mettre dans l'acte d'accusation; tout le monde le sait. Voyons cependant. Moi, je tire au contraire de tous ces griefs la conséquence que je suis un républicain exact; un anti-royaliste imperturbable, un représentant fidèle, qui connais cette morale législative sans laquelle tout se perd dans la scélératesse, dans l'anarchie et finalement dans le despotisme.

» Narbonne, je n'ai jamais mis le pied chez ce ministre, et je ne lui avais parlé de ma vie. La cour venait de le chasser. Je fis le rapport voulu à l'unanimité par le comité militaire et le comité de surveillance; je le fis sur les instances particulières de Lecointre et malgré mes efforts pour m'en défendre, attendu que la nuit était déjà fort avancée et qu'il fallait prononcer ce rapport à la séance du matin. Ma mémoire et les pièces me rappelèrent tout ce qu'on avait dit et résolu dans les deux comités qui se rassemblèrent avant l'ouverture de la séance, et mirent à mon travail rapide le sceau de leur approbation. Je ne me prévaux point de ce que l'assemblée tout entière y applaudit. On conçoit que les Feuillans voulant toujours l'impunité des ministres, et les patriotes sachant gré dans ce moment à celui-ci de s'être fait chasser par la cour, les dispositions de tous les côtés étaient favorables ; mais j'observe que l'accusation particulière dont il s'agissait était tellement dénuée de fondement qu'aujourd'hui la même accusation tombe encore, et avec bien plus de force, sur tous les ministres qui lui ont succédé, sans qu'on ait pensé à leur en faire un crime ; c'est de ce qu'il n'avait pas, en trois mois qu'a duré son ministère, mis Perpignan en état de défense. Or, citoyens, depuis ce temps-là, il n'y a eu de travaux entrepris pour cette défensive que ceux qu'il a fait faire. On n'a cependant pas cru qu'il fallût pour cela décréter Pache d'accusation, et déclarer qu'il était un traître. Je l'ai loué, dit-on ; et de quoi ? d'avoir été plus actif que son prédécesseur qui ne faisait rien, et d'avoir déplu à la cour. J'étais donc juste et républicain, même en sa faveur ; je l'ai été contre lui quand il y a eu preuve de ses malversations. La fable du passeport est une grossière et atroce imposture avancée par un seul homme et authentiquement démentie par des témoins oculaires, au-dessus de toute exception, Montaut, Goupilleau, Basire et Merlin. Je n'ai plus qu'une parole à ajouter : j'ai voté pour le décret d'accusation contre Narbonne, dilapidateur des fonds publics : voilà ma justice pour l'innocence et contre le crime ; les personnes ne me sont rien ; la vérité, la patrie, sont tout pour moi. Je me soucie bien d'un ministre et d'un homme de cour ; m'a-t-on vu les courtiser ? m'a-t-on vu m'asseoir à leur table ? Mais je me soucie de l'équité pour tout le monde, même pour un roi.

» J'ai voulu sauver le tyran ; non, infâmes calomniateurs ! le tyran n'était plus ; il ne restait que l'homme misérable ; mais j'ai voulu immoler la tyrannie jusques dans ses espérances, et anéantir le royalisme sans retour. Je voyais dès lors, et je l'ai dit, tout ce que nous voyons à ce moment : les despotes réussissant à soulever le fond des nations qui auparavant applaudissaient à notre liberté ; les traîtres se concertant avec eux pour nous redonner un roi ; les aristocrates nous travaillant en anarchie pour nous y réduire ; les fanatiques exaspérant plus efficacement les esprits, le goût du sang passé en habitude atroce ; des factieux se rallier autour de l'enfant ou d'un autre Capet ; des semences de discordes civiles se répandre avec une activité terrible ; les anarchistes triompher de nos malheurs ; tous les crimes lever un front insolent contre toutes les vertus ; cent despotes, plus vils et plus scélérats les uns que les autres, nous en préparer un monstrueux qui écraserait enfin totalement la liberté, si la liberté adorée par un peuple immense ne se relevait enfin toute puissante pour anéantir tous les monstres qui la couvrent de sang et d'infamie.

» Oui, elle se relèvera, je l'ai annoncé dès lors, et je le répète, elle se relèvera, elle brisera et les anarchistes, et les traîtres, et les tyrans conjurés ; elle fera rentrer la discorde dans les enfers ; elle fera face à l'Europe ; elle vaincra tout, et les nations finiront par l'embrasser et la bénir sur les débris de tous les trônes : voilà mon royalisme.

» Telle est, citoyens, la doctrine que j'ai professée dans ce journal que j'ai fait peu de temps, car je suis soumis aux décrets, même à ceux qui me paraissent injustes, dans ce journal que, d'après le décret nouveau qui m'y autorise, je reprendrai si ceux qui ont intérêt à la cessation de mon travail et qui disposent des proscriptions ne réussissent pas à me faire égorger. J'y ai toujours fait l'éloge de la majorité de la Convention nationale, même lorsqu'elle a pris des mesures que je jugeais désastreuses. J'ai toujours écrit et pensé que l'influence des clameurs les plus horribles, des menaces les plus atroces, des machinations les plus infernales, n'entraînait jamais par des motifs de crainte personnelle cette majorité toute composée d'hommes de bien et de républicains sincères, mais la déterminait quelquefois par l'appréhension vraiment civique de plus grands malheurs qui semblaient prêts à fondre sur la patrie. Je n'ai jamais cessé de rendre ce juste hommage à la Convention, et rien sans doute n'est plus propre à rallier autour de ce centre unique de nos espérances tous les esprits droits et tous les bons cœurs, c'est-à-dire l'immensité de la nation. J'ai fait, sans doute, des portraits d'une affreuse vérité; moi aussi, je suis peintre, c'est un irrémissible crime. La réputation d'Orléans était couverte de boue; je l'y ai enfoncé plus avant. Des physionomies d'une bêtise amère, ou d'une atrocité effroyable, et qui s'élèvent sur la société comme pour faire reculer de nous la nature, je les ai burinées pour les siècles; elles iront épouvanter les dernières générations. Il me reste encore quelques coups de pinceau à donner, quelques traits de burin à enfoncer pour finir ces ressemblances. Que les porteurs de ces figures-là se hâtent de m'immoler, sinon j'achèverai de les peindre. Je ne proscris pas les personnes, je n'appelle pas les poignards, je ne bois pas le sang, mais je proscris les crimes, j'appelle la publique horreur, et je dévore les réputations des scélérats. Vous jugez, citoyens, combien ils doivent me haïr, et quelle délicieuse curée ils aimeraient à faire de ma vie.

» Il me reste un dernier crime à reconnaître, et ici, représentans, j'invoque toute votre attention, car je crois qu'il y va du grand intérêt de la liberté. Je suis un fanatique! la cour des Tuileries, la cour de Rome, les aristocrates et les réfractaires ne le croyaient pas. Mais à quoi, enfin, se réduit mon fanatisme? A professer la religion dont je suis ministre. Je serais un bien lâche scélérat si j'avais accepté le ministère d'une religion dont les principes ne seraient pas dans ma conscience? Quel est l'homme que j'ai persécuté ou cherché à molester pour la sienne? Je me borne à de simples déclarations des principes de notre culte et des règles religieuses de notre sacerdoce. Je fais mon devoir, et je le fais avec une circonspection pleine de civisme. Non-seulement je prêche, comme il est nécessaire, la soumission à toutes les lois impératives, mais j'établis et développe dans mes instructions la sagesse des lois permissives qui intéressent a religion.

Je ne touche pas en la moindre chose à la liberté du citoyen ; je me borne, comme je le dois, à inviter le catholique à consulter dans les permissions de la loi sa propre conscience, et à en suivre librement les religieuses impulsions. Le fanatisme, citoyens, je le vois du côté des persécuteurs qui veulent ôter aux ministres des religions la liberté d'un enseignement qui respecte toutes les lois, et aux citoyens la liberté d'une croyance qui épure la morale et donne une sanction divine à tous les devoirs. Ce n'est pas moi seul, quoique l'un des pontifes de cette religion, ni vous-mêmes, législateurs, à moins que vous ne vouliez violer tous les principes de la liberté, qui pouvons changer les règles morales et intérieures du sacerdoce et du culte. Ce n'est pas en heurtant de front les consciences de la grande multitude des citoyens qu'on fait chérir des lois nouvelles ; ce n'est pas en poursuivant avec violence le libre arbitre jusque dans son asile le plus inviolable qu'on rend aimable la liberté ; c'est ainsi, au contraire, que le fanatisme de l'impiété l'égorge. Vous avez poussé, aussi loin que la puissance législative pouvait s'étendre, l'indépendance de chaque citoyen pour toute espèce de religion. Chacun peut n'en point avoir du tout, ou suivre celle qui lui plaît, pourvu qu'elle ne s'élève pas contre les lois et contre la liberté des autres. Or, le catholicisme ne s'élève contre aucune loi, contre aucune liberté. Les divorcés et les prêtres peuvent se marier légalement, s'ils le veulent ; ils peuvent omettre l'observation de toute abstinence, abjurer tous les dogmes, ne suivre aucune règle religieuse ou en adopter d'étrangères à la religion qu'ils professaient ; liberté tout entière. Mais cette religion est libre aussi de ne plus les considérer comme ses ministres ou comme ses fidèles ; autrement ce serait le dernier degré de la tyrannie et de la démence que de prétendre obliger un culte à avoir pour ministre ou à regarder comme ses croyans des hommes qui n'en professent ni les dogmes, ni les principes. Il y aurait non-seulement du despotisme et de la folie dans une pareille législation, il y a complète impossibilité. On peut tyranniser les hommes ou les tuer ; on ne les contraindra jamais à ne pas croire ce qu'ils croient ;

et à violer eux-mêmes la liberté intime de leur conscience.

» Les assemblées nationales n'ont point fait de faute en ce genre, par des décrets; mais plusieurs membres en ont fait de terribles, par leurs opinions énoncées à cette tribune, et dont les effets sont incalculables. Nous avons entendu, nous entendons continuellement des hommes, qui ne savent ce que c'est que la philosophie législative, déclamer sans restriction contre tous les ministres de tous les cultes, les vouer à la proscription, déclarer que les prêtres sont mûrs comme les tyrans, que prêtre et république sont incompatibles. Citoyens, ces hommes-là servent l'anarchie et le royalisme ; ils veulent rendre la République impossible : car l'anéantissement de toute religion est heureusement pour la société d'une impossibilité absolue. Les peuples ne se laisseront point ravir le culte : cette seule idée soulève toutes les consciences et alarme toutes les libertés. C'est avec cette idée qu'on a aigri les Belges ; c'est avec elle que le traître Dumourier, tous les rois, tous les aristocrates, tous les fanatiques, s'efforcent d'imprimer une implacable horreur contre notre révolution. Si par malheur il échappait un décret qui annonçât que cette persécution générale de l'impiété contre la religion est dans l'ame des législateurs, l'anarchie serait consommée, et la liberté tout entière s'éleverait contre cette tyrannie inconnue à l'univers, et qui serait insupportable à tous les peuples. Je crois donc, et vous croirez avec moi, législateurs sages et vraiment philosophes, que j'ai servi utilement la patrie, en montrant dans mes instructions que l'intégrité de la religion se concilie sans obstacle avec l'intégrité des lois civiles. Cette lettre pastorale qu'on m'a si imphilosophiquement reprochée, a rattaché à la révolution une innombrable quantité de citoyens que la crainte de voir la religion perdue en détachait ; et j'ose dire que si les réfractaires, qui étaient si nombreux dans le Calvados, n'ont pas pu réussir, comme dans l'ancienne Bretagne, à y allumer les torches de la guerre civile, cette instruction a peut-être efficacement contribué à prévenir ce malheur. Le crime de mon catholicisme est donc avéré comme celui de mon républicanisme ; ils sont inséparables dans ma conscience. Ceux qui ne me connaissent pas, et qui s'imaginent (car c'est une des belles découvertes de notre siècle, comme si dans les autres il n'avait existé que des imbéciles), qu'on ne peut avoir de l'esprit et être sincèrement attaché à la religion, diront que je suis un hypocrite; certes ce serait à l'époque où nous sommes de l'hypocrisie à contre-sens. Mais toute dissimulation est aussi incompatible avec mon caractère que la pusillanimité avec la force. Un républicain qui brave tout, ne sait pas mentir, et ne le peut pas. Toutes les persécutions ne me détacheraient pas plus de la religion que de la liberté. Je défendrai l'une et l'autre au péril de mes jours; je mourrai avec un égal dévouement pour ma foi et pour ma patrie. J'ai dit mes crimes; j'attends l'effet de la proscription; je ne demande point vengeance, mais justice à mes concitoyens. »

— Après Fauchet, Guadet monte à la tribune; il veut que l'on prononce, sans désemparer, la cassation de l'arrêté du conseil général de la Commune de Paris. Thuriot croit qu'on ne peut s'occuper de cet objet qu'après avoir statué sur la dénonciation portée d'abord à l'assemblée.

[*Vergniaud.* La motion d'ordre de Guadet a deux objets; le premier, d'écarter de la discussion tout ce qui pourrait ressembler à une justification de la part des membres dénoncés, et de la borner au parti qu'il convient de prendre relativement à la pétition de Paris; le second, de statuer sans désemparer sur un arrêté que l'on dit avoir été pris par le conseil-général de la Commune. Je ferai une réflexion sur le second objet; je reviendrai ensuite au premier.

L'arrêté dont il s'agit n'est connu que par les papiers publics. Si les termes n'en sont point altérés, s'il est fidèlement rapporté, c'est un acte manifeste de rébellion contre la souveraineté nationale, c'est un acte véritablement contre-révolutionnaire; et je ne présume pas qu'il se rencontre dans l'assemblée un seul membre qui, en ce cas, veuille lui donner son assentiment. Mais pouvez-vous délibérer sur un arrêté que vous avez lu dans les journaux? Je pense qu'il est un préalable également commandé par la sagesse et la justice; c'est de vous procurer une connaissance officielle ou légale de l'arrêté. Je demande donc que vous décrétiez que les registres des délibérations de la Commune vous seront apportés sur-le-champ.

Plusieurs membres. Aux voix, aux voix !

Buzot. Je demande que vous nommiez des commissaires dans votre sein, pour aller vérifier sur les registres si l'arrêté dénoncé s'y trouve. (*Un grand nombre de voix* : Non, non.) Je vous rappelle que plusieurs fois vous avez mandé le maire, séance tenante, et qu'il ne s'est rendu ici que vingt-quatre heures après.

N..... Je propose de décréter que le maire et le procureur de la Commune, et à leur défaut deux officiers municipaux, apporteront sur-le-champ à la Convention les registres des délibérations du conseil-général.

Cette proposition est adoptée à l'unanimité.

Vergniaud. Je reviens au premier objet de la motion d'ordre de Guadet.

Lorsqu'il vous a proposé d'écarter de la discussion tout ce qui pourrait paraître personnel aux membres dénoncés, il a voulu accélérer cette discussion affligeante, qui n'a déjà consommé que trop de temps à l'assemblée, et qui, quand elle se prolongera, ne peut que mettre en mouvement les haines qui règnent parmi nous. (On applaudit.)

Les sections de Paris, ou plutôt quelques citoyens résidant dans trente-cinq sections de Paris, vous ont présenté une pétition tendant à obtenir notre exclusion du sein de la Convention nationale, et ils ont demandé que leur vœu fût envoyé à tous les départemens.

Cet envoi n'est possible que de deux manières : ou en adressant la pétition à des agrégations particulières, aux corps administratifs, aux sociétés populaires; et, si je puis m'exprimer ainsi, à l'opinion publique ou aux assemblées primaires. Le premier mode est inadmissible : d'abord parce qu'on sait avec quelle facilité, par la séduction, par la terreur et par une foule d'autres moyens très-connus des hommes avides de domination, on peut se procurer des adresses d'adhésion ou d'improbation. Quand elles sont provoquées, elles sont rarement le vœu de l'opinion; elles ne sont que celui de l'intrigue. En second lieu, nous sommes les représentans du peuple : c'est du peuple souverain que nous tenons nos mandats; c'est le peuple souverain qui, dans les assemblées primaires, nous a investis de l'exercice de la souveraineté; lui seul peut nous en dépouiller. Aucune masse d'opinions ne pourrait suppléer l'expression formelle de sa volonté, ni nous arracher d'un poste auquel cette volonté nous a placés. Comme citoyen, je respecte la toute-puissance de l'opinion; comme représentant de peuple, je ne connais d'autre toute-puissance que la sienne. (On applaudit.)

Il faudrait donc envoyer la pétition de Paris aux assemblées primaires. Or je combats en peu de mots cette proposition, qui n'a été faite par Fonfrède que pour prouver combien était perfide et dangereuse la pétition, qui n'a été appuyée par Gensonné que pour prouver que les membres dénoncés portent dans leur conscience le sentiment intime qu'ils n'ont rien à redouter d'un jugement national.

Citoyens, vous connaissez l'état de mécontentement et d'exaspération où sont maintenant tous les esprits. Les passions qui ont fait tant de ravages parmi nous, ont débordé de cette enceinte sur toute la France. Nos discordes ont plus ou moins agité tous les départemens; l'incendie est prêt à s'allumer, et le jour de la convocation des assemblées primaires serait peut-être celui d'une explosion dont on ne saurait calculer les suites. Pourquoi, d'ailleurs, convoquez-vous les assemblées primaires? pour les faire prononcer sur nous? Mais si quelques-unes décident que nous sommes indignes d'être les représentans du peuple, n'avez-vous pas à craindre qu'on prononce ce jugement terrible contre telle ou telle députation; par exemple, contre celle de Paris, qui nous attaque chaque jour et nous fait ensuite un crime de nous défendre; contre tels ou tels députés? Ainsi la mesure que vous aurez crue propre à épurer la Convention, pourra devenir une mesure de dissolution totale, et voulez-vous supposer qu'il n'y ait pas un assez grand nombre de suffrages pour entraîner l'exclusion d'aucun membre : le résultat de ces suffrages improbateurs serait au moins et infailliblement une grande diminution dans la confiance du peuple en vous ; or, que pouvez-vous sans cette confiance ? que dis-je ? vous y renoncez vous-mêmes dès l'instant que vous vous soumettez au scrutin épuratoire que quelques intrigans ont osé vous proposer : par-là vous accréditez les calomnies qu'ils ont répandues contre vous ; par-là vous donnez de la consistance aux soupçons dont ils vous ont environnés. Vous donnez lieu de douter, en effet, si comme on vous l'a dit insolemment, le principe de la contre-révolution n'est pas parmi vous, si la majorité de l'assemblée n'est pas corrompue. (On applaudit.) Ce n'est point par un appel au peuple, mais par le développement d'une grande énergie que vous devez repousser de pareilles injures.

Eh ! si vous vous entachiez vous-mêmes dans l'opinion publique, en consacrant le vœu insultant des pétitionnaires, quels seraient vos moyens pour résister à vos ennemis intérieurs ? Voudriez-vous en employer de répressifs, ils vous diraient : de quel droit nous poursuivez-vous comme mauvais citoyens, lorsqu'il est incertain si vous ne l'êtes pas vous-mêmes ; comme ennemis de la liberté, lorsqu'il est incertain si vous ne conspirez pas contre elle ; comme des hommes pervers, lorsqu'il est incertain si vous n'êtes pas tous corrompus ? De quel droit prétendez-vous nous soumettre à votre jugement, lorsque vous-mêmes avez senti la nécessité de vous soumettre au jugement de la nation ? De quel droit prétendez-vous nous punir comme des traîtres, lorsque vous-mêmes êtes accusés de trahison au tribunal du peuple, et qu'il est encore douteux si ce n'est pas vous que le glaive de la loi doit frapper ? Citoyens, qu'auriez-vous à leur répondre ? Et dans cet état d'impuissance, qui vous rendrait dépendans de tous les conspirateurs ; comment vous occuperiez-vous efficacement d'arrêter la marche des ennemis extérieurs, dont la force s'accroîtrait par votre faiblesse ?

Citoyens, la convocation des assemblées primaires est une mesure désastreuse. Elle peut perdre la Convention, la République et la liberté ; et s'il faut ou décréter cette convocation, ou nous livrer aux vengeances de nos ennemis, si vous êtes réduits à cette alternative, citoyens, n'hésitez pas entre quelques hommes et la chose publique. Jetez-nous dans le gouffre, et sauvez la patrie. (On applaudit.)

Mais, citoyens, nous n'aurons pas le mérite de ce dévouement. Sans compromettre la tranquillité publique, vous pouvez rétablir celle de l'assemblée : ce ne sera pas, comme l'a proposé Delaunai, en passant à l'ordre du jour, sauf à nos accusateurs à nous poursuivre devant le tribunal révolutionnaire : une pareille proposition ne tend à rien moins qu'à mettre toute la représentation nationale à la discrétion du premier scélérat que Pitt ou Cobourg soudoierait pour en accuser successivement tous les membres. Je crois qu'il est des expédiens plus convenables.

Vous vous tromperiez si vous pensiez que l'objet de la pétition est la simple exclusion des membres dénoncés du sein de la Convention; son véritable but, c'est la dissolution de la Convention elle-même. Vous vous rappelez la conjuration du 10 mars et les pétitions du même jour, où l'on demandait les têtes de trois ou quatre cents membres de l'assemblée; vous vous rappelez la pétition moins ancienne où l'on accusait la majorité de la Convention d'être corrompue, et le projet d'organiser un comité central qui, correspondant avec tous les départemens, se serait trouvé revêtu d'un pouvoir suprême au moment de votre dissolution. Ces complots ont avorté; mais leurs auteurs, demeurés impunis, ne se sont pas découragés; ils ont dit : la Convention forme un faisceau trop robuste pour que nous puissions le briser ; tâchons d'en arracher quelques branches; nous l'aurons affaibli d'autant; ce premier succès nous en facilitera de nouveaux, et amènera bientôt le jour où nous pourrons enfin le fouler aux pieds. Si je n'étais pressé par le désir d'achever la discussion et la crainte d'aigrir, je prouverais par le rapprochement des diverses pétitions, des arrêtés de la Commune et de tous les faits qui se sont passés depuis le 10 mars, que ce que vous ne regardez peut-être que comme un raisonnement conjectural, est une démonstration mathématique.

Permettez maintenant que je vous analyse les moyens employés pour faire signer la pétition.

Ses rédacteurs et leurs amis se répandirent au même instant dans les sections de Paris. Chaque émissaire, d'après les conventions faites, disait dans la section où il se présentait : Voici une pétition qu'il faut signer. — Lisez-la. — Inutile. Elle est déjà adoptée par la majorité des sections. Ce mensonge réussit auprès de quelques-unes d'entre elles, où plusieurs individus signèrent de bonne foi sans lire. Dans plusieurs on lut, et on refusa de signer. Dans d'autres, on lut aussi, et l'on se contenta de passer à l'ordre du jour. Qu'arriva-t-il? Que les intrigans, les oisifs, les inconnus, demeurèrent jusqu'à ce que les bons citoyens se fussent retirés, et que, maîtres de la délibération, ils délibérèrent qu'il fallait signer la pétition, et qu'ils la signèrent en effet. Le lendemain, quand les citoyens arrivaient à la section, on leur présentait la pétition à signer : on se prévalait contre eux de la délibération prise la veille. S'ils voulaient faire quelques observations, on leur répondait par ces mots terribles : Signez, ou point de certificats de civisme. On ne s'en est pas tenu à ces manœuvres perfides; on a posté dans les rues des hommes armés de piques pour forcer les passans à signer. Enfin, les rédacteurs de la liste de proscription ont imaginé de faire délibérer dans plusieurs sections que l'on changerait les cartes civiques. Ils ont fait battre le rappel pour inviter tous les citoyens à venir chercher les nouvelles cartes, et on les refusait à ceux qui refusaient de signer. Ces faits sont notoires; il n'est personne qui puisse les contredire, et ils seraient attestés par plus de dix mille témoins. Que pensez-vous, citoyens, de la bassesse et de la perfidie de ces manœuvres, de l'infamie de nos accusateurs et de l'horrible tyrannie de ces hommes qui ont l'impudence de se dire les amis de la liberté, et de se rendre juges du patriotisme des représentans de la nation?

Votre juste indignation proscrira sans doute une pétition qui, dans son objet et dans sa forme, est l'ouvrage du crime; mais ce ne serait pas assez. On y repasse les faits contenus dans la dénonciation de Robespierre. Guadet et moi nous croyons avoir prouvé que cette dénonciation ne renfermait que des impostures. Or, ou en effet nous avons répondu d'une manière victorieuse, et vous êtes persuadés que nous sommes sans reproche; ou notre réponse vous a paru insuffisante, et l'accusation de Robespierre digne d'être poursuivie judiciairement. Au second cas, je vous somme, au nom de la patrie, de nous envoyer devant le tribunal révolutionnaire. Au premier, je vous somme, au nom de la justice, de vous expliquer franchement sur notre compte. Il n'est qu'un moyen de ramener le calme dans l'assemblée : c'est de nous livrer à la loi si nous sommes coupables, ou d'imposer silence à la calomnie si notre conduite a toujours été pure. Si nous sommes coupables et que vous ne nous envoyiez pas devant le tribunal révolutionnaire, vous trahissez le peuple; si nous sommes calomniés et que vous ne le déclariez pas, vous trahissez la justice. (On applaudit.)

Je demande que la Convention improuve la pétition; qu'elle déclare qu'elle n'a aucun reproche à nous faire, et que le décret qui sera rendu soit envoyé à tous les départemens. (On applaudit dans une grande partie de la salle.)]

— Féraud, Chiappe et Boyer-Fonfrède veulent que la Convention déclare que les membres inculpés méritent la confiance nationale; Mathieu et Pénières s'y opposent; on ferme la discussion, et l'assemblée rend le décret suivant :

« La Convention nationale improuve, comme calomnieuse, la pétition qui lui a été présentée par trente-cinq sections de Paris, adoptée par le conseil-général de la Commune. Le présent décret sera envoyé aux départemens. »

Delaunay le jeune, au nom du comité de législation, présente la rédaction de l'acte d'accusation contre Marat.—Elle est adoptée sans réclamation.

Conformément au décret qui les mande, des officiers municipaux viennent soumettre à la Convention le registre des délibérations du conseil-général. (Voir plus haut, la séance de la Commune du 18 avril.)

[*Robespierre jeune.* En entendant la grande dénonciation faite contre la Commune de Paris par un homme qui avait dénoncé les Jacobins, j'avais été effrayé, parce que je croyais que cette Commune s'était déclarée en état de contre-révolution ; je vois au contraire qu'elle s'est déclarée en état de révolution. En cela elle n'a fait qu'imiter la nation entière. (On applaudit à plusieurs reprises dans l'extrémité gauche et dans les tribunes.) Le peuple français tout entier est en révolution, parce qu'il est en guerre pour soutenir la liberté ; le peuple français est en révolution contre les tyrans, parce qu'il est en révolution contre tous les traîtres de l'intérieur. (On applaudit.) Le peuple de Paris aurait eu de grands reproches à faire à la Commune si elle n'avait pris les arrêtés dénoncés, parce qu'elle n'aurait pas été à la hauteur des circonstances. (On applaudit.) Pourquoi le département de la Vendée et les autres circonvoisins sont-ils ravagés par les contre-révolutionnaires ? C'est parce que les corps administratifs ont été faibles, c'est parce qu'ils n'ont pas éclairé l'esprit public. (Il s'élève de violens murmures dans une grande partie de l'assemblée. Plusieurs voix : *Plusieurs sont morts à leur poste.*) On me dit que plusieurs sont morts en faisant exécuter la loi ; je n'ai pas voulu calomnier ceux qui ont fait leur devoir ; j'ai voulu dire que l'état de fluctuation où se trouve la République est dû au mauvais esprit des administrateurs. Je reviens à la question.

On a fait un crime à la Commune de Paris d'avoir établi un comité de correspondance ; mais la nécessité d'une pareille mesure n'est-elle pas démontrée par les calomnies que l'on vomit contre elle à cette tribune ? Ne lui doit-il pas être permis de désabuser les départemens ? On a dit que par ce comité elle tendait à renverser la Convention et à se mettre à sa place ; c'est une calomnie à ajouter à tant d'autres. On devrait reconnaître que cette Commune, qui a tant contribué à renverser la tyrannie, à déjouer tous les complots ; qui, dans les momens d'orages, a maintenu la paix dans cette grande cité, a toujours montré le plus grand respect pour la représentation nationale. C'est précisément pour que le respect qui est dû à la Convention lui soit rendu qu'elle a demandé que la Convention fût purgée, que les traîtres qui ont conspiré contre la patrie, qui ont entretenu des correspondances criminelles avec les conspirateurs, fussent renvoyés de son sein.

Quels sont ceux qui ont blâmé cette pétition? Ceux-là même qui voulaient mettre d'Orléans sur le trône (On applaudit dans l'extrémité gauche et dans les tribunes.); ceux qui se trouvaient la nuit avec d'Orléans, et qui le jour siégent là (indiquant le côté droit). Je viens au fait dénoncé par Mazuyer.

Il a fait un crime à la municipalité de Paris d'avoir mis Marat sous sa protection; ne doit-elle pas y mettre tous les citoyens? Jusqu'à ce que vous ayez décrété que Marat n'est plus citoyen, elle méritera des éloges pour avoir rempli ce devoir à son égard. Je demande que vous décrétiez que la Commune de Paris a bien mérité de la patrie. (Les membres de l'extrémité gauche et les citoyens des tribunes applaudissent.)]

Camboulas demande les honneurs de la séance pour les officiers municipaux. Il est combattu par Valazé et Lanjuinais; on demande l'ordre du jour, et cette proposition est mise aux voix. Cette première épreuve paraît douteuse. — L'assemblée est consultée une seconde fois. — Le président prononce que l'ordre du jour est adopté.

Il s'élève de vives réclamations dans l'extrémité gauche. Tous les membres de cette partie de la salle demandent à grands cris l'appel nominal. — Après des débats qui ont duré plus de deux heures, on a procédé à l'appel nominal. Le nombre des votans était de cent quarante-neuf; cent quarante-trois ont voté pour l'admission aux honneurs de la séance, et six contre. — Les officiers municipaux ont été admis aux honneurs de la séance au milieu des applaudissemens de l'assemblée et des citoyens des tribunes.

On demande que l'appel nominal soit imprimé et envoyé aux départemens. Cette proposition est adoptée. — La séance est levée à une heure du matin.

AVRIL (1793). 87

COMMUNE. — *Séance du 20 avril.*

Le conseil passe à l'ordre du jour sur une lettre par laquelle Jacques-Roux demande que l'on suspende l'exécution de l'arrêté d'hier portant qu'il sera dénoncé à sa section.

Le conseil-général arrête que le corps municipal organisera dans le plus bref délai le tribunal de police municipale, et que les membres qui le composeront alterneront tous les trois mois.

Lundi prochain, il sera procédé au complétement du corps municipal.

Louis Roux fait lecture d'un procès-verbal dressé au Temple en présence du maire, du procureur de la commune et des commissaires de service, lequel contient deux déclarations, l'une de Tison, faisant le service du Temple, et l'autre de Anne-Victoire Baudet, épouse de Tison, également employée au service du Temple. Il résulte de ces deux déclarations que quelques membres du conseil, Toulan, Lepitre, Brunod, Moëlle et Vincent, le médecin et l'entrepreneur des bâtimens du Temple sont suspectés d'avoir eu des conférences secrètes avec les prisonniers du Temple, d'avoir fourni de la cire et des pains à cacheter, des crayons, du papier, et enfin de s'être prêtés à des correspondances secrètes. Toulan et Vincent, présens au conseil, demandent qu'à l'instant on nomme des commissaires pour aller apposer les scellés chez eux. Aussitôt des commissaires sont nommés à cet effet, à la charge par eux de requérir le juge de paix de la section dans laquelle ils se trouveront, pour les assister dans leurs opérations.

L'administration de police est chargée de faire sur-le-champ apposer les scellés chez les citoyens inculpés qui ne sont pas présens au conseil.

Des commissaires sont envoyés au Temple avec pouvoir de faire dans les appartemens des prisonniers toutes les visites et recherches nécessaires, de fouiller les prisonniers et de lever les scellés apposés sur l'appartement de feu Louis Capet.

Une députation de la section des Arcis donne lecture d'un arrêté par lequel cette section déclare qu'elle a vu avec plaisir l'arrêté vigoureux qu'a pris le conseil sur la liberté des opinions, et jure de défendre tous les membres du conseil qui seraient arrêtés illégalement. Cet arrêté sera imprimé et envoyé aux quarante-huit sections.

On donne lecture d'un arrêté par lequel le conseil-général de la commune de Versailles adhère à la pétition présentée par les communes du département de Paris à la Convention, relativement aux subsistances. L'arrêté du conseil-général de la commune de Versailles sera inséré au procès-verbal et communiqué aux quarante-huit sections.

La section de Popincourt se plaint de ce qu'ayant adhéré à l'adresse présentée le 15 de ce mois à la Convention, elle n'a pas vu son adhésion portée au procès-verbal.

Le conseil arrête que l'adhésion de la section de Popincourt sera réintégrée au procès-verbal, et que le présent arrêté sera communiqué aux quarante-huit sections.

Le conseil-général arrête qu'il sera fait un tableau des citoyens morts en défendant la République. Ce tableau sera exposé dans la salle des séances. Il sera ouvert des registres destinés à recevoir les noms des citoyens qui seront constatés être de ce nombre. Il sera fait dans les quarante-huit sections une collecte dont le produit sera destiné à élever une pyramide de granit en leur mémoire.

Cet arrêté sera envoyé aux sections, qui seront invitées d'envoyer au secrétariat de la Commune les états bien constatés des noms des citoyens morts à la défense de la patrie.

TRIBUNAL RÉVOLUTIONNAIRE. — *Audience du 20.*

Anne-Hyacinthe Vaujours, âgé de quarante-sept ans, né à Paris, y demeurant, rue de Bièvre, n. 9, ci-devant colonel du 3ᵉ régiment de dragons, convaincu d'avoir, en présence de plusieurs personnes et chez différens particuliers, tenu des propos tendant à opérer par le meurtre et l'incendie la dissolution de la représentation nationale et des sociétés patriotiques et le rétablissement de la royauté en France, le tout avec des intentions criminelles et contre-révolutionnaires, condamné à la peine de mort ; et ce, en conformité de la loi du 4 décembre dernier et de l'article 4 de la troisième section du titre premier de la deuxième partie du Code pénal, et ses biens acquis au profit de la République.

Antoine-Jean Clinchamp, âgé de quarante-sept ans, prêtre, né de la paroisse de Montbrisson, district du Mans, département de la Sarthe, demeurant à Beaumont-le-Vicomte, même département, convaincu d'avoir composé et imprimé un ouvrage intitulé : *Aux amis de la vérité*, dans lequel l'auteur provoque au meurtre, à la violation des propriétés, à la dissolution de la représentation nationale, au rétablissement de la royauté ; d'avoir fait vendre, distribuer et colporter ledit ouvrage avec des intentions criminelles et contre-révolutionnaires, condamné à la peine de mort ; et ce, en conformité de la loi du 4 décembre dernier, etc., à l'article premier de celle du 29 mars aussi dernier, et ses biens acquis à la République.

Dudit jour 20. — *Gabriel Duguigny*, âgé de trente ans, né de Nantes, dénommé sous le nom de marquis du Bel-Air, ci-devant lieutenant de vaisseau dans la marine de l'état, demeurant à Paris, rue Croix-des-Petits-Champs, hôtel de la Marine, convaincu d'avoir émigré du territoire français dans les premiers jours de janvier 1792, et d'y être rentré vers le courant de décembre dernier, condamné à la peine de mort ; et ce, en conformité des lois du 23 octobre et 26 novembre derniers ; et ses biens acquis au profit de la République.

Presse.—Nous lisons dans le *Patriote français*, n. MCCCXLVII :
« *Samedi* 20 *avril*. — Le calme le plus grand règne dans cette ville ; les boutiques des boulangers cessent d'être assiégées, ce qui prouve bien que cette inquiétude sur le pain n'est qu'une ma-

nœuvre; et, comme cette manœuvre a coïncidé avec le décret contre Marat, on ne peut se méprendre sur ses véritables auteurs.

» On est bien étonné que le ministre de la justice n'ait pas encore fait arrêter cet homme, et que son journal se distribue à la porte de l'assemblée comme pour la braver. Est-il donc si difficile de découvrir sa demeure ? des colporteurs on peut remonter à l'imprimeur, de l'imprimeur à l'auteur.

» On nous assure que la section de Marseille a pris un arrêté pour présenter une pétition à la Convention pour demander le rapport du décret contre Marat; mais avant, on veut avoir la sanction de toutes les sections, et rien ne paraît plus facile au moyen de ce comité central où s'assemblent les prétendus commissaires des sections.

» Le mauvais succès de leur adresse contre les vingt-deux proscrits ne les empêche pas de faire tout au monde pour obtenir le plus de signatures possible. On emploie la force ; on déclare qu'on ne renouvellera les cartes de civisme qu'à ceux qui la signeront; enfin, on a projeté une fête en apparence qui doit avoir lieu au Champ-de-Mars, et dont le but réel est de signer l'adresse. Il est vrai que le peuple, même celui des tribunes de la Commune, voit tout cela de mauvais œil; il demande du pain avant des fêtes. »

Nous avons vu cette fête demandée par quelques sections, mais aussitôt abandonnée par les avis de la Commune. Quant à Marat, il attendait que la Convention eût rédigé son acte d'accusation pour se constituer prisonnier. Il pressait lui-même, et par des lettres fréquentes et par la voie de son journal, cette dernière mesure, après laquelle, en effet, il se rendit en prison. Au reste, sa propre affaire le préoccupait fort peu. Dans l'impossibilité où nous sommes de donner place aux nombreux articles de politique révolutionnaire qu'il fit pendant son absence de la Convention, nous allons en transcrire quelques titres.— Son numéro du 19 avril est intitulé : « *Observation sur le respect dû aux lois.—De la résistance à l'oppression, sous quelque forme* qu'elle se présente. » Son numéro du 20 porte le sommaire suivant : « *Affreuses trahisons de Beurnonville, de Luckner et de Charot. — Prévarications de Lebrun, ministre des affaires étrangères. — Stupeur des commissaires de la Convention envoyés à Lyon. — Piéges que cache, inconvéniens qu'entraîne et dangers qu'annonce le projet de discuter l'acte constitutionnel avant le retour des commissaires patriotes, et l'affermissement de la liberté.* » Son numéro du 21 porte : « *Les hommes d'état se mettant la corde au cou. — Dilapidations du bien des pauvres pour égarer l'opinion publique et perdre la patrie. — Nécessité urgente de réprimer les écrivains antipatriotes, d'ôter l'inspection à Clavières et de le destituer. — Piége atroce de consulter les assemblées primaires sur les hommes d'état tant que ces mesures n'auront pas été prises. — Disette des subsistances. — Pétition de la Commune de Paris.* »

CONVENTION. — *Séance du dimanche 21 avril.*

Pétition de plusieurs communes pour contraindre les cultivateurs à porter leurs grains aux marchés. — Le colonel Tilly vient rendre compte de la capitulation honorable obtenue par la garnison française à Gertruydenberg, et de la bonne conduite des troupes qui la composaient. Le lieutenant-colonel Delarue expose que ses services militaires doivent faire oublier qu'il a été aide-de-camp de Dumourier. La Convention déclare qu'elle est satisfaite de la conduite de l'armée de Hollande et de ses chefs.

COMMUNE — *Séance du 21 avril.*

Le citoyen Réal rend compte de la manière dont lui et ses collègues ont été reçus hier à la Convention nationale ; il expose le tableau de toutes les scènes affligeantes qui ont eu lieu, et termine par dire qu'après une agitation de six heures ils ont été admis à assister à la séance.

Le conseil applaudit à ces détails.

Après une longue discussion sur le mode à employer pour la distribution des bourses dans les colléges, le conseil a arrêté qu'elles seraient toutes données par la voie du sort. Le conseil a nommé, pour s'occuper des divers détails relatifs aux bourses, une commission qui sera chargée de faire un rapport sur les moyens d'établir dans Paris une éducation nationale.

Le conseil a renvoyé à l'administration de police le procès-verbal des visites et recherches faites au Temple en exécution de l'arrêté d'hier. Il résulte de ce procès-verbal que l'on n'a rien trouvé de suspect.

Il sera pris des informations sur le citoyen Lequène, nommé, il y a environ deux mois, commissaire des guerres. Ce citoyen a été inculpé dans l'affaire relative au Temple.

CLUB DES JACOBINS. — *Séance du 21 avril.*

Présidence de Marat.

Dubuisson, vice-président, occupe le fauteuil.

Le vice-président fait lecture d'une lettre du citoyen Chabot dont voici la substance :

« *Gonène.* — Frères et amis, dans un moment où les Jacobins sont en proie à toutes les calomnies et aux persécutions des ambitieux et des intrigans, je me fais un devoir de leur annoncer les dispositions patriotiques de nos frères dans les départemens du Tarn et de l'Aveyron. Nous avons multiplié leurs amis et dissipé le nuage que l'aristocratie avait élevé sur leurs principes et leur conduite. Tous reconnaissent aujourd'hui que les Jacobins ont sauvé la patrie; tous sont persuadés qu'ils la sauveront encore; mais les Pétion, les Buzot, les Salles, ou, pour mieux dire, tout le côté droit de la Convention, et les Rabaut et les Lanjuinais, qui siégent quelquefois au côté gauche, sont regardés comme des traîtres; mais les Danton, les Robespierre, Marat lui-même, sont regardés comme les sauveurs de la patrie. (Applaudit.)

Nous avons été obligés de contenir l'indignation du peuple, et de le prier d'attendre notre signal pour faire justice des conspirateurs.

» Roland et Brissot avaient tout tenté pour séduire les sociétés de Rodès et de Saint-Geniez ; aujourd'hui les bons principes triomphent, et les sans-culottes sont prêts à se lever. La faiblesse des administrateurs avait relevé le courage des fanatiques. Notre énergie a détruit leurs coupables espérances. Nous avons partout fait des prodiges.

» Nous travaillons dix-huit heures par jour, et le succès le plus complet récompense nos travaux. »

Robespierre lit la déclaration des droits suivante : la société l'adopte comme sienne.

» Les représentans du peuple français, réunis en convention nationale,

» Reconnaissant que les lois humaines qui ne découlent point des lois éternelles de la justice et de la raison ne sont que des attentats de l'ignorance ou du despotisme contre l'humanité ; convaincus que l'oubli et le mépris des droits naturels de l'homme sont les seules causes des crimes et des malheurs du monde ;

» Ont résolu d'exposer dans une déclaration solennelle ces droits sacrés et inaliénables, afin que tous les citoyens, pouvant comparer sans cesse les actes du gouvernement avec le but de toute institution sociale, ne se laissent jamais opprimer et avilir par la tyrannie ; afin que le peuple ait toujours devant les yeux les bases de sa liberté et de son bonheur ; le magistrat, la règle de ses devoirs ; le législateur, l'objet de sa mission.

» En conséquence, la Convention nationale proclame, à la face de l'univers et sous les yeux du législateur immortel, la déclaration suivante des droits de l'homme et du citoyen.

Art. 1. Le but de toute association politique est le maintien des droits naturels et imprescriptibles de l'homme, et le développement de toutes ses facultés.

2. Les principaux droits de l'homme sont celui de pourvoir à la conservation de son existence, et la liberté.

3. Ces droits appartiennent également à tous les hommes, quelle que soit la différence de leurs forces physiques et morales.

L'égalité des droits est établie par la nature : la société, loin d'y porter atteinte, ne fait que la garantir contre l'abus de la force, qui la rend illusoire.

4. La liberté est le pouvoir qui appartient à l'homme d'exercer à son gré toutes ses facultés. Elle a la justice pour règle, les droits d'autrui pour bornes, la nature pour principe, et la loi pour sauve-garde.

Le droit de s'assembler paisiblement, le droit de manifester ses opinions, soit par la voie de l'impression, soit de toute autre manière, sont des conséquences si évidentes de la liberté de l'homme, que la nécessité de les énoncer suppose ou la présence où le souvenir récent du despotisme.

5. La loi ne peut défendre que ce qui est nuisible à la société; elle ne peut ordonner que ce qui lui est utile.

6. Toute loi qui viole les droits imprescriptibles de l'homme est essentiellement injuste et tyrannique : elle n'est point une loi.

7. La propriété est le droit qu'a chaque citoyen de jouir et de disposer de la portion de biens qui lui est garantie par la loi.

8. Le droit de propriété est borné, comme tous les autres, par l'obligation de respecter les droits d'autrui.

9. Il ne peut préjudicier ni à la sûreté, ni à la liberté, ni à l'existence, ni à la propriété de nos semblables.

10. Toute possession, tout trafic qui viole ce principe, est essentiellement illicite et immoral.

11. La société est obligée de pourvoir à la subsistance de tous ses membres, soit en leur procurant du travail, soit en assurant les moyens d'exister à ceux qui sont hors d'état de travailler.

12. Les secours nécessaires à l'indigence sont une dette du riche envers le pauvre : il appartient à la loi de déterminer la manière dont cette dette doit être acquittée.

13. Les citoyens dont le revenu n'excède pas ce qui est nécessaire à leur subsistance sont dispensés de contribuer aux dé-

penses publiques. Les autres doivent les supporter progressivement, selon l'étendue de leur fortune.

14. La société doit favoriser de tout son pouvoir les progrès de la raison publique, et mettre l'instruction à portée de tous les citoyens.

15. La loi est l'expression libre et solennelle de la volonté du peuple.

16. Le peuple est le souverain : le gouvernement est son ouvrage et sa propriété; les fonctionnaires publics sont ses commis.

17. Aucune portion du peuple ne peut exercer la puissance du peuple entier ; mais le vœu qu'elle exprime doit être respecté, comme le vœu d'une portion du peuple qui doit concourir à former la volonté générale.

Chaque section du souverain assemblée doit jouir du droit d'exprimer sa volonté avec une entière liberté ; elle est essentiellement indépendante de toutes les autorités constituées, et maîtresse de régler sa police et ses délibérations.

Le peuple peut, quand il lui plaît, changer son gouvernement et révoquer ses mandataires.

18. La loi doit être égale pour tous.

19. Tous les citoyens sont admissibles à toutes les fonctions publiques, sans aucune autre distinction que celle des vertus et des talens, sans aucun autre titre que la confiance du peuple.

20. Tous les citoyens ont un droit égal de concourir à la nomination des mandataires du peuple et à la formation de la loi.

21. Pour que ces droits ne soient point illusoires, et l'égalité chimérique, la société doit salarier les fonctionnaires publics, et faire en sorte que les citoyens qui vivent de leur travail puissent assister aux assemblées publiques, où la loi les appelle, sans compromettre leur existence ni celle de leurs familles.

22. Tout citoyen doit obéir religieusement aux magistrats et aux agens du gouvernement lorsqu'ils sont les organes ou les exécuteurs de la loi.

23. Mais tout acte contre la liberté, contre la sûreté ou contre la propriété d'un homme, exercé par qui que ce soit, même au

nom de la loi, hors des cas déterminés par elle et des formes qu'elle prescrit, est arbitraire et nul ; le respect même de la loi défend de s'y soumettre, et si on veut l'exécuter par violence il est permis de le repousser par la force.

24. Le droit de présenter des pétitions aux dépositaires de l'autorité publique appartient à tout individu. Ceux à qui elles sont adressées doivent statuer sur les points qui en sont l'objet, mais ne peuvent jamais ni en interdire, ni en restreindre, ni en condamner l'exercice.

25. La résistance à l'oppression est la conséquence des autres droits de l'homme et du citoyen.

26. Il y a oppression contre le corps social lorsqu'un seul de ses membres est opprimé.

Il y a oppression contre chaque membre lorsque le corps social est opprimé.

27. Quand le gouvernement viole les droits du peuple, l'insurrection du peuple entier et de chaque portion du peuple est le plus saint des devoirs.

28. Quand la garantie sociale manque à un citoyen, il rentre dans le droit naturel de défendre lui-même tous ses droits.

29. Dans l'un et l'autre cas, assujettir à des formes légales la résistance à l'oppression est le dernier raffinement de la tyrannie.

30. Dans tout état libre, la loi doit surtout défendre la liberté publique et individuelle contre l'abus de l'autorité de ceux qui gouvernent.

Toute institution qui ne suppose pas le peuple bon et le magistrat corruptible est vicieuse.

31. Les fonctions publiques ne peuvent être considérées comme des distinctions ni comme des récompenses, mais comme des devoirs publics.

32. Les délits des mandataires du peuple doivent être sévèrement et *facilement* punis. Nul n'a le droit de se prétendre plus inviolable que les autres citoyens.

33. Le peuple a le droit de connaître toutes les opérations de

ses mandataires; ils doivent lui rendre un compte fidèle de leur gestion, et subir son jugement avec respect.

34. Les hommes de tous les pays sont frères, et les différens peuples doivent s'entre-aider, selon leur pouvoir, comme les citoyens du même état.

35. Celui qui opprime une seule nation se déclare l'ennemi de toutes.

36. Ceux qui font la guerre à un peuple pour arrêter les progrès de la liberté et anéantir les droits de l'homme doivent être poursuivis par tous, non comme des ennemis ordinaires, mais comme des assassins et des brigands rebelles.

37. Les rois, les aristocrates, les tyrans quels qu'ils soient, sont des esclaves révoltés contre le souverain de la terre, qui est le *genre humain,* et contre le législateur de l'univers, qui est la *nature.* »

La société des Jacobins, après avoir entendu la lecture de cette déclaration, l'a adoptée à l'unanimité, en a ordonné l'impression, la distribution aux tribunes et l'envoi aux sociétés affiliées, avec l'invitation de la faire réimprimer et propager. (*Journal du Club,* n. CCCXCIX.)

CONVENTION. — SÉANCE DU 22 AVRIL.

On lit une lettre de Roland qui se plaint que les commissaires nommés pour faire l'examen de ses papiers ont aussi examiné les papiers de sa femme.

[Une députation de citoyens de Paris, composant les trois sections du faubourg Saint-Antoine, est admise à la barre.

Gonchon, orateur de la députation. Nous venons vous faire entendre la voix équitable de la vérité, cette voix qui réveilla plusieurs fois vos prédécesseurs endormis, et condamna les traîtres à l'impuissance; nous venons vous parler de vos fautes, de vos devoirs; et si, comme nous en sommes persuadés, l'amour de la patrie l'emporte dans vos cœurs sur les petites passions humaines, vous rendrez justice à notre zèle, vous applaudirez à nos conseils.

Deux partis, citoyens, paraissent diviser la Convention nationale. Plus ardens à se détruire qu'à écraser le royalisme et l'aristocratie, on les voit occupés à s'attribuer les maux qui désolent la République, la complicité de toutes les conspirations, et le projet de dominer.

Il est évident qu'une faction cherche à ramasser les débris du trône, et à donner un successeur au dernier tyran. Dumourier s'en est déclaré le chef. On accuse la montagne (l'orateur indique du geste les membres placés dans l'extrémité gauche de la salle) de la Convention d'avoir favorisé ce conspirateur, et d'éterniser l'anarchie pour le faire triompher; examinons froidement cette inculpation. Qui a porté Dumourier au ministère? qui l'a flatté et conspué tour à tour? qui a soutenu la royauté constitutionnelle, pendant qu'on a eu le coupable espoir de la partager? les ennemis des Jacobins.

Valence et Dumourier ont hautement improuvé l'arrêt de mort lancé contre le tyran. Quels sont les hommes qui ont partagé l'opinion de Valence et de Dumourier sur le jugement du Christiern français? les ennemis des Jacobins. Quels étaient ces hommes dont Dumourier voulait purger la Convention, afin de rendre à la partie saine toute l'autorité dont elle avait besoin? les Jacobins. Contre qui Dumourier voulait-il faire marcher les satellites? contre les Jacobins : « Je veux, a-t-il dit, comme La Fayette, que le repaire où ils tiennent leurs orgies n'existe plus dans un mois. »

Quels sont les agens de la République persécutés par Dumourier dans les Pays-Bas? des Jacobins.

On peut faire à la tribune ou dans son cabinet de belles amplifications pour rejeter sur les patriotes les crimes de Dumourier et de ses complices; mais toute l'éloquence d'un intrigant couronné ne parviendra jamais à détruire les faits que nous venons d'articuler. *Bergasse* et *Mounier*, *Clermont-Tonnerre* et *Malot*, après eux *La Fayette* et *Chapelier*, lors de leur triomphe,

Barnave et *Lameth*, sous le règne constitutionnel, se sont tous accordés à repousser les dénonciations portées contre eux, en accusant tour à tour les patriotes d'être vendus à la faction d'Orléans. Ils ont tour à tour flatté, calomnié les ministres et le peuple, la cour et les tribunes, les Jacobins et leurs ennemis.

Voici comme s'exprimait le journal des Feuillans, lorsque l'opinion publique préparait la révolution du 10 : « La secte des Jacobins distribue son or, ses libelles et ses poignards pour exciter une insurrection générale. Elle vient d'envoyer dans les départemens méridionaux des courriers pour annoncer que Paris était livré aux horreurs de la guerre civile, et que le sang des patriotes coulait sous le glaive des bourreaux. Ces scélérats veulent faire venir dans la capitale tous les brigands qui infectent le royaume, etc., etc. » Les députés de la Gironde étaient dénoncés par les mêmes journalistes, comme tenant à la faction régicide de d'Orléans, et favorisant la dictature. « Oui, disait le postillon de la guerre, en parlant des dénonciateurs du cabinet autrichien, on veut mettre le protectorat à la place de la monarchie constitutionnelle. Les Bordelais paraissent encore quelquefois aux Jacobins pour conserver le masque de la popularité. Le complot est prêt à éclater ; ils cherchent à égarer la multitude en l'entretenant des conjurations les plus absurdes, et qui n'ont jamais existé. »

A ces phrases, ne vous semble-t-il pas entendre un de ces discours prononcés à la tribune contre les Jacobins, contre Marat, contre les sections de Paris ? Vous voyez les mêmes réflexions, les inculpations pareilles, la même manière de se justifier, la même absurdité dans les diffamations, les récriminations calomnieuses dont on couvre chaque jour les patriotes les plus énergiques.

« Calomniateurs impudens ! s'écriaient *Chaz* et *Gérisier*, infâmes Brissot et Gensonné ! où sont vos preuves ? Quels indices avez-vous de l'existence du cabinet autrichien ? où est-il ? que fait-il ? que veut-il ?.... Ce sont les Jacobins, factieux démagogues, qui s'entendent avec le cabinet de Vienne, qui sont vendus à l'Angleterre, et qui, instruits par vos leçons, ne cherchent qu'à semer les défiances pour ramener le despotisme par l'anarchie..... »

« La faction de Bordeaux, écrivaient les rédacteurs de la *Gazette universelle*, le 18 du mois de mai; la faction de Bordeaux voudrait conserver quelques fragmens de la popularité qui lui échappe, jusqu'au moment où elle pourra appuyer sans danger le dernier coup qui sera porté au club, sur les marches duquel elle s'est élevée. »

Les agitateurs, du temps de la révision, gourmandaient franchement l'assemblée constituante. Les amis des lois ne cessaient de hurler contre eux, et de mendier des décrets d'accusation.

« Le sieur Brissot, disait l'auteur du *Postillon*, affecte le plus insolent mépris pour la majorité de l'assemblée. Il lui manquait cette gloire d'être déchirée par des brigands après l'avoir été par des aristocrates. »

Comment le *Patriote français* répondait-il aux injures du valet de cour? Il lui adressait le même langage que les jacobins adressent à leurs ennemis....

« Patriotes, écrivait Brissot, il se trame une conspiration affreuse contre tous ceux qui ont développé quelque énergie dans la défense du peuple, qui ont démasqué les traîtres. On veut les rendre suspects à ce peuple même. L'or coule à grands flots pour payer les infâmes libellistes qui sont chargés de les discréditer dans l'opinion publique, etc.... »

Mais tel est l'égarement où l'esprit de parti jette les hommes, que les individus dénoncés portent dans leur justification les moyens absurdes ou passionnés qu'ils reprochent à leurs adversaires. Ils réfutent les calomnies par des calomnies encore plus atroces; ils outragent le maire de Paris et le tribunal révolutionnaire dans la même affiche où l'on rappelle qu'il faut respecter les autorités constituées; ils foulent aux pieds les lois et la décence dans le même journal où ils déclament contre l'anarchie et l'injustice; ils provoquent la vengeance du peuple contre leurs ennemis au moment où ils décrètent d'accusation les provocateurs au meurtre; ils attaquent la représentation nationale lorsqu'ils accusent leurs adversaires de vouloir dissoudre la Convention; ils déclament contre les vices de leurs dénonciateurs, et on les voit s'entourer d'hommes perdus de dettes et de réputation, riches de la misère du peuple, puissans des vices ou de la faiblesse des rois, républicains de la veille, toujours prêts à caresser l'idole du jour, mais ne perdant jamais l'habitude d'éterniser l'indigence et l'avilissement de la classe industrieuse.

Il est une espèce d'hommes que les intrigans et les modérés ont toujours à leur disposition, classe hermaphrodite qui déteste les mouvemens révolutionnaires, parce qu'elle ne peut ramper et s'enrichir que pendant le règne de l'apathie; classe faible et moutonnière, dont le sommeil est le premier besoin, et qui préfère la tranquillité du royalisme aux agitations de la liberté; classe ignorante et criarde, dont les clameurs seules nous annoncent l'existence; qu'on entend dans les assemblées publiques demander à chaque instant l'ordre du jour et la question préalable, et qui, fidèle aux maîtres qu'elle a choisis par hasard, et qu'elle garde par taquinerie, ne pardonne jamais à ceux qui la méprisent, et cherche à se venger de la nullité où elle est condamnée en aboyant contre ceux qui la peignent comme une fourmilière de sots et de fripons.

Marat siégerait peut-être au milieu de vous s'il eût eu la prudence de ne jamais éveiller ces torpilles révolutionnaires. Il est peu d'imbéciles qui aient le courage de pardonner à ceux qui les accusent de bêtise : il n'est pas d'intrigant ou de fripon qui puisse oublier celui qui a l'adresse de le démasquer. Ah! combien d'hommes ont cru être justes dans cette occasion, et qui n'étaient cependant que les valets fidèles de leur maître, ou l'involontaire écho de l'amour-propre au désespoir; il est aussi beaucoup d'hommes qui ne pardonneront jamais à l'ami du peuple d'avoir dénoncé La Fayette et Dumourier, dans le temps où ils vivaient intimement avec les conspirateurs; mais dans ce siècle de bon sens et de philosophie, dans ce siècle si fécond en législateurs, on se contente de l'apparence, et le cœur humain n'entre jamais dans la balance des observations politiques.

Pour nous qu'une heureuse ignorance a condamnés à l'oubli des vices et de l'intrigue; nous qui sommes couverts, non pas de la boue des factions, mais de haillons ou de blessures; nous qui respectons les riches lorsque les riches nous méprisent et que leurs valets nous calomnient; mais nous, hommes du 14 juillet et du 10 août; nous qui ne sommes pas façonnés à l'art de justifier le crime et de flétrir la vertu, nous voyons clairement aujourd'hui que le besoin de cacher des fautes et de satisfaire des petites passions dirige seul les dénonciateurs des Jacobins.

Nous vous dirons que la cause de l'anarchie n'est pas aux Jacobins, mais dans l'esprit de défiance qui dévore tous les cœurs. Une Convention nationale abandonnée aux exaltations des partis; un conseil exécutif provisoire sans force, sans moyens, sans activité, plus occupé à suivre la marche de ses rivaux qu'à faire exécuter les lois; un comité de salut public qui rivalise avec les ministres, et dont les membres, quoique patriotes, paraissent craindre d'agir; l'opinion publique égarée par des hommes dont les uns approuvent et d'autres blâment des autorités si anarchiquement constituées; voilà, citoyens, la véritable cause des troubles qui nous dévorent.

Imposer silence aux basses et petites passions de l'amour-propre et de l'intrigue; manifester la ferme résolution de punir tous les conspirateurs; ne pas imiter la conduite de ces hommes qui pardonnent aux crimes qui n'ont que le peuple pour objet, s'occuper enfin et sans relâche du bonheur de ce peuple, ne pas déclamer contre les factions, mais en éteindre la torche, en nous présentant une constitution populaire; condamner au silence les clabaudeurs et les énergumènes modérés; ne pas calomnier un peuple qui était mûr pour la République avant le 10 août, et que des parvenus ingrats persécutent, après avoir été ses courtisans; mettre plus de justice et moins de haineuse précipitation dans l'accusation de vos collègues; ne pas les juger coupables lorsqu'on n'a pas le désir de les trouver innocens.....

Citoyens législateurs, voilà ce que vous devez faire. Alors les Jacobins aimeront également tous les mandataires du peuple; alors les tribunes respecteront ceux qui auront le bon esprit de respecter les principes; alors le conseil exécutif et les généraux feront leur devoir sans oser censurer vos décrets ; alors les ennemis de la République ne s'agiteront plus, et la paix à laquelle vous les aurez condamnés amènera la tranquillité publique ; alors les riches ne spéculeront pas sur le nécessaire du pauvre ; ils n'auront plus à craindre le fantôme du brigandage populaire.

Dans des temps aussi agités, Pétion, maire de Paris, donnait les mêmes leçons aux hommes chargés de l'exécution des lois.....
« C'est en estimant les hommes, écrivait-il à Dupont de Nemours, qu'on les rend bons et dignes de leur nature. O vous qui manifestez toujours de la défiance au peuple, qui le croyez sans cesse capable de tous les excès, c'est ainsi que vous le dépravez, que vous le rendez méchant. »

Ces belles paroles devraient être gravées dans le cœur de tous les fonctionnaires. L'habitude nous fait regarder la pauvreté comme la mère de tous les vices ; elle en est plutôt la victime. Et La Fayette et Barnave disaient aussi que Pétion et Buzot payaient les tribunes qui applaudissaient à leurs principes. On ne veut pas croire au désintéressement du pauvre. Il est cependant le seul peut-être qui aime sa patrie. Le riche n'aime pas tant la République que le pouvoir qu'il exerce ou celui qu'il veut usurper.

En proférant de tels discours, nous ne cherchons pas cependant à dissoudre le corps social, nous indiquons plutôt les moyens de le conserver ; nous ne sommes pas des incendiaires, le faubourg Saint-Antoine ne recèle que des hommes paisibles ; ils n'ont jamais prêché la haine des lois ; leurs preuves sont faites à cet égard. La journée du 2 septembre n'a pas trouvé de complices chez nous ; mais nous méprisons ceux qui rappellent ce malheureux événement pour exciter la guerre civile ; mais nous ne pouvons pas croire à l'humanité de ces apitoyeurs dont la plupart ont ou trempé leurs mains dans la glacière d'Avignon, ou justifié les auteurs de cette horrible boucherie. Mais nous demandons, au nom de la patrie et de votre conservation, que vous répondiez à vos ennemis en travaillant au bonheur du peuple, et non pas en le traitant de factieux et d'agitateur. La nature nous donne le droit de blâmer les actions que nous croyons dangereuses, nous en userons avec courage.

Obéir et haïr : telle était la réponse des courtisans digrâciés. *Dire la vérité et mourir pour elle* : telle sera toujours la devise du faubourg Saint-Antoine.

Le président Lasource à la députation. Les tyrans aimaient les éloges; les représentans d'un peuple libre n'aiment que la vérité. Ils reçoivent des ordres de la nation, des avis de tous les citoyens; des conseils, ils n'en reçoivent de personne. L'opinion publique a déjà rendu aux citoyens du faubourg Saint-Antoine la justice qui leur est due. La France, l'Europe, l'univers entier savent la part que ce faubourg a eue à la révolution, et peut-être la postérité mettra-t-elle un jour en question si ce n'est pas lui qui l'a créée. Les défiances sont sans doute une calamité publique; mais pour bannir les défiances, il ne faut pas se livrer à des préventions. La Convention nationale, toujours ferme dans ses devoirs, ne saura jamais ni calomnier le peuple pour l'avilir, ni le flatter pour l'asservir. Elle n'opposera qu'une réponse aux calomnies dont on l'abreuve, c'est la constitution dont elle s'occupe, et qu'elle va proposer aux Français. La postérité jugera aussi cette Convention tant calomniée; elle verra si nous ne nous sommes occupés que de nos querelles et nos passions. La Convention nationale rend justice à la pureté des vues des citoyens du faubourg Saint-Antoine, et vous invite à la séance.

On demande l'impression de cette pétition et de la réponse du président, et l'envoi aux départemens. Cette dernière proposition éprouve quelques difficultés. La Convention adopte la première, et passe à l'ordre du jour sur le reste.]

COMMUNE. — *Séance du 22 avril.*

On fait lecture d'un arrêté par lequel le corps municipal envoie au conseil-général et aux quarante-huit sections la loi du 29 mars, relative aux écrits tendans : 1° à provoquer le meurtre et la violation des propriétés ; 2° la dissolution de la représentation nationale et le rétablissement de la royauté, ou tout autre pouvoir attentatoire à la souveraineté du peuple.

Le conseil a arrêté que le corps municipal serait invité à déduire les motifs qui l'ont porté à lui envoyer ce décret.

Un membre croit trouver de l'analogie entre le motif qu'on pourrait supposer au corps municipal dans cette démarche et l'adhésion qu'a donnée le conseil à la pétition du 15 de ce mois. Il demande qu'on lise sur-le-champ la liste des signatures des membres qui y ont adhéré. Cette proposition excite de vives réclamations de la part de ceux qui n'ont pas encore signé, et notamment de la part des membres composant les commissions, qui se plaignent de ce que la pétition n'a pas été envoyée dans leurs bureaux.

Le conseil arrête qu'on fera la lecture de la liste des signatures. Cet arrêté est exécuté à l'instant.

Il s'est trouvé quatre-vingt signatures, et la feuille des adhésions a été déposée sur le bureau pour recevoir les signatures des membres qui se présenteraient pour adhérer.

Une députation des commissaires de la majorité des sections demande que le conseil nomme des commissaires pris dans son sein, à l'effet de présenter une pétition relative à l'armement, au départ des canonniers de Paris, et au rapport d'un décret précédemment rendu à ce sujet.

Le conseil arrête que le parquet vérifiera préalablement les adhésions des sections, et en fera ensuite son rapport.

Une députation de la municipalité de Versailles vient remercier le conseil de ce qu'il a arrêté que son adhésion à la pétition du 15 avril, et sa prestation de serment d'union et de protection mutuelle, seraient envoyées aux quarante-huit sections. L'orateur de la députation annonce qu'à Versailles les esprits sont à la hauteur des événemens, et que le sans-culottisme y est porté au plus haut degré que l'on puisse désirer.

Ce discours a été suivi de nombreux applaudissemens. Le président et le procureur de la Commune ont donné à l'orateur l'accolade fraternelle.

La commission des certificats fait son rapport. Il est interrompu par une proposition tendant à ce que le double du tableau des requérant *certificats de civisme* soit affiché pendant huit jours dans la salle du conseil. La question préalable sur cette proposition est demandée et adoptée; et après une longue délibération, le conseil a renouvelé son arrêté du 31 mars dernier. En conséquence, les citoyens requérant des certificats de civisme seront tenus d'être présens à la censure du conseil.

Les rapports des demandes de ces certificats ne pourront être faits que les mardi, jeudi et samedi. Le nombre des requérans présentés par jour à la censure sera porté à vingt.

Les certificats de civisme délivrés jusqu'à ce jour sans cette formalité sont et demeurent rapportés.

Cet arrêté sera envoyé au département et aux quarante-huit sections.

CLUB DES JACOBINS. — *Séance du 22 avril.*
Présidence d'Albitte.

Le citoyen Dubuisson, vice-président, occupe le fauteuil.

Après la lecture du procès-verbal, dont la rédaction est adoptée, le vice-président annonce la présentation d'un plan de constitution populaire. (Mention civique.)

C... « Robespierre vous a fait lecture, à la dernière séance, de la déclaration des droits de l'homme; vous en avez décrété, avec un juste enthousiasme, l'impression et la distribution; mais cela suffit-il? Robespierre vous a donné une belle préface qui ne sert qu'à faire désirer l'ouvrage qu'elle annonce. Je demande que vous invitiez Robespierre à nous donner en entier la constitution populaire dont il a les matériaux dans sa tête. »

Le vice-président annonce le résultat du scrutin qui a porté à la présidence le citoyen Albitte, et à la vice-présidence le citoyen Gaillard.

Le citoyen Gonchon monte à la tribune, et fait lecture de la pétition du faubourg Saint-Antoine.

Dufourny. « Il y a une erreur grave dans cette adresse. On y annonce qu'il y a deux partis dans la Convention ; le mot parti se prend toujours en mauvaise part ; les patriotes ne forment pas un parti ; cette dénomination ne peut s'appliquer qu'aux intrigans de la Convention. »

Boissel. « Robespierre vous a lu hier la déclaration des droits de l'homme, et moi je vais lire la déclaration des droits des sans-culottes. « Les sans-culottes de la République française reconnaissent que tous leurs droits dérivent de la nature, et que toutes les lois qui la contrarient ne sont point obligatoires ; les droits naturels des sans-culottes consistent dans la faculté de se reproduire... » (Bruit et éclats de rire). L'orateur continue. « De s'habiller et de se nourrir. 1° Leurs droits naturels consistent dans la jouissance et l'usufruit des biens de la terre, notre mère commune ; 2° dans la résistance à l'oppression ; 3° dans la résolution immuable de ne reconnaître de dépendance que celle de la nature ou de l'Être-Suprême.

« Les sans-culottes reconnaissent que la société n'est établie que pour la sûreté du plus faible contre le plus fort.

« Les sans-culottes reconnaissent que le meilleur gouvernement est celui qui lutte le plus efficacement contre les ennemis de la République, et que le gouvernement à établir ne peut être que provisoirement révolutionnaire. »

Fabre d'Églantine. « J'ai été interpellé de vous faire part de quelques renseignemens sur le vol du garde-meuble ; j'ai remis à Collot d'Herbois les notes les plus instructives à cet égard. Elles se réduisent à prouver qu'il a été fait deux vols au garde-meuble, et non un vol unique ; le premier a été fait par les grands voleurs, le second par les petits, qu'ils ont fait guillotiner.

« Le citoyen le Moine, garde général du garde-meuble, quelque temps après le 10 août, sollicita Roland et des membres de l'assemblée législative, conjointement avec ceux de la commission des monumens, de vouloir bien prendre connaissance de l'état du garde-meuble, parce qu'il s'apercevait qu'il avait perdu la confiance de Roland, et qu'il était à la veille d'être remplacé. On se rendit chez le Moine, et la translation des diamans se fit dans la salle des bijoux. Dans un coffre de cuivre était renfermée la totalité des plus beaux diamans et tout ce qui composait la parure de la couronne et les ordres de chevalerie, etc. ; ce coffre était attaché au plancher par des vis ; les diamans furent touchés par tous les membres de la commission et remis dans le coffre ; le Moine insista pour qu'on dressât un inventaire de ces bijoux, pour qu'il fût libéré et déchargé.

» Roland lui dit : Vous n'avez point ma confiance, remettez les clefs au citoyen Restoux, que je désigne pour votre successeur.

» Le Moine Créni fit de nouveaux efforts pour obtenir la vérification des diamans. On manqua à trois ajournemens. Restoux au troisième rendez-vous prétexta qu'il avait affaire à sa section. Trois jours après le garde-meuble fut volé. Nommé commissaire pour lever les scellés du garde-meuble, j'ai procédé à la levée de ces scellés.

» Je me suis éclairci par mes propres yeux de la manière dont le vol a été commis. Deux portes portant le cachet du juge de paix étaient intactes. J'ai vu que la fenêtre par laquelle on est entré avait un trou de la hauteur de six pouces, et quatre de largeur, fait avec un vilbrequin. Il a fallu que les voleurs aient passé leur bras par ce trou pour tourner l'espagnolette en dedans et ouvrir la fenêtre ; mais je ne conçois pas comment ils ont pu enlever une énorme barre de fer serrée par des écrous dans les volets. Ou cette barre de fer y était, ou elle n'y était pas ; si elle y était, je déclare qu'on n'a pu l'enlever par le trou ; si elle n'y était pas, je demanderai pourquoi elle n'y était pas.

» Il faut remarquer que le même jour où le vol a été commis une garde avait été mandée et qu'elle fût contremandée. Il faut vous dire que de temps immémorial il y avait une garde extérieure sous les galeries au rez-de-chaussée, et que Restoux a fait retirer cette garde au dedans, et elle ne peut sortir que par la rue Saint-Florentin. Dans la visite que nous avons faite, nous avons trouvé la trace de tout ce qui a été volé ; mais ni aucune de nos recherches, ni le procès-verbal du juge de paix, ni l'aveu de ceux qui ont demandé un délai pour tout avouer, ni les dépositions des témoins n'ont pu nous faire découvrir ce qu'était devenu le coffre de cuivre. Il n'existe pas une trace qui puisse nous donner le moindre indice de ce coffre, qui contenait pour 18 millions de diamans. Nous avons trouvé dans différens mouchoirs, que les voleurs avaient laissés, la preuve qu'ils n'avaient pas enlevé le trésor des diamans ; car comment se persuader qu'étant en possession d'un trésor immense, ils se fussent attachés à de misérables dorures, à des vases, enfin à des vols de détail qui pouvaient prolonger leur séjour dans cet endroit périlleux ?

« Lorsque Roland destitua Cossard, le citoyen Courtois fut trouver Roland pour lui demander raison de la destitution de Cossard. Courtois indigné menaça vivement Roland, démontra sa conduite au grand jour. Il y eut des propos vifs de part et d'autre ; le même jour Brissot, qui n'avait jamais parlé à Courtois, vint le trouver et lui dit : « Comment des patriotes peuvent-ils se brouiller ? il faut se rapprocher, s'expliquer fraternellement ; il y a moyen d'arranger tout cela. » Par l'entremise de Brissot il y eut une conférence entre les parties intéressées, de laquelle il résulta que non-seulement Cossard rentra dans sa place, mais que Roland lui donna en outre l'appartement de la liste civile, qu'il occupe encore dans ce moment. »

Restoux. « J'étais du nombre des commissaires de la Commune qui ont apposé le scellé sur les fermetures du garde-meuble, et je déclare que je n'ai eu aucune connaissance de l'existence du coffre de cuivre ; le 25 août, Pache, que je ne connaissais pas, vint chez moi me proposer de prendre l'administration du garde-meuble. Je lui répondis que je consulterais mes concitoyens. Je les ai consultés, et, d'après leur invitation, j'ai accepté l'administration. Je me suis donné les plus grands soins pour porter la garde au dehors, mais malgré moi on la faisait rentrer en dedans. Le 17 août, je m'étais couché à minuit. On m'éveilla à une heure en me disant qu'il y avait des voleurs ; je me levai sur-le-champ, nous saisîmes deux des voleurs, dont l'un s'était fracturé la jambe en tombant d'un réverbère ; nous trouvâmes des outils et des pinces, avec lesquels les voleurs sont sans doute parvenus à ouvrir la fenêtre ; la partie où l'on est entré est du côté de la place de la Révolution, et nous demeurions rue Saint-Florentin. Je fus sur-le-champ faire mon rapport à Roland. Je le trouvai couché ; il me donna une lettre pour le maire de Paris, que je remis à son adresse. »

— Un membre a fait le reproche à l'opinant d'avoir négligé de faire faire l'inventaire d'un dépôt dont il était personnellement responsable. (Applaudissemens.)

Restoux a répondu qu'il n'a point refusé de faire la vérification des diamans, et que les retards ne sont pas provenus de lui, mais de l'absence du joaillier.

Fabre a récapitulé tous les faits précédemment énoncés, et en a tiré la conséquence que la barre de fer était prise en dedans par deux énormes pitons. Comment avec de petites pinces a-t-on pu enlever une barre grosse comme le bras ?

Restoux. « J'ai été moi-même fort étonné que les voleurs aient pu forcer cette barre. J'observerai même qu'au lieu d'une barre il y en avait deux. »

Un citoyen des tribunes adresse à Restoux l'interpellation suivante : « Êtes-vous venu avec Camus au tribunal criminel ? »

Restoux. « J'y ai été plusieurs fois, mais je n'y ai pas trouvé Camus. »

Dubois-Crancé. « Je demande que la société fasse une offrande patriotique à la patrie, c'est de donner 100 écus à celui qui pourra lever la barre en question. (Applaudi.)

« Je demande, ajoute Dubois-Crancé, que deux commissaires aillent avec Restoux reconnaître la pince avec laquelle on prétend qu'on a enlevé la barre, afin qu'elle ne soit pas changée, et que la vérification soit parfaite. »

Restoux. « La chose est encore dans le même état ; les scellés sont encore sur la porte. Je demande que Dubois-Crancé soit un des commissaires. »

Fabre d'Églantine. « Thuriot vous donnera de plus amples instructions sur les circonstances du second vol, qui a été fait pour masquer le premier. »

Dufourny. « Le citoyen qui peut vous donner des renseignemens sur ce vol, c'est le citoyen Pepin Desgrouhettes. »

N.... « Le nom de Restoux est consigné dans les régistres de la Commune parmi les plus acharnés dénonciateurs de Thierry, auquel il a succédé. Thierry a été arrêté, conduit à l'Abbaye, et il a péri dans la journée du 2 septembre; et Restoux, après s'être emparé de sa place, même avant sa mort, est venu vous dire d'un ton patelin : « Je viens d'être nommé conservateur du garde-meuble; j'aurai besoin d'un certificat. » Il y a des personnes qui disent dans le public que Restoux porte des habits de Thierry, et qu'il roule dans sa voiture. »

Un membre demande qu'on mette Restoux en état d'arrestation.

Dufourny. « Nous ne sommes point un tribunal; nous ne discutons ici que pour nous éclairer. Je demande qu'on rappelle à l'ordre celui qui a proposé de mettre quelqu'un en état d'arrestation. »

Restoux. « J'ai dénoncé Thierry, mais je ne me suis point emparé de ses effets; la voiture dont je me sers ne m'appartient pas, on me la retirera quand on voudra. Je n'ai point de dépenses extravagantes; on peut voir mes papiers, et certainement j'ai tiré de ma poche tout ce que j'ai dépensé. (Murmures.) Un citoyen vient de me dire : « Si vous savez quelque chose de Roland, dites-le. » Je déclare que je n'ai rien à dire contre Roland. »

Desfieux. Je demande à Restoux s'il se rappelle que quatre jours avant le vol je le trouvai et je lui dis : « Vous allez être bien logé. » Il me répondit : « Je n'y suis pas encore, je n'y serai que lorsqu'on aura fait l'inventaire; je presse la confection de cet inventaire pour être en possession. »

Restoux. « Il est de fait que dès le 27 août j'ai été au garde-meuble, et que, dans l'intervalle qui s'est écoulé entre l'époque du vol et celle de mon entrée, je n'ai pas eu le temps de faire un inventaire. »

N.... « Il est à désirer que nous prolongions cette discussion ; vous venez de voir de grands jets de lumière, c'est à vous à les suivre. D'après ce que nous venons d'entendre, Roland est véhémentement suspect. Restoux n'est pas moins suspect, parce qu'il a pris la place d'un autre, et un homme qui n'est pas délicat est indigne du titre de républicain. D'ailleurs, n'avoir pas fait d'inventaire pour se mettre hors de soupçon, et être volé trois jours après, voilà deux circonstances que semblent confirmer nos justes soupçons. »

Payre. « Comment le citoyen Restoux a-t-il pu se charger d'un dépôt aussi précieux sans faire rédiger un inventaire ? »

Le vice-président propose d'ajourner cette question à mercredi. — Cette proposition est adoptée.

(*Journal du club*, n° CCCC.)

CONVENTION. — *Séance du 23 avril.*

Rapport de Lequinio sur les opérations des commissaires envoyés dans le département du Nord. — Lettre du général Dampierre, qui atteste qu'une partie du régiment de Berchigny, hussards, quelques officiers et volontaires sont les seuls qui aient suivi Dumourier. — Lettre du général Berruyer, dans laquelle il rend compte du désavantage qu'ont éprouvé à l'armée de l'Ouest les troupes commandées par le général Ligonier.

COMMUNE. — *Séance du 23 avril.*

Le substitut du procureur de la Commune rend compte de la levée des scellés apposés sur l'appartement de feu Louis Capet, dans la tour du Temple. Les commissaires et lui ont trouvé dans un tiroir tous les attributs de la royauté ; et ne voulant pas que ces signes féodaux puissent se perpétuer, ils ont défiguré à coups de marteau les croix de Saint-Louis et autres, ont brûlé les cordons rouges et les plaques. Un des commissaires donne lecture du procès-verbal de cette opération, et dépose sur le bureau un paquet contenant les effets précieux qui y sont énoncés. Le conseil-général arrête que tous les objets d'or et d'argent contenus dans ce dépôt seront fondus et convertis en lingots en présence des commissaires et du secrétaire-greffier, qui en est dépositaire.

Lepitre, l'un des citoyens inculpés dans l'affaire du Temple, écrit une lettre par laquelle il demande la levée des scellés apposés chez lui, et sollicite un prompt examen de sa conduite « pour prouver au conseil qu'il n'a point à rougir de l'avoir vu siéger parmi ses membres ». Le conseil passe à l'ordre du jour, motivé sur son arrêté du 21 avril. Cet arrêté porte que l'administration de police fera lever les scellés apposés chez les citoyens inculpés dans l'affaire du Temple.

Le conseil a nommé deux commissaires pour la levée des scellés apposés chez le citoyen Bourbon-Penthièvre.

Le conseil, ajoutant à ses précédens arrêtés sur les certificats de civisme, a arrêté que les signalemens des requérans seraient portés sur leurs certificats, ainsi que leur âge et le lieu de leur naissance. Pour l'exécution de cette dernière disposition, ils seront tenus d'exhiber leur acte de naissance.

La commission de correspondance a été chargée de la rédaction d'une circulaire à toutes les municipalités de la République. Cette circulaire portera pour base qu'il est dans l'intention de la Commune de Paris de communiquer avec toute la République, et qu'elle n'adopte que cette seule espèce de fédéralisme.

Cette circulaire sera imprimée et affichée.

Le conseil a arrêté que le corps municipal serait invité à faire mettre à exécution son arrêté portant nomination de commissaires pour fraterniser avec le département relativement à l'administration des hôpitaux, et à étendre cet arrêté à toutes les autres branches d'administration, et enfin à en rendre compte sous quinzaine.

T. XXVI. 8

On a passé à l'ordre du jour sur une dénonciation faite contre Gorsas et l'auteur du *Journal français*.

TRIBUNAL RÉVOLUTIONNAIRE. — *Audience du 23 avril.*

Louis-François-Alexandre d'Harembure, âgé de cinquante ans, lieutenant-général des armées de la République, commandant ses troupes sur le Haut-Rhin et la Rauracie, né de Preuilly, chef-lieu de district, département d'Indre-et-Loire, demeurant depuis onze mois à Newbrisac, est acquitté de l'accusation portée contre lui comme prévenu d'avoir envoyé à la commune de Newbrisac une lettre accompagnée de deux imprimés ayant pour titre : l'un, *Lettres patentes du régent de France*; l'autre, *Déclaration du régent de France*, dans l'intention d'exécuter les ordres de ce prétendu régent de France en les faisant inscrire sur les registres de la municipalité de Newbrisac, et il est mis sur-le-champ en liberté.

Audience du 24. — Affaire de Marat.

Nous plaçons l'audience du tribunal révolutionnaire avant la séance de la Convention pour nous conformer à l'ordre des événemens; nous suivrons Marat du tribunal à l'assemblée. Le compte rendu du procès est emprunté par nous aux numéros XVI, XVII et XVIII du Bulletin du tribunal révolutionnaire.

« Marat entre à l'audience et dit : Citoyens, ce n'est point un coupable qui paraît devant vous, c'est l'apôtre et le martyr de la liberté; ce n'est qu'un groupe de factieux et d'intrigans qui ont porté un décret d'accusation contre moi.

» Interrogé de ses nom, surnoms, âge, qualités, lieu de naissance et demeure,

» A répondu s'appeler Jean-Paul Marat, docteur en médecine, député de Paris à la Convention nationale, âgé de quarante-neuf ans, demeurant à Paris, rue des Cordeliers, section du Théâtre-Français.

» Il résulte de la lecture de l'acte d'accusation que l'accusé est prévenu d'avoir dans ses écrits provoqué au pillage, au meurtre, et la dissolution de la Convention nationale.

» L'accusateur public expose l'état des charges ; il donne lecture successivement des numéros de l'*Ami du Peuple* et du *Publiciste*, qui ont provoqué le décret d'accusation du 15 avril présent mois.

» L'accusé, interpellé de déclarer s'il les reconnaît ou s'il veut qu'ils lui soient représentés,

» A répondu : Je les reconnais à la simple lecture.

» On procède à l'audition des témoins.

» Samson Pegnet, Anglais, homme de lettres, rédacteur d'un journal patriote, est entendu ; il dépose des faits peu importans.

» Interpellé s'il connaît un paragraphe inséré dans le journal intitulé le *Patriote français* du 16 avril présent mois,

» A répondu qu'il connaît cette note pour être, à ce qu'il croit, d'un jeune Anglais qui a tenté de se tuer, mais qui cependant n'est pas mort de ses blessures, attendu qu'elles ne se sont pas trouvées dangereuses. Lui, témoin, observe qu'il a été très-affligé de voir cet article inséré dans le *Patriote français*, parce qu'il tendrait à faire croire en Angleterre que tout est en combustion en France ; à l'égard de Marat, le témoin déclare en son ame et conscience qu'il le regarde comme un homme utile.

» Interpellé de déclarer le nom du jeune Anglais qui a voulu se suicider,

» A répondu qu'il se nomme Johnson, et qu'il demeure dans la maison occupée par Thomas Payne, député à la Convention nationale, rue du Faubourg-Saint-Denis, n° 63.

» A lui demandé : Avez-vous connaissance que chez Thomas Payne il se tient des conciliabules, où paraît avoir été rédigé l'article du *Patriote français*.

» A répondu : Non.

» A lui demandé : Avez-vous connaissance que l'on ait intercalé le nom de Marat dans cet article pour le rendre odieux en Angleterre?

» A répondu : J'ai regardé cet article comme rédigé par les ennemis de l'accusé.

» A lui demandé s'il ne pourrait pas dire comment cet article a été souscrit par Johnson.

» A répondu qu'il est à sa connaissance que Thomas Payne a appelé un jeune Anglais nommé Chopin, sur l'escalier, pour lui parler, mais qu'il ignore le résultat de leur conversation.

» A lui demandé s'il croit que Johnson s'est tué ou blessé par la lecture des feuilles de Marat ou bien par démence.

» A répondu que ce jeune homme est comme un enfant; il a signé en Angleterre une adresse patriotique, et est venu en France féliciter la Convention sur ses importans travaux pour le bonheur du genre humain; après les malheureux événemens arrivés dans la Belgique, il est tombé dans la misère; ses organes en ayant été altérés, il se peut que, par la lecture de différens écrits qui annonçaient que les députés qui avaient voté l'appel au peuple seraient massacrés, son amitié pour Thomas Payne l'ait porté à se détruire, pour ne pas être témoin de la prétendue fin tragique de son ami.

» Est-il à votre connaissance qu'il se soit tenu chez Thomas Payne des discours tendant à faire croire que l'on voulait le massacrer?

» R. Oui, l'on disait que Marat avait dit qu'il fallait massacrer tous les étrangers, notamment les Anglais.

» L'accusé est interpellé de déclarer ce qu'il a à répondre au dernier fait qui vient d'être avancé par le témoin.

» R. J'observe au tribunal que c'est une calomnie atroce, une méchanceté des hommes d'état pour me rendre odieux.

» Sur l'interpellation faite au témoin de déclarer s'il s'est trouvé souvent dans la maison de Thomas Payne, et si l'assemblée y est nombreuse,

» Il répond que c'est une maison bourgeoise, et qu'il n'y a jamais vu plus de cinq ou six Anglais et un Français.

» A lui demandé s'il est à sa connaissance que quelque membre de la Convention s'y rendît.

» A répondu : Je l'ignore.

» William Chopin, Anglais, demeurant faubourg Saint-Denis, maison de Thomas Payne, dépose que Johnson qui, a voulu se suicider, a fait un testament en faveur de Thomas Payne et de lui témoin, mais que, n'étant pas mort, cet acte est devenu nul.

» A lui demandé combien il y a ordinairement de personnes à la table de Thomas Payne.

» A répondu cinq hommes et une dame.

» A lui demandé ce que l'on dit, dans cette maison, de la révolution.

» A répondu : Je ne sais pas ce que les autres en pensent, mais quant à moi j'en ai la meilleure opinion.

» A lui demandé ce que l'on y dit des feuilles de Marat.

» A répondu : A peine en ai-je entendu parler dans les conversations.

» A lui demandé s'il a connaissance que l'écrit fait par Johnson lui ait été suggéré par quelqu'un.

» A répondu : Je l'ignore, mais ce que je sais, c'est que c'est Johnson lui-même qu'il l'a rédigé.

» A lui demandé s'il croit que la note dont on lui parle soit la même que celle insérée dans le *Patriote français* du 16 avril.

» A répondu : J'ignore si on y a retranché ou diminué.

» A lui demandé s'il a connaissance que les personnes qui vont chez Thomas Payne soient en liaison avec des députés français de la Convention.

» A répondu : Non.

» Brissot y venait-il?

» Je ne l'ai jamais vu.

» On procède à l'audition d'un autre témoin.

» Jean-Marie Girardin, ci-devant Girey-du-Pré, garde des manuscrits nationaux à la bibliothèque de la République, et rédacteur du journal portant pour titre : *Patriote français*, est entendu.

» Le président du tribunal l'interpelle de déclarer s'il reconnaît la note insérée dans le journal en date du 16 avril présent mois.

» Le témoin déclare reconnaître la note pour avoir été par lui envoyée à l'imprimerie.

» A lui demandé de qui il tient cette note.

» A répondu de Brissot, son ami, qui l'a assuré la tenir de la main de Thomas Payne, à qui elle avait été remise par le jeune Anglais.

» Sur le réquisitoire de l'accusateur-public, J.-P. Brissot, député à la Convention, est invité à se rendre à l'audience, pour déposer des faits qui peuvent être à sa connaissance, et qu'à cet effet le président du tribunal écrira une lettre au président de la Convention nationale.

» Il s'élève des applaudissemens dans l'auditoire. L'accusé se tourne de ce côté, et dit : Citoyens, ma cause est la vôtre, je défends ma patrie ; je vous invite à garder le plus profond silence, afin d'ôter aux ennemis de la chose publique les moyens de dire que l'on a influencé.

» Sur le réquisitoire de l'accusateur public, le tribunal ordonne qu'il sera décerné contre Johnson un mandat d'amener.

« Le témoin Girardin, interpellé de déclarer quel est l'auteur de la réflexion qui précède la note,

» R. Je l'ai imprimée telle qu'elle m'a été remise.

» Brissot continue-t-il la rédaction du *Patriote français*?

» C'est moi qui me charge de toute la responsabilité.

» L'accusé demande que l'on interpelle le témoin de déclarer si, pendant le temps qu'il était défendu par une loi aux membres de la Convention de coopérer à la rédaction d'aucun journal, Brissot ne lui a pas fait passer des notes ou articles à insérer dans le *Patriote français*.

» L'interpellation faite, le témoin y répondant a dit : Pendant le temps que la loi a duré, jusqu'au moment où elle a été rapportée, il ne m'a rien fourni.

» A lui demandé quel est l'imprimeur du *Patriote français*,

» A répondu : le citoyen Provost, rue et hôtel de Bussy.

» Sur le réquisitoire de l'accusateur public, le tribunal ordonne qu'il sera décerné un mandat d'amener contre l'imprimeur.

» Le président annonce que, sur la lettre par lui écrite au président de la Convention nationale, elle a rendu un décret par lequel elle déclare passer à l'ordre du jour.

» Sur l'observation faite au témoin que la note qui se trouve dans son numéro du 16 avril est aussi insérée dans la *Gazette générale de l'Europe*.

» Il répond que ce n'est pas lui qui la lui a communiquée.

» L'accusé demande que les témoins déjà entendus ne soient point présens aux dépositions que vont faire les autres témoins. (On les fait sortir.)

» On procède à l'audition d'un autre témoin.

» Thomas Payne, député à la Convention nationale, dépose qu'il ne connaît Marat que depuis que la Convention est rassemblée.

» On donne lecture au témoin de la note du 16 avril.

» Il répond par l'organe d'un interprète qu'il ne la connaît pas, et qu'il ne conçoit pas ce que cela puisse avoir du rapport avec l'accusation intentée contre Marat.

» A lui demandé s'il a donné une copie de cette note à Brissot.

» R. Je lui ai fait voir l'original.

» Le lui avez-vous remis tel qu'il est imprimé?

» Ce que Brissot a écrit ne peut avoir été fait par lui que de mémoire, de ce qu'il m'a entendu lire et de ce que je lui ai dit ; j'observe que Johnson ne s'est donné les deux coups de couteau que parce qu'il avait appris que Marat devait le dénoncer.

» L'accusé observe que ce n'est pas parce qu'il devait dénoncer ce jeune homme qu'il s'est poignardé, mais bien parce qu'il voulait dénoncer Thomas Payne.

» Le témoin observe que ce jeune homme avait depuis long-temps des inquiétudes d'esprit ; quant à Marat, il ne lui a parlé qu'une seule fois dans les couloirs de la Convention nationale, qu'il lui dit que le peuple anglais était libre et heureux ; lui, déposant, lui observa qu'il se trompait, attendu qu'il gémissait sous un double despotisme.

» A lui demandé s'il a connaissance que Brissot ait vu ce jeune homme (Johnson) chez lui.

» R. Je ne le crois pas.

» On passe à l'audition d'un autre témoin.

» Pierre Provost, imprimeur, est entendu.

» Le président l'interpelle de déclarer si c'est chez lui que s'imprime le journal ayant pour titre : *Patriote français.*

» R. Oui.

» Êtes-vous dans l'usage de conserver vers vous les copies ou minutes des ouvrages que vous imprimez?

» R. On les garde quelquefois un mois, après lequel temps on les jette au feu, surtout lorsque l'on peut produire les auteurs de ce que l'on imprime.

» Lecture est faite de la note du 16 avril.

» Le témoin dit à ce sujet : J'observe au tribunal qu'à l'époque du 16 avril j'étais malade, et ne peux en conséquence produire aucun éclaircissement touchant ce fait; c'était à un homme de confiance que j'avais donné la surveillance de mes impressions. J'apporte avec moi une partie des copies qui ont servi à imprimer ce mois-ci le journal du *Patriote français;* je les ai ramassées à la hâte, et ne doute pas d'en trouver d'autres si j'avais le temps de les chercher.

» L'accusé demande que ces pièces soient déposées au greffe, afin que s'il y avait quelque chose à charge contre lui, il pût en prendre communication.

« L'imprimeur dépose lesdites copies sur le bureau.

» Le président interpelle l'accusé de déclarer s'il a quelque observation à faire sur l'acte d'accusation ou sur les dépositions des témoins.

» Marat répond : « J'ai des réflexions générales à faire sur le
» décret d'accusation ; fort de ma conscience et de l'équité du
» tribunal, je provoque moi-même l'examen le plus sévère de
» ma conduite avant et depuis la révolution. J'ai écrit long-temps

» avant en Angleterre un ouvrage (*les Chaînes de l'esclavage*),
» qui n'a pas peu contribué à la préparer ; à l'approche des états-
» généraux, je redoublai d'efforts, et, par nombre d'écrits pa-
» triotiques, je ne cessai de réclamer pour les droits du peuple :
» depuis la révolution, je ne cessai de l'éclairer, de l'instruire ;
» j'ai constamment, et avec un courage que rien ne peut ébran-
» ler, démasqué les traîtres qui, sous le voile de la popularité,
» avaient surpris sa confiance et séduit sa bonne foi ; j'ai fait pâ-
» lir le tyran sur son trône et l'ai poursuivi jusqu'à sa mort ; la
» plume dans ma main étant devenue pour mes ennemis une
» arme redoutable, on n'a rien négligé pour étouffer ma voix et
» enchaîner ma plume, *promesses, cajolemens, séduction, me-*
» *naces, persécution,* tout a été tenté, mais inutilement ; l'*Ami*
» *du peuple* s'est toujours montré digne de lui-même et de la
» juste cause qu'il a constamment défendue et qu'il ne cessera
» de défendre jusqu'à extinction de chaleur naturelle, puisqu'il
» s'agit de la liberté et du bonheur du genre humain. »

» Applaudissemens universels.

» A lui demandé ce qu'il entend par cette phrase de son numéro LXXXIV où il dit que, si la démocratie ne l'emporte pas, il faudra bien que la nation se donne un chef.

» A répondu : C'est une calomnie atroce ; on a interprété comme on a voulu ce que je voulais dire ; on a même poussé l'impudeur jusqu'à me prêter des intentions que je n'avais pas.

» A lui demandé ce qu'il entend par cette phrase de son numéro LXXX, ainsi conçue : « Voilà les législateurs de l'empire
» français ! je désire que le ciel les illumine et les convertisse ;
» quant à moi, je n'attends d'eux rien de bon. » Sommé de s'expliquer si par ces mots il n'a pas entendu avilir la Convention nationale,

» A répondu : Bien loin de l'avilir, j'ai tout fait pour la rappeler à la dignité de ses fonctions.

» On procède à l'audition d'un autre témoin.

» Williams Johnson, médecin anglais, dépose par l'intermédiaire d'un interprète qu'il reconnaît la note du 16 avril, insérée dans le *Patriote français*, pour avoir été par lui écrite, ne peut cependant pas affirmer qu'elle soit bien exacte, attendu qu'il était malade alors; mais on peut, pour s'en assurer, ajoute-t-il, la confronter à l'original, qui est entre les mains de Thomas Payne.

» A l'égard de la réflexion qui précède ladite note, il déclare qu'elle n'est point de lui déposant.

» A lui demandé si c'est à la suite de la lecture de Marat qu'il s'est déterminé à se suicider.

» A répondu que c'était après la lecture du journal de Gorsas. (Applaudissemens.)

» L'accusé, se tournant vers l'auditoire, dit : Citoyens, je vous invite au silence; sans cela, vous nuiriez au triomphe de la liberté.

» Le président interpelle le témoin de déclarer quel peut être, s'il s'en rappelle, le passage qu'il a lu et qui l'a porté à attenter à ses jours.

» Il répond que Gorsas annonçait dans sa feuille, autant qu'il peut s'en rappeler, que Marat avait dit que ceux qui avaient voté l'appel au peuple dans le jugement du roi seraient massacrés; et que l'amitié qu'il porte à Thomas Payne l'avait porté à se détruire.

» A lui demandé s'il a fait un testament en faveur de Thomas Payne.

» A répondu : Non.

» A lui demandé quels sont ceux qui lui ont remis Gorsas.

» A répondu : La personne chez qui je demeure le prend tous les jours.

» Le président interpelle l'accusé de déclarer s'il a quelque chose à ajouter pour sa justification.

» Marat prend la parole et prononce le discours suivant :

» (Ce discours est d'autant plus authentique, qu'il a été remis par Marat même au citoyen Clément.)

« Citoyens, membres du tribunal révolutionnaire, si Roland, le patron de la clique des Girondins, n'avait pas dilapidé les biens nationaux pour égarer le peuple et pervertir l'esprit public; si la faction des hommes d'état n'avait pas inondé la République entière de libelles infâmes contre la Commune, la municipalité, les sections, le comité de surveillance, et surtout contre la députation de Paris; s'ils ne s'étaient pas si long-temps concertés pour diffamer Danton, Robespierre et Marat; s'ils ne m'avaient pas sans cesse représenté comme un factieux, un anarchiste, un buveur de sang, un ambitieux qui visait au pouvoir suprême sous le titre de tribun, de triumvir et de dictateur; si la nation, complétement détrompée, avait reconnu la perfidie de ces impostures; si leurs coupables auteurs avaient été flétris, j'aurais résisté aux actes arbitraires portés contre moi, sous le titre de décret et d'acte d'accusation, par une faction perfide que j'ai tant de fois dénoncée comme presque toute composée de royalistes, de traîtres, de machinateurs, et j'aurais attendu que la Convention eût été renforcée par le retour des députés patriotes pour me présenter à la tribune et foudroyer les vils scélérats qui me persécutent aujourd'hui avec un si odieux acharnement.

» Si je parais devant mes juges, c'est donc pour faire triompher la vérité et confondre l'imposture; c'est pour dessiller les yeux de cette partie de la nation qui est encore égarée sur mon compte; c'est pour sortir vainqueur de cette lutte, fixer l'opinion publique, mieux servir la patrie et cimenter la liberté..

» Plein de confiance dans les lumières, l'équité, le civisme du tribunal, je provoque moi-même l'examen le plus rigoureux de cette affaire. Fort du témoignage de ma conscience, de la droiture de mes intentions, de la pureté de mon civisme, je ne veux point d'indulgence, mais je réclame une justice sévère.

» Me voilà prêt à répondre à mes juges; cependant, avant d'être interpellé, je dois mettre sous vos yeux, citoyens, une série d'observations qui vous mettront à portée de juger de la crasse ignorance, de l'absurdité, de l'iniquité, de la perfidie, de l'acharnement et de l'atrocité de mes vils délateurs.

» Le décret d'accusation rendu contre moi l'a été sans aucune discussion, au mépris d'une loi formelle et contre tous les principes de l'ordre, de la liberté et de la justice. Car il est de droit rigoureux qu'aucun citoyen ne soit blâmé sans avoir été entendu. Il a été rendu par deux cent dix membres de la faction des hommes d'état, contre les réclamations de quatre-vingt-douze membres de la Montagne, c'est-à-dire par deux cent dix ennemis de la patrie contre quatre-vingt-douze défenseurs de la liberté. Il a été rendu au milieu du vacarme le plus scandaleux, durant lequel les patriotes ont couvert d'opprobre les royalistes en leur reprochant leur incivisme, leur turpitude, leurs machinations. Il a été rendu contre la manifestation la plus marquée de l'opinion publique et au bruit des huées continuelles des tribunes. Il a été rendu d'une manière si révoltante, que plus de vingt membres, qui avaient été trompés par la faction des hommes d'état, ont refusé de voter, le décret n'ayant pas été discuté, et que l'un d'eux, cédant au mouvement d'une ame honnête, s'est écrié : *Je ne vote pas ; et je crains fort, d'après tout ce que je vois, d'avoir été la dupe d'une cabale perfide !*

» Ce décret, loin d'être le vœu de la majorité de la Convention, puisqu'il est l'ouvrage d'une partie des membres qui ne font pas même le tiers de l'assemblée, ne peut donc être regardé que comme la suite de l'acharnement de la faction des hommes d'état. On va voir qu'il est l'effet d'une trame criminelle, car il a été provoqué sur la lecture d'une adresse des Jacobins, que j'avais signée comme président de la société ; adresse patriotique dont on a bientôt cessé de me faire un crime en voyant presque tous mes collègues de la Montagne courir au bureau pour la signer ; adresse vraiment républicaine qui vient d'être signée par toutes les sections de Paris, et qui le sera bientôt par tous les bons citoyens de la France entière.

» En abandonnant la dénonciation de cette adresse, qui avait motivé la demande du décret d'accusation, le décret tombait de lui-même ; mais il a été repris avec fureur par mes ennemis, en me voyant monter à la tribune pour renouveler la proposition de traduire Louis-Philippe d'Orléans devant le tribunal révolutionnaire, et de mettre à prix la tête des Capet rebelles et fugitifs :

proposition qui désespérait les hommes d'état, en les forçant de se mettre la corde au cou, s'ils l'adoptaient ; ou de s'avouer eux-mêmes les partisans de d'Orléans et des Capet rebelles, les suppôts du royalisme et les complices de Dumourier, s'ils la repoussaient. On sait avec quelle violence ils s'y sont opposés. Ce décret doit donc être considéré comme une ridicule récrimination des scélérats que j'avais accusés de machinations, et que le traître Dumourier avait en quelque sorte déclarés ses complices, comme un artifice profond imaginé pour m'ôter tout moyen de poursuivre cette mesure de salut public qui devait les démasquer complétement, les couvrir d'opprobre, et les livrer à la vengeance nationale. Un pareil décret n'est donc qu'un acte de tyrannie qui appelle la résistance à l'oppression, et qui ne peut manquer de révolter tous les bons citoyens lorsqu'il sera aussi bien connu dans les départemens qu'il l'est à Paris.

» Je passe à l'acte d'accusation.

» Émané du conseil de législation, presque entièrement composé de mes plus mortels ennemis, tous membres de la faction des hommes d'état, il a été rédigé avant tant d'irréflexion, qu'il porte tous les caractères de la plus crasse ignorance, du mensonge, de la démence, de la fureur et de l'atrocité.

» Cet acte offre d'abord une inconséquence remarquable, ou plutôt une révoltante opposition au décret d'accusation auquel il sert de base ; car il n'y est nullement question de l'adresse aux Jacobins, que l'on me faisait un crime d'avoir signée, et qui avait provoqué le décret.

» J'ai honte pour le comité de législation de faire voir combien cet acte est ridicule et destitué de fondement. Comme l'adresse des Jacobins contient les sentimens des vrais républicains, et comme elle avait été signée de presque tous mes collègues de la Montagne, le comité, forcé d'abandonner ce chef fondamental d'accusation, s'est rabattu sur la dénonciation de quelques-unes de mes feuilles qui dormaient depuis plusieurs mois dans la poussière de ses cartons ; et il a reproduit stupidement la dénonciation de quelques autres de mes feuilles, à laquelle l'assemblée a réfusé de donner aucune suite en passant à l'ordre du jour, comme je le prouverai dans la suite.

» Prouvons maintenant que cet acte est illégal. Il porte en entier, ainsi qu'on vient de voir, sur quelques-unes de mes opinions politiques. Ces opinions avaient presque toutes été produites à la tribune de la Convention avant d'être publiées dans mes écrits ; car mes écrits, toujours destinés à dévoiler les complots, à démasquer les traîtres, et à proposer des vues utiles, sont un supplément à ce que je ne puis toujours exposer dans le sein de l'assemblée. Or, l'article 7 de la cinquième section de l'acte constitutionnel porte en termes exprès : « Les représentans de la » nation sont inviolables, ils ne peuvent être recherchés, accusés » ni jugés, en aucun temps, pour ce qu'ils auront dit, écrit ou » fait dans l'exercice de leurs fonctions de représentans. » L'acte d'accusation est donc nul et de nul effet, en ce qu'il est diamétralement opposé à une loi fondamentale qui n'a point été révoquée, et qui ne peut point l'être. Il est nul et de nul effet, en ce qu'il attaque le plus sacré des droits d'un représentant du peuple.

» Ce droit n'emporte pas celui de machiner contre l'état, de faire aucune entreprise contre les intérêts de la liberté, d'attaquer les droits des citoyens, ou de compromettre le salut public ; je le sais ; mais il consiste à pouvoir tout dire, tout écrire, tout faire impunément dans le dessein sincère de servir la patrie, de procurer le bien général, et de faire triompher la liberté. Et il est si fort inhérent aux fonctions d'un représentant de la nation, que sans lui il serait impossible aux fidèles députés de défendre la patrie, et de se défendre eux-mêmes contre les traîtres qui voudraient les opprimer et les asservir.

» Les patriotes de l'assemblée constituante avaient si bien senti la nécessité de rendre les représentans de la nation inviolables et irrécherchables, pour pouvoir lutter impunément contre le despote, et faire la révolution, qu'ils s'empressèrent de consacrer ce droit par le fameux décret du 23 juin 1789, avant même de se constituer assemblée nationale.

» Ils sentirent si bien que ce droit sacré était inhérent à tou fonctionnaire public, qu'ils l'étendirent, par le décret du 23 août 1789, à tout corps judiciaire, à tout corps administratif, et même à tous citoyens réunis en assemblées primaires.

» Sans ce droit inaliénable, la liberté pourrait-elle se maintenir un instant contre les entreprises de ses ennemis conjurés? Sans lui comment, au milieu d'un sénat corrompu, le petit nombre de députés qui restent invinciblement attachés à la patrie démasqueraient-ils les traîtres qui veulent l'opprimer ou la remettre aux fers?

» Sans ce droit essentiel, comment un petit nombre de patriotes clairvoyans et déterminés déjoueraient-ils les complots d'une faction nombreuse de machinateurs. Qu'on en juge par ce qui nous arrive. Si la faction des hommes d'état peut, sous un faux prétexte, m'attaquer, m'expulser de la Convention, me traduire devant un tribunal, me retenir en captivité, me faire périr; demain, sous d'autres prétextes, elle attaquera Robespierre, Danton, Collot-d'Herbois, Panis, Lindet, Camille, David, Audouin, Laignelet, Meaule, Dupuis, Javogues, Granet, et tous les autres députés courageux de la Convention; elle contiendra les autres par la terreur, elle usurpera la souveraineté, elle appellera auprès d'elle Dumourier, Cobourg, Clairfayt, ses complices; secondée des Prussiens, des Autrichiens et des émigrés, elle rétablira le despotisme dans les mains d'un Capet qui fera égorger tous les patriotes connus, et elle se partagera les premiers emplois avec les trésors de l'état. Le décret d'accusation rendu contre moi pour mes opinions politiques est donc un attentat à la représentation nationale; et je ne doute nullement que la Convention, devenue complète par le retour des commissaires patriotes, n'en sente bientôt les dangereuses conséquences, les suites funestes, ne rougisse qu'il ait été rendu en son nom, et ne se hâte de le rapporter, comme destructif de toute liberté publique.

» L'acte d'accusation n'est pas seulement nul en ce qu'il viole une loi constitutionnelle, et qu'il attaque la représentation nationale; il l'est encore en ce que le comité érige, contre tout prin-

cipe, la Convention en tribunal criminel, car il lui fait prononcer sans pudeur contre un jugement inique, en décidant sans examen préalable d'aucune des pièces, sans avoir même mis en question si ces pièces sont de moi (1). « Que je suis prévenu d'a-
» voir évidemment provoqué le meurtre et le pillage, d'avoir
» provoqué un pouvoir attentatoire à la souveraineté du peu-
» ple, et d'avoir avili la Convention, provoqué sa dissolu-
» tion, etc. »

» Mais ce qu'on refusera de croire, c'est que le comité y appelle sans façon, sans pudeur, et sans remords, des peines afflictives et capitales sur ma tête, en citant les articles du Code pénal, qui selon lui me condamnait à mort. Je ne doute nullement que ce ne soit là où il en voudrait venir. Combien les hommes d'état ont été désespérés de ne pas m'avoir tenu en prison, pour étouffer ma voix et retenir ma plume. L'un d'eux, l'atroce Lacaze, n'a-t-il pas eu le front de demander à la Convention, comme Dumourier et Cobourg le demandaient à la faction, que je fusse mis hors la loi ! Ainsi l'acte d'accusation est un véritable jugement rendu, qu'il ne resterait plus qu'à faire exécuter.

» Enfin, cet acte est un tissu de mensonges et d'impostures. Il m'accuse « d'avoir provoqué le meurtre et le pillage, le réta-
» blissement d'un chef de l'état, l'avilissement et la dissolution
» de la Convention, etc. » ; le contraire est prouvé par la simple lecture de mes écrits. Je demande une lecture suivie des numéros dénoncés ; car ce n'est pas en isolant et en tronquant des passages qu'on rend les idées d'un auteur, c'est en lisant ce qui les précède et les suit qu'on peut juger de ses intentions.

» Si après la lecture il restait quelques doutes, je suis ici pour les lever.   » MARAT, *député à la Convention.* »

« Ce discours a été couvert d'applaudissemens.

» Le président pose les questions en ces termes :

(1) » Ce que j'avais bien droit d'attendre, après la multitude de faux écrits publiés sous mon nom. La Fayette, la cour et le club monarchique n'ont-ils pas fait paraître en même temps cinq faux *Amis du peuple*, tous sous mon nom et avec mon épigraphe ?   (*Note de Marat.*)

» 1° Est-il constant que dans des écrits intitulés l'*Ami du Peuple*, par Marat, et le *Publiciste*, l'auteur ait provoqué : 1° au pillage et au meurtre ; 2° un pouvoir attentatoire à la souveraineté du peuple ; 3° l'avilissement et la dissolution de la Convention nationale ?

» 2° Jean-Paul Marat est-il l'auteur de ces écrits ?

» 3° Jean-Paul Marat a-t-il eu dans lesdits écrits des intentions criminelles et contre-révolutionnaires ?

» Après en avoir délibéré, les jurés sont rentrés à l'audience, et l'un d'eux, le citoyen Dumont, premier juré, a motivé son opinion en ces termes :

» J'ai examiné avec soin les passages cités des journaux de Marat. Pour les mieux apprécier, je n'ai pas perdu de vue le caractère connu de l'accusé et le temps pendant lequel il a écrit. Je ne puis supposer d'intentions criminelles et contre-révolutionnaires à l'intrépide défenseur des droits du peuple ; il est difficile de contenir sa juste indignation quand on voit son pays trahi de toutes parts ; et je déclare que je n'ai rien trouvé dans les écrits de Marat qui me parût constater les délits dont il est accusé.

» Les autres jurés ont aussi déclaré à l'unanimité que les faits n'étaient pas constans.

» Le président ordonne à la gendarmerie de faire entrer l'accusé, ce qui ayant été exécuté, il lui a fait part de la déclaration des jurés.

» D'après cette déclaration, Fouquier-Tinville, accusateur public, a conclu à ce que Jean-Paul Marat fût acquitté de l'accusation contre lui portée par décret de la Convention nationale du 13 avril présent mois ; et que ledit Marat sera sur-le-champ mis en liberté, s'il n'est retenu pour autre cause ; que son nom sera biffé, et le présent jugement imprimé et affiché partout où besoin sera.

» Le tribunal fait droit sur le réquisitoire de l'accusateur public.

» Les applaudissemens retentissent de toutes parts dans l'auditoire.

» Marat, prenant la parole, dit : Citoyens jurés et juges, qui composez le tribunal révolutionnaire, le sort des criminels de lèse-nation est dans vos mains; protégez l'innocent et punissez le coupable, et la patrie sera sauvée.

» Marat est sorti aux applaudissemens d'un peuple immense, qui, après l'avoir couronné de feuilles de chênes, l'a reconduit à la Convention. »

CONVENTION. — SÉANCE DU 24 AVRIL.

Présidence de Lasource.

Delacroix fait rendre un décret relatif à la vente des meubles et immeubles appartenant à la République. — Le président du tribunal révolutionnaire mande que le député Brissot sera appelé comme témoin dans l'affaire de Marat. Ordre du jour.

Robespierre. Je vous proposerai d'abord quelques articles nécessaires pour compléter votre théorie sur la propriété; que ce mot n'alarme personne. Ames de boue! qui n'estimez que l'or, je ne veux point toucher à vos trésors, quelqu'impure qu'en soit la source. Vous devez savoir que cette loi agraire, dont vous avez tant parlé, n'est qu'un fantôme créé par les fripons pour épouvanter les imbéciles; il ne fallait pas une révolution sans doute pour apprendre à l'univers que l'extrême disproportion des fortunes est la source de bien des maux et de bien des crimes, mais nous n'en sommes pas moins convaincus que l'égalité des biens est une chimère. Pour moi, je la crois moins nécessaire encore au bonheur privé qu'à la félicité publique. Il s'agit bien plus de rendre la pauvreté honorable que de proscrire l'opulence. La chaumière de Fabricius n'a rien à envier au palais de Crassus. J'aimerais bien autant pour mon compte être l'un des fils d'Aristide, élevé dans le Prytanée, aux dépens de la République, que l'héritier présomptif de Xercès, né dans la fange des cours, pour occuper un trône décoré de l'avilissement des peuples, et brillant de la misère publique.

Posons donc de bonne foi les principes du droit de propriété; il le faut d'autant plus qu'il n'en est point que les préjugés et les vices des hommes aient cherché à envelopper de nuages plus épais.

Demandez à ce marchand de chair humaine ce que c'est que la propriété; il vous dira, en vous montrant cette longue bierre, qu'il appelle un navire, où il a encaissé et serré des hommes qui paraissent vivans : voilà mes propriétés, je les ai achetés tant par tête. Interrogez ce gentilhomme qui a des terres et des vassaux, ou qui croit l'univers bouleversé depuis qu'il n'en a plus, il vous donnera de la propriété des idées à peu près semblables.

Interrogez les augustes membres de la dynastie capétienne; ils vous diront que la plus sacrée de toutes les propriétés est, sans contredit, le droit héréditaire dont ils ont joui de toute antiquité d'opprimer, d'avilir, et de s'assurer légalement et monarchiquement les 25 millions d'hommes qui habitaient le territoire de la France sous leur bon plaisir.

Aux yeux de tous ces gens-là, la propriété ne porte sur aucun principe de morale. Pourquoi notre déclaration des droits semble-t-elle présenter la même erreur en définissant la liberté, le premier des biens de l'homme, le plus sacré des droits qu'il tient de la nature. Nous avons dit avec raison qu'elle avait pour bornes les droits d'autrui; pourquoi n'avez-vous pas appliqué ce principe à la propriété, qui est une institution sociale, comme si les lois éternelles de la nature étaient moins inviolables que les conventions des hommes? Vous avez multiplié les articles pour assurer la plus grande liberté à l'exercice de la propriété, et vous n'avez pas dit un seul mot pour en déterminer la nature et la légitimité, de manière que votre déclaration paraît faite, non pour les hommes, mais pour les riches, pour les accapareurs, pour les agioteurs et pour les tyrans. Je vous propose de réformer ces vices en consacrant les vérités suivantes.

Art. 1er. La propriété est le droit qu'a chaque citoyen de jouir et de disposer de la portion des biens qui lui est garantie par la loi.

II. Le droit de propriété est borné comme tous les autres par l'obligation de respecter les droits d'autrui.

III. Il ne peut préjudicier ni à la sûreté, ni à la liberté, ni à l'existence, ni à la propriété de nos semblables.

IV. Toute possession, tout trafic qui viole ce principe est illicite et immoral.

Vous parlez aussi de l'impôt pour établir le principe incontestable qu'il ne peut émaner que de la volonté du peuple ou de ses représentans ; mais vous oubliez une disposition que l'intérêt de l'humanité réclame : vous oubliez de consacrer la base de l'impôt progressif. Or, en matière de contributions publiques, est-il un principe plus évidemment puisé dans la nature des choses et dans l'éternelle justice que celui qui impose aux citoyens l'obligation de contribuer aux dépenses publiques progressivement selon l'étendue de leur fortune, c'est-à-dire selon les avantages qu'ils retirent de la société ?

Je vous propose de le consigner dans un article conçu en ces termes :

« Les citoyens dont les revenus n'excèdent point ce qui est nécessaire à leur subsistance doivent être dispensés de contribuer aux dépenses publiques ; les autres doivent les supporter progressivement selon l'étendue de leur fortune. »

Le comité a encore absolument oublié de consacrer les devoirs de fraternité qui unissent tous les hommes à toutes les nations, et leur droit à une mutuelle assistance. Il paraît avoir ignoré les bases de l'éternelle alliance des peuples contre les tyrans. On dirait que votre déclaration a été faite pour un troupeau de créatures humaines parqué sur un coin du globe, et non pour l'immense famille à laquelle la nature a donné la terre pour domaine et pour séjour.

Je vous propose de remplir cette grande lacune par les articles suivans. Ils ne peuvent que vous concilier l'estime des peuples ; il est vrai qu'ils peuvent avoir l'inconvénient de vous brouiller sans retour avec les rois. J'avoue que cet inconvénient ne m'effraie pas; il n'effraiera point ceux qui ne veulent pas se réconcilier avec eux. Voici mes quatre articles.

Art. 1er. Les hommes de tous les pays sont frères, et les différens peuples doivent s'entr'aider selon leur pouvoir, comme les citoyens du même état.

II. Celui qui opprime une nation se déclare l'ennemi de toutes.

III. Ceux qui font la guerre à un peuple pour arrêter les progrès de la liberté, et anéantir les droits de l'homme, doivent être poursuivis par tous, non comme des ennemis ordinaires, mais comme des assassins et des brigands rebelles.

IV. Les rois, les aristocrates, les tyrans, quels qu'ils soient, sont des esclaves révoltés contre le souverain de la terre, qui est le genre humain, et contre le législateur de l'univers, qui est la nature.

Robespierre lit un projet de déclaration des droits. (Voyez la précédente séance des Jacobins.

Il descend de la tribune au bruit d'applaudissemens unanimes.

Saint-Just. Tous les tyrans avaient les yeux sur nous lorsque nous jugeâmes un de leurs pareils; aujourd'hui que, par un destin plus doux, vous méditerez la liberté du monde, les peuples, qui sont les véritables grands de la terre, vont vous contempler à leur tour.

Vous avez craint le jugement des hommes quand vous fîtes périr un roi; cette cause n'intéressait que votre orgueil; celle que vous allez agiter est plus touchante, elle intéresse votre gloire : la constitution sera votre réponse et votre manifeste sur la terre.

Qu'il me soit permis de vous présenter quelques idées pratiques : le droit public est très-étendu dans les livres. Ils ne nous apprennent rien sur l'application et sur ce qui nous convient.

L'Europe vous demandera la paix le jour que vous aurez donné une constitution au peuple français. Le même jour, les divisions cesseront, les factions accablées ploieront sous le joug de la liberté; les citoyens retourneront à leurs ateliers, à leurs travaux; et la paix régnant dans la République fera trembler les rois.

Soit que vous fassiez la paix ou que vous fassiez la guerre, vous avez besoin d'un gouvernement vigoureux; un gouvernement faible et déréglé, qui fait la guerre, ressemble à l'homme qui commet quelques excès avec un tempérament faible; car en cet état de délicatesse où nous sommes, si je puis ainsi parler, le peuple français a moins d'énergie contre la violence du despotisme étranger; les lois languissent et la jalousie de la liberté a brisé ses armes. Le temps est venu de sevrer cette liberté et de la fonder sur ses bases. La paix et l'abondance, la vertu publique, la victoire, tout est dans la vigueur des lois; hors des lois, tout est stérile et mort.

Tout peuple est propre à la vertu et propre à vaincre; on ne l'y force pas, on l'y conduit par la sagesse. Le Français est facile à gouverner; il lui faut une constitution douce, sans qu'elle perde rien de sa rectitude. Ce peuple est vif et propre à la démocratie, mais il ne doit pas être trop lassé par l'embarras des affaires publiques; il doit être régi sans faiblesse, il doit l'être aussi sans contrainte.

En général, l'ordre ne résulte pas des mouvemens qu'imprime la force. Rien n'est réglé que ce qui se meut par soi-même et obéit à sa propre harmonie. La force ne doit qu'écarter ce qui est étranger à cette harmonie. Ce principe est applicable surtout à la constitution naturelle des empires. Les lois ne repoussent que le mal; l'innocence et la vertu sont indépendantes sur la terre.

J'ai pensé que l'ordre social était dans la nature même des choses et n'empruntait de l'esprit humain que le soin d'en mettre à leur place les élémens divers; qu'un peuple pouvait être gouverné sans être assujetti, sans être licencieux et sans être opprimé; que l'homme naissait pour la paix et pour la vérité, et n'était malheureux et corrompu que par les lois insidieuses de la domination.

Alors j'imaginai que, si l'on donnait à l'homme des lois selon sa nature et son cœur, il cesserait d'être malheureux et corrompu.

Tous les arts ont produit leurs merveilles ; l'art de gouverner n'a presque produit que des monstres ; c'est que nous avons cherché soigneusement nos plaisirs dans la nature, et nos principes dans notre orgueil.

Ainsi les peuples ont perdu leur liberté ; ils la recouvreront lorsque les législateurs n'établiront que des rapports de justice entre les hommes, en sorte que, le mal étant comme étranger à leur intérêt, l'intérêt immuable et déterminé de chacun soit la justice.

Cet ordre est plus facile qu'on ne pense à établir. L'ordre social précède l'ordre politique ; l'origine de celui-ci fut la résistance à la conquête. Les hommes d'une même société sont en paix naturellement ; la guerre n'est qu'entre les peuples, ou plutôt qu'entre ceux qui les dominent.

L'état social est le rapport des hommes entre eux ; l'état politique est le rapport de peuple à peuple.

Si l'on fait quelque attention à ce principe et qu'on veuille en faire l'application, on trouve que la principale force du gouvernement a des rapports extérieurs, et qu'au dedans la justice naturelle entre les hommes étant considérée comme le principe de leur société, le gouvernement est plutôt un ressort d'harmonie que d'autorité.

Il est donc nécessaire de séparer dans le gouvernement l'énergie dont il a besoin pour résister à la force, des moyens plus simples dont il a besoin pour gouverner.

L'origine de l'asservissement des peuples est la force complexe des gouvernemens. Ils usèrent contre les peuples de la même puissance dont ils s'étaient servis contre leurs ennemis.

L'altération de l'ame humaine a fait naître d'autres idées. On supposa l'homme farouche et meurtrier dans la nature pour acquérir le droit de l'asservir.

Ainsi, le principe de l'esclavage et du malheur de l'homme s'est consacré jusque dans son cœur ; il s'est cru sauvage sur la foi des tyrans, et c'est par la douceur qu'il a laissé supposer et dompter sa férocité.

Les hommes n'ont été sauvages qu'au jugement des oppresseurs; ils n'étaient point farouches entre eux, mais ceux aujourd'hui qui font la guerre à la liberté ne nous trouvent-ils point féroces, parce que notre courage a voulu secouer leur règne?

Les anciens Francs, les anciens Germains n'avaient presque point de magistrats; le peuple était prince et souverain; mais quand les peuples perdirent le goût des assemblées pour négocier et conquérir, le prince se sépara du souverain, et le devint lui-même par usurpation.

Ici commence la vie politique.

On ne discerna plus alors l'état des citoyens; il ne fut plus question que de l'état du maître.

Si vous voulez rendre l'homme à la liberté, ne faites des lois que pour lui; ne l'accablez point sous le faix du pouvoir. Le temps présent est plein d'illusions; on croit que les oppresseurs ne renaîtront plus; il vint des oppresseurs après Lycurgue, qui détruisirent son ouvrage. Si Lycurgue avait institué des conventions à Lacédémone pour conserver sa liberté, ces mêmes oppresseurs eussent étouffé ces conventions. Minos avait, par les lois mêmes, prescrit l'insurrection; les Crétois n'en furent pas moins assujettis. La liberté d'un peuple est dans la force et la durée de sa constitution; sa liberté périt toujours avec elle, parce qu'elle périt par des tyrans qui deviennent plus forts que la liberté même.

Songez donc, citoyens, à fortifier la Constitution contre ses pouvoirs et la corruption de ses principes; toute la faiblesse ne serait point au profit du peuple, elle tournerait contre lui-même au profit de l'usurpateur.

Vous avez décrété qu'une génération ne pouvait point enchaîner l'autre; mais les générations fluctuent entre elles, elles sont toutes en minorité et sont trop faibles pour réclamer leurs droits. Il ne suffit point de décréter les droits de l'homme, il se pourra qu'un tyran se lève et s'arme même de ces droits contre le peuple; et celui de tous les peuples le plus opprimé serait celui qui, par une tyrannie pleine de douceur, le serait au nom de ses propres droits. Sous une tyrannie aussi sainte, le peuple n'oserait plus rien sans crainte pour sa liberté. Le crime adroit s'érigerait en une sorte de religion, et les fripons seraient dans l'arche sacrée.

Nous n'avons point à craindre maintenant une violente domination; l'oppression sera plus dangereuse et plus délicate. Rien ne garantira le peuple qu'une constitution forte et durable, et que le gouvernement ne pourra ébranler.

Le législateur commande à l'avenir; il ne lui sert de rien d'être faible; c'est à lui de vouloir le bien et de le perpétuer; c'est à lui de rendre les hommes ce qu'il veut qu'ils soient.

Notre corruption dans la monarchie fut dans le cœur de tous les rois; la corruption n'est point naturelle aux peuples.

Mais lorsqu'une révolution change tout à coup un peuple, et qu'en le prenant tel qu'il est, on essaie de le réformer, il se faut ployer à ses faiblesses et le soumettre avec discernement au génie de l'institution; il ne faut point faire qu'il convienne aux lois, il vaut mieux faire en sorte que les lois lui conviennent. Notre constitution doit être propre au peuple français. Les mauvaises lois l'ont soumis long-temps au gouvernement d'un seul, c'est un végétal transplanté dans un autre hémisphère qu'il faut que l'art aide à produire des fruits mûrs sous un climat nouveau.

Il faut dire un mot de la nature de la législation.

Il y a deux manières de l'envisager : elle gît en préceptes, elle gît en lois.

La législation en préceptes n'est point durable; les préceptes sont les principes des lois, ils ne sont pas les lois; lorsqu'on déplace de leur sens ces deux idées, les droits et les devoirs du peuple et du magistrat sont dénués de sanction; les lois, qui doivent être des rapports, ne sont plus que des leçons isolées auxquelles la violence, à défaut d'harmonie, oblige tôt ou tard de se conformer, et c'est ainsi que les principes de la liberté autorisent l'excès du pouvoir, faute de lois et d'application.

Les droits de l'homme étaient dans la tête de Solon ; il ne les écrivit point, mais il les consacra et les rendit pratiques.

On a paru penser que cet ordre pratique devait résulter de l'instruction et des mœurs ; la science des mœurs est dans l'instruction, les mœurs résultent de la nature du gouvernement.

Sous la monarchie, les principes des mœurs ne servaient qu'à raffiner l'esprit aux dépens du cœur. Alors, pour être un homme de bien, il fallait fouler aux pieds la nature. La loi faisait un crime des penchans les plus purs ; le sentiment et l'amitié étaient des ridicules ; pour être sage, il fallait être un monstre. La prudence dans l'âge mûr était la défiance de ses semblables, le désespoir du bien, la persuasion que tout allait et devait aller mal ; on ne vivait que pour tromper ou que pour l'être, et l'on regardait comme attachés à la nature humaine ces affreux travers qui ne dérivaient que du prince et de la nature du gouvernement. La monarchie française a péri parce que la classe riche a dégoûté l'autre du travail. Plus il y a de travail ou d'activité dans un état, plus cet état est affermi ; aussi la mesure de la liberté et des mœurs est-elle moindre dans le gouvernement d'un seul que dans celui de plusieurs, parce que dans le premier le prince enrichit beaucoup de gens à ne rien faire, et que dans le second l'aristocratie répand moins de faveurs ; et de même dans le gouvernement populaire les mœurs s'établissent d'elles-mêmes, parce que le magistrat ne corrompt personne, et que tout le monde y travaille.

Si vous voulez savoir combien de temps doit durer votre République, calculez la somme de travail que vous y pouvez introduire, et le degré de modestie compatible avec l'énergie du magistrat dans un grand domaine.

Dans la constitution qu'on vous a présentée, ceci soit dit sans offenser le mérite, que je ne sais ni outrager, ni flatter, il y a peut-être plus de préceptes que de lois, plus de pouvoir que d'harmonie, plus de mouvement que de démocratie ; elle est l'image sacrée de la liberté, elle n'est point la liberté même.

Voici son plan ; une représentation fédérative qui fait les lois, un conseil représentatif qui les exécute ; une représentation générale formée de représentations particulières de chacun des départemens n'est plus une représentation, mais un congrès. Des ministres qui exécutent les lois ne peuvent point devenir un conseil. Ce conseil est contre nature ; les ministres exécutent en particulier ce qu'ils délibèrent en commun, et peuvent transiger sans cesse ; ce conseil est le ministre de ses propres volontés ; sa vigilance sur lui-même est illusoire.

Un conseil et des ministres sont deux choses hétérogènes et séparées ; si on les confond, le peuple doit chercher des dieux pour être ses ministres ; car le conseil rend les ministres inviolables, et les ministres rendent le peuple sans garantie contre le conseil. La mobilité de ce double caractère en fait une arme à deux tranchans : l'un menace la représentation, l'autre les citoyens ; chaque ministre trouve dans le conseil des voix toujours prêtes à consacrer réciproquement l'injustice. L'autorité qui exécute gagne peu à peu dans le gouvernement le plus libre qu'on puisse imaginer; mais, si cette autorité délibère et exécute, elle est bientôt une indépendance. Les tyrans divisent le peuple pour régner ; divisez le pouvoir si vous voulez que la liberté règne à son tour ; la royauté n'est pas le gouvernement d'un seul, elle est dans toute puissance qui délibère et qui gouverne. Que la constitution qu'on vous présente soit établie deux ans, et la représentation nationale n'aura plus le prestige que vous lui voyez aujourd'hui ; elle suspendra ses sessions lorsqu'il n'y aura plus matière à législation : alors je ne vois plus que le conseil sans règle et sans frein.

Ce conseil est nommé par le souverain ; ses membres sont les seuls et véritables représentans du peuple. Tous les moyens de corruption sont dans leurs mains ; les armées sont sous leur empire ; l'opinion publique est ralliée facilement à leurs attentats par l'abus légal qu'ils font des lois ; l'esprit public est dans leurs mains avec tous les moyens de contrainte et de séduction. Considérez en outre que, par la nature du scrutin de présentation et d'épuration qui les a formés, cette royauté de ministres n'appartient qu'à des gens célèbres; et si vous considérez de quel poids est leur autorité combinée sur leur caractère de représentation, sur leur puissance, sur leur influence personnelle, sur la rectitude de leur pouvoir immédiat, sur la volonté générale qui les constitue, et qu'ils peuvent opposer sans cesse à la résistance particulière de chacun; si vous considérez le corps législatif dépouillé de tout ce prestige, quelle est alors la garantie de la liberté? Vous avez éprouvé quels changemens peuvent s'opérer en six mois dans un empire; et qui peut vous répondre dans six mois de la liberté publique abandonnée à la fortune comme un enfant et son berceau sur l'onde?

Tel est le spectacle que me présente dans l'avenir une puissance exécutrice contre laquelle la liberté est dénuée de sanction. Si je considère la représentation nationale telle que votre comité l'a conçue, je le répète, elle ne me semble qu'un congrès.

Le conseil des ministres est en quelque sorte nommé par la République entière; la représentation est formée par départemens. N'aurait-il pas été plus naturel que la représentation, gardienne de l'unité de l'état et dépositaire suprême des lois, fût élue par le peuple en corps, et le conseil de toute autre manière pour sa subordination et la facilité des suffrages?

Lorsque j'ai lu avec l'attention dont elle est digne l'exposition des principes et des motifs de la constitution offerte par le comité, j'ai cherché dans cette exposition quelle idée on avait eue de la volonté générale, parce que de cette idée seule dérivait tout le reste.

La volonté générale proprement dite, et dans la langue de la liberté, se forme de la majorité des volontés particulières, individuellement recueillies sans une influence étrangère; la loi ainsi formée consacre nécessairement l'intérêt général, parce que chacun réglant sa volonté sur son intérêt, de la majorité des volontés a dû résulter celle des intérêts.

Il m'a paru que le comité avait considéré la volonté générale sous son rapport intellectuel, en sorte que la volonté générale purement spéculative, résultant plutôt des vues de l'esprit que de l'intérêt du corps social, les lois étaient l'expression du goût plutôt que de la volonté générale.

Sous ce rapport, la volonté générale est dépravée; la liberté n'appartient plus en effet au peuple; elle est une loi étrangère à la prospérité publique; c'est Athènes votant vers sa fin, sans démocratie, décrétant la perte de sa liberté.

Cette idée de la volonté générale, si elle fait fortune sur la terre, en bannira la liberté. Cette liberté sortira du cœur, et deviendra le goût mobile de l'esprit. La liberté sera conçue sous toutes les formes de gouvernemens possibles; car dans l'imagination tout perd ses formes naturelles et tout s'altère, et l'on y crée des libertés comme les yeux créent des figures dans les nuages. En restreignant donc la volonté générale à son véritable principe, elle est la volonté matérielle du peuple, sa volonté simultanée; elle a pour but de consacrer l'intérêt actif du plus grand nombre, et non son intérêt passif.

La liberté ne doit pas être dans un livre; elle doit être dans le peuple, et réduite en pratique.

Ainsi, les représentans sortent du recensement de la volonté générale, par ordre de majorité (1).

—Lettre des administrateurs du département de Mayenne-et-Loire, qui se plaignent des désordres auxquels se sont livrées les troupes de la République dans l'Ouest. Carra croit la situation de l'Ouest moins inquiétante que ne le pensent ces administrateurs : il atteste la bonne conduite des bataillons de Bordeaux, Marseille et La Rochelle; et pense que six mille hommes de renfort suffiront pour ramener la paix dans ces contrées. Châles se plaint de ce que le ci-devant baron de Menou est employé dans cette armée. Mellinet ne croit pas que six mille hommes soient suffisans pour pacifier le pays; il demande, et l'assemblée ordonne le renvoi de la lettre des administrateurs de Mayenne-et-Loire au comité de salut public.

(1) A la suite de ce discours, Saint-Just lut un projet que nous n'avons trouvé dans aucun journal du temps, ni dans aucune collection. Nous suppléerons à ce silence en imprimant plus tard la Constitution contenue dans les Institutions républicaines de ce conventionnel. (*Note des auteurs.*)

[*David.* Je demande, président, que vous fassiez part à la Convention de ce que vous a dit à l'oreille le gendarme qui vient de vous parler pour la seconde fois.

On demande l'ordre du jour.

Quelques membres appuient la motion de David. Elle est décrétée.

Le président. Le gendarme qui vient de me parler m'a dit qu'une foule de citoyens s'avançaient par la rue Saint-Honoré vers la Convention, sans cependant témoigner de desseins hostiles. J'ai ordonné à l'officier de garde de prendre des mesures pour qu'il n'arrivât aucun désordre.

— Un assez grand nombre de membres sortent de la salle ; d'autres demandent que la séance soit levée. — Cette proposition est rejetée.

Robespierre. Il y a huit ou quinze jours que, sur ma proposition, la Convention a décrété que le ministre de la justice lui rendrait compte de l'exécution du décret philantropique qui ordonne l'élargissement des citoyens détenus pour dettes. Ce compte ne vous a pas été rendu. Je demande qu'il le soit, et pas plus tard que demain. — Cette proposition est adoptée.

Des citoyens sont admis à la barre.

Le citoyen... (1) sapeur volontaire, porte la parole.

« Citoyen président, je demande la parole pour annoncer que nous amenons ici le brave Marat. (Une partie de l'assemblée et tous les citoyens des tribunes applaudissent.) Marat a toujours été l'ami du peuple, et le peuple sera toujours pour Marat. On a voulu faire tomber ma tête à Lyon pour avoir pris sa défense. Eh bien ! s'il faut que la tête de Marat tombe, la tête du sapeur tombera avant la sienne. Nous vous demandons, président, la permission de défiler dans l'assemblée ; nous espérons que vous ne refuserez pas cette faveur à ceux qui ont accompagné l'ami du peuple.

Le président. Citoyens, vous vous réjouissez de ce que la loi

---

(1) Il s'agit ici du sapeur Rocher, qui était revenu de Lyon avec les commissaires Bazire, Rovère et Legendre. (*Note des auteurs.*)

n'a pas trouvé de coupable ; c'est le sentiment de tout bon citoyen : les représentans du peuple s'en réjouissent avec vous. La Convention va examiner la demande que vous lui faites de défiler dans son sein.

Roux. Les personnes ne me sont rien ; les choses doivent être tout. Je dois dire que j'ai vu avec douleur qu'un représentant du peuple ait été traduit sur des prétextes aussi frivoles devant un tribunal à la formation duquel il avait lui-même contribué ; mais lorsqu'après en être sorti pur et intact, il vient rentrer au milieu de vous, je pense que la Convention doit s'empresser de voir défiler devant elle des citoyens qui lui ramènent un de ses membres. Je demande donc que les citoyens obtiennent la faveur qu'ils réclament.

Cette proposition est décrétée.

Un nombre considérable de citoyens et de citoyennes défilent au bruit des cris alternatifs de *vive la République, vive la nation..... vive Marat, vive l'ami du peuple.....* Une partie du cortège se répand sur les gradins. La salle est bientôt remplie d'une foule immense de citoyens ; elle retentit des accens de l'allégresse et d'acclamations réitérées.

Des applaudissemens et des cris redoublés annoncent tout à coup l'arrivée de Marat. — Il entre, la tête ceinte d'une couronne de laurier. Des commissaires municipaux et une escorte de citoyens l'entourent. Plusieurs membres l'accueillent par des embrassemens. On le presse, on le porte à la tribune. Les applaudissemens l'y accompagnent et l'empêchent long-temps de parler. Il réclame le silence.

Marat. Législateurs du peuple français, les témoignages éclatans de civisme que vous venez de voir dans votre sein, ont rendu au peuple un de ses représentans dont les droits avaient été violés dans ma personne. Je vous présente dans ce moment-ci un citoyen qui avait été inculpé, et qui vient d'être complétement justifié. Il vous offre un cœur pur. Il continuera de défendre avec toute l'énergie dont il est capable les droits de l'homme, la liberté, les droits du peuple. (La salle retentit d'applaudissemens. — Tous les citoyens agitent leur chapeau. Un cri unanime de *vive la République* se fait entendre. Des bonnets de la liberté sont jetés en l'air en signe d'allégresse.)

Marat descend de la tribune; on l'y fait remonter pour entendre la réponse du président.

Le président. L'usage est de ne répondre qu'aux citoyens qui présentent des pétitions. Or, Marat n'est point ici comme pétitionnaire, mais comme représentant du peuple.

Marat se retire. — Les applaudissemens et les acclamations unanimes de l'auditoire se prolongent pendant plusieurs minutes.

N..... L'assemblée se trouvant hors d'état de délibérer, je demande que la séance soit levée.

Danton. Ce doit être un beau spectacle pour tout bon Français de voir que les citoyens de Paris portent un tel respect à la Convention, que ç'a été pour eux un jour de fête que celui où un député inculpé a été rétabli dans son sein. (On applaudit.) La Convention nationale a dû applaudir à de pareils sentimens; elle l'a fait. Elle a décrété que les citoyens qui venaient lui manifester ici leur satisfaction de ce que la représentation nationale est restée intacte défileraient dans cette salle. Eh bien! que ce décret s'exécute. Nous avons vu leur satisfaction, nous avons partagé leurs sentimens. Maintenant il faut que les citoyens défilent, qu'ils évacuent le lieu de nos délibérations, et que nous reprenions nos travaux. (On applaudit.)

Tous les citoyens du cortège sortent successivement de la salle.

Garnier fait traduire le général Marcé au tribunal révolutionnaire. — Il est décrété que les membres de la Convention n'auront besoin pour voyager que d'un passeport délivré par l'assemblée elle-même, et signé par le président et par deux secrétaires. Cette mesure concerne non-seulement les députés envoyés dans les départemens, mais encore ceux qui donneraient leur démission et voudraient se rendre dans leur domicile. En conséquence, il est ordonné à la municipalité de Nevers de mettre en liberté le citoyen Peuvergne, ex-conventionnel, arrêté dans cette ville sous prétexte qu'il n'était pas porteur d'un passeport délivré par la commune de Paris. — Lettres nombreuses des commissaires chargés du recrutement.

COMMUNE. — *Séance du 24 avril.*

Sur diverses observations faites par la commission des certificats de civisme, la discussion s'est ouverte sur cet objet ; et après une longue délibération, le conseil a rapporté la disposition de son arrêté du 22 avril portant qu'il ne sera présenté à la fois que vingt requérans à la censure du conseil-général, et a arrêté :

1° Qu'il y aura trois fois par semaine une séance, le matin, laquelle sera uniquement destinée au rapport des certificats de civisme ;

2° Que la commission présentera, dans le plus court délai, un aperçu du nombre de certificats de civisme à délivrer ;

3° Que la commission soumettra au conseil les certificats de civisme contre lesquels il se sera élevé des réclamations.

Le conseil-général, sur le rapport de sa commission, a en outre arrêté ce qui suit :

1° Il y aura un modèle uniforme pour les certificats de civisme, lequel sera imprimé ;

2° Les frais de l'impression seront à la charge du requérant.

Un membre du conseil rend compte que lors de la translation de Marat du tribunal à la Convention, lui et plusieurs de ses collègues ont cru devoir se mettre à la tête d'une foule immense qui l'entourait. Le conseil-général approuve la conduite de ses membres.

La section de Marseille déclare qu'elle a adhéré à la pétition présentée le 15 du courant à la Convention nationale.

Une députation de la section du Finistère annonce au conseil la mort de Lajouski, capitaine de canonniers de cette section, et l'invite à nommer une députation pour assister à ses funérailles.

Le conseil arrête que le maire et une députation du conseil-général assisteront à ce convoi, et qu'il sera fait invitation au conseil-général du 10 août d'y assister avec sa bannière et le tableau des morts et blessés à cette mémorable journée, et que le *drapeau martial* sera brûlé sur la tombe de ce citoyen.

CLUB DES JACOBINS. — *Séance du 24 avril.*

« On annonce la mort de Lajouski, membre de la société. Plusieurs membres font des observations tendant à prouver qu'il est mort victime de son républicanisme; d'autres ne pensent pas qu'il ait été empoisonné, en observant qu'il est mort d'une fluxion de poitrine. Après l'expression de ses regrets, la société arrête qu'elle assistera tout entière aux funérailles, qui se célébreront demain à quatre heures du soir.

» On accorde à plusieurs reprises l'entrée de la séance à des citoyens qui viennent offrir à Marat des couronnes civiques. Ils sont introduits au milieu des applaudissemens, et reçoivent du président l'accolade fraternelle.

» Thuriot avait été invité à donner des renseignemens sur le vol du garde-meuble. Il donne une connaissance détaillée de la procédure criminelle qui s'est instruite dans le temps sur cette affaire; il indique les moyens qu'elle pourrait procurer pour de plus amples éclaircissemens : celui surtout de consulter les notes particulières de quelques membres du tribunal saisi de cette affaire lui paraît très-propre à atteindre ce but, et conforme aux règles de prudence à suivre.

» Il s'élève à ce sujet une discussion qui donne lieu à des débats qui se terminent par arrêter qu'il sera nommé une commission chargée de recevoir tous les renseignemens que chaque citoyen pourrait communiquer sur cette affaire, et que la discussion en sera continuée.

» On entend la lecture, par Desfieux, d'une lettre de Duprat, dans laquelle celui-ci dénonce publiquement, et avec la courageuse franchise d'un Spartiate, la conduite de son frère, député à la Convention nationale. — La société en arrête l'impression et la mention honorable à son procès-verbal.

» La section de la Fraternité exprime les regrets dont elle a été pénétrée à la mort de Lajouski. Elle invite les Jacobins à nommer une députation pour accompagner le convoi à Issy, plaine de Grenelle. Le président lui donne connaissance de l'arrêté pris.

» Tandis que Robespierre prononçait un discours funèbre à ce sujet, on entend crouler une des nouvelles tribunes, non encore bien consolidées, et entraîner avec elle tous les citoyens qui avaient eu l'imprudence de s'y placer en trop grand nombre. Cet accident n'a pas eu des suites aussi fâcheuses qu'on l'avait craint d'abord. Trois personnes ont été légèrement blessées, et le premier objet de la sollicitude des Jacobins a été de leur procurer tous les secours possibles.

» Robespierre reprend son discours, et fait déplorer la perte que la République vient de faire dans Lajouski. Il lui est facile de communiquer le sentiment de douleur qu'il éprouve lui-même.

» Un artiste offre de graver à ses frais, sur du marbre, une inscription convenable à la pompe funèbre. — Le buste de Lajouski sera placé à côté de celui de Brutus, au-dessus du fauteuil du président. — On nomme des commissaires pour aller reconnaître par l'examen du corps la cause de cette mort. — Hébert fait observer que le Panthéon ne renferme encore la cendre d'aucun sans-culotte, et il propose de demander à la Convention nationale que celle de Mirabeau en soit chassée par celle de Lajouski.

» David voudrait que son cœur fût placé sous la tribune de la société; mais la députation de la section de la Fraternité, où Lajouski était domicilié, réclame l'honneur de le conserver au milieu d'elle. Cette lutte de vœux est intéressante. On prendra des arrangemens de sorte que chacun pourra payer son tribut de reconnaissance aux mânes de Lajouski. » (*Le Républicain, journal des hommes libres*, n. CLXXVI.)

Presse. — Le *Patriote français*, n. MCCCLI, fait les réflexions suivantes sur l'affaire de Marat :

« Le crime absous et couronné, l'audacieux infracteur des lois reporté en triomphe au milieu du sanctuaire des lois ; ce sanctuaire respectable souillé par le rassemblement impur d'hommes ivres et de femmes de mauvaise vie, digne cortège du triomphateur Marat ; voilà les événemens de ce jour, jour de deuil pour tous les hommes vertueux, pour tous les amis de la liberté !

» Marat avait consenti à se laisser juger aujourd'hui. Dès hier, il avait invité tous ses amis à se rendre au tribunal ; ils s'y sont rendus. Il a paru lui-même moins en accusé qu'en juge. Sa seule arrivée a été applaudie ; que devait-ce être de sa justification ? Qu'était-ce cependant que sa justification ? Marat a prétendu qu'il ne pouvait être inquiété pour son journal, parce qu'il n'y écrivait que ce qu'il énonçait à la tribune de la Convention, et il invoquait la loi de l'inviolabilité des députés, loi qu'il avait tant de fois méprisée. Il a prétendu que le décret d'accusation était nul, parce qu'il n'avait été rendu qu'à la majorité de deux cent dix voix contre quatre-vingt-treize ; parce qu'il avait été rendu dans le tumulte des passions et par la faction des hommes d'état.

» Les débats de cette affaire ont été peu intéressans ; ils ont été nuls ou insignifians de la part des jurés et des juges ; ils ont été insolemment stupides de la part de l'accusé. — L'audience a duré moins de sept heures, et plus des deux tiers de ce temps ont été consommés par un incident qui n'avait aucun rapport avec l'acte d'accusation, qui ne pouvait servir ni à la charge, ni à la décharge de Marat. » (Ici Gyrey-Dupré reproduit l'histoire de l'anglais Johnson.)

« Après cette épisode, dont Marat s'est beaucoup amusé, on ne s'est pas donné la peine de discuter sérieusement l'acte d'accusation; on était pressé de finir; on a fini par acquitter Marat. — Alors grandes acclamations, vifs applaudissemens, couronnement civique de Marat; deux officiers municipaux en écharpe l'empoignent et le promènent dans les rues; il est suivi d'une bande nombreuse d'adorateurs qui le proclament *le père du peuple;* on le mène à la Convention. Danton empêche Lasource de lever la séance. La bande entre dans la salle, et s'y installe à la place d'un grand nombre de députés qui s'étaient retirés. Marat est porté à la tribune, et prononce une harangue mi-modeste, mi-triomphale. Danton dit que tout cela est un beau jour; et chacun s'en va. »

Voici maintenant comment Marat fixe le jour et les circonstances de son entrée en prison :

« Après avoir sollicité à plusieurs reprises la présentation de l'acte d'accusation, il fut enfin expédié au ministre de la justice le 22 de ce mois, à neuf heures du soir, et par lui à l'accusateur public du tribunal révolutionnaire, qui me le fit signaler le lendemain.

» Le soir même je me constituai prisonnier. J'étais accompagné de plusieurs de mes collègues à la Convention, d'un colonel national, d'un capitaine de frégate, etc., qui ne m'avaient pas quitté. A peine étais-je entré dans la prison, que plusieurs officiers municipaux et administrateurs s'y présentèrent pour veiller à ma sûreté. Ils passèrent la nuit avec moi, dans une chambre qu'ils avaient fait préparer. Un bon lit y avait été porté; un souper qu'ils avaient fait préparer au dehors y fut servi; ils avaient poussé leurs soins conservateurs jusqu'à accompagner les plats, et faire apporter des carafes d'eau bien cachetées.

» Dès la veille, plusieurs sections de Paris, entre autres celle des Quatre-Nations, et la section des Quinze-Vingts, avaient nommé chacune quatre commissaires pour m'accompagner au tribunal et veiller à ma sûreté.

» Toutes les sociétés patriotiques avaient pris les mêmes mesures; une multitude de bons patriotes remplissaient déjà la salle du tribunal. Dès le matin toutes les salles du palais, les corridors, les cours, et les rues adjacentes, furent remplis d'une foule immense de sans-culottes, prêts à venger les outrages qui pourraient être faits à leur fidèle défenseur. Je rapporte avec attendrissement ces circonstances, pour faire sentir à quel point les jours de l'ami du peuple sont chers à tous les bons citoyens, à tous les amis de la liberté. C'est la meilleure réponse que je puisse faire à mes lâches calomniateurs. » — Marat parle ensuite d'un incident soulevé par le comité de législation, et qui était de nature à prolonger sa captivité jusqu'à ce que les jurés actuels, tous patriotes reconnus, fussent remplacés par d'autres. Il s'agissait de faire réimprimer les numéros de Marat où l'on avait puisé la matière de l'accusation. L'accusateur public leva cet obstacle, et instruisit sur-le-champ. (*Le Publiciste de la république française*, n. CLXXIX.)

Dans les numéros CLXXX et CLXXXI, Marat raconte les débats du procès, son acquittement et son triomphe. Ce récit n'offre aucun détail qui ne soit déjà mentionné dans l'audience du tribunal révolutionnaire et dans la séance de la Convention. Nous en transcrirons seulement le passage où il peint le trajet du tribunal à la Convention.

« A peine le tribunal m'eut-il acquitté honorablement (c'est l'être sans doute bien complétement; car la sentence porte d'une manière implicite que l'acte d'accusation n'est pas fondé; et les décisions du jury le déclarent calomnieux et perfide), que la salle retentit des plus vifs applaudissemens, répétés tour à tour dans les salles voisines, dans les vestibules et les cours du palais, toutes remplies de véritables patriotes. Deux des plus chauds s'élancèrent vers le parquet pour me porter sur leurs épaules; je me refusai net à leurs instances; mais il fallut me retirer au fond de la salle, et céder à celles d'une multitude empressée à m'embrasser. Plusieurs couronnes civiques furent posées sur ma tête. Les officiers municipaux, les gardes nationaux, les canonniers, les gendarmes, les hussards qui m'entouraient, craignant que je fusse étouffé dans la presse, formèrent une haie, et me reçurent au milieu d'eux. Ils firent halte au haut du grand escalier, pour que les citoyens pussent mieux me voir. Au-dehors de ces cours, depuis le Palais jusqu'à la Convention, les rues et les ponts étaient couverts d'une foule innombrable de peuple qui criait à l'envi, et sans relâche : *vive la République, la liberté et Marat!* des spectateurs sans nombre aux croisées répétaient les applaudissemens ; les plus aristocrates étaient forcés de suivre cet exemple ; plus de deux cent mille ames bordaient les rues depuis le Palais jusqu'à la Convention ; sur les ponts et les marches des églises, ils formaient des amphithéâtres, où hommes, femmes et enfans étaient entassés.

» Le cortége qui m'accompagnait était immense, et tel que celui qui formait la procession de Château-Vieux. Il y avait plus de cent mille ames, c'est-à-dire presque tous les sans-culottes de Paris, que Gorsas le folliculaire traite d'une horde de brigands.

» Je ne terminerai pas cet article sans observer que, pendant mon jugement et pendant mon triomphe, la foule immense qui remplissait le Palais-de-Justice, les rues de Paris, la salle de la Convention et son enceinte, n'a pas commis le plus leger désordre ; il ne s'est pas perdu un mouchoir ni donné une chiquenaude. Le voilà cependant ce bon peuple, si long-temps calomnié par les libellistes aux gages de Roland, et par les hommes d'état! ce bon peuple que les Dulaure, les Gorsas, les Girey-Dupré, les Brissot, les Condorcet, ne cessent de représenter comme une horde de brigands, pour le punir de voir clair et de demander la punition des traîtres et des machinateurs. » (*Le Publiciste de la République française, n.* CLXXXI.)

Là se termineront nos extraits relativement au procès de Marat. Nous n'avons pas jugé nécessaire d'insérer l'acte d'accusation ; cette pièce est une simple énumération des numéros du journal *Le Publiciste de la République française* où se trouvaient des passages sur lesquels les Girondins fondaient leurs griefs contre le rédacteur. Comme nous avons toujours choisi dans Marat ce qu'il y avait de plus révolutionnaire, nos analyses rendent inutile toute citation indiquée par l'acte dont il s'agit, car nous ne pourrions que tomber dans des redites oiseuses.

CONVENTION. — *Séance du 25 avril.*

Les commissaires auprès de l'armée des Alpes écrivent que les soldats ont reçu avec enthousiasme le décret qui déclare Dumourier traître à la patrie. Ils transmettent une lettre de Valence à Biron; cette pièce est renvoyée au tribunal révolutionnaire. — La pétition du département de Paris relative aux subsistances occupe un instant l'assemblée; la discussion en est ajournée au 27.

Le général Custine écrit à l'assemblée pour détruire les soupçons que l'on pourrait concevoir à son égard; il proteste de rester invariablement attaché à la cause de la liberté. — Lettre des commissaires Dubois-Dubay et Briez, annonçant un avantage obtenu par le général Montchoisy sur les Autrichiens. — Décret relatif à l'érection d'une colonne sur les ruines de la Bastille.

COMMUNE. — *Séance du 25 avril.*

Les administrateurs du département de Jemmapes se présentent au conseil et lui demandent amitié et fraternité. De nombreux applaudissemens suivent le discours de l'orateur, à qui le président donne, au nom du conseil, l'accolade fraternelle.

Sur le réquisitoire du procureur de la Commune, le conseil nomme des commissaires chargés de demander à la Convention nationale qu'elle désigne un local pour les administrateurs du département de Jemmapes. Ces commissaires feront le rapport de leur mission dans la séance de samedi prochain.

Deux déserteurs prussiens prêtent serment de fidélité à la République française; le conseil leur en donne acte.

On donne lecture d'une circulaire adressée, par le comité de salut public de la Convention, au directoire du département, relativement au recensement des chevaux de luxe. Le conseil arrête que le procureur de la Commune sera tenu de rendre compte sous huitaine de l'exécution de la loi sur les chevaux de luxe; et que désormais les citoyens qui demanderont des passeports seront tenus de déclarer s'ils partent avec des chevaux ou non, combien ils en emmènent. Il sera fait mention sur les passeports de cette déclaration.

Un membre du département de Jemmapes, témoin de la discussion que venait de produire le précédent arrêté, offre au nom de ses collègues, pour le service de la République, les onze chevaux avec lesquels ils sont venus. (Mention civique au procès-verbal.)

On donne lecture de trois adresses : la première, des républicains de Digne à la Convention nationale.

Par cette adresse, ils demandent un décret qui ordonne à tout citoyen qui a quitté la commune sans motif légitime d'y rentrer sous quinzaine, sous peine de passer pour émigré et d'être poursuivi comme tel, et que la même peine soit prononcée contre ceux qui la quitteraient à l'avenir également sans motifs légitimes.

Par la seconde, la société républicaine de Digne déclare à la Convention que ceux de ses membres qui ont voté pour l'appel au peuple et pour un sursis dans le jugement du tyran n'ont plus sa confiance, et qu'elle demande leur rappel.

Par la troisième adresse, les sans-culottes de Digne invitent les riches à offrir à la patrie une partie de leur bien pour sauver le reste. — La première de ces adresses est renvoyée au corps municipal, qui discutera les articles proposés à l'adhésion de la commune de Paris. — Les deux autres sont renvoyées au comité de correspondance.

CONVENTION. — *Séance du 26 avril.*

Lettre des commissaires de la Convention à Perpignan, annonçant la défaite par les Espagnols d'un corps de troupes commandé par les généraux Villot et Gautier : ce désavantage est attribué à l'impéritie de ces chefs, qui n'ont pas la confiance des soldats.

Décret sur l'empreinte des monnaies.

[« La Convention nationale, après avoir entendu le rapport de son comité des finances, section des assignats et monnaies, décrète :

Art. 1ᵉʳ. Les monnaies de cuivre et de bronze de la République française porteront pour empreinte une table sur laquelle seront inscrits ces mots : *Les hommes sont égaux devant la loi*; au-dessus de cette table sera gravé un œil rayonnant; aux deux côtés seront gravés une grappe de raisin et une gerbe de blé; la légende sera composée des deux mots : *République française*; l'exergue désignera l'année de la République en chiffres romains.

» 2. Le revers de la pièce portera pour empreinte une balance dont les deux bassins sont en équilibre, jointe à une couronne civique surmontée du bonnet de la liberté; la valeur de la pièce sera gravée dans le milieu de la couronne; la légende sera composée des deux mots *Liberté, Égalité*; l'exergue contiendra le millésime de l'année en chiffres arabes.

» 3. Le ministre des contributions publiques donnera les ordres nécessaires pour que les divers ateliers servant à la fabrication des monnaies de cuivre et de bronze soient promptement fournis des matrices et poinçons nécessaires pour l'exécution du présent décret, et que les anciens poinçons, matrices et carrés soient incessamment biffés et déformés. »]

Suite de la discussion sur la constitution.

Salles veut qu'au lieu de s'occuper de plans généraux, les orateurs se fixent à la discussion des différentes bases qui peuvent entrer dans une discussion. Par exemple, dit-il, nous pourrions nous occuper d'abord de la question relative à la division du territoire.

Thuriot veut que l'on discute d'une manière générale pendant trois séances consécutives, afin d'attendre l'arrivée des députés en mission ; ensuite on accordera la priorité à l'un des projets présentés. — L'assemblée décrète que la discussion sera ouverte d'une manière générale et indéfinie.

Robert engage l'assemblée à s'occuper moins du genre humain que du peuple français, et propose de discuter les plans de constitution.

Anacharsis Clootz développe dans un discours très-étendu le principe de la souveraineté du genre humain considéré comme source de toute bonne institution politique. Sa doctrine est un matérialisme politique qui ramène tout à l'unité fatale de la nature. Dans l'ordre humain, la nature ce sont les droits de l'homme, c'est-à-dire la loi universelle des instincts ; par cette loi, le genre humain est Dieu. Mais laissons parler l'orateur :

« Nous poserons la première pierre de notre pyramide constitutionnelle sur la roche inébranlable de la souveraineté du genre humain. La Convention n'oubliera pas que nous sommes les mandataires du genre humain : notre mission n'est pas circonscrite dans les départemens de la France ; nos pouvoirs sont contresignés par la nature entière.

» C'est en consultant la nature que je découvre un système politique dont la simplicité sera parfaitement saisie par quiconque désire toute l'indépendance, tout le bonheur dont l'homme est susceptible. Nous ne sommes pas libres si des barrières étrangères nous arrêtent à dix ou vingt lieues de notre manoir, si notre sûreté est compromise par des invasions, si notre repos est troublé, notre revenu grevé par des forces militaires, si notre commerce est interrompu par des hostilités, si notre industrie est renfermée dans le cercle étroit de tel ou tel pays. Nous ne sommes pas libres si un seul obstacle moral arrête notre marche physique sur un seul point du globe. Les droits de l'homme s'étendent sur la totalité des hommes. Une corporation qui se dit souveraine blesse grièvement l'humanité ; elle est en pleine révolte contre le bon sens et le bonheur. De ces données incontestables résulte nécessairement la souveraineté solidaire, indivisible du genre humain; car nous voulons la liberté plénière, intacte, irrésistible; nous ne voulons pas d'autre maître que l'expression de la volonté générale, absolue, suprême. Or, si je rencontre sur la terre une volonté particulière qui croise l'instinct universel, je m'y oppose; cette résistance est un état de guerre et de servitude dont le genre humain, l'Être suprême, fera justice tôt ou tard.

» Les attributs d'une divinité fantastique appartiennent réellement à la divinité politique. J'ai dit, et le répète, que le genre humain est Dieu; les aristocrates sont des athées; c'est le genre humain régénéré que j'avais en vue lorsque j'ai parlé du *Peuple Dieu*, dont la France est le berceau et le point de ralliement. La souveraineté réside essentiellement dans le genre humain entier; elle est une, indivisible, imprescriptible, immuable, inaliénable, impérissable, illimitée, sans bornes, absolue et toute-puissante; par conséquent deux peuples ne sauraient être souverains; car, en se réunissant, il ne reste plus qu'un seul souverain indivisible : donc aucune réunion partielle, nul individu ne peut s'attribuer la souveraineté. Un roi qui s'obstine à garder sa couronne, et un peuple qui s'obstine à s'isoler, sont des rebelles qu'il faut dompter, ou des errans qu'il faut ramener, avec le flambeau *des droits de l'homme*, sous le giron de l'assemblée de l'association universelle. »

L'orateur voudrait que, pour effacer tous les prétextes et tous les malentendus, et pour ôter aux tyrans ainsi qu'à nos ennemis une arme perfide, on supprimât « *le nom de Français, à l'instar de ceux de Bourguignon, de Normand, de Gascon.* » Il pense qu'il serait très-sage, très-politique et très-convenable de prendre le nom de *Germain*, tout-à-fait en rapport avec une véritable union fraternelle, et éminemment propre à nous concilier une vaste contrée voisine. Il dit en terminant :

« Voici trois articles, trois résultats d'une méditation profonde, que je soumets à la sagesse de mes collègues.

Projet de décret.

» La Convention nationale, voulant mettre un terme aux erreurs, aux inconséquences, aux prétentions contradictoires des corporations et des individus qui se disent souverains, déclare solennellement, sous les auspices des droits de l'homme :

» Art. 1er. Il n'y a pas d'autre souverain que le genre humain.

» 2. Tout individu, toute commune qui reconnaîtra ce principe lumineux et immuable, sera reçue de droit dans notre association fraternelle, dans la République des *hommes,* des *germains,* des *universels.*

» 3. A défaut de contiguité ou de communication maritime, on attendra la propagation de la vérité, pour admettre les communes, les enclaves lointaines. »

Après le fatalisme brut de Clootz, vint un discours de Michel-Edme Petit, député de l'Aisne, où se trouve exposé un système diamétralement contraire. Les idées de Petit, et la sensation qu'elles firent un instant, prouvent que si la Convention avait pu être attentive, et travailler uniquement à l'organisation de la société française, elle n'eut point tardé à trouver et à déclarer le vrai principe organisateur. Petit parla impérativement du devoir ; il en fit la condition de l'exercice des droits. C'était là une théorie incomplète du devoir, car il n'est pas seulement la condition de l'exercice, il est encore le titre radical, la cause efficiente des droits. Mais la question était bien posée, et la difficulté de la bien résoudre n'était plus qu'une affaire de logique. Voici son discours.

[*Petit.* « Citoyens, je ne puis m'empêcher de marquer l'espèce de danger de notre déclaration des droits du citoyen séparée de la reconnaissance formelle de nos devoirs. Ce danger me paraît, à moi, d'une conséquence funeste pour la société, et je dois le dire. En parlant si haut de nos droits, des droits du citoyen, plusieurs se perdent dans l'exagération de leurs idées, et s'imaginent qu'ils ne doivent rien eux-mêmes ni au gouvernement, ni à la société. Aujourd'hui qu'il faut détruire la licence, l'anarchie, l'esprit de désorganisation, resserrer les liens de la société relâchés en tout sens par les secousses de nos orages politiques, et créer au flambeau de la vérité, il faut que tout citoyen sache que ses droits finissent où les droits des autres commencent; que nos devoirs naissent de notre réunion en société; que nos droits naissent toujours des devoirs des autres envers nous et de nos devoirs envers nous-mêmes; que l'exercice des droits qui ne seraient pas une conséquence directe et nécessaire d'un devoir certain, établi, reconnu pour juste, est un acte de tyrannie et d'oppression; qu'enfin un droit ne saurait être contradictoire avec un devoir. Si mon devoir n'est pas de vous donner, vous ne pouvez pas avoir le droit de me demander, cela est incontestable; et si vous employez contre moi le droit du plus fort, j'appelle à mon secours ceux avec lesquels le pacte social me réunit; ils me protégent contre vous. C'est ainsi que la Providence a voulu que les hommes trouvassent dans leurs associations l'existence, la sûreté, la propriété, la résistance à l'oppression, le bonheur social; enfin, à la suite de la déclaration des droits, je voudrais donc qu'on ajoutât cette vérité morale de fait :

« Tout homme qui, lorsqu'il le peut, ne remplit en aucune
» manière les devoirs que la société lui impose, n'a aucun droit
» à exercer dans la société. »

« Les devoirs que la société impose sont : travailler de corps et d'esprit; se suffire à soi-même et être utile aux autres par son travail; remplir avec zèle et courage les fonctions publiques dont on peut être honoré; obéir à la loi comme à l'autorité la plus sainte et la plus respectable; prêter main forte à son exécution; être toujours prêt à s'armer pour défendre la République et la défendre au péril de sa vie; honorer son père et sa mère; respecter la vieillesse et la soulager dans ses besoins; aimer sa femme et ses enfans; élever ceux-ci dans l'amour de la République, de la liberté et de l'égalité, dans le mépris des rois; respecter le lien conjugal et la fille de son prochain; ne rien faire, ne rien dire, ne rien écrire de contraire aux bonnes mœurs; respecter les propriétés territoriales ou industrielles d'autrui et sa réputation ; user de ses richesses, quand on en a, pour augmenter les établissemens de bienfaisance publique, ou pour soulager la misère honteuse ; de demander, tolérer toutes les opinions religieuses, et concourir de tout le pouvoir de la douceur, des bienfaits et des bons exemples, à étendre et à propager la religion des vertus civiques : tels sont les devoirs du citoyen ; et, s'il ne les remplit pas, il n'a aucun droit à exercer dans la société.

Bases de la constitution.

» Les premiers élémens de tout pacte social, ce sont les hommes et leur nombre ; les seconds sont la manière d'être et la moralité de ces mêmes hommes. Le comité a fait, non pas par rapport au nombre, mais par rapport à la manière d'être et à la moralité, la même faute que l'assemblée constituante : il a supposé que tous les Français n'avaient rien à faire pour vivre, et qu'ils changeraient à la première invitation leurs anciennes habitudes.

» Le comité a donc raisonné et travaillé pour un ordre de choses qui n'est pas le vôtre, et pour des hommes qui ne sont pas nous.

» De là ces trois degrés d'administration qu'il établit de fait sous des noms différens de ceux de l'ancienne Constitution, ces réformes qui dépouillent de plus en plus les hommes des distinctions sociales à mesure que leurs occupations les rapprochent davantage de la nature ; ce qui, au moyen de ce qu'on les tient toujours assemblés à deux et trois lieues de chez eux, dans toutes les saisons de l'année, les prive également et des avantages de la société, et du premier plaisir de la nature, le repos après le travail.

» De là ces doubles et éternels scrutins, et pour les assemblées primaires, et pour les sections municipales, et pour les grandes communes, et pour les départemens, et pour le ministère, et pour la censure; etc. ;

» De là cette nullité des campagnes auprès des villes, qui deviennent toutes puissantes ;

» De là ces choix d'abord inutiles, puis incertains, et fixés enfin par les départemens pour une portion du peuple qui ne saura pas même le nom des élus ;

« De-là ce dégoût nécessaire, cet éloignement que l'on donnerait à la grande masse des citoyens pour un gouvernement à la marche duquel il aurait le privilége de travailler toujours sans y rien faire.

» Revenons à la vérité, nous trouverons ce qui est juste et utile. La grande masse du peuple remplit le premier devoir de l'homme ; elle travaille pour vivre, et c'est par cette raison qu'elle est plus disposée aux habitudes républicaines que les riches, les savans, les habitans des villes, qui seuls lui donnent des vices qu'elle n'aurait pas avec quelques lumières dont elle pourrait bien se passer.

» Depuis quatre ans, dans chaque bourg, dans chaque village, l'honneur d'être revêtu de l'écharpe municipale, du signe de la loi, entretient dans les cœurs le courage de la révolution et l'émulation de la probité ; mais si l'on peut faire des sacrifices aux honorables distinctions qu'on attend, qu'on a sous les yeux, on n'en fait pas pour se procurer ce qu'on ne voit pas et ce qu'on n'obtiendra jamais. Il est toujours infiniment dangereux de changer les habitudes du peuple, car ses habitudes sont sa morale, comme l'a dit Rousseau. Pourquoi donc aujourd'hui vouloir changer encore les habitudes du peuple lorsquelles lui sont utiles, lorsqu'elles sont utiles à la révolution, à la République ? Avec une nouvelle division du territoire, vous pouvez causer des chocs, des divisions, des déchiremens dans toute la France, et certes nous n'avons pas besoin de tout cela. Quelle vie pour le peuple que toujours s'assembler, toujours délibérer, consulter et chercher à s'instruire du sens d'une loi nouvelle qu'il faut substituer à une nouvelle loi, déplacer sa confiance du magistrat qu'il a sous les yeux à un magistrat qu'il ne verra plus, et dont il n'aura que le délégué auprès de lui ; être toujours incertain dans ses devoirs et tremblant pour ses véritables droits ! Non, je ne puis approuver un pareil renversement de toutes idées législatives, de toute connaissance du cœur humain.

» D'après toutes ces considérations, je demande que la division actuelle du territoire soit maintenue. »

Daunou parla après Petit. Il demanda que la Convention déterminât d'abord la division du territoire et l'état des citoyens, et donnât ensuite la priorité à l'un des projets de constitution.

Après ces trois discours, Barrère fit adopter une proclamation aux armées; sur la proposition de Rulh et de Thirion, le comité de salut public fut chargé de quelques mesures relatives aux déserteurs autrichiens.

COMMUNE. — *Séance du 26 avril.*

On fait lecture de l'extrait suivant du registre des délibérations de l'assemblée générale et permanente de la section Bon-Conseil.

« *Du 25 avril.* Sur le compte rendu par un membre des progrès des révoltés dans le département de la Vendée et autres, il en résulte que leurs succès ne proviennent que de trahisons sorties d'un foyer égal à celui où le traître Dumourier a puisé la sienne pour égarer les patriotes; des lâches leur procurent des armes, des vivres et des munitions.

» Les secours dont nos frères ont besoin sont trop lents; il est à craindre qu'il n'en résulte de grands malheurs; empressons-nous d'exterminer ces factieux avant de leur donner le temps de s'accroître; étouffons dans sa naissance cette horde de brigands qui pourraient faire parmi nous de funestes ravages.

» Paris a commencé la révolution; il doit donner l'exemple à ses frères des départemens. En conséquence, l'assemblée générale de la section de Bon-Conseil a nommé des commissaires pour se transporter au conseil-général de la Commune, à l'effet de l'inviter à demander à la Convention nationale que plusieurs bataillons soient sur-le-champ formés dans Paris et partout pour voler au secours de nos frères des départemens et les aider à pulvériser tous les rebelles à la loi et à la tranquillité publique.

» L'expédition ne peut être de longue durée, et, une fois l'ordre rétabli, que ces braves patriotes rentrent dans leurs foyers ; à cette condition, des milliers de bras vont se présenter pour vaincre ces contre-révolutionnaires. »

« — Lecture faite de la délibération de la section de Bon-Conseil.

» Le conseil-général, considérant que les républicains n'ont qu'à paraître sous les drapeaux de la liberté dans les départemens où les révoltés osent lever un front audacieux pour les faire rentrer dans la poussière et revenir vainqueurs ;

» Applaudissant aux sages mesures de ladite section, arrête que l'arrêté de la section de Bon-Conseil, en date du 25 du présent mois, sera imprimé et envoyé aux quarante-huit sections, à l'assemblée électorale et à toutes les sociétés populaires ;

» Arrête en outre qu'il sera écrit au ministre de la guerre pour lui faire part de l'inertie d'un grand nombre de citoyens qui restent dans Paris, quoiqu'ils reçoivent depuis long-temps la solde de la République.

» Signé, PACHE, maire; DORAT-CUBIÈRE, secrétaire-greffier-adjoint. »

CLUB DES JACOBINS. — *Séance du 26 avril.*

Présidence d'Albitte.

Après la lecture du procès-verbal, dont la rédaction est adoptée, à quelques amendemens près, proposés par Thuriot et un autre membre, un citoyen fait lecture d'une pétition à la Convention contre Gorsas, Brissot et son substitut Girey-Dupré.

Il se plaint dans cette pétition qu'une calomnie atroce circule contre les patriotes, par la voie des journaux que rédigent ces trois individus; que l'enthousiasme du peuple, à l'aspect du représentant de la nation reconnu innocent, y est présenté sous les couleurs les plus noires ; que Gorsas désigne le peuple par le mot horde; que Girey ne craint pas d'avancer que le crime a été absous et couronné, et que des femmes perdues l'ont porté en triomphe.

AVRIL (1793). 165

« Les citoyens de Paris, ajoute-t-il, et ceux qui ont partagé leurs sentimens ne peuvent souffrir qu'on leur impute la violation du sanctuaire de la liberté. Ils demandent justice des calomniateurs, l'insertion de leur réclamation dans les journaux patriotes et dans le bulletin de la Convention. » (Applaudissemens.)

Desfieux. « Je me proposais de parler à la société de ces deux journalistes; le comité de correspondance a pris lecture de leurs feuilles pour les réfuter et pour prémunir les départemens contre le poison qu'elles renferment. Le peuple ne lit pas ces journaux, mais ils sont lus par les départemens, qui sont curieux de savoir toutes les nouvelles. Je demande l'impression, l'affiche et l'envoi aux sociétés affiliées des articles calomnieux de ces journaux avec deux mots de réfutation ; et je fais la motion que ces journalistes calomniateurs soient traduits au tribunal révolutionnaire. » (Applaudi.)

Maure. « Ou Desfieux ne sait pas tout, ou sa modestie ne veut pas tout dire. Il est question de lui dans le journal de Gorsas. On suppose qu'il s'est trouvé à un souper où l'on a chanté une chanson infâme qui blasphémait ce qu'il y a de sacré dans la République. Je demande qu'on examine soigneusement le numéro du coquin de Gorsas (je l'appelle comme ça, quoiqu'il soit mon collègue), afin de faire justice de cet empoisonneur de l'opinion publique, qui est sûrement payé, car il n'est pas possible que sans appointemens il voulût prendre la peine de faire tant de mal. »

Sambas. « Ce n'est point le journal de Gorsas que je vais vous lire, c'est celui de l'infâme Brissot : je vous prie de contenir votre indignation jusqu'au bout. Il importe que les citoyens des tribunes sachent comment ces journalistes parlent du peuple souverain. »

Ici l'orateur fait lecture du paragraphe commençant ainsi :

Tribunal extraordinaire : cause de Marat : le crime absous et couronné, etc. (voyez p. 148.)

Sambas fait la motion qu'on fasse imprimer et afficher ce paragraphe de Brissot.

Maure demande qu'on passe à l'ordre du jour, motivé sur ce qu'il est constant que Brissot est un calomniateur.

N..... « Si Brissot avait de l'ame, je demanderais qu'on le livrât à l'indignation publique ; mais à un scélérat il faut des supplices. Brissot a outragé un tribunal d'autant plus respectable qu'il est établi pour juger les délits nationaux. Je demande qu'on nomme six commissaires pour examiner si le cas où se trouve Brissot ne doit pas appeler toute la sévérité des lois; et dans le cas où ils trouveraient qu'il n'y a point d'inconvénient pour la liberté de la presse, je déclare que je me porterai accusateur contre Brissot. Il peut être permis de censurer la conduite des autorités constituées, mais non de les outrager. »

Dufourny. « Un fait bien important que Brissot s'est bien gardé d'insérer dans son journal, c'est que l'Anglais qui, quoique mort, a déposé comme témoin dans l'affaire de Marat, a dit qu'il ne connaissait cet écrivain que par le portrait qu'en faisait Gorsas. »

Dubois-Crancé. « J'ai entendu faire la motion d'imprimer et d'afficher les paragraphes virulens du journal de Brissot. Je ne m'oppose point à cette motion, car il est bon de savoir la manière dont ces journalistes interprètent les actions du peuple ; mais je demande qu'on place à côté de ce qu'il a dit contre Marat les éloges qu'il a faits du traître Dumourier ; on y verra que lorsque Dumourier était reconnu pour un traître dans toute la République, lorsque Brissot n'ignorait pas ses intrigues, il en faisait dans son journal le plus grand éloge. Il disait : Il n'est pas étonnant qu'on calomnie le vainqueur des ennemis de la République dans les plaines de Champagne et à l'affaire de Jemmapes. »

Cette motion est mise aux voix et adoptée.

Marat entre au milieu des applaudissemens ; il reçoit une couronne des mains du président. Il monte à la tribune, où un enfant de quatre ans lui présente une autre couronne.

« Citoyens, s'écrie-t-il, indigné de voir une faction scélérate vouloir couvrir par une machination illusoire ses projets désastreux, deux fois j'ai monté à la tribune pour la forcer de se déclarer et lui mettre la corde au cou ; pour m'écarter de la Convention, les intrigans que j'ai démasqués, et qui redoutaient mon courage, imaginèrent de me mettre sous l'anathème d'un décret d'accusation. Vous connaissez l'effet qu'a produit cette machination, qui a retombé sur ses auteurs. Ils sont humiliés, mais ils ne sont pas encore écrasés. Ne nous occupons point de couronnes, défendons-nous de l'enthousiasme; laissons tous ces enfantillages, et ne pensons qu'à écraser nos ennemis.

» Je dépose sur le bureau les deux couronnes qui viennent de m'être offertes, et j'invite les citoyens à attendre la fin de ma carrière pour se décider. » (Vifs applaudissemens.)

Le citoyen Maure demande qu'on imprime le paragraphe perfide du journal de Gorsas, en plaçant à côté des objets de comparaison, ainsi qu'il a été arrêté à l'égard du *Patriote français*.

N..... « Membre du tribunal révolutionnaire, j'ai bien senti que, quelque juste que fût notre jugement, nous serions calomniés ; mais j'ai acquitté ma conscience. Cependant, comme le tribunal révolutionnaire est le tribunal de la nation, et qu'il doit être investi de la confiance publique, je demanderais à la société qu'elle invitât mes collègues à faire imprimer la déclaration du jury. »

Legendre. « Je crois que l'affiche du paragraphe du journal de Brissot ne remplit pas le but de la société.

» Sans doute Marat regarde plutôt son triomphe comme le triomphe du patriotisme que comme celui de l'individu Marat. Ainsi il suffit de nommer trois commissaires pour faire un travail en quatre lignes, qui constate bien la manière dont Marat a été reconnu innocent, afin de porter la lumière dans les départemens. Le peuple est éclairé à Paris ; mais dans les départemens et dans les clubs populaires l'esprit public n'est pas à l'épreuve de la séduction. »

Marat. « La cause de Marat a toujours été celle du peuple français. Marat n'existe que pour le peuple, auquel il sacrifie son existence. Je crois qu'il ne convient pas que les membres du tribunal révolutionnaire perdent un temps précieux à rendre compte de leurs opinions, encore moins qu'ils se mettent sur la brèche, et qu'ils prêtent le flanc à la faction persécutrice ; je me charge seul de ce travail, je veux seul en braver les dangers. Tout homme de bon sens reconnaîtra que les rédacteurs de l'acte d'accusation sont des faussaires, sont des calomniateurs, qu'il faut livrer au glaive des lois. On peut aussi présenter une adresse à la Convention contre les journaux calomniateurs, et en demander l'insertion au procès-verbal. Voilà les seules mesures à prendre dans le moment actuel. »

Maure. « L'assemblée générale des sans-culottes d'Auxerre a envoyé à la Convention une adresse bougrement patriotique. Comme cette adresse pourrait bien ne pas se retrouver, j'en ai fait une copie dont je vais vous donner lecture. »

Ici le citoyen Maure lit cette adresse, dont voici le texte littéral :

Les sections de la commune d'Auxerre, réunies en assemblée générale.

« Législateurs, de grands crimes ont été commis, et sont sans doute l'ouvrage d'une faction qui a le malheur irrémissible d'être aimée de ce qu'il y a de traîtres dans la République. Roland, Dumourier, Beurnonville sont les demi-dieux qu'ils encensèrent toujours, et Marat, atteint et convaincu du haut crime (à leurs yeux) d'être patriote, éprouve la vengeance d'une majorité criminelle qu'il dénonça dans tous les temps. Ses prédictions réalisées lui valent pour récompense le décret qui le prive de la liberté, que personne ne sut peindre avec plus d'ame que lui. Le tyran ne l'aimait pas non plus ; La Fayette fit le blocus de sa maison, et Bailli employa les trésors de la commune de Paris pour découvrir l'asile sombre qui cachait l'homme du peuple, l'irréconciliable ennemi des transactions tyranniques ; rendez-le à la Convention, et, si vous le haïssez tous, ne siégez plus avec lui. Cette décision servira doublement la nation française. Quelle est donc cette fatalité attachée à l'espèce humaine, que le vice triomphe toujours, et l'homme vertueux est obligé de fuir sans cesse devant l'oppression? espérez-vous faire de nous un peuple d'esclaves, quand nous avons juré d'être libres et de marcher par milliers aux frontières?

» Patriotes de la Montagne, vous avez toute notre estime ; vous avez su, méprisant les outrages, sauver le peuple plusieurs fois ; il ne vous abandonnera jamais tant que vous agirez ainsi ; mais vous, hommes du côté droit, vous qui, soit pusillanimité ou crime, avez toujours ajourné le bonheur du peuple, qui vouliez sauver le tyran, qui vouliez nous diviser par votre appel, fruit d'une combinaison désorganisatrice ; vous, sur lequel le traître Dumourier fondait ses espérances, nous vous le disons avec regret, mais avec encore plus de courage, vous n'avez point notre confiance. Si vous n'êtes point coupables, soyez assez généreux pour vous condamner à l'ostracisme. Toute manière de faire le bien mérite de la reconnaissance. » (Applaudi.)

» La société arrête l'impression de cette adresse et l'envoi aux sociétés affiliées.

Thuriot. « Il faut charger votre comité de correspondance d'inviter les sociétés affiliées à défendre l'esprit public dans les départemens contre les effets du poison que renferment les écrits des Gorsas, des Brissot, et autres empoisonneurs de l'opinion publique. Vous avez une lettre de Miranda qui prouve que ces hommes n'ont jamais eu que le dehors du patriotisme.

» Vous avez une lettre de Coblentz qui prouve qu'on donnait 50,000 liv. par an à un homme qui était le second tome de Brissot. L'affiche dans Paris ne produirait aucun effet. Depuis longtemps les citoyens de Paris connaissent les ennemis de la chose publique, et demandent qu'on en fasse justice. »

La proposition de Thuriot est adoptée.

Châles. « J'étais chargé par tous les citoyens composant les sections de la ville de Chartres de réclamer contre le plus faux, le plus criminel et le plus impudent mensonge.

» Il n'est personne qui n'ait entendu parler d'une adresse des citoyens de Chartres. Eh bien, cette adresse est de toute fausseté; il est vrai qu'il a été fait un projet d'adresse dans ce genre, qui a été revêtu de la signature des chanoines et autres aristocrates. On a colporté cette adresse pour mendier des signatures. Elle est ensuite parvenue à la société populaire et aux sections de Chartres qui ont arrêté que ce projet serait livré aux flammes.

» Dans le département de la Vendée et dans les départemens adjacens, nous sommes dans une situation effrayante. Ce n'est pas que les révoltés soient formidables par eux-mêmes, mais c'est que nos chefs sont plus que suspects.

» On a été fort étonné de voir à la tête d'un de nos détachemens un ci-devant baron de Menou. Je ne sais si cet homme est membre de cette société, mais il ne mérite aucune confiance, parce qu'il a désespéré du salut de la République, sous le prétexte que les officiers sont nommés par les soldats.

» Berruyer se conduit fort mal; il ne songe qu'à boire, à manger et à s'amuser.

» Un des plus redoutables foyers de contre-révolution est du côté de la Vendée; dans le département d'Eure-et-Loir on a tiré toutes les forces effectives, au point qu'il n'y a peut-être pas deux cents hommes. Nous avons écrit pour avoir sept pièces de canon, et on ne nous a répondu que d'une manière illusoire. On sait que ce sont les marchés de ce département qui fournissent à l'approvisionnement de Paris, et si on pouvait engorger ces marchés, on affamerait Paris. Dans les autres départemens, il y a des mouvemens extraordinaires. Ce qu'il y a de plus surprenant, c'est que les conducteurs et les directeurs de ces mouvemens sont tous royalistes et d'une impudence extrême. Quoique nous fussions revêtus d'un grand pouvoir, ils se sont en quelque façon moqués de nous. »

« Je demande à l'opinant, s'écrie Maure, pourquoi, puisqu'il reconnaît qu'il avait un grand pouvoir, il n'a pas usé de ce pouvoir. »

« Je réponds à cette interpellation, reprend Châles, qu'il n'était pas possible de déployer l'autorité contre des hommes qui s'étayaient de la loi qui autorise la libre circulation des grains. »

Un membre annonce que le palais du ministre de la justice est tout en feu, et invite les citoyens à y porter du secours. (Bruit.)

Bazire. « Il ne faut qu'un avis pareil pour mettre le trouble dans la société. Il ne s'agit que d'envoyer des commissaires pour vérifier le fait. » (Le bruit augmente et se prolonge.)

Le président se couvre, obtient le silence, et dit :

« Nous sommes des républicains, nous devons voler où la chose publique nous appelle ; mais nous devons le faire avec calme et tranquillité. Quand le feu serait ici, vous ne devriez sortir qu'avec ordre, car vous péririez tous si vous sortiez avec désordre et précipitation. »

Robespierre. « J'observe que les sociétés populaires ne sont pas des compagnies de pompiers. Celui qui a donné cet avis ne peut être qu'un mauvais citoyen ou un sot. Je demande qu'il soit banni de cette société. »

Cette motion n'a pas de suites.

Marat. « Il fallait envoyer dans les départemens une force formidable pour étouffer à la fois tous les monstres qui déchirent le sein de la France ; le pouvoir exécutif est en état de contre-révolution. Clavière est un traître, et tous ses coopérateurs sont des contre-révolutionnaires. Lebrun est très-coupable ; quand il n'aurait commis d'autre crime que celui de n'avoir pas fait arrêter les fabricateurs de faux assignats, on aurait contre lui des soupçons. On vous dit que Bouchotte est patriote ; je veux bien le croire, mais ses bureaux sont encore infectés d'aristocratie. On peut en dire autant du ministre de la marine.

» Je demande qu'on nomme des commissaires pour rédiger la liste des commis et la mettre sous mes yeux ; alors je vous indiquerai quels sont les préposés qui méritent la confiance de la République. »

Hassenfratz. « L'aristocratie du bureau de la guerre n'est pas la seule chose qui doit perdre la chose publique, ce sont les administrations, qui sont presque toutes corrompues et vendues à l'aristocratie. Il faut demander d'abord que l'administration des subsistances soit reformée : c'est elle qui cause les malheurs publics, par les monopoles et les accaparemens. Il faut éconduire tous les contre-révolutionnaires masqués, et les remplacer par des bons patriotes. »

N..... « J'observerai à l'opinant que la liste des commis contre-révolutionnaires est déjà faite, et que demain on les chassera à coups de bâton. »

Marat. « J'étends la mesure que j'ai proposée à toutes les administrations, et je demande en outre que les commissaires que vous nommerez m'envoient la liste des patriotes dignes de remplacer ceux qu'on sera dans le cas de renvoyer. »

Bazire. « Nous savons bien comment nous éliminerons les aristocrates, mais nous ne savons pas comment nous les remplacerons. Les sociétés populaires sont faites pour surveiller toutes les branches d'administration; mais pour remplir ce but, il suffit dans ce moment que des commissaires nommés par la société invitent fraternellement les ministres à leur envoyer la liste des citoyens employés dans leurs bureaux. »

Robespierre. « Je dis qu'il est des ministres avec lesquels la société ne doit avoir aucun commerce, aucune correspondance. On peut obtenir cette liste par le canal des employés patriotes qui sont dans les bureaux. J'ajouterai une observation décisive : c'est que la réforme des employés suspects dépend du comité de salut public, et il est bien plus essentiel que la société s'adresse aux membres du comité de salut public, car leur premier soin doit être d'épurer toutes les administrations. »

Marat. « Le motif que le préopinant vient d'alléguer me paraît frivole, car un patriote pur pourrait communiquer avec le diable. Nous dirons aux ministres : nous vous demandons la liste de tous les employés, pour être à portée de vous indiquer quels sont ceux que l'intérêt public vous permet de conserver. »

Robespierre. « Je réponds à cela qu'on peut prendre cette mesure avec les ministres reconnus patriotes; quant aux autres, il faut commencer par les chasser, au lieu de correspondre avec eux. »

N..... « Le ministre de la guerre est plus à l'ordre du jour que vous ne pensez ; il s'occupe non-seulement de la réforme de tous les employés de ses bureaux qui sont connus pour des aristocrates, mais encore il fait la même opération pour tous les commis des administrations. Ne doutez pas que tous les ennemis de la chose publique ne soient incessamment éconduits. Mais la difficulté est de connaître les aristocrates ; car ils sont si souples, si adroits, qu'ils échappent à la surveillance la plus active. »

Un militaire. « Vous avez nommé trois commissaires pour la pompe funèbre de Lajouski. Je vous annonce que cette cérémonie aura lieu dimanche. »

La motion de Marat est mise aux voix et adoptée avec l'amendement de Robespierre.

Des membres des sociétés de Valenciennes et de Cambrai sont admis ; l'orateur dit :

« L'esprit public à Valenciennes est très-bon ; les sans-culottes y dominent : c'est assez vous dire que les ennemis n'y viendront pas. La société populaire de Valenciennes a prêté le serment solennel de poignarder tous ceux qui aspireront au pouvoir suprême. »

Des membres de la société de Mons apprennent à la société qu'il y a eu une insurrection à Mons, où les patriotes ont triomphé ; et renouvellent, au nom de cette société, le serment de mourir pour défendre la République une et indivisible.

Le président fait à ces députations une réponse fraternelle et patriotique.

Une députation de l'assemblée électorale de Paris est admise, et communique un projet de pétition à la Convention nationale par laquelle les corps électoraux demandent une indemnité pour les travaux dont ils sont chargés, et qui absorbent tout leur temps.

Le président promet, au nom de la société, de prendre leur

demande dans la plus haute considération. (*Journal des Débats du club*, n. CDII.)

Presse. — Le jour même où les Jacobins témoignaient une si vive indignation contre l'article du *Patriote français* sur l'absolution et le triomphe de Marat, le même journal revenait à la charge en termes plus outrageans encore. Voici cette nouvelle diatribe.

« *Du vendredi 26 avril.*—Lorsque Marat était traîné en triomphe dans les boues de Paris, il portait, comme le pape, une triple couronne. On a fait en couronnant Marat une œuvre très-républicaine ; car c'est dégoûter à jamais de la couronne.

» Quelques patriotes, en voyant le triomphe de Marat, disaient : *Tout est perdu*. Et moi, je me représentais le triomphe de Mazaniel, et je disais : *Tout est sauvé*. En effet, la faveur de cette espèce d'êtres qui entouraient le triomphateur n'est jamais fixe ; elle ne fait que croître ou diminuer ; maintenant elle ne peut plus croître, il faut qu'elle diminue ; c'est une roue toujours en mouvement ; il faut qu'elle écrase ceux qu'elle a élevés. Le sort des démagogues a toujours été de devenir les victimes de ceux dont ils avaient été les idoles. — Le spectacle de ce triomphe m'a présenté une autre idée consolante. Je passais en revue tous les amis de Marat, et je ne voyais qu'environ huit à neuf cents êtres, vivant d'émeutes ou de moyens encore plus infâmes ; je ne voyais pas un seul citoyen honnête, vivant de son travail, partager ce délire insensé ; je ne voyais qu'une sale mascarade, objet de l'horreur des uns et du mépris des autres. « (*Patriote français*, n. MCCCLIII.)

Le n. CLXXV du journal de Marat renferme sur Pétion des détails que nous devons recueillir.

« Le vertueux Pétion, comme chacun sait, aime la flagornerie, la table, le lit, les préséances et l'argent.

» Il est aussi, comme chacun sait, très-fort animal d'habitudes. Ce petit avocat chartrain, qui pouvait à peine joindre les deux bouts de l'année en vendant au premier venu son habit et sa colère, n'eut pas de peine sans doute à quitter sa soupe aux choux et sa bicoque pour la table somptueuse et le palais qu'il tenait de la munificence des sections, en échange des petits services qu'elles pouvaient attendre d'un premier magistrat municipal qui avait su spéculer sur sa fausse popularité.

» On assure que l'époque où Pétion a perdu son civisme est celle du retour de Varennes ; la tête lui tourna de se voir dans la voiture du despote, et de tenir entre ses jambes un rejeton de la famille royale.

» On rencontrerait plus juste, je pense, si on rapprochait cette époque de celle du 10 août ; car il est constant qu'il fut alors circonvenu par la faction Brissot, Gensonné, Guadet, Vergniaud, Caritat, Lasource, etc., laquelle voulait se servir de la popularité du maire de Paris pour consommer son criminel projet de raffermir le despote sur le trône. On sait que la législative était presque toute prostituée à la cour ; que dans le château des Tuileries se tenait une inquisition judiciaire contre les meilleurs citoyens ; qu'il s'y faisait des rassemblemens nocturnes de chevaliers du Poignard. Or Pétion, qui ne pouvait ignorer ces machinations en sa qualité de premier magistrat de la police, garda là-dessus le plus profond silence.

» Quoi qu'il en soit, toujours est-il certain que, dès le jour de la prise des Tuileries, il fut assailli par cette clique royaliste, qui se croyait perdue. Dès lors Brissot, l'un des meneurs de la clique, le compatriote et l'ami de Pétion, s'empara de la mairie ; il y mena ses complices Gensonné, Vergniaud, Caritat, etc. ; tous s'emparèrent de Pétion et ne le quittèrent plus. Pour leur donner tout son temps, Pétion rompit toute relation avec Panis, Duplain, Desforgues, administrateurs patriotes de la police, lui qui, quelques jours auparavant, en avait encore de plus étroites avec Agier et Perron, que leur asservissement au despote fit tomber sous le glaive du peuple.

» Réuni à ces conjurés, il leur consacra donc tout son temps ; ils passaient le jour à table, et la nuit à machiner.

» Il y était assis avec eux le 17 août, jour où une personne de confiance, chargée de lui demander une entrevue de ma part, fut obligée de passer dans une antichambre que traversèrent les meneurs de la clique.

» Il y passa avec eux le 2, 3 et 4 septembre, sans daigner quitter la table un instant pour faire cesser le massacre des prisons. Si les massacres de ces journées orageuses sont des crimes, Pétion en est le premier coupable, parce qu'ayant en main toute l'autorité, il ne fit point la moindre démarche pour les réprimer; et ce ne fut que le cinquième jour, c'est-à-dire lorsque tout était fait, qu'il se présenta à la Force pour sermonner les assommeurs.

» Je le répète, le vertueux Jérôme aime les flagorneries, la parure, les prééminences, la table et l'or. Les meneurs de la faction royaliste, à la tête de laquelle se trouvait Roland depuis le 10 août, connaissaient les petitesses et les faibles du bonhomme. Ils savaient combien il lui en coûtait de quitter le train splendide de maire que le mécontentement public ne lui permettait plus de conserver; ils avaient besoin de se l'associer pour se donner un vernis de patriotisme et couvrir du voile d'un reste de popularité leurs anciennes et leurs nouvelles machinations. Qu'ont-ils fait ? Comme ils disposaient de la fortune publique au moyen du ministre des contributions, de la fabrique des assignats, dont le numérotage était supprimé, et très-probablement des trésors enlevés du Garde-Meuble, ils lui ont assuré la jouissance de ces biens, qui font sa félicité; et le coquin a fait tout ce qu'ils ont voulu. On aurait même long-temps ignoré sa prostitution, s'il n'avait pas eu la sottise d'afficher un luxe scandaleux qui ne peut avoir d'autre source. Or, il passe pour constant qu'il a acheté la cave d'Egmont Pignatelli, objet qui montait au moins à vingt-cinq mille louis; il est notoire qu'il a voiture, table de douze à quinze couverts, et qu'il dort dans des lambris dorés. Roland a disposé en sa faveur du charmant pavillon de la cour de l'Orangerie, qui donne sur les Tuileries. Jérôme prétend qu'il le loue mille écus; mais Jérôme n'ayant pas de fortune comme quand il a quitté Chartres, devrait être hors d'état de mettre mille écus à un loyer. Tant de dépense ne peut être que le fruit de sa vénalité. Je ne l'accuse pas d'avoir, comme Guadet, placé chez Lafargue des sommes considérables sur la tête de ses enfans ; ni, comme Brissot, d'avoir fait des acquisitions immenses en Angleterre ; j'ignore quelles peuvent être ses richesses. Combien Roland est plus adroit ! Ce caffard, qui peut-être s'est approprié plusieurs millions de ceux qui ont été volés au Garde-Meuble, et de ceux qui ont été remis entre ses mains pour les subsistances, se montre dans les rues à pied, couvert d'une mauvaise redingotte et avec des bas de laine.

» Pétion a joué le premier rôle dans le complot tramé par la faction des hommes d'état pour sauver le tyran, aux risques même d'allumer la guerre civile.

» Le public ignore encore de quelle manière les meneurs et les suppôts de la clique brissotine s'y sont pris pour former la faction des hommes d'état ; en voici un échantillon qui m'a été communiqué par deux députés du département d'Eure-et-Loir. Je suis autant scandalisé que surpris qu'ils n'aient point éclairé la Convention sur ce qui se passait à cet égard, tandis que l'on jugeait Louis Capet. Or donc, les chefs de la clique imaginèrent des dîners à donner et à rendre par les membres de chaque députation. Dans ces dîners, qui commençaient toujours chez quelque suppôt de la clique, et où se trouvaient toujours de fondation Brissot, Pétion, Guadet, Vergniaud, Gensonné, Lasource, Manuel, Barbaroux, rien n'était épargné pour faire grande chère, et on avait soin de bien faire boire les nouveaux débarqués qu'on cherchait à raccoler. Après avoir parlé quelques moments des affaires du jour, l'un des meneurs faisait tomber la conversation sur le jugement de Louis Capet. Ensuite il s'escrimait tour à tour à faire valoir les prétextes qu'ils ont allégués dans leurs opinions et à la tribune pour faire rejeter toute peine capitale ; et si les convives à convertir ne paraissaient pas se rendre, Pétion, Brissot et Gensonné, se penchant sur la table, les mains jointes sur le front, s'écriaient d'un ton douloureux : *Ciel ! qu'allons-nous devenir si le roi est condamné à mort ? En* est-il un seul parmi nous qui puisse se flatter d'échapper à l'ennemi? Bientôt la France entière va devenir un champ de carnage, un vaste cimetière! Je le répète, je tiens ces détails de témoins oculaires qui ont vu jouer cette farce politique chez Pétion, Lacroix, Lesage, etc. Comme je la rapporte de mémoire, il est très-possible que j'en aie omis plusieurs circonstances essentielles, peut-être même confondu quelques-uns des masques; mais le fond est exact : j'invoquerai à l'appui de ces faits le témoignage de qui je les tiens, s'ils étaient contestés par quelque honnête citoyen. » (*Le Publiciste de la République française*, n. CLXXVII.)

CONVENTION. — *Séance du 27 avril.*

Décret qui accorde des secours aux Liégeois réfugiés. — Lettre du général Pascal Kerenveyer, commandant à Dunkerque, contenant la sommation de l'amiral anglais John Clémens l'aîné, et la réponse de l'officier français. — Une députation du département de Mayenne-et-Loire annonce la défaite des troupes de la République dans les départemens de l'ouest; ils se plaignent du général Berruyer. Marat prétend que le mauvais choix des généraux Berruyer et Ligonnier est dû au ministre Beurnonville; il demande que des forces imposantes dissipent les armées des brigands de l'Ouest. Reveillère-Lépeaux annonce que le comité de salut public a arrêté le rappel du général Berruyer et l'envoi de troupes nouvelles. — Le ministre de la justice, Gohier, vient annoncer que l'incendie qui s'est manifesté dans les bâtimens de ce ministère n'a consumé aucuns papiers intéressans. Robert dit qu'il y a tout à craindre pour les bureaux de ce ministère, où il existe des commis qui ne sont pas patriotes; il nomme à ce sujet un citoyen Leroux. — Fabre et Barbaroux parlent sur le projet de taxer les grains : ce dernier éprouve des murmures en votant contre la taxe. — Sur le rapport de Cambon, un décret ordonne la recherche des auteurs de l'incendie du port de Lorient. — Ce même membre communique un plan présenté par le département de l'Hérault pour un emprunt forcé et un nouveau mode de recrutement. Ce travail est applaudi ; l'impression et l'envoi en sont ordonnés.

[*Vues présentées au comité de salut public de la Convention nationale, et aux représentans dans les départemens de l'Hérault et du Gard.*

« Plusieurs patriotes que le peuple a honorés de sa confiance, profondément pénétrés des maux de la patrie, et uniquement occupés d'en chercher le remède, se sont réunis à penser que, dans la circonstance la plus critique de la révolution, les moyens naturels du gouvernement ne suffisant pas, les seuls moyens révolutionnaires pouvaient nous délivrer à la fois des ennemis extérieurs et intérieurs.

» Le département de l'Hérault vient de fournir un recrutement considérable ; il avait précédemment fourni de nombreuses levées, et quoiqu'on puisse se flatter que les recrues qu'on vient d'envoyer soutiendront la gloire de la nation, cependant on ne doit pas dissimuler quelle est la composition du recrutement ; la plupart des hommes qui le forment ne sont pas des volontaires, ne sont pas des citoyens de toutes les classes de la société qui, ayant subi le sort ou le scrutin, se soient décidés volontiers à aller défendre la République. La plupart des recrues sont des hommes de remplacement, qui, par l'appât d'un salaire considérable, se sont déterminés à quitter leurs foyers.

» On demande aujourd'hui cinq mille hommes au département de l'Hérault, pour défendre les côtes ou attaquer l'Espagne. Il faut des forces pour sauver le nord de la République, peut-être pour écraser les ennemis de l'intérieur. Il faut pourvoir les villes, aux termes des décrets, d'une garde salariée. Dans ces circonstances, et d'après l'expérience du passé, peut-on se résoudre à employer les moyens ordinaires de recrutement pour former ces corps, qui doivent être tout entiers de nouvelle levée ?

» Les pauvres diraient qu'eux seuls ont fait des sacrifices ; et les habitans des campagnes, qu'ils ont fourni des hommes dans les premiers recrutemens ; qu'ils viennent de fournir de l'argent, et qu'ils sont épuisés sous ce double rapport. Si, au contraire, on demande tout au patriotisme, si on l'enflamme par tous les moyens qu'on peut imaginer, on obtiendra les hommes qu'on désire, on les obtiendra tels qu'il les faut ; on aura fait faire un grand pas à l'esprit public ; on aura fait connaître aux étrangers les ressources de la France ; on aura sauvé la République.

» On propose donc que les nouvelles levées soient formées par la voie de l'indication, c'est-à-dire, en adressant des réquisitions directes et personnelles aux citoyens reconnus pour les plus patriotes et les plus propres par leur courage, leur caractère et leurs moyens physiques à servir utilement la République dans ce moment de danger. La liste des citoyens requis serait affichée dans toutes les sociétés populaires.

» Le droit de désigner et d'indiquer les patriotes serait confié à un comité de salut public, composé en nombre égal des membres des trois corps administratifs du chef-lieu du département, désignés eux-mêmes par les commissaires de la Convention nationale. Avant d'arrêter ces listes, le comité rassemblerait auprès de lui des députés de toutes les sociétés populaires, et des membres de chaque compagnie de vétérans, pour éclairer son choix.

» Pour subvenir aux dépenses de cette force armée, il serait formé entre les mains du receveur du district du chef-lieu un fonds extraordinaire de cinq millions. Ce fonds serait fourni par voie d'emprunt forcé, c'est-à-dire qu'un emprunt serait ouvert, et que, s'il n'était pas sous deux jours rempli par les soumissions libres des capitalistes, il le serait sur-le-champ par des réquisitions impératives adressées aux particuliers riches, et dans la forme employée par les commissaires de la Convention dans les départemens du Nord, c'est-à-dire que les fonds seraient versés entre les mains du receveur du district ; qu'ils ne pourraient en sortir que sur des ordonnances du département, et que chaque particulier, portant la somme qu'il serait requis de fournir, recevrait un reçu du montant de la part du receveur, qui insérerait en sa présence copie du reçu qu'il aurait délivré, dans un registre tenu pour cet objet, et paraphé par le président du département. Le droit d'adresser des réquisitions pécuniaires serait confié au même comité dont il a été parlé plus haut, formé parmi les administrateurs et par les commissaires de la Convention.

» Les fonds extraordinaires de cinq millions ne seront pas seulement employés au salaire de la force armée ; ils seront disponibles pour toutes les dépenses militaires et pour des secours à accorder à la classe pauvre.

» Ce plan est vaste, mais il n'est point chimérique ; il est même de l'exécution la plus simple et la plus facile. Le recrutement et la désignation des hommes pourraient être terminés en huit jours ; le trésor militaire pourrait être comblé en huit jours. On a dans ce département des aperçus qui faciliteront ces impositions graduelles, et dans lesquels on a même affaibli toutes les données. L'ensemble de toutes les fortunes de la seule ville de Montpellier, au-dessus de cent pistoles de revenu, s'élève à un peu plus de six millions de rente ; d'ailleurs, comme les dépenses ne sont payables que successivement, il serait possible de demander seulement un quart de la somme le jour même, et de recevoir pour le reste des soumissions de payer à des termes fixes.

» Quelle idée ne donnerait pas à ses ennemis une République où un quatre-vingt-sixième département, éloigné du grand théâtre de la guerre, offrirait une force armée d'élite de cinq mille hommes, toute composée d'hommes éclairés, intéressés à la chose, et pris dans la classe de ceux qui n'ont à choisir qu'entre la révolution ou la mort, et où, à côté de cette force imposante, le même département seul rassemble, en trois jours, cinq millions !

» Il n'échappera point à la première réflexion que, de la rentrée forcée d'une grande masse d'assignats dans la caisse de chaque département, il résulterait une diminution bien sensible à la masse de ceux en circulation, ce qui nécessairement leur donnerait plus de valeur en comparaison des denrées, et influerait économiquement sur tous les marchés que pourrait contracter la République.

» Montpellier, le 19 avril 1795, l'an 2 de la république française.

» *Signé* Brunel, Louis Joubert, Louis Payée, Devalt, Berthe, Deverges et Anselme d'Horte. »]

Danton; après avoir applaudi aux vues présentées par le département de l'Hérault, fait sentir la nécessité de diriger vers la Vendée des forces capables d'y étouffer la guerre civile qui y règne; il demande que vingt mille hommes de troupes réglées soient ajoutés aux secours envoyés dans l'ouest par les départemens. Décrété.

COMMUNE. — *Séance du 27 avril.*

Un des commissaires nommés hier pour se transporter au département de la justice donne divers détails sur les moyens qui ont été employés pour éteindre le feu. Il donne les plus grands éloges à la courageuse activité des pompiers, et termine son rapport en assurant qu'aucuns papiers importans n'ont été incendiés.

On donne lecture du rapport de l'administration de police sur la levée des scellés apposés chez les citoyens qui ont été inculpés dans l'affaire du Temple.

Les administrateurs se bornent à dire dans ce rapport qu'il ne s'est trouvé chez ces citoyens rien de suspect, ni aucune pièce de conviction. La discussion s'engage sur cet objet. Plusieurs membres prétendent que ce rapport n'est point assez circonstancié, et demandent qu'il en soit fait un nouveau. Cette dernière proposition est appuyée, mise aux voix et adoptée. Le nouveau rapport de l'administration de police sera soumis au parquet; puis au conseil, dans la séance de lundi prochain.

Un membre du conseil demande, au nom des pompiers, qu'ils soient admis à assister, par députation, à la pompe funèbre de Lajowski, qui doit avoir lieu demain.

Le conseil passe à l'ordre du jour, motivé sur ce que les pompiers ont, comme citoyens, le droit d'assister à cette cérémonie.

L'on observe que l'événement d'hier doit engager le conseil à prendre des mesures pour préserver d'incendie les établissemens publics.

L'administration de police est chargée de faire au plus tôt un rapport à ce sujet, comme aussi sur l'établissement de seaux de cuir dans les maisons où il existe des dépôts publics.

Le conseil-général, considérant que les persécutions et les malheurs auxquels sont exposés nos frères brabançons, liégeois et membres du département de Jemmapes, sont des titres nouveaux à notre intérêt, et, voulant leur donner des marques de l'union, de la fraternité qui anime tous les Français, charge les commissaires nommés dans sa précédente séance de se retirer vers l'administration de la régie des domaines nationaux, à l'effet de l'inviter à indiquer un lieu où les autorités constituées des pays actuellement opprimés puissent se retirer et y établir les lieux principaux de leur séance.

Les commissaires sont autorisés à faire les démarches nécessaires pour parvenir à obtenir ce local, et procurer à nos frères opprimés tous les secours que les circonstances malheureuses dans lesquelles ils se trouvent peuvent exiger.

Une députation de la section du Finistère dénonce le général Santerre pour avoir témoigné la plus grande indifférence pour la pompe funèbre de Lajowski en ordonnant une revue de canonniers à la même heure où ces canonniers désirent assister à cette cérémonie.

Le conseil arrête qu'il n'y aura, demain, ni revue, ni rassemblement de corps armés, autre que celui nécessaire à la pompe funèbre de Lajowski, et que cet arrêté sera envoyé sur-le-champ au commandant général.

On donne lecture d'une lettre par laquelle le commandant général annonce que, d'après la connaissance qu'on vient de lui donner de la pompe funèbre qui aura lieu demain, il va donner les ordres nécessaires pour aller au-devant de la volonté du conseil.

Le conseil arrête qu'à l'avenir, lorsqu'il s'agira de mesures à prendre pour des cérémonies publiques, le commandant général en sera informé sur-le-champ.

TRIBUNAL RÉVOLUTIONNAIRE. — *Audience du 27 avril.*
Affaire de François Boucher.

« La déclaration unanime des jurés est :

» 1° Qu'il est constant que le vendredi, 5 avril présent mois, un particulier a dit dans l'auberge du citoyen Pointepas, aux Fourneaux, paroisse Saint-Just, district d'Orléans, que Dumourier avait pleuré, trois jours et trois nuits, de s'être battu pour des tyrans et des brigands; que ce général viendrait à Paris avec son armée, dont il était presque sûr, pour mettre à la raison la Convention nationale, qui était composée de brigands, et rétablir un roi; qu'il en fallait un sous quinze jours, sans quoi la France serait perdue; que lors de l'arrivée de Dumourier, il irait au-devant lui avec la cocarde blanche, et que le peuple ferait bien de s'emparer du trésor national;

» 2° Que François Boucher, se disant chirurgien-dentiste et herboriste, sans domicile fixe, est convaincu d'avoir tenu ces discours;

» 3° Qu'il est convaincu de les avoir tenus dans des intentions contre-révolutionnaires.

» D'après cette déclaration, le tribunal, après avoir entendu l'accusateur public et la lecture de la loi du 4 décembre, condamne François Boucher à la peine de mort; déclare que ses biens, si aucuns il a, seront confisqués, et ordonne que le présent jugement sera exécuté sur la place de la Réunion. — « Reconduit à la Conciergerie après son jugement, Boucher s'est mis à dire et à répéter plusieurs fois ces mots : *Vive Louis XVII, au f..... la République!* » (*Bulletin du tribunal révolutionnaire*, n. XIX.)

Affaire de Désiré-Charles Mingot.

«Le tribunal, vu la déclaration des jurés de jugement, portant :
» 1° Qu'il est constant qu'un particulier, arrêté le 2 avril, présent mois, entre onze heures et minuit, dans un café de cette ville, par une patrouille accompagnée du commissaire de la section de la Halle-aux-Blés et d'un sergent, a insulté et voulu maltraiter le commissaire; que, conduit à la chambre d'arrêt, dite le violon, il a dit que la nation était des voleurs des gueux, des scélérats; que les gardes nationaux étaient des j... f....., qu'il chiait sur la nation, qu'il avait déserté de plusieurs régimens, qu'il avait servi tant qu'il y avait eu un roi, et qu'à présent qu'il n'y en avait plus il n'était plus soldat, qu'il était chef de parti; que, si on lui donnait dix mille livres pour partir pour les frontières, il les prendrait; qu'il partirait et les mangerait, puis reviendrait à Paris se f..... d'eux; que l'on avait une grande confiance en Dumourier, mais qu'il nous trahirait en passant de l'autre côté;

» 2° Qu'il est constant que plusieurs de ces propos ont été répétés le lendemain entre neuf et dix heures du matin par le même individu, au moment qu'on le conduisait au comité de la section de la Halle-aux-Blés;

» 3° Que Désiré-Charles Mingot est convaincu d'être l'auteur de ces discours;

» 4° Que Désiré-Charles Mingot est convaincu d'avoir tenu ces discours dans des intentions contre-révolutionnaires;

» Après avoir entendu l'accusateur public dans ses conclusions, ensemble la lecture de la loi du 4 décembre 1792, et celle du 10 mars 1793, le tribunal, y faisant droit, condamne Désiré-Charles Mingot à la peine de mort, et ordonne que le présent jugement sera exécuté sur la place de la Réunion de cette ville. »

« N. B. La déclaration des jurés a été unanime sur les trois premières questions; sur la quatrième, le citoyen Tinguet a voté pour la négative. » (*Bulletin du tribunal révolutionnaire,* n. XX.)

CONVENTION. — *Séance du* 28 *avril.*

Les commissaires dans le département des Landes annoncent qu'ils ont fait arrêter le général Duverger par suite de dénonciations graves faites contre lui. — Creuzé-Latouche développe les inconvéniens qui résulteraient d'une taxe des grains; il présente le projet de décret suivant, où se trouve formulée sa doctrine sur cette matière :

[« Art. 1. Jusqu'à la récolte prochaine, les administrateurs de district, dans les pays de grande culture et dans les lieux où il existe de grandes exploitations en grains, pourront requérir les fermiers et propriétaires de grains d'apporter de leurs grains dans les marchés, suivant les usages habituels et les convenances des localités, en laissant auxdits fermiers et propriétaires ce qui sera nécessaire pour les besoins des ouvriers de leur voisinage et pour leur propre consommation.

» 2. Après la première réquisition, lesdits administrateurs pourront faire enlever et porter au marché une quantité de grains convenable aux frais des contrevenans; et ils jugeront les cas et les raisons de dispenses.

» 3. Les municipaux veilleront à ce qu'il ne se commette aucunes violences dans les marchés ; ils seront responsables personnellement des dommages causés par leur négligence à cet égard.

» 4. Dans les lieux où il existe des meules de blé non battu, les officiers municipaux pourront requérir les fermiers ou propriétaires, jusqu'à la récolte prochaine, de les faire battre successivement, sous peine de les faire battre à leur frais, mais en ayant égard, autant qu'il est possible, à l'entretien et au besoin que les cultivateurs ont de la paille pour leur bétail.

» 5. En cas que les fermiers ou propriétaires manquent de batteurs, les officiers municipaux emploieront tous leurs moyens pour leur en procurer ; et, en cas qu'il ne s'en trouve point dans leur canton, les officiers municipaux en donneront avis aux administrateurs de district, qui pourront requérir des ouvriers de la municipalité la plus proche, lesquels seront tenus de s'employer au battage à un prix convenable, sous peine d'être déclarés mauvais citoyens, et notés comme tels dans le registre de leur municipalité.

» 6. La Convention nationale déterminera, lundi, sans désemparer, le moyen le plus convenable de diminuer la masse des assignats en circulation.

» 7. La Convention nationale invite, au nom de l'intérêt du peuple, les corps administratifs et municipaux à n'employer aucuns agens pour des achats de blés, et à faire approvisionner les administrés et les boulangers par le commerce, qu'ils protégeront et encourageront de tout leur pouvoir.

» 8. A compter du jour de la publication du présent décret, il ne sera plus accordé dans aucune ville d'indemnité aux boulangers pour tenir le prix du pain au-dessous du prix du blé; et les indemnités qui leur seraient acccordées contre la disposition de cette loi ne seront point allouées dans les comptes desdits administrateurs ou officiers municipaux.

» 9. Le comité des finances présentera, dans trois jours, un projet de décret sur les moyens de donner des secours à tous les ouvriers dont les salaires ne seraient pas en proportion avec le prix des grains.

» 10. Pour la ville de Paris, le prix du pain y sera en raison du prix du blé; mais il sera fait une remise sur le prix du pain à tous les ouvriers et autres citoyens domiciliés dont le revenu présumé ne monte pas à 1500 liv., et une remise des impositions seulement aux citoyens qui, ayant des enfans, n'auront qu'un revenu présumé depuis 1500 liv. jusqu'à 2500 liv.]

— Le département du Var annonce avoir organisé, en sus de son contingent, cinq mille hommes prêts à marcher au premier signal. Mention honorable. — On lit plusieurs lettres venant de la Vendée et des armées du Nord.

Séance du soir. — Un bataillon de la section des Droits-de-l'Homme est admis à défiler dans la salle.

L'orateur. « Le premier drapeau sous lequel marcha la section des Droits-de-l'Homme était souillé des symboles de la tyrannie. Nous l'avons livré aux flammes; et c'est sous cet étendard que nous venons jurer, en présence des mandataires du peuple, de maintenir l'unité, l'indivisibilité de la République, ou de nous ensevelir sous ses ruines; tel est le serment de la section des Droits-de-l'Homme, de Paris, de tous les départemens.

» Citoyens, pourquoi faut-il que la discorde vous divise quand l'union règne dans toutes les parties de la France? Pourquoi Paris est-il sans cesse calomnié dans cette enceinte? Est-il un sacrifice que Paris n'ait pas fait à la République entière? en est-il qu'il n'ait pas fait à la liberté? Si l'ennemi, vainqueur, parvenait à nous dicter des lois, pardonnerait-il à Paris l'initiative de la révolution? C'est en vain qu'on nous calomnie. Il n'est plus au pouvoir des hommes d'éteindre ce foyer, dont les feux vengeurs partent de Paris, pour embraser la tyrannie dans toutes les parties de l'Europe. Législateurs, bannissez vos divisions, soyez fermes et inébranlables; répondez-nous enfin de vous-mêmes, et la patrie est sauvée. » (On applaudit.)

L'assemblée décrète la mention honorable de cette pétition, et son insertion au bulletin.

Le citoyen Godart, procureur-syndic du département de la Marne, réclame contre sa destitution ordonnée par les commissaires de l'assemblée Mauduit et Isoré. Après des débats très-vifs, l'ajournement est prononcé. Buonarotti, député extraordinaire de l'île de Saint-Pierre, près la Sardaigne, présente les procès-verbaux qui contiennent le vœu des habitans de cette île pour leur réunion à la France. Le pétitionnaire dit ensuite :

« Hommes libres, je suis né en Toscane. Dès mon adolescence, un instituteur, ami de Jean-Jacques et d'Helvétius, m'inspira l'amour des hommes et de la liberté. J'agis, je parlai, j'écrivis conformément à ses préceptes, et j'en reçus la récompense. Les grands me décrièrent comme un scélérat; les imbéciles me traitèrent de fou. Les Français se souvinrent qu'ils étaient hommes; aussitôt je volai en Corse avec toute ma famille. Les bons sans-culottes de Corse vous diront si j'y ai rempli les devoirs de citoyen; ils m'ont regardé comme Français; mais, pour mon malheur, je ne le suis pas. Votre constitution de 1790 prescrit à un étranger cinq ans de domicile, et une épouse française, ou une propriété en France. J'ai à peine quatre ans de domicile ; mon épouse est née d'un père italien et d'une mère anglaise. Mes biens sont en Toscane ; je ne suis pas Toscan, parce que ces gens-là ne veulent pas de patrie. Je viens demander aux représentans de vingt-cinq millions d'hommes un décret de naturalisation, qui me permette d'exercer parmi eux les droits inhérens à tous les êtres de notre espèce. »

Cette pétition est renvoyée au comité de marine.

COMMUNE. — *Séance du 28 avril.*

Le commandant de la section armée des Droits-de-l'Homme fait part du désir qu'ont les citoyens de cette section de présenter au conseil général le drapeau qu'ils ont substitué à celui qui offusquait les regards des républicains, étant souillé des signes du royalisme.

Le conseil, ayant le maire à sa tête, descend sur la place de la Maison-Commune, pour y faire l'inauguration du nouveau drapeau.

Le conseil remonte ensuite, accompagné de la force armée de ladite section, qui défile dans la salle au son de la musique militaire et au milieu de nombreux applaudissemens.

Le citoyen maire, à la tête d'une députation du conseil, descend au perron de la Maison-Commune, pour y recevoir le corps de Lajowski, que ses concitoyens de la section du Finistère apportent ensuite au milieu de la salle du conseil, où il est déposé sur des tréteaux.

Le président de la section du Finistère exprime le premier ses regrets civiques dans un discours qu'il termine ainsi :

« Glorieuse de posséder en ce moment les restes de Lajowski, la section du Finistère ne les abandonnerait point si, convaincue de l'estime de toute la ville de Paris, de toute la République pour ce patriote zélé, elle ne se disait qu'étant le père de la liberté, il appartient à tous ses enfans. Elle vous abandonne son corps pour lui rendre des honneurs mérités, et se réserve son cœur, qu'aucune puissance ne pourra jamais lui ravir. »

Destournelles prononce ensuite l'oraison funèbre de Lajowski. Son discours est suivi de nombreux applaudissemens.

Fleuriot-Lescot prend la parole. « Des républicains, dit-il, ne doivent pas se borner à une pompe funèbre en l'honneur d'un citoyen qui a bien servi la patrie. Je demande que la Commune adopte la fille de Lajowski. »

Cette proposition, vivement applaudie, est adoptée à l'unanimité.

Le citoyen maire et le procureur de la Commune embrassent cette intéressante enfant. Le maire détache une branche de la couronne de Lajowski, et la lui attache sur la tête.

L'un des membres du conseil, Bliu, instituteur, demande la parole, et offre de se charger de l'éducation de la jeune Lajowski. « Brave citoyen, lui répond le président, la Commune accepte ton offre avec reconnaissance ; elle n'attendait rien moins de ton patriotisme. »

Le cortège se rend ensuite à la place de la Réunion, pour y inhumer le corps de Lajowski.

PRESSE. — *Le Républicain, journal des hommes libres*, n. CLXXXI, donne les détails suivans sur les funérailles de Lajowski ; ils servent à constater les actes auxquels ce révolutionnaire devait sa réputation.

« La pompe funèbre de Lajowski a été accompagnée de tout l'appareil digne d'un ardent ami de la République. Les talens déjà connus du citoyen Gossec s'étaient signalés dans la composition de la musique, qui remplissait l'ame d'une triste mais douce émotion. Tout le cortége rappelait aux citoyens les belles actions de Lajowski. Sur une bannière étaient inscrits ces mots, qu'il prononça le 10 août, à la tête de ses camarades, les canonniers :

Que ceux qui m'aiment me suivent; sur une autre : *Il fut calomnié par les conspirateurs ; il est pleuré par ses collègues*; plus loin, auprès d'un drapeau blanc : *Il l'enleva aux ennemis de la liberté*; auprès d'un drapeau rouge que l'on portait la flèche en bas : *Il vengea les patriotes en déchirant ce drapeau avec ses collègues*. Ces deux drapeaux ont été brûlés sur sa tombe. On y traînait aussi un canon, au-dessus duquel était cette inscription : *Il fit porter ce canon dans l'appartement du tyran* (20 juin 1792). La dernière bannière portait ces mots : *Patriotes indigens, il fut toujours votre ami*. Son corps a été déposé à la place de la Réunion, à côté de l'arbre de la fraternité; et la section du Finistère où il était commandant des canonniers, a conservé son cœur.

Le Patriote français renferme là-dessus quelques réflexions qui méritent d'être rapportées avant de les transcrire. Nous reproduirons son article du 28 avril, où il revient sur le procès de Marat, à l'occasion de ce qui a été dit le 26 à la séance des Jacobins. (Voir plus haut.)

« La manière dont j'ai rendu compte (c'est Girey-Dupré qui parle) du jugement et du triomphe de Marat était si frappante de vérité, qu'elle a été aux Jacobins l'objet d'une violente dénonciation. On a fini par ordonner l'impression de mon article, avec une réfutation. Je dois des remercîmens aux Jacobins, et pour la République, et pour moi : pour la République, à cause du soin qu'ils prennent de répandre la vérité; pour moi, à cause de la publicité qu'ils donnent à des articles que je souhaiterais mettre sous les yeux de tous les Français. Après ces remercîmens fraternels, je prendrai la liberté d'adresser aux Jacobins quelques petites réflexions. Par exemple, n'est-ce pas une bien misérable finesse de s'obstiner à attribuer à Brissot des articles dont on sait bien que je suis l'auteur? N'est-ce pas une grande infamie d'alimenter ainsi l'animosité qu'on a inspirée contre lui à des hommes égarés? N'est-ce pas une souveraine injustice de me dépouiller d'une partie de la glorieuse haine que me mérite ce journal, pour en investir Brissot? N'est-ce pas la plus manifeste contradiction de me reprocher mon peu de respect pour le tribunal révolutionnaire, quand on n'a soi-même respecté aucune autorité? Enfin ces continuelles déclamations contre des journalistes républicains ne sont-elles pas des invitations innocentes à aller briser leurs presses et *septembriser* leurs personnes?

» Mais, disent les prêtres et les sacrificateurs de l'idole Marat, vous avez insulté des citoyens de Paris dans votre profane description de notre triomphe. — Messieurs, je le dis à regret, *vous en avez menti*. J'ai dit qu'il n'avait pas assisté à vos risibles bacchanales plus de huit cents tant initiés que bacchantes; j'ai dit qu'aucun citoyen honnête et laborieux n'a pris part à cette sale solennité. Ce n'est pas là insulter les citoyens de Paris, c'est les louer.

» Les calomnies contre les patriotes continuent avec le même acharnement; on ne cesse de les accuser d'être les complices de la faction d'Orléans, eux qui n'ont cessé de dénoncer cette faction et de demander l'exil de ses chefs. Il peut paraître surtout un peu singulier que ces calomnies partent des Jacobins, des Jacobins, qui ont toujours été au moins les panégyristes de d'Orléans; des Jacobins, qui, peu de jours avant la découverte de l'alliance de Dumourier avec les Orléanistes, chassèrent de la tribune et accablèrent d'outrages Saint-Huruge qui était venu dénoncer le complot dont il avait acquis la certitude pendant son séjour dans la Belgique. Saint-Huruge attestait cependant qu'il en savait tous les détails, et qu'on lui avait même fait des propositions à ce sujet. — Messieurs les calomniateurs, ayez au moins de la mémoire. »
(*Patriote français*, n. MCCCLV.)

Voici maintenant ce qu'il dit des funérailles de Lajowski, sous la date du lundi 29 avril.

« Hier les Jacobins et la municipalité ont célébré avec la plus grande pompe les funérailles de Lajowski, membre du comité d'insurrection, chef de la bande qui a brisé les presses de Gorsas et de la Chronique, l'un des conspirateurs du 10 mars. Il a été enterré sur la place du Carrousel, sur cette même place où venait de se faire une exécution quelques instants auparavant. Robespierre a proclamé Lajouski GRAND HOMME; la municipalité

a arrêté, sur le réquisitoire de Chaumette, de demander pour ce grand homme les honneurs du Panthéon. Les Jacobins prétendent qu'il est mort empoisonné; je ne sais si le fait est vrai; mais il est probable qu'il n'a eu d'autre poison que le vin auquel il était fort adonné, ainsi que plusieurs autres grands hommes. »
(*Patriote français,* n. LCCCLVI.)

CONVENTION. — SÉANCE DU 29 AVRIL.

Présidence de Lasource.

[On lit une lettre du directoire du district de Loches, qui dénonce un arrêté du département d'Indre-et-Loire portant défense d'introduire dans l'étendue du département plusieurs feuilles périodiques, telles que *le Courrier français*, *la Gazette française*, *le Tableau politique de Paris*, *les Annales de la République française*, *le Patriote français*, *le Journal de Paris*, *le Courrier des départemens*, *le Bulletin des amis de la vérité*, *les Nouvelles politiques, nationales, étrangères*; *Perlet*, *le Courrier de l'Europe*, *le Mercure universel*, etc., et dans lequel le département ajourne jusqu'à un nouvel examen ce qui concerne le journal rédigé par *Carra*, *le Courrier de l'égalité*, *le Moniteur*, et le *Journal des Débats.*

Cette lettre est renvoyée aux comités de sûreté générale et de législation.

N.... Le tribunal criminel extraordinaire doit cesser ses fonctions le 1ᵉʳ mai, aux termes de votre décret, et à cette époque il doit être renouvelé. Comme il n'y a pas assez de temps d'ici au 1ᵉʳ mai pour que les départemens envoient les jurés qui doivent le composer, je demande qu'il soit autorisé à continuer provisoirement ses fonctions, et que le comité de législation nous présente le mode d'après lequel les départemens concourront à la formation de ce tribunal.

Doulcet. J'appuie les propositions du préopinant, et je demande que le comité de législation soit tenu de faire son rapport demain ou après-demain. Il est temps que l'on sache que l'égalité n'est pas un vain mot.

Buzot. Je ne sais pas pourquoi on envoie ici des citoyens pour y être jugés ; plusieurs particuliers du département de l'Eure ont été envoyés par vos commissaires pour être jugés par le tribunal révolutionnaire ; c'est un déplacement dispendieux pour la République et pour les parens des accusés ; c'est ôter aux citoyens le droit qu'ils ont d'être jugés par leurs juges ordinaires. Et remarquez qu'il n'est pas question ici de nobles ni de prêtres, mais de citoyens de la classe indigente.

Croit-on que dans nos départemens nous ne soyons pas aussi attachés à la révolution qu'on l'est dans Paris? On a demandé que le tribunal extraordinaire continuât provisoirement ses fonctions, en attendant que les départemens puissent envoyer de nouveaux jurés. Ces jurés ne peuvent pas arriver avant un mois ; cependant il importe que le juré soit renouvelé le plus tôt possible ; car, en prononçant de fréquens jugemens de mort, on contracte l'habitude.... (Il s'élève de violentes rumeurs dans l'extrémité gauche et dans les tribunes.) Ces murmures, qui ne peuvent venir que d'une opinion dépravée, n'arracheront pas de mon cœur les sentimens d'humanité. (Mêmes rumeurs.)

Je demande que, comme les nouveaux jurés ne peuvent pas être arrivés avant le mois de juin, la Convention renouvelle le juré actuel de la même manière dont elle l'a élu.

J'ai une autre proposition à faire : c'est sur ma motion que la peine de mort fut portée contre ceux qui provoqueraient le rétablissement de la royauté ; mais la Convention n'a pas entendu punir de cette peine les personnes qui n'auraient fait que tenir des propos inciviques et vagues. Il faut distinguer ces propos de la provocation à la royauté. Je demande que la Convention ne laisse pas aux juges le soin d'interpréter cette terrible loi, mais qu'elle s'explique elle-même.

Duroy. C'est Bonnet et moi qui avons fait arrêter les particuliers dont Buzot vous a parlé ; parmi eux se trouvent plusieurs nobles, et notamment un certain Saint-Aubin, qui doit être connu particulièrement de Buzot. (Les citoyens des tribunes applaudissent. — Il s'élève des murmures à droite.) Il y a des hommes qui voient tout en mal. Lorsque j'ai dit que ce Saint-Aubin devait être connu de Buzot, j'ai voulu dire que Buzot savait très-bien que c'était un mauvais citoyen ; mais, je le répète, je n'ai pas voulu dire que Buzot eût quelque relation avec lui. Parmi les particuliers arrêtés, il y a aussi un nommé Laroque, ci-devant gentilhomme, et un ci-devant gendarme.

Ces messieurs, lorsque la loi sur le recrutement fut arrivée à Évreux, firent tous leurs efforts pour empêcher les enrôlemens ; ils causèrent des troubles qui durèrent pendant cinq jours ; cependant les patriotes l'emportèrent, et l'aristocratie fut vaincue. En arrivant à Évreux, nous décernâmes un mandat d'arrêt contre Saint-Aubin et son domestique ; mais comme la gendarmerie n'est pas trop patriote dans ce département, ils s'échappèrent. Buzot vous a dit que nous avions fait arrêter des ouvriers : oui, il y en a deux : un nommé Lacaille, qui est un mauvais sujet reconnu ; et un autre, nommé Duffaux qui n'est pas à la vérité si coupable, mais contre lequel nous avons eu de justes raisons de décerner un mandat d'arrêt. Enfin, j'ajoute que nous avons envoyé ces particuliers devant le tribunal extraordinaire, parce que votre décret nous l'ordonnait.

Doulcet. J'assure à la Convention que les commissaires, Bonnet et Duroi, se sont très-bien conduits dans les départemens. Ils n'ont cessé d'y prêcher le respect aux lois et aux propriétés.

Châles. Le tribunal extraordinaire, sur lequel on n'élève des soupçons que parce qu'il poursuit avec vigueur les aristocrates de tous les genres, s'occupe d'objets de sûreté publique ; ainsi, ce n'est pas au comité de législation qu'il faut renvoyer les propositions qui vous sont faites, mais au comité de salut public.

Roux. Buzot vous a dit que les commissaires avaient exercé des actes de sévérité sur la classe indigente. Sous le régime de l'égalité, le pauvre comme le riche doit être puni lorsqu'il viole la loi ; mais ne croyez pas ce qu'on a voulu donner à entendre, que vos commissaires aient été plus sévères envers le pauvre ; ils sont, eux, de la classe du peuple ; et, s'ils ont frappé des malheureux, c'est parce qu'ils les ont trouvés coupables.

Thuriot. Il est surprenant que ceux qui se disent les amis de l'ordre, et qui parlent sans cesse d'anarchie, s'élèvent contre des jugemens qui assurent le règne de la loi. La proposition faite par Buzot tend directement à ce but ; on sait très-bien que ces mêmes hommes sont les auteurs de ces écrits où l'on s'efforce de noircir le tribunal extraordinaire, qu'ils osent appeler tribunal de sang. On sait que ceux qui se disent les amis des lois, et pleins de respect pour la représentation nationale, s'efforcent de couvrir de mépris la Convention. Ils voient aujourd'hui avec dépit que l'ordre se rétablit ; ce sont eux qui, en annonçant dans leurs écrits que la Convention ne mérite pas la confiance publique, tâchent de tout diviser. Lorsque vous aurez analysé les mouvemens contre-révolutionnaires de la Vendée, vous saurez quels sont les auteurs de nos maux. Pourquoi renouveler un tribunal qui n'existe que depuis quinze jours ? Est-ce parce qu'il a fait monter des scélérats sur l'échafaud ? est-ce parce qu'il a déployé un grand caractère ? Pour moi, je le déclare, je ne vois que des vues contre-révolutionnaires dans l'idée de renverser un tribunal qui a fait son devoir. J'ai lu attentivement tous les jugemens qu'il a rendus ; je me suis convaincu que tous les condamnés étaient coupables de trois crimes pour chacun desquels vous avez décrété la peine de mort, savoir : la provocation au meurtre, au rétablissement de la royauté, et à la dissolution de la Convention.

Je demande que la Convention, fidèle aux intérêts de la patrie, conserve ce tribunal. Je reconnais aussi le principe sacré que tous les départemens doivent concourir à la formation de ce tribunal extraordinaire ; mais il faut le délai d'un mois pour que les nouveaux jurés puissent venir des départemens. Quel motif peut-on avoir d'interrompre le cours de la justice pendant cet intervalle ?

Plusieurs voix : Il ne s'agit pas de cela.

Le président. Je vous rappelle que la proposition de Buzot n'est pas de suspendre le cours de la justice ; il propose que la Convention nomme de nouveaux jurés en attendant que ceux des départemens soient arrivés.

Thuriot. Je m'élève contre cette proposition. Quel but peut-on avoir de renouveler les juges?

Plusieurs voix. Il ne s'agit que des jurés.

Thuriot. Eh bien! je dis qu'il est surprenant qu'on ait choisi le commencement d'une séance pour donner à ce tribunal une nouvelle existence, tandis que vous en avez discuté l'établissement pendant plusieurs séances. Lorsque vous l'avez créé, vous avez pris les jurés dans un cercle donné, afin de le mettre plus promptement en activité; il ne faut pas qu'aujourd'hui on arrête sa marche en faisant venir des jurés de deux cents lieues. Je demande que les jurés et les juges continuent leurs fonctions jusqu'à l'arrivée de ceux qui seront nommés par les départemens.

Doulcet. C'est là précisément la proposition que j'ai faite.

Buzot. Si ma proposition est contre-révolutionnaire, le décret de la Convention l'est aussi; car il dit que le tribunal sera recomposé au premier mai. Je n'ai fait que rappeler ce décret et en demander l'exécution. J'ai dit que, comme il n'est pas possible, d'ici au 1er mai, de faire le renouvellement tel que le veut votre décret, il fallait que la Convention nommât elle-même de nouveaux jurés, mais que les juges continuassent leurs fonctions.

Legendre. Buzot veut détruire le tribunal, parce qu'il juge ses complices, qui sont aussi ceux de Dumourier.

Philippeaux. Je demande que la discussion soit fermée; elle ne tend qu'à faire perdre du temps à l'assemblée.

On murmure à droite, et l'on demande que Buzot soit entendu.

Legendre. Nous ne souffrirons pas que Buzot fasse perdre du temps à la Convention; il parle en contre-révolutionnaire; il prend le parti des conspirateurs.... Peuple, voilà les assassins de la liberté.... (La partie droite est dans une vive agitation. — Legendre continue de parler dans le tumulte. — L'agitation augmente; le président se couvre; le calme renaît.)

Le président. Je rétablis l'ordre de la délibération; tandis qu'un membre parlait, d'autres ont demandé la parole; d'un autre côté, on demandait que la discussion fût fermée; mon devoir était....

Levasseur. Je demande la parole pour un fait; il est important que la Convention le connaisse; le voici. Le tribunal extraordinaire a sursis à un jugement de mort rendu contre un homme qui a déclaré l'existence d'une grande conspiration; et je demande à Buzot si on doit arrêter la marche d'un tribunal (on murmure) qui est à la recherche d'un grand complot, sur lequel il a déjà des renseignemens précis?... Dumourier et Valence disaient: non, ce tribunal de sang n'existera pas: et ici on dit: nous changerons ce tribunal jusqu'à ce qu'il aille dans notre sens. (On murmure.)

Marat. Ce tribunal a la confiance publique.

L'assemblée ferme la discussion.

Le président rappelle les diverses propositions qui ont été faites.

Buzot. Ma proposition n'est qu'un amendement à celle de Doulcet, à laquelle a conclu aussi Thuriot. Je demande qu'elle soit mise aux voix.

L'amendement est mis aux voix et rejeté.

La proposition de Thuriot est adoptée.

On demande à passer à l'ordre du jour.

Marat. J'ai la parole pour une motion d'ordre qui tient au salut public.

Le président. Il est midi; c'est la constitution qu'on doit discuter.

Marat. Ma motion tient au salut public; il n'y a que des traîtres qui puissent vouloir m'empêcher de parler.

Masuyer. Je dénonce cet homme comme l'ennemi du bien public, puisqu'il s'oppose à l'établissement de la constitution.

Marat. C'est vous qui êtes des conspirateurs.

L'assemblée consultée refuse la parole à Marat, et décrète qu'il sera entendu demain à 11 heures.

Un des secrétaires fait lecture d'une lettre du citoyen Mainvielle, qui réclame contre un mandat d'arrêt lancé contre lui, son frère et le citoyen Escoffier, par le comité de sûreté générale, pour cause de complicité dans une conspiration formée pour assassiner les patriotes. Il annnonce qu'arrivé à Paris pour remplacer Rebecqui, député démissionnaire, il s'est transporté avec ces deux citoyens chez Duprat aîné, président du tribunal du district de Vaucluse, pour avoir avec lui une explication sur un article d'une lettre qu'il a écrite à Duprat le jeune, son frère, député, dans laquelle il lui demande avec quel argent il a payé ses dettes, et où il nomme Mainvielle. Il attribue la vraie cause de leur arrestation à une rixe survenue entre Duprat aîné et ces trois citoyens. Il termine en réclamant le caractère d'inviolabilité dont il est revêtu.

Bazire. Je commence par examiner la question de forme. Mainvielle réclame l'inviolabilité : c'est à tort ; il n'est que suppléant : pour en jouir, pour être reconnu député, il faut que le comité de division ait fait la vérification et la proclamation des pouvoirs. Nous étions loin de croire que Mainvielle vînt jamais à Paris en qualité de représentant du peuple, puisqu'il nous avait dit à Lyon qu'il aimait mieux être directeur des charrois, parce que cette place lui rapportait davantage.

Depuis long-temps le comité de surveillance reçoit une foule d'avis portant qu'il existe un plan pour faire assassiner ou empoisonner les patriotes chez eux. Un homme condamné à l'échafaud a dit, avant de mourir, qu'avant peu tous les patriotes un peu *marqués* seraient égorgés. Voici un procès-verbal qui constate que les trois particuliers arrêtés sont complices de cette conspiration.

Bazire lit le procès-verbal dressé par le juge de paix de la section du Contrat-Social, contenant les dépositions faites par Duprat l'aîné et la citoyenne Resillaux, contre les violences exercées contre le premier par Mainvielle, son frère et Escoffier; violences auxquelles Duprat n'a échappé qu'en descendant de chez lui et allant appeler la force publique.

Bazire. C'est un beau début pour se présenter à la Convention qu'un assassinat. Les trois assassins ont été arrêtés le même jour, dînant chez Duprat le jeune ; ils ont été livrés aux tribunaux.

Plusieurs voix. L'ordre du jour.

Thuriot. Motivé sur ce que les tribunaux sont saisis.

Guadet. Je demande la parole contre l'ordre du jour.

Lecointre. On va perdre la séance ; l'ordre du jour.

L'assemblée consultée ne passe pas à l'ordre du jour.

Guadet. Citoyens.... (*Lecointre.* On demande que les pétitionnaires soient entendus auparavant.)

Guadet quitte la tribune ; Bégoin s'y élance.

Mazuyer. Il faut consigner au procès-verbal ces interruptions perpétuelles.

Legendre. Vous êtes les défenseurs du crime.

Bégoin. Eh bien ! laissez donc poursuivre les assassins du 2 septembre.

Le président. Guadet, vous avez la parole.

Guadet monte à la tribune. Je commence par combattre les principes avancés par Bazire....

Phelippeaux. Sans interrompre Guadet, je demande que les pétitionnaires présens à la barre soient entendus avant la discussion.

L'assemblée, consultée de nouveau, décrète que Guadet sera immédiatement entendu.

Guadet. Avant d'examiner l'arrêté pris par le comité de surveillance, je crois devoir examiner les principes avancés par Bazire, principes si extraordinaires, qu'il n'y aurait plus de représentation nationale s'ils pouvaient être adoptés. Bazire a prétendu qu'un suppléant arrivé pour remplacer un démissionnaire ne jouissait de l'inviolabilité qu'au moment où il avait comparu dans l'assemblée et avait été admis dans son sein.

Dubois-Crancé. Il a été pris en flagrant délit.

Guadet. L'assertion de Bazire renferme une grande erreur. Un suppléant est inviolable comme député à l'instant même où son rang l'appelle à remplacer un démissionnaire. Un suppléant tient son caractère, non du procès-verbal de l'assemblée nationale, non d'une prestation de serment, formalité d'ailleurs abrogée par la Convention; il le tient de l'élection du peuple, du procès-verbal de cette élection. Il suivrait du principe avancé par Bazire qu'il dépendrait d'une autorité constituée quelconque d'arrêter la représentation nationale le jour où elle arriverait dans une ville pour y commencer ses fonctions.

On parle sans cesse de complots pour assassiner les patriotes; où sont ces complots? quelles preuves en a le comité de surveillance? La postérité sera bien étonnée lorsqu'elle apprendra qu'on a voulu décerner l'apothéose à un homme convaincu d'avoir été à la tête des pillards, et d'avoir voulu marcher dans la nuit du 10 mars pour dissoudre la Convention. (On murmure.) Mais enfin, qu'il existe ou n'existe pas de complots formés pour assassiner les patriotes... (Nouveaux murmures.) — *Quelques voix* : Lepelletier, Léonard Bourdon.) Quelque vrai que puisse être le compte-rendu par un condamné, rapport qui se rencontre assez avec les proscriptions de chaque jour qu'on promet dans cette ville, il est seulement question de savoir si les trois individus sont arrêtés pour avoir partagé un pareil complot; or, quelle preuve, je me trompe, quel indice le comité de surveillance vous en a-t-il donné? La seule pièce qu'il vous ait présentée, c'est la déclaration faite par Duprat lui-même des prétendus excès commis contre sa personne. Que pouvez-vous voir là, qu'une querelle particulière? Je soutiens, pour l'honneur de la Convention, qu'elle ne doit pas permettre que, sous prétexte de prétendus complots non prouvés, son comité de surveillance puisse décerner des mandats d'amener. Je demande donc que vous décrétiez que les trois citoyens seront mis en liberté. (On murmure), s'il n'y a point d'autres mandats que celui du comité, sans préjudice à Duprat aîné de ses actions contre eux s'il en a reçu de mauvais traitemens.

Legendre. Sans tomber dans toutes les formes défendues par des sophismes avancés par des avocats, je vais dire la vérité. Duprat aîné vient à Paris demander à son frère avec quel argent il a payé ses dettes depuis la mort de Louis Capet ; il est assassiné par des hommes que l'on arrête dînant chez ce même frère : l'un se dit suppléant, appelé pour remplacer un député démissionnaire ; les deux autres se prétendent patriotes, tandis qu'on sait qu'ils étaient dans les charrois, et qu'ils ont été obligés de se soustraire à la juste indignation des patriotes marseillais. Ceux qui ont voté l'appel au peuple sont-ils assassinés ? Ils demandent où sont les complots formés contre les patriotes, lorsque Lepelletier est égorgé, lorsque Bourdon est assassiné, lorsque Lajousky est fortement soupçonné d'avoir été empoisonné. (Quelques rumeurs dans une partie de la salle.) Je céderai la tribune à ceux qui, avec plus de talens, sauront défendre la raison ; mais dussé-je occuper le poste du fourneau qui doit rougir le fer qui vous marquera tous d'ignominie, je l'occuperai.... (Un grand nombre de membres de la partie gauche et les tribunes applaudissent.) Dussé-je être leur victime, je fais la motion que le premier patriote qui mourra sous les coups des assassins soit porté dans les places publiques, comme Brutus porta le corps de Lucrèce, et qu'on dise au peuple : Voilà l'ouvrage de tes ennemis. (Nouveaux applaudissemens.)

Boyer-Fonfrède demande que, par respect pour la représentation nationale, Mainvielle soit entendu.

Garnier, de Saintes. Duprat aîné a reproché à son frère, en présence de toute la République, qu'il avait été gagné par argent. Ce fait était assez grave pour que le comité de surveillance voulût s'en assurer ; et lorsqu'on attente aux jours du citoyen qui avait fait cette déclaration, n'était-ce pas donner du poids à l'accusation ? Dès-lors le mandat d'arrêt a été décerné. On demande des preuves. Certes, quand Brissot dénonça l'existence du comité autrichien, il n'avait pas de preuves matérielles, et cependant Guadet et Vergniaud le dénoncèrent aussi. Quand Cicéron dénonça la conjuration de Catilina, avait-il des preuves ? Quand même nous nous serions trompés, nous aurions mérité des éloges, puisque nous avons été dirigés par l'amour du bien public. (*Quelques voix* : La mention honorable.) Oui, la mention honorable. Voici une pièce affichée dans Paris et envoyée à Lyon pour y exciter la guerre civile (1). (*Un grand nombre de membres* : Lisez-la ; le nom de l'auteur ; la date.)

Il s'élève une violente agitation. La tribune est environnée. Bazire apostrophe Salles, Louvet. — Gensonné s'élance à la tribune en criant : *La convocation des assemblées primaires !* — Plusieurs voix de différentes parties de la salle : *Les assemblées primaires !* — Le président se couvre. — Après quelques minutes de tumulte, le calme se rétablit.

Garnier. Je dis que le comité de surveillance n'a vu en Mainvielle qu'un individu ordinaire, puisqu'il ne le connaissait point comme député, que la proclamation n'en avait point été faite dans l'assemblée.

Duprat. Citoyens, c'est avec la plus profonde douleur que je me vois forcé, et c'est Garnier qui m'y force, de vous parler d'un frère dénaturé.... (De violens murmures s'élèvent du côté gauche.) Je vous prouverai que mon frère a été mauvais père, mauvais frère, ami infidèle. (Mêmes murmures.) Je le répète, c'est avec douleur que je me vois forcé de vous présenter mon frère comme un calomniateur et comme un lâche ; vous jugerez ensuite si un pareil homme peut être un bon citoyen.

Arrivés à la Convention nationale, quelques-uns de mes collègues du département de Mayenne-et-Loire me dirent qu'un enfant, nommé Duprat, abandonné depuis trois ans à Angers, était prêt à se détruire. Citoyens, cet enfant n'était pas le mien ; c'était celui de mon frère : je le fis recueillir, et je le gardai jusqu'au moment de l'arrivée de mon frère à Paris. Mon frère avait été mandé à la barre de son département. Lorsque j'en fus averti, j'écrivis à un de mes amis pour l'empêcher d'aller à Marseille, où il aurait pu courir quelques risques. Citoyens, je voyais arriver mon frère avec joie, parce que je l'aimais et comptais l'embras-

(1) *Le Républicain, journal des hommes libres*, n. CLXXX, nous apprend que ce placard était du marquis de Valady, le même « dont l'opinion incivique, affichée sur les murs de Paris à l'époque de l'assassinat de Lepelletier, y contribua peut-être. (*Note des auteurs.*)

ser,..... (Mêmes rumeurs.) Mais quel fut mon étonnement de recevoir, le lendemain de son arrivée, une lettre par laquelle il me redemandait son fils (1). Je le lui renvoyai, et je ne reçus aucun remerciement des bontés que j'avais eues pour lui. Je reçus de lui une seconde lettre (2) dans laquelle il me reprochait d'avoir voté l'appel au peuple, et il m'accusait de corruption; il me demandait des détails sur la manière dont j'avais payé mes dettes, et sur les sommes considérables qu'il disait être en ma possession;

(1) Voici cette lettre; nous l'empruntons au n. CLXXXIV du journal de Marat.

« D'après les lettres que tu as écrites, et celles que tu as fait écrire à mon sujet par Mainvielle à la municipalité et au club d'Avignon, et d'après la position des choses, je te demande de remettre mon fils et ses effets au porteur de ce billet, ainsi que la note des petites dépenses que tu peux avoir faites pour lui, dont je laisserai le montant, avant deux heures, chez Gaillard.
» Ce 24 avril 1792. » Signé, DUPRAT. »
(Note des auteurs.)

(2) Voici cette lettre; nous l'empruntons au même journal, même numéro.

« Paris, le 24 avril, l'an second de la République française.
» Jean-Étienne-Bénoît Duprat, président du tribunal du district de Vaucluse,
» A Jean Duprat, son frère, député à la Convention nationale.
» Dès que j'ai vu tes liaisons avec Barberoux, j'ai annoncé publiquement qu'elles te perdraient. Plusieurs de nos concitoyens, plusieurs électeurs du département des Bouches-du-Rhône, peuvent se rappeler ma prédiction funeste, qui ne s'est malheureusement que trop accomplie.
» En arrivant à Paris, ton début a été de signer, malgré les observations de Rovère, une diatribe aussi méchante qu'insignifiante faite par Barbaroux contre Marat. Tu savais que depuis quinze ans j'étais lié avec lui de l'amitié la plus intime. Si ce motif t'était indifférent, pouvais-tu oublier qu'à la fin de 1791 et au commencement de 1792, lorsque nous étions proscrits dans l'opinion publique, lorsque tous les journalistes, même ceux qui passaient alors pour patriotes, nous calomniaient et nous déchiraient à l'envi, Marat seul, du fond de sa retraite, avait le courage de nous défendre? Comment as-tu pu manquer à la reconnaissance pour le petit plaisir de faire voir ta signature au bas d'un pamphlet qui n'était pas ton ouvrage? Comment n'as-tu pas repoussé avec indignation cet écrit, qui couvre de honte ceux qui ont eu la faiblesse de le signer; et comment t'es-tu borné à demander d'adoucir quelques phrases qui te paraissaient trop dures?
» Après ce premier acte d'ingratitude, tu es devenu l'un des plus acharnés ennemis des Jacobins, qui nous ont rendu les plus grands services. Tu as voté pour la poursuite des auteurs des événemens des 2 et 3 septembre. As-tu donc oublié notre malheureuse nuit du 16 novembre 1791? Que n'avais-tu le front de demander en même temps la révocation de l'amnistie, que toi-même tu avais sollicitée pour tes compatriotes?
» Enfin tu as eu la perfidie de voter l'appel au peuple, et l'inconséquence de ne donner d'autre motif de ton vœu que l'émission d'un vœu différent faite par

il me menaçait, dans le cas où je ne satisferais pas à ses demandes, de me dénoncer. Il faut vous dire, citoyens, que la veille du jour où il m'écrivit cette lettre, il m'avait dénoncé aux Jacobins.

J'ai répondu à mon frère d'une manière victorieuse; je lui ai fait connaître la situation de mon commerce. Une banqueroute que j'essuyai il y a à peu près un an m'avait laissé 30,000 liv. de dettes. Je lui ai fait voir comment je les avais payées. Je de-

---

un autre. Je ne pouvais concevoir par quel charme Barbaroux avait pu, dans un instant, te changer du blanc au noir, et te faire abjurer tes anciens principes. On publiait sourdement que tu avais été corrompu par l'or; je ne pouvais me le persuader, lorsque des détails, que le hasard m'a fait apprendre, m'ont donné des soupçons d'autant plus déchirans qu'ils approchent de la certitude.

» Au commencement du mois de février, je me trouvai à Marseille avec Agricol Moureau, procureur de la commune d'Avignon : nous entrâmes dans la maison de nos frères, Moynier, cousin de ta femme, avec le citoyen Roux, négociant d'Avignon. En présence d'Agricol Moureau et d'Alexis Moynier, je lui témoignais la sensibilité que j'éprouvais à cause de ta lâche défection, qui te fermerait la porte à tous les emplois de la République, et mes inquiétudes sur ton sort à venir, à cause du délabrement de ta fortune; lorsque Roux, pour me tranquilliser, m'annonça que tu n'étais pas si à plaindre; que tu avais su prendre tes arrangemens; que Mainvielle venait de payer toutes tes dettes, et qu'il était parti lui-même avec un portefeuille assez bien garni pour pouvoir exister partout où il voudrait.

» Ce trait de lumière fut un coup de foudre pour moi. Agricol Moureau, Alexis Moynier et Roux peuvent attester l'état de désespoir dans lequel cette affreuse nouvelle me plongea; ils furent témoins des larmes que tu m'as fait verser. Je les somme de rendre justice, et je compte trop sur leur probité pour n'être pas assuré qu'ils s'empresseront de publier la vérité.

» Dès lors je n'ai plus été surpris de ton ingratitude envers Marat et envers les Jacobins; je n'ai plus été surpris du changement subit de tes opinions politiques. Les services que tu te plaisais à rendre aux aristocrates d'Avignon pendant ta mairie, les regrets excessifs qu'ils ont témoignés de ton départ, n'ont plus été un problème pour moi.

» Ce n'est plus Rovère qui dit, non pas sourdement, comme tu voudrais le faire croire, mais très-hautement, que tu as été corrompu : c'est ton frère qui te somme de publier dans toute la République d'où provient l'argent qui a servi à payer si promptement tes dettes.

» J'attends avec impatience les explications que je te demande. Il me tarde de savoir si mon frère a déserté la bonne cause sans motif et par pure inconséquence, ou s'il a été corrompu par l'or des intrigans.

» Si tes réponses ne sont pas satisfaisantes, fuis, malheureux, la terre de la liberté et de la vertu, que tu déshonores! Je te voue à la proscription du mépris! Va cacher ta honte dans quelque désert éloigné; mais souviens-toi que les reproches de ton frère te suivront partout; qu'ils s'attacheront à toi comme une furie qui te déchirera l'ame jusqu'à ton dernier soupir. » (*Note des auteurs.*)

mande que chaque membre de l'assemblée montre ainsi son bilan. (Les trois quarts de l'assemblée se lèvent et demandent d'aller aux voix sur la proposition de Duprat.) Citoyens, je vois avec plaisir la presque totalité de l'assemblée s'empresser de vouloir imiter mon exemple; et je ne sais ce qu'on doit penser de ceux.....

Maure. Nous ne sommes pas accusés. (Applaudissemens dans une partie de la salle.)

Duprat. J'ai dit que mon frère était mauvais ami. (Murmures.)

Plusieurs voix. L'ordre du jour.

Après quelques débats, l'assemblée consultée accorde la priorité à la proposition de Guadet.

Lacroix. Je demande que la question soit ainsi posée : Mainvielle était-il député lorsqu'il a été arrêté, oui ou non ?

Le président met aux voix la proposition de Lacroix.

La majorité paraît se lever pour l'affirmative. — Une rumeur subite interrompt la délibération.

Tous les membres du côté gauche se portent au bureau en demandant l'appel nominal.

Un grand nombre de ceux du côté opposé s'y portent également pour signer la demande de la convocation des assemblées primaires.

L'assemblée est dans la plus grande agitation. — Le président se couvre. — Le tumulte continue. — Après quelques instans le calme se rétablit.

N..... Nous ne voulons pas recevoir parmi nous un assassin.

Plusieurs voix. Président, prononcez le décret. — *D'autres.* Il n'y en a point.

Le président prononce que Mainvielle est reconnu député.

Toute l'extrémité gauche se lève et réclame de nouveau et à grands cris l'appel nominal, en vertu du règlement, qui porte que cinquante membres pourront l'exiger.

Rabaut-Saint-Étienne. Nous voulons savoir si l'on veut sans cesse arrêter nos travaux.... (De violens murmures étouffent la voix de Rabaut.)

Gensonné. Puisqu'il ne nous est plus permis de rien faire ici, je demande que l'on convoque les assemblées primaires.

Un très-grand nombre de membres. Oui, oui.

Lacroix. Si l'on ne voulait pas sauver un coupable, je demande pourquoi on vous fait perdre une séance pour l'arracher des mains de la justice. (On applaudit dans une grande partie de la salle.) Il a été arrêté en vertu d'une délibération d'un de vos comités.

N..... Le comité n'en avait pas le droit.

Thuriot. Il a le droit d'arrêter tous les coquins.

Lacroix. Je rappelle à Guadet que lorsqu'il dénonça à l'assemblée législative une rixe particulière entre Jouneau et Grangeneuve, son langage était bien différent de celui qu'il tient aujourd'hui. J'observe que ceux qui ont parlé en faveur de Mainvielle n'ont pas demandé qu'il fût gardé à vue; ce qui prouve qu'ils veulent favoriser son évasion.

Lorsque les défenseurs de la liberté employèrent tous les moyens pour faire triompher la cause du peuple, on s'éleva contre eux, et l'on demanda la convocation des assemblées primaires. Eh bien! je la demande aussi, moi, cette convocation, mais à une condition qui ne conviendra pas à bien des gens : c'est que tous ceux qui sont ici ne pourront être réélus. (La très-grande majorité se lève d'un mouvement spontané, et demande à aller aux voix sur cette proposition.)

Lacroix. Je demande que la Convention renvoie au comité de législation.

Un très-grand nombre de membres. Aux voix la convocation des assemblées primaires.

Lacroix. Je demande que les membres de cette assemblée déclarent qu'ils n'accepteront pas s'ils sont réélus. (On applaudit.) — On demande à aller aux voix.) Je déclare que je pense que la Convention ne peut pas sauver la liberté.

Le président se dispose à consulter l'assemblée. Lacroix retire sa proposition.

Barbaroux. Je demande que la conduite de Mainvielle soit examinée par les comités de législation et de sûreté ; que Mainvielle soit seulement gardé à vue, et qu'il puisse venir ici avec un garde.—Cette proposition est décrétée.]

COMMUNE. — *Séance du 29 avril.*

Une lettre du président de la section des Piques annonce que le feu vient encore de prendre aux écuries du ministre de la justice, mais que des mesures promptes ont empêché qu'il n'eût des suites.

Le substitut du procureur de la Commune se plaint de ce que les préposés dans les divers bureaux des ministres sont en partie très-peu patriotes, qu'un arrêté déjà pris à ce sujet par le conseil est resté sans exécution. Il propose qu'il soit nommé une députation pour rappeler aux ministres l'arrêté déjà pris, et leur enjoindre, au nom du conseil-général, d'expulser de leurs bureaux tous les employés qui ne pourront exhiber les preuves de leur patriotisme.

Cette proposition étant adoptée, le conseil nomme des commissaires pour en remplir l'objet.

La discussion ayant été continuée sur les certificats de civisme, le conseil arrête que dorénavant, pour obtenir un certificat de civisme dans une section, il sera nécessaire d'y être domicilié depuis un an, ou d'y apporter une attestation de civisme de la section dans l'arrondissement de laquelle on aura précédemment demeuré ; que, lorsqu'un fonctionnaire public demandera un certificat de civisme, sa demande sera envoyée au comité révolutionnaire de sa section et aux *sociétés populaires* : que, pour ne pas ralentir la marche des administrations, la commission fera toujours passer les premiers, à la censure du conseil, les certificats des agens payés des deniers de la République.

AVRIL (1793). 207

Et sur le réquisitoire du procureur de la Commune, le conseil a de plus arrêté que tous les employés de la municipalité seront tenus de représenter, dans le délai de deux jours, leurs certificats de civisme.

Le maire rend compte qu'il vient du comité de salut public; que là il a appris qu'il était instant de faire vers le département de la Vendée les plus grands efforts, et que l'on attendait que cet effort devait principalement venir de la part de la ville de Paris; qu'il a été regardé comme très-essentiel d'adopter les vues du département de l'Hérault.

Le maire ajoute qu'il s'est en conséquence muni de quarante-huit exemplaires de cet arrêté, pour être distribués dans les sections de Paris.

Le conseil-général adopte les vues proposées par le maire.

Sur le réquisitoire du procureur de la Commune, le conseil-général arrête en outre que tous ses membres sont convoqués pour demain neuf heures du matin; que là des commissaires se transporteront dans les sections, et leur déclareront que déjà la section de Bon-Conseil a adhéré à l'énergique arrêté du département de l'Hérault; que le conseil-général attend d'elles que, sous huit jours, la guerre civile n'existera plus, et que, sous huit jours, les Parisiens reviendront vainqueurs;

Que l'adresse suivante sera proclamée dans toutes les places publiques, et qu'en conséquence elle sera imprimée dans la nuit.

Adresse aux Parisiens. — Enrôlement passager.

« Citoyens, accourez, le tocsin sonne dans la Vendée; la patrie vous y appelle; portez-y votre patriotisme et vos bras. Point de grace, point de quartier envers les rebelles; ce sont les ennemis de la liberté, il faut les anéantir; ce sont les complices des puissances étrangères, les complices de Dumourier, qu'il faut exterminer. Il faut partir promptement pour sauver la patrie: point de délibération, des actions.

» Parisiens, votre nom seul vaut une armée; il inspire la terreur aux ennemis de la liberté. Il s'agit de soutenir votre gloire, il s'agit de sauver la République. Elle compte sur vous; vous êtes ses meilleurs amis, ou plutôt vous êtes ses enfans ; on assassine votre mère. Citoyens !..... citoyens !..... levez vos armes, marchez, et surtout revenez promptement vainqueurs, pour annoncer à vos femmes, à vos enfans, à tous vos concitoyens, vos exploits et le salut de la République, dont vous serez les principaux auteurs.

» Le conseil-général arrête en outre que le ministre de la guerre sera instamment invité à fournir aux volontaires qui partiront pour la Vendée toutes les armes nécessaires existantes dans les arsenaux, comme aussi à pourvoir par tous les moyens qui sont en son pouvoir à l'équipement et habillement desdits volontaires ;

» Enfin, que les habits et armes qui seront distribués auxdits volontaires leur demeureront en propriété après l'expédition. »

Le *Patriote français*, n. MCCCLVI, attribue au conseil-général de la Commune un arrêté qui, suivant ce journal, aurait été pris dans la séance du 29 avril. Aucune feuille publique du temps ne parle de ce fait ; le *Moniteur* ne le rapporte que dans son numéro CXXXII de l'année 1793, à la date du 10 mai. Il s'agit du renvoi des membres du comité de surveillance de la commune du 10 août devant le jury d'accusation, pour raison de bris de scellés, violations, dilapidations de dépôts, fausses déclarations et autres infidélités. Les membres inculpés étaient Panis, Sergent, Lenfant, Cailly, Dufort et Leclerc. L'indication que nous donnait le *Patriote français* a été pour nous l'occasion de recherches qui sont demeurées sans résultat ; nous avons inutilement compulsé les différens registres où sont consignés les délibérations et les arrêtés des trois divisions de la municipalité, le conseil-général de la Commune, le corps municipal et le bureau de ville ; nous n'avons trouvé aucune trace, ni de l'arrêté en question, ni du rapport sur lequel il fut rendu. La manière dont se faisait la rédaction définitive des procès-verbaux de la Commune nous explique comment il a été possible de n'y pas comprendre la mention de cet acte. A mesure des délibérations et des arrêtés, les greffiers composaient une minute qui leur servait de simple brouillon, de sorte que la mise au net du procès-verbal leur permettait des omissions du genre de celle que nous avons à constater. L'article du *Moniteur* qui fait foi de l'arrêté contre Panis, Sergent, etc., a été déjà transcrit par nous. Nous ne négligerons rien pour nous procurer le rapport qui le motivait, quoique nous ayons tout lieu de craindre que cette pièce si importante n'ai été soustraite des dépôts publics. En attendant, voici l'article du *Patriote français* :

« *Du mardi 30 avril.* — Le conseil-général de la Commune et les commissaires nommés par les sections, pour l'audition des comptes de l'ancienne Commune, ont enfin entendu hier le rapport définitif de la commission chargée d'examiner les comptes de l'ancien comité de surveillance du 12 septembre. Il en résulte que les membres de ce comité ont soustrait ou laissé soustraire des sommes considérables et beaucoup d'effets précieux dont ils étaient dépositaires, d'après les procès-verbaux, et de plus un grand nombre d'objets que plusieurs citoyens attestent avoir remis au comité, mais dont le comité n'avait pas dressé de procès-verbal; il en résulte que des scellés ont été brisés par les membres de ce comité, sur des paquets importans trouvés chez Septeuil; qu'une somme de 67,580 liv., trouvée chez ce trésorier de la liste civile, et portée dans un procès-verbal, a disparu et a été remplacée par de prétendues lettres de change; que Panis et Sergent, membres de ce comité, et aujourd'hui députés, convaincus de ce bris de scellés, y ont ajouté l'imposture en disant à la Convention qu'ils avaient été brisés par la commission des Vingt-Quatre.—On n'a pu se refuser à l'évidence; le conseil-général a arrêté que les membres du comité de surveillance seraient dénoncés au directeur du jury d'accusation près le tribunal criminel du département. »

CONVENTION. — *Séance du* 30 *avril.*

Présidence de Lasource.

Décret, sur le rapport de Garnier, qui annulle la condamnation d'amende et de prison prononcée par le juge-de-paix de Pontdevaux contre deux citoyens qui avaient brûlé des drapeaux portant des symboles de féodalité. — Cambon annonce l'incursion faite sur le territoire français par des bandits échappés des prisons d'Espagne, joints à des émigrés. — Lettre du général Custine annonçant qu'il a fait fusiller deux soldats pour avoir pillé les habitans d'Hornebach. La Convention approuve sa conduite. — Poultier fait adopter deux décrets, l'un qui expulse des armées les femmes autres que celles employées au blanchissage et à la vente des denrées ; l'autre concernant l'organisation de la gendarmerie chargée de l'exécution des jugemens et de la police des camps. — Suite de la discussion sur les subsistances. Bentabolle demande qu'on décide d'abord s'il y aura une taxe sur les grains.

[*Phelippeaux.* Ce n'est pas la taxe qu'il faut discuter ; mais la question de savoir s'il y aura momentanément un *maximum* au-delà duquel les fermiers et les propriétaires ne pourront vendre leurs grains.

Ducos. Citoyens, on cherche en vain à établir dans vos esprits une différence entre la taxe et le *maximum* du prix des grains ; taxer une denrée, c'est en déterminer le prix, c'est ordonner qu'elle ne subira plus dans sa valeur relative la hausse ou la baisse amenées par l'abondance et la rareté, par la concurrence ou par l'abandon des marchés. Or, voilà très-précisément l'objet de la proposition qui vous est faite de fixer un *maximum* au prix des grains. Mais remarquez bien que ce *maximum* une fois déterminé par la loi, les fermiers et les marchands refuseront de vendre à un prix inférieur à sa fixation. *La loi a arrêté ce prix,* diront-ils; *nous n'en reconnaissons pas d'autres ;* et comme ce *maximum* serait déterminé sans doute, ainsi que le propose Phelippeaux, sur le plus haut prix actuel des marchés et sur la plus belle qualité de grains, il en résulterait que, loin de soulager le peuple, vous lui imposeriez la dure obligation de payer les blés et les farines de qualité inférieure à un taux fort au-dessus de ce qu'elles coûtent en ce moment.

Mais il est d'autres observations très-importantes et à la fois très-simples à vous présenter sur la proposition de taxer ou de fixer un *maximum*, ce que j'ai démontré n'être qu'une même chose. Je parlerai d'abord de la difficulté d'établir un prix avec quelque raison et quelque équité ; j'exposerai ensuite les abus et les malheurs qui doivent nécessairement résulter de la taxe.

Sans doute, en fixant le prix des grains, vous voulez faire entrer dans ce prix, comme données nécessaires, les avances de la semence, celles de la culture, l'achat des bestiaux, des instrumens aratoires, des transports, le prix du travail enfin du laboureur et du fermier ; car, pour vous faire vivre, il faut bien qu'ils puissent vivre eux-mêmes. (De violens murmures s'élèvent dans une partie de la salle et dans la tribune qui domine l'extrémité gauche.)

Ceux qui m'interrompent m'ont mal entendu ; ils m'ont fait l'injure de croire que j'élevais ma voix en faveur de l'humanité et de la justice ; je ne me suis pas rendu coupable de ce crime ; je n'ai point stipulé ici les droits des cultivateurs, de cette classe la plus nombreuse, la plus utile, la plus vertueuse de la société ; à Dieu ne plaise ! je n'ai parlé que dans l'intérêt des consommateurs des villes ; je suis en règle ; j'allais dire, lorsque les murmures m'ont forcé au silence, que, si la fixation du prix du grain n'était pas en proportion avec la cherté des autres comestibles, avec les avances de la culture, avec le salaire des manouvriers, le cultivateur, ne retirant alors aucun produit de l'exploitation de son champ, cesserait de le cultiver ; que la plus grande partie des terres serait en friche l'année prochaine, et que le peuple mourrait de faim. (Les murmures recommencent. Au travers des rumeurs, on entend des cris multipliés : *A bas, à bas.* — Une vive agitation se manifeste dans l'assemblée.)

Carra. Ce sont des scélérats soudoyés pour avilir et dissoudre la Convention.

Plusieurs voix. Allons ailleurs, ou chassez les tribunes.

Le président. Je rappelle les citoyens des tribunes au respect qu'ils doivent à la représentation nationale, et je leur déclare que, si la discussion est troublée par le moindre signe d'approbation ou d'improbation, je donnerai les ordres les plus sévères, en vertu du réglement.

Un grand nombre de membres. Cela ne suffit pas.

Guadet. Je demande la parole pour une motion d'ordre.

Quelques voix. L'ordre du jour.

Un plus grand nombre. Non, non.

L'assemblée consultée accorde la parole à Guadet.

Guadet. Citoyens, une représentation nationale avilie n'existe déjà plus. Tout palliatif pour sauver sa dignité est une lâcheté ; la répétition des invitations, des ordres du président en prouve assez l'inutilité ; les autorités de Paris ne veulent pas que vous soyez respectés. (On murmure dans une grande partie de la salle.) Il est temps, citoyens, de faire cesser cette lutte entre la nation entière et une poignée de contre-révolutionnaires déguisés sous le nom de patriotes. (Nouveaux murmures.) J'appelle, et j'ai raison d'appeler contre-révolutionnaires déguisés, ceux qui ont outragé, avili, menacé la Convention nationale ; car que peuvent désirer de plus les rois et les tyrans coalisés contre vous, que de vous voir menacés, avilis, outragés? Ils savent bien qu'alors vous ne pourrez donner une constitution au peuple, ou que celle que vous lui donnerez se ressentira nécessairement de l'avilissement où on veut vous plonger. Je vais faire une proposition qui révoltera sans doute tous ceux qui n'ont pas dans le cœur l'amour de la République et de la liberté. Je demande que la Convention nationale décrète que lundi sa séance sera tenue à Versailles.

Une partie de l'assemblée se lève en criant : Oui, oui, aux voix la proposition de Guadet. (Les murmures d'une autre partie couvrent ces acclamations.)

Levasseur. Je demande que la tribune soit évacuée.

Vigée. Je crois qu'ajourner à lundi notre départ pour Versailles, ce serait donner aux malveillans les moyens de l'empêcher. Je viens enchérir sur la motion de Guadet. Je demande qu'au premier murmure des tribunes nous nous retirions tous et marchions à Versailles le sabre à la main. (On applaudit.)

Marat. Ce n'est pas en escobardant qu'on rétablit le calme, qu'on ramène la confiance. (On murmure.) Pour donner à la nation la preuve convaincante du degré de confiance que méritent ses représentans, je vais proposer une grande mesure, propre à lever tous les soupçons. Une partie de l'assemblée a été déclarée complice de Dumourier par Dumourier lui-même. J'ai demandé déjà que la tête des Capets fugitifs fût mise à prix; c'est le seul moyen de ramener la confiance, qui ne peut siéger ici tant que vous formerez un parti prêt à transiger avec ces traîtres. Je renouvelle ma proposition, afin que les hommes d'état se mettent la corde au cou à l'égard des Capets fugitifs, comme les patriotes se la sont mise en votant la mort du tyran. (Nouveaux murmures.)

Buzot. Je ne crois pas que, par une motion incidente, qu'au surplus je n'appuie ni ne veux combattre, on vous donne le change sur la proposition bien autrement importante de Guadet. Ce n'est pas le vœu des membres dans l'affaire du tyran qui entretient ici la division. Tout le monde sait que Ducos, qui parlait de la classe la plus respectable, du laboureur, a voté la mort de Louis. Depuis quelques mois, nous sommes réduits à désespérer même de faire la constitution. On vous a proposé une convocation des assemblées primaires; vous l'avez crue nuisible, et, poussés par des motifs qu'au surplus on n'a pas discutés, vous l'avez rejetée. Voyons, citoyens, voyons comme la vérité nous le montre, comme la postérité le verra, quelle est notre position ? On nous a souvent accusés d'être les meneurs de l'assemblée ; mais vous n'avez pas même une existence politique. Il n'est pas ici une autorité, pas une société qui n'ait plus de pouvoir que vous.

J'ai pensé, je le pense encore, que des événemens, dont je ne veux pas rappeler l'époque, ont dénaturé totalement la morale publique. Les mêmes hommes qui les ont causés ou défendus ont tant fait qu'ils se sont emparés de toutes les places. Armées, ministère, département, municipalité, on les trouve partout. Dans un café voisin, qui n'est que le rendez-vous de ces scélérats, dans vos avenues, qu'entend-on? Des cris forcenés. Que voit-on? Des figures hideuses, des hommes couverts de sang et de crimes. Ainsi l'a voulu la nature; celui qui a une fois trempé ses mains dans le sang de son semblable est un dénaturé qui ne peut plus vivre dans la société; il lui faut du sang, toujours du sang pour éteindre ses remords. Vous avez tous déploré la situation où nous sommes, j'en suis persuadé. J'en appelle à vos cœurs, j'intime à l'histoire de le dire; si vous n'avez pas puni ces grands forfaits, non, vous ne l'avez pu. Aussi voyez les affreux résultats qui naissent de cette scandaleuse impunité. Demandez-vous les causes de quelques désordres? On se rit de vous. Rappelez-vous l'exécution des lois? On se rit de vous et de vos lois. Punissez-vous un d'entre eux? On le charge d'honneurs pour se jouer de vous. Voyez cette société jadis célèbre; il n'y reste pas trente de ses vrais fondateurs. On n'y trouve que des hommes perdus de crimes et de dettes. Lisez ses journaux, et voyez si, tant qu'existera cet abominable repaire, vous pouvez rester ici. (De violens murmures s'élèvent dans une partie de l'assemblée.—On entend ces cris : *Nous sommes tous jacobins.*)

Bazire. Les départemens connaissent ton infamie, scélérat?

Phelippeaux. Je demande si la nation nous a envoyés ici pour nous occuper de ces misérables querelles. Passons à l'ordre du jour, et donnons du pain au peuple.

Durand-Maillanne. Sans entrer dans aucune imputation, je dois dire un fait; c'est qu'à l'arrivée du courrier extraordinaire des Jacobins à Marseille, on a mis à prix la tête des cinq appelans des Bouches-du-Rhône, à 10,800 liv. au fer du premier assassin. On nous écrit que ce département est dans la désolation.

L'agitation recommence.

On demande à aller aux voix sur la proposition de Guadet.

Le tumulte va croissant.—Le président se couvre. Après quelques instans, il rétablit le calme, et rappelle l'état de délibération.

Plusieurs membres demandent l'expulsion de la tribune.

Danton. Nous sommes tous d'accord que la dignité nationale veut qu'aucun citoyen ne puisse manquer de respect à un représentant du peuple, qui émet son opinion; nous sommes tous d'accord qu'il y a eu manque de respect, et que justice en doit être faite; mais elle ne doit peser que sur les coupables. Vous voulez être sévères et justes, eh bien!.... (Des murmures s'élèvent dans la partie droite. — Danton descend de la tribune. — Plusieurs membres l'invitent à énoncer son amendement.)

Les citoyens de la tribune, dont on avait demandé l'évacuation, sortent et invitent ceux des autres tribunes à les suivre. La plus grande agitation règne dans les tribunes.

On réclame avec chaleur, de presque toutes les parties de la salle, l'adoption de la proposition de Levasseur. Elle est décrétée.

Ducos. Le tumulte scandaleux qui m'a troublé dans le cours de mon opinion, tient non-seulement aux causes habituelles de désordre et d'irrévérence qui agitent les tribunes de cette assemblée; mais encore aux idées erronées, aux préjugés invétérés du plus grand nombre des citoyens de Paris, sur la matière des subsistances; préjugés qui, pour le dire en passant, leur ont été inspirés par le despotisme, quand il donnait autrefois le pain bon marché au peuple, pour avoir à son tour bon marché de son silence et de sa soumission. Oui, citoyens, il n'est pas inutile de vous faire remarquer ici que la doctrine que je prêche fut de tout temps celle des amis éclairés de la liberté; et que celle que je combats, que tout ce système d'entraves, de gênes, de taxations, de recensemens, de visites domiciliaires, d'amendes, de fers, etc., est renouvelé des intendans, des parlemens, des conseils d'état, et de tous les agens et sous-agens de l'ancien régime.

J'ai dit que la taxe, pour être équitable, devrait être en proportion avec une foule d'avances de frais, de salaires, dont le prix variant sans cesse, devrait aussi faire varier chaque jour celui de la taxe; et j'ajoute que le commerce, et le commerce libre, peut seul suivre tous les degrés de ces variations.

Le peuple de Paris peut s'être imaginé que le blé croît dans les champs comme l'herbe dans les prairies ; mais dans une assemblée honorée de la présence de plusieurs cultivateurs, on a des notions plus justes sur la culture. On sait que le prix du blé a pû augmenter en proportion du prix de tous les autres comestibles, et en proportion des frais qu'il faut avancer pour le recueillir ; par exemple, il faut labourer la terre avant d'y semer le grain : pour labourer, il faut des bœufs ou des chevaux. Eh bien ! un cheval qui coûtait 500 liv. il y a trois ans, coûte aujourd'hui 1200 et même 1500 liv. Votre taxe suivra-t-elle cette effrayante progression ?

Si on proposait au cordonnier de taxer les souliers à 6 francs, il répondrait : Le prix du cuir a doublé, les journées de mes ouvriers étaient à 50 sous, il y a quelques années, elles sont à 4 liv. aujourd'hui ; je ne puis faire des souliers qu'à 12 liv. la paire ; payez-les ce prix, ou je renonce à mon métier.

Si on proposait au tailleur de ne lui payer un habit que 90 liv., il dirait : Le drap coûtait 36 liv. l'aune il y a trois ans, il en coûte 60 aujourd'hui ; le salaire des ouvriers a doublé ; payez votre habit 180 liv., ou vous n'en aurez point.

Le cultivateur peut dire à son tour : Taxez à une proportion raisonnable tous les comestibles, tous les objets principaux d'industrie, toutes les avances et tous les travaux ; ou ne taxez point le produit de mon travail.

Il faut donc tout taxer, si vous voulez fixer le prix du grain ; c'est le seul moyen d'établir une proportion entre le prix des choses et les salaires ; mais comme cette proportion s'établira bien mieux par la force des choses que par vos calculs, comme les échanges sociaux sont toujours justes, quand ils sont libres, parce qu'ils sont l'ouvrage des intérêts respectifs, et le résultat de leurs conventions ; tandis que ce qui est forcé est souvent injuste, parce que le législateur ne voit pas tout, comme l'intérêt privé qui n'oublie rien; il en résulte qu'il vaut mieux ne point établir de taxes.

Je présente aux citoyens de Paris un raisonnement bien simple sur l'absurdité des taxes, et je le revêts de la forme d'un exemple pour le rendre plus sensible. Le pain coûte en ce moment 3 sous la livre à Paris : si on fixe la taxe du blé, dans la proportion de ce prix (que je suppose être le prix naturel et commun), le peuple n'y gagnera pas ; il n'y aura rien de changé. Si on le taxe dans une proportion plus haute, le pain renchérira nécessairement, et le peuple sera surchargé au lieu d'être soulagé; si on le taxe dans une proportion plus basse, alors les fermiers et marchands, ne retrouvant plus dans ce prix les frais de leurs avances, cacheront leurs grains en attendant que la taxe soit augmentée ou supprimée entièrement. Cet intervalle amènera nécessairement une disette. Voilà comme on marche contre son but, en abandonnant les principes de la liberté.

Mais on forcera, dites-vous, les fermiers à porter leurs grains aux marchés ; je ne parle point de la tyrannie de ce moyen; mais je vous prie de considérer son insuffisance ; il n'y a rien de si difficile que de forcer un homme à se ruiner ; s'il y a quelque expédient secret pour l'éviter, soyez sûr qu'il le découvrira. L'intérêt privé fut toujours plus habile que les lois prohibitives ne furent rigoureuses. L'ordre de porter les grains aux halles ne sera qu'un avis donné de le cacher plus soigneusement. Recourez aux confiscations, aux visites domiciliaires ; recommencez le code des gabelles, vous serez plus odieux et mieux trompés ; voilà tout.

Cependant la rareté des subsistances forcera le consommateur lui-même à établir en secret, d'accord avec le vendeur, un taux plus élevé que celui de la loi ; la taxe se trouvera abolie par le fait, il vaut mieux ne pas l'établir.

On m'observe qu'il ne s'agit ici que d'une mesure révolutionnaire, d'une taxe momentanée; et je réponds que j'adopte les mesures révolutionnaires qui font vivre, mais non pas celles qui font mourir de faim.

J'ajoute une seconde réflexion : vous voulez une taxe momentanée ; eh bien ! elle sera tout en faveur du riche. Le pauvre, qui n'achète son pain qu'au jour le jour, ne profitera de la taxe que pendant sa durée : si vous la supprimiez ensuite, ou même si le surhaussement successif des autres denrées vous force à l'augmenter, il paiera sa subsistance en proportion du renchérissement ; tandis que le riche, au contraire, qui aura profité de l'établissement de la première taxe, pour faire avec ses capitaux des approvisionnemens considérables à un prix modéré, les revendra ensuite pour jouir de l'augmentation ; ou tout au moins mangera le pain à meilleur marché que l'homme sans capitaux. Ennemis jurés des accapareurs, prenez garde, votre moyen favorise toutes leurs manœuvres.

Il résulte de cette exposition très-incomplète, que ce n'est point dans la taxe ni dans les moyens prohibitifs qu'il faut chercher le remède au renchérissement et à la rareté apparente des subsistances ; mais dans la destruction de la cause qui produit ce renchérissement et cette rareté. Elle est (et nous sommes presque tous d'accord sur ce point) dans l'émission du papier-monnaie, dont les dépenses d'une guerre nécessaire, vous ont forcés à faire des émissions considérables. Pourquoi les denrées ont-elles augmenté ? c'est qu'il y a trop d'assignats en circulation. Il est superflu de prouver l'évidence. Et remarquez qu'il n'en est pas de la surabondance du papier circulant, comme de la surabondance des monnaies d'or et d'argent dans le commerce ; quand les monnaies de métal surabondent, elles s'exportent alors, soit en nature, soit fondues en lingots, dans les pays étrangers ; la proportion des valeurs avec les signes n'a pas le temps d'être rompue ; mais le papier ne s'exporte pas de même ; il est séparé de son gage ; il n'est point en même temps marchandise et monnaie ; ici surtout, les idées fausses des étrangers sur votre révolution ne leur permettant point d'apprécier l'immuable hypothèque de nos assignats, il est difficile d'en étendre chez eux la circulation : c'est donc à vous à trouver les moyens de diminuer cette masse circulante. Votre comité des finances en indique plusieurs : je demande qu'il soit entendu ; la priorité appartient de droit à son projet, puisqu'il offre un moyen de diminuer le prix des comestibles, sur lequel nous sommes tous d'accord, tandis que les mesures prohibitives rencontrent dans cette assemblée les plus fortes oppositions. Je réclame ensuite la priorité pour le projet lu par Creuzé-Latouche, sur l'objet immédiat des subsistances; c'est le seul qui concilie, à mon sens, les précautions et la surveillance que le gouvernement doit en ce moment aux alarmes des citoyens, avec les principes immuables et féconds de la liberté.

— Des citoyens de Versailles demandent, séance tenante, le *maximum* du prix du blé.

Cambon, au nom du Comité de salut public, annonce que les armées de la République sont dans un état respectable; que déjà celle du Nord est composée de quatre-vingt-dix mille hommes effectifs, non compris les recrues qui arrivent journellement; que celle des Ardennes est forte de trente-sept mille hommes; celle de Custine de quarante-cinq mille hommes; que la ville de Beziers requise de fournir quinze cents hommes, en a donné trois mille; que le petit village de Mayolot, voulant lutter de zèle avec les plus grandes villes, est parti tout entier, ayant son curé et ses officiers municipaux à sa tête; que le conseil exécutif formera, pour la défense des côtes, trois armées, l'une à La Rochelle, l'autre à Brest, et la dernière à Cherbourg.

Après ces détails, Cambon propose un décret sur la répartition des armées, sur celle des représentans du peuple à déléguer auprès de chacune d'elles, et sur la détermination de leurs pouvoirs.

Ce projet est adopté en ces termes :

La Convention nationale, après avoir entendu le rapport de son Comité de salut public, sur le renvoi qui lui a été fait, pour présenter la liste des représentans du peuple qui sont en commission, et dont la mission n'est pas d'une utilité indispensable, décrète :

ART. 1. Tous les pouvoirs délégués par la convention aux commissaires qu'elle a nommés pour se rendre dans les départemens, pour le recrutement, près les armées, sur les frontières, côtes et dans les ports, sont révoqués. Tous les députés qui sont en commission, excepté ceux ci-après nommés, reviendront de suite dans le sein de l'Assemblée.

2. Les forces de la République seront réparties en onze armées, qui seront disposées, sauf les mouvemens qui pourront avoir lieu, ainsi qu'il suit :

L'armée du Nord, sur la frontière et dans les places ou forts, depuis Dunkerque jusqu'à Maubeuge inclusivement.

L'armée des Ardennes, sur la frontière et dans les places ou forts, depuis Maubeuge inclusivement jusqu'à Longwi exclusivement.

L'armée de la Moselle, sur la frontière et dans les places ou forts depuis Longwi inclusivement jusqu'à Bitche inclusivement.

L'armée du Rhin, sur la frontière et dans les places ou forts depuis Bitche inclusivement jusqu'à Porentrui inclusivement.

L'armée des Alpes, sur la frontière et dans les places ou forts dans le département de l'Ain, inclusivement jusqu'au département du Var exclusivement.

L'armée d'Italie, sur la frontière et dans les places, forts ou ports, depuis le département des Alpes Maritimes inclusivement jusqu'à l'embouchure du Rhône.

L'armée des Pyrénées orientales, sur la frontière et dans les places, forts ou ports, depuis l'embouchure du Rhône jusqu'à la rive droite de la Garonne.

L'armée des Pyrénées occidentales, sur la frontière et dans les places, forts ou ports dans toute la partie du territoire de la République, sur la rive gauche de la Garonne.

L'armée des côtes de la Rochelle, sur les côtes et dans les places, forts ou ports, depuis l'embouchuue de la Gironde jusqu'à l'embouchure de la Loire.

L'armée des côtes de Brest, sur les côtes et dans les places ou forts, depuis l'embouchure de la Loire jusqu'à Saint-Malo inclusivement.

L'armée des côtes de Cherbourg, sur les côtes et dans les places, forts ou ports, depuis Saint-Malo exclusivement jusqu'à Lauthie.

3. Le conseil exécutif provisoire présentera, sous deux jours, la liste des officiers-généraux qu'il aura choisis ou conservés pour former les états-majors généraux desdites armées.

4. Le comité de salut public présentera incessamment le projet de loi pour la formation de deux armées de réserve de l'intérieur.

5. Il y aura douze commissaires de la Convention auprès de l'armée du Nord; huit d'entre eux seront toujours auprès des divisions et cantonnemens de l'armée; quatre s'occuperont des fortifications et approvisionnemens des places ou forts.

Quatre commissaires auprès de l'armée des Ardennes; deux pour les camps et cantonnemens de l'armée; deux pour les fortifications et approvisionnemens des places ou forts.

Quatre commissaires auprès de l'armée de la Moselle, dont deux pour les camps et cantonnemens de l'armée, et deux pour les fortifications et approvisionnemens des places ou forts.

Dix commissaires auprès de l'armée du Rhin, dont quatre pour les camps et cantonnemens de l'armée, et six pour les fortifications et approvisionnemens des places ou forts.

Quatre commissaires auprès de l'armée des Alpes, dont deux pour les camps et cantonnemens de l'armée, et deux pour les fortifications et approvisionnemens des places ou forts.

Quatre commissaires auprès de l'armée d'Italie, dont deux pour les camps et cantonnemens de l'armée, et deux pour les fortifications et approvisionnemens des places, forts, côtes, ports et flottes.

Quatre commissaires auprès de l'armée des Pyrénées orientales, dont deux pour les camps et cantonnemens de l'armée, et deux pour les fortifications et approvisionnemens des places, forts, côtes, ports et flottes.

Quatre commissaires auprès de l'armée des Pyrénées occidentales, dont deux pour les camps et cantonnemens de l'armée, et deux pour les fortifications et approvisionnemens des places, forts, côtes, ports et flottes.

Six commissaires auprès de l'armée des côtes de la Rochelle, dont quatre pour les camps et cantonnemens de l'armée, et deux pour les fortifications et approvisionnemens des places, forts, côtes, ports et flottes.

Quatre commissaires auprès de l'armée des côtes de Brest, dont deux pour les camps et cantonnemens de l'armée, et deux pour les fortifications et approvisionnemens des places, forts, côtes, ports et flottes.

Quatre commissaires auprès de l'armée des côtes de Cherbourg, dont deux pour les camps et cantonnemens de l'armée, et deux pour les fortifications et approvisionnemens des places, forts, côtes, ports et flottes.

Trois commissaires dans l'île de Corse.

5. Les commissaires auprès de chaque armée se concerteront pour la division et l'exécution de leurs opérations.

6. Le conseil exécutif distribuera les cadres des régimens et bataillons dans les divers corps d'armées; il prendra les mesures les plus promptes pour y faire arriver les recrues et compléter les divers corps; il présentera sous deux jours son travail au comité de salut public.

7. Le conseil exécutif fera passer aux généraux l'état des forces qui seront mises sous leur commandement, et le comité de salut public en fera passer un double aux commissaires auprès des armées.

8. Les commissaires de la Convention auprès des armées porteront le titre de représentans du peuple, envoyés près de *telle* armée; ils porteront le costume décrété le 3 avril courant.

9. Les représentans du peuple, envoyés près des armées, et les généraux, se concerteront pour faire nommer sur-le-champ à tous les emplois vacans, ou qui viendront à vaquer, soit par mort, démission, ou destitution, en se conformant au mode d'avancement décrété; et en cas d'urgence et de manque de personnes qui aient les qualités requises par la loi, ils pourront en

commettre provisoirement, et pour quinze jours seulement.

10. Les représentans du peuple, envoyés près les armées, exerceront la surveillance la plus active sur les opérations des agens du conseil exécutif, de tous fournisseurs et entrepreneurs des armées, et sur la conduite des généraux, officiers et soldats; ils pourront suspendre tous les agens civils, et en commettre provisoirement.

11. Ils pourront aussi suspendre les agens militaires; mais ils ne pourront les remplacer que provisoirement jusqu'après l'approbation, pour la suspension, de la Convention; ou jusqu'à ce que les personnes appelées ou élues en vertu de la loi soient arrivées à leur poste.

12. Ils surveilleront l'état de défense et d'approvisionnement de toutes les places, forts, ports, côtes, armées et flottes de leur division; ils feront dresser des états de situation de tous les magasins de la République, et ils se feront rendre compte journellement de l'état de toutes les espèces de fournitures, armes, vivres et munitions.

13. Ils feront faire des revues de toutes les armées et flottes de la République; ils se feront remettre chaque quinzaine les états de l'effectif de chaque corps, signés des agens civils et militaires; ils prendront toutes les mesures qu'ils jugeront convenables pour accélérer l'armement, l'équipement et l'incorporation des volontaires et recrues dans les cadres existans, l'armement et l'équipement des flottes de la République; ils se concerteront pour ces opérations avec les amiraux, généraux et commandans des divisions, et autres agens du conseil exécutif.

14. En cas d'insuffisance des forces décrétées, ils pourront requérir les gardes nationaux des départemens, qu'ils feront organiser en bataillons, d'après le mode qui sera décrété; ils pourront aussi requérir des gardes nationaux à cheval pour compléter les cadres existans; et lorsque les cadres seront complets, ils pourront en former de nouveaux escadrons, en y employant les chevaux de luxe et des émigrés, ou ceux qu'ils pourront se procurer.

15. Ils prendront toutes les mesures pour découvrir, faire arrêter les généraux, et faire arrêter, traduire au tribunal révolutionnaire, tout militaire, agent civil et autres citoyens qui auraient aidé, favorisé ou conseillé un complot contre la liberté et la sûreté de la République; ou qui auraient machiné la désorganisation des armées et flottes, et dilapidé les fonds publics.

16. Ils feront distribuer aux troupes les bulletins, adresses, proclamations et instructions de la Convention, qui seront adressées aux armées par le comité de correspondance; ils emploieront tous les moyens d'instruction qui sont en leur pouvoir, pour y maintenir l'esprit républicain.

17. Les représentans du peuple, envoyés près les armées, sont investis de pouvoirs illimités, pour l'exercice des fonctions qui leur sont déléguées; ils pourront requérir les corps administratifs, et tous les agens civils et militaires; ils pourront agir au nombre de deux, et employer tel nombre d'agens qui leur seront nécessaires. Leurs arrêtés seront exécutés provisoirement.

18. Les dépenses extraordinaires résultantes des opérations déléguées aux représentans du peuple envoyés près les armées, seront acquittées par les payeurs des armées, les payeurs des départemens, les receveurs de district, ou par la trésorerie nationale, sur des états ordonnancés par les commissaires ordonnateurs, et visés par les commissaires nationaux, lesquels seront reçus comme comptant par la trésorerie nationale, et portés dans les dépenses extraordinaires de la guerre et de la marine.

19. Les représentans du peuple envoyés près les armées rendront compte, au moins chaque semaine, de leurs opérations, à la Convention; ils seront tenus d'adresser chaque jour au comité de salut public le journal de leurs opérations, copie de leurs arrêtés et proclamations, et de tous les états de revue et approvisionnemens qu'ils auront fait dresser; ils adresseront aussi chaque jour au comité des finances et à la trésorerie nationale un compte détaillé des états de dépenses qu'ils auront visés.

20. Le comité de salut public présentera chaque semaine à la

AVRIL (1793).

Convention un rapport sommaire des opérations des divers commissaires; le comité des finances fera aussi chaque semaine un rapport des dépenses visées par eux; ces rapports seront imprimés et distribués.

21. Les représentans du peuple, envoyés près les armées, seront renouvelés par moitié chaque mois; ils ne pourront revenir à la Convention qu'après une autorisation donnée par elle, si ce n'est pour des cas urgens, et en vertu d'un arrêté motivé de la commission.

22. Le comité de salut public fournira des instructions aux représentans du peuple, envoyés près les armées, afin de mettre de l'uniformité dans leurs opérations.

23. Les commissaires de la trésorerie nationale nommeront les payeurs et contrôleurs près les onze armées.

24. La Convention nationale nomme pour représentans près l'armée du Nord, les citoyens Gasparin, Duhem, Delbret, Carnot, Lesage-Senaux, Courtois, Cochon, Lequinio, Salengos, Bellegarde, Duquesnoy, et Cavagnac.

Près l'armée des Ardennes, les citoyens Delaporte, Hentz, Deville et Milhaud.

Près l'armée de la Moselle, les citoyens Soubrany, Maribault-Montaut, Maignet, et Levasseur (de la Meurthe).

Près de l'armée du Rhin, les citoyens Rewbel, Merlin (de Thionville), Hauffman, Ruamps, Pflieger, Duroy, Louis, Laurent, Riter, et Ferry.

Près l'armée des Alpes, les citoyens Albite, Gauthier, Nioche, et Dubois-Crancé.

Près l'armée d'Italie, les citoyens Barras, Beauvais (de Paris), Despinassy, et Pierre Bayle.

Près l'armée des Pyrénées-Orientales, les citoyens Fabre (du département de l'Hérault), Layris, Bonnet (du département de l'Hérault), et Projean.

Près l'armée des Pyrénées-Occidentales, les citoyens Feraud, Isabeau, Garreau, et Chaudron-Rousseau.

Près l'armée des côtes de La Rochelle, les citoyens Carra,

Choudieu, Garnier (de Saintes), Goupilleau, Mazade, et Treilhard.

Près l'armée des côtes de Brest, les citoyens Alquier, Merlin, Gillet, et Sevestre.

Près l'armée des côtes de Cherbourg, les citoyens Prieur (de la Marne), Prieur (de la Côte-d'Or), Romme et Lecointre (de Versailles).

Dans l'île de Corse, les citoyens Salicetty, Delcher, et Lacombe-Saint-Michel.

25. Les représentans du peuple envoyés près les armées, qui sont nommés par le présent décret, continueront, chacun dans leur division, la surveillance du recrutement, et l'organisation en départemens et districts des pays nouvellement réunis à la République. Les commissaires envoyés dans le département de l'Orne continueront leurs opérations, et le conseil exécutif nommera des commissaires pour continuer celles qui ont été commencées par les commissaires de la Convention à Chantilly.

26. Le comité de salut public enverra le présent décret aux commissaires de la Convention actuellement en commission. Ceux qui sont nommés par le présent décret se rendront de suite à leur nouveau poste; et ceux qui sont actuellement auprès des armées, y resteront jusqu'à ce qu'ils soient remplacés.

COMMUNE. — *Séance du 30 avril.*

Le corps municipal a ordonné l'impression et l'affiche d'une proclamation rédigée par les administrateurs des subsistances sur l'augmentation subite du prix de la viande. L'on y développe les causes indispensables de cette augmentation. Des achats considérables ont été faits pour l'approvisionnement des armées de terre et de mer de la République. Les entrepreneurs ne peuvent se fournir qu'en France, et dans les mêmes provinces où achètent habituellement les marchands qui fréquentent les marchés de Sceaux et de Poissy. Une partie des départemens dans lesquels les marchands ont habitude d'acheter se trouve maintenant ravagée et dévastée par les brigands et les fanatiques. Dernièrement encore, ceux de la Vendée, non contens de s'être emparés d'un convoi de quatre à cinq cents bœufs, ont massacré la force armée qui l'escortait et vingt-un garçons bouchers. Les communications ont été interceptées entre Paris et quelques départemens qui envoient à Paris. La ville de Chollet, qui nous fournit ordinairement dans cette saison six à sept cents bœufs par marché, n'en fournit plus actuellement que soixante ou quatre-vingts.

Telles sont les principales causes de la rareté et de la cherté de la viande. Sans doute la libre circulation renaîtra, quand la tranquillité sera rétablie dans ces malheureuses contrées.

Dans la séance du conseil-général, on lit une lettre par laquelle le ministre de la guerre demande quatre compagnies de canonniers pour l'armée des Pyrénées-Orientales. Le commandant-général est invité à se rendre sur-le-champ au conseil.

Deux commissaires sont envoyés au comité de salut public, à l'effet de s'entendre avec lui sur les mesures à prendre pour empêcher de sortir de Paris ceux dont les bras peuvent être utiles dans les circonstances actuelles.

Le commandant-général, interpellé par le citoyen maire de donner ses vues sur le mode de recrutement passager pour faire marcher des troupes contre les rebelles de la Vendée, propose de prendre un nombre déterminé d'hommes par chaque compagnie. Le conseil arrête que cette mesure sera proposée ce soir aux quarante-huit sections.

La discussion s'étant ouverte sur le mode d'habillement et d'équipement, deux commissaires sont nommés pour s'entendre à ce sujet avec le commandant-général.

Le conseil arrête que trois de ses membres marcheront à la tête de l'armée destinée à disperser les rebelles. L'élection de ces trois membres est ajournée.

Des commissaires sont chargés de se rendre à l'instant chez le ministre de la guerre, et partout où besoin sera, pour prendre connaissance de l'état des armes qui se trouvent actuellement à Paris et qui peuvent être mises à la disposition des volontaires, pour s'informer du lieu où ces armes sont déposées, et pour faire du tout vérification exacte, et de suite leur rapport au conseil.

D'après un rapport des commissaires envoyés au comité de sûreté publique, le conseil arrête que les citoyens qui se trouvent en état de réquisition ne pourront obtenir de passe-ports qu'après que les troubles de la Vendée seront terminés.

Le comité de correspondance est chargé d'écrire aux cinq départemens qui avoisinent Paris, pour les inviter à adhérer à l'arrêté du département de l'Hérault, et à concourir avec Paris à la formation d'une armée destinée à exterminer les rebelles.

Les membres du conseil se distribuent ensuite dans les divers quartiers de Paris pour y faire la proclamation arrêtée hier au soir.

Dans la séance du soir, le conseil arrête qu'il sera fait une circulaire aux quarante-huit sections, pour les instruire des exceptions dont est susceptible son dernier arrêté sur les passe-ports.

Les commissaires chargés de se transporter dans les quarante-huit sections les informeront que le conseil est en mesure pour la fourniture de tout ce qui a rapport à l'habillement des volontaires qui partiront pour la Vendée.

Un membre annonce que la proclamation qui a eu lieu ce matin a produit les plus grands effets dans le faubourg Saint-Antoine, et que tous les braves sans-culottes ont promis de partir, pourvu qu'ils soient armés et équipés.

Le conseil arrête qu'il sera proposé aux sections de déterminer leur contingent à tant par cent hommes et non par compagnie, comme l'avait proposé le commandant-général. Dans cette hypothèse, le *minimum* sera de dix par cent.

Sur la proposition du citoyen maire, le conseil arrête qu'il sera nommé un commissaire pour surveiller l'exécution de la loi relative aux chevaux de luxe. La nomination de ce commissaire est ajournée à demain.

Plusieurs sections envoient leur adhésion à l'arrêté du département de l'Hérault. Le conseil arrête que ces adhésions seront envoyées au commandant-général pour être publiées par la voie de l'ordre.

Dans l'ordre général de ce jour, Santerre annonce que les réserves des sections sont supprimées. Le conseil arrête que les réserves des sections continueront d'avoir lieu comme par le passé.

Après un réquisitoire du procureur de la Commune, le conseil arrête qu'il sera organisé un bureau de surveillance pour correspondre avec les comités de surveillance des sections.

L'on admet les députations des sections.

Celle de la maison commune demande que les bureaux des administrations publiques soient purgés des aristocrates qui y occupent des places.

Celle des Tuileries demande que les ci-devant nobles, prêtres réfractaires et gens sans aveu soient enfermés jusqu'à la fin de l'expédition de la Vendée.

Celle de Beaurepaire annonce que le recrutement se fera dans son arrondissement par la voie du sort.

Celle du Faubourg Poissonnière propose des moyens de secourir les femmes des citoyens qui partent pour l'armée.

Presque toutes les sections notifient au conseil leurs adhésions à l'arrêté du département de l'Hérault. Tous les arrêtés pris à ce sujet par les sections seront imprimés et envoyés au département de l'Hérault.

DÉPARTEMENS.

Lyon. — Pendant le mois d'avril, il ne se passa à Lyon aucun événement digne de remarque. Les commissaires, Barrère, Rovère et Legendre étaient de retour à Paris le 21 avril, car ce jour-là ils parlèrent tous les trois aux Jacobins ; ils y avaient été dénoncés à la séance du 15, principalement par Robespierre jeune et par Desfieux. «Il est trop vrai, s'était écrié Robespierre jeune, que trois hommes que nous avons vus attachés aux vrais principes se sont écartés de la ligne. Quarante mille sans-culottes de Lyon sont actuellement abattus. Quel parti prendre relativement à nos commissaires? Faut-il les rappeler? faut-il leur écrire pour les ramener aux principes? Ils ne fréquentent que les aristocrates, ils ne voient que les jolies femmes, et c'est ce qui les a perdus. Il est bien douloureux que des hommes qui ont siégé si longtemps à la Montagne aient abusé de notre confiance pour nous faire beaucoup de mal. » — Desfieux avait dit : « Votre comité de correspondance a eu soin d'écrire à vos commissaires pour entretenir chez eux le feu sacré du patriotisme; il leur a écrit par des courriers ordinaires et par des courriers extraordinaires, et ces commissaires n'ont daigné faire aucune réponse. » (*Journal des Débats du club*, n. CCCXCV.)

Le reproche de faire de bons dîners et de passer le temps avec de *jolies femmes* était adressé aux commissaires de la Convention, et par les sans-culottes et par les Girondins. Le journal de Lyon, interrompu du 3 au 30 avril à cause de la détention du rédacteur J. L. Fain, reproduit ces mêmes accusations. Legendre, Rovère et Barrère s'efforcèrent de se disculper auprès des Jacobins, à la séance du 21 avril et à celle du 22. Le premier se plaignit que Robespierre jeune les eût dénoncés avec beaucoup de légèreté. « Si l'on peut prouver, dit-il, que nous ayons dîné une seule fois chez un négociant, je passe condamnation sur toutes les inculpations dirigées contre nous. » Le second parla des services qu'ils avaient rendus. Il dénonça Kellermann, et essaya de prouver sa complicité avec Dumourier par l'analyse de plusieurs lettres que les commissaires avaient déposées au comité de sûreté générale. La plus significative de ces pièces était une lettre de Boutidoux, annonçant que Kellermann envoyait six mille hommes sur Paris. Barrère succéda à ses deux collègues et ne fit qu'insister sur la dénonciation de Kellermann par Rovère. (*Journal des Débats du club*, n. CCCXCIX.)

Ce fut là tout le panégyrique que les commissaires à Lyon opposèrent à ceux qui attaquaient leur conduite dans cette ville. A des griefs précis, ils ne répondirent que par de vagues protestations, de sorte que le tort de s'être tenus entre les deux partis sans décisions ni opérations franches, et celui d'avoir affiché de mauvaises mœurs, restèrent attachés à l'histoire de leur mission. Avant de quitter le département de Rhône-et-Loire, ils laissèrent à des individus, que le document où nous prenons ce détail désigne seulement par les mots de « mains vides et scélérates, » des pouvoirs dont voici la formule. Cette pièce est cotée n. LXIII, dans la brochure de M. Guerre, sur laquelle nous avons fait une notice dans notre mois de février 1793.

« Les commissaires de la Convention nationale, pour le rétablissement de l'ordre dans le département de Rhône-et-Loire, requièrent les officiers municipaux composant l'administration de la police de la commune de faire arrêter et conduire à la maison commune tous les citoyens qui seront indiqués par le porteur du présent, et de la manière qu'il le proposera, pour être lesdits citoyens saisis, détenus purement et simplement sur bonne et sûre garde, jusqu'à ce qu'il en ait été autrement ordonné. — Lyon, le 8 avril 1793, l'an 2e de la République. — *Signé,* C. Barrère, J. S. Rovère, commissaires.

» Les détenus doivent être au secret de la manière la plus sévère. — C. B. »

A défaut d'actes matériels semblables à ceux que nous avons vus, en février et en mars, témoigner de l'esprit public à Lyon, nous avons à recueillir certaines pièces qui constatent l'état des partis, et servent de lien moral entre les émeutes, déjà connues du lecteur, et l'insurrection définitive qui éclatera à la fin de mai 1793.

La première de ces pièces est une lettre de Challier à Marat, insérée dans le journal de ce dernier, numéro CLXXIII. (20 avril.)

« Lyon, ce 7 avril, l'an second de la république française.

» Ami et frère, je ne te connais que parce que j'ai été affligé, l'année dernière, des persécutions que tu as éprouvées de la part de la faction brissotine, et par ton journal, le sauveur de la liberté du peuple... Je suis en ce moment persécuté comme toi ; il est si glorieux de l'être pour une si belle cause! L'assemblée conventionnelle a voulu sauver cette ville en y envoyant des Montagnards; mais elle est plus que jamais exposée aux couteaux des assassins... *Sauvez-la, sauvez-la,* amis de l'humanité, du déluge de maux dont les patriotes vont être inondés. Le porteur de la présente, que le pur patriotisme conduit à Paris, te dira le reste. Demandez aux Jacobins, et à grands cris, que l'on nous envoie au moins cent citoyens énergiques, pour tirer les patriotes de l'état de stupeur dans lequel ils sont plongés; il n'y a pas de temps à perdre; ne balancez pas... Oui, les patriotes vont être plus exposés que jamais si on n'y porte remède. Il nous faut des Jacobins purs et incorruptibles. Et ne va pas croire que, quoique nous venions par les conseils de vos trois commissaires Rovère, Barrère et Legendre, d'établir un club de Jacobins, que cela opère quelque changement; il n'y en aura d'autre que celui de se donner un vernis de patriotisme. Il ne sera pas moins vrai que les patriotes seront abandonnés, et que les ennemis du bien public échapperont impunément.

» Au nom de la patrie, n'abandonnez pas cette ville infortunée, où il y a tant de patriotes égarés ou séduits; sauvez cette ville, et la République est affermie. Nos ennemis y fondent toutes leurs espérances criminelles, parce que tout paraît favoriser leurs funestes projets. Je ne t'en dis pas davantage. Frappez, tonnez, parez aux coups dont nous sommes menacés, et la patrie est sauvée, et le peuple bénira ton nom en horreur aux aristocrates.

— Adieu! adieu! salut! santé! force! courage! — Ton compatriote, Challier. »

Cette lettre est suivie de deux autres; l'une de Challier à Carrier, propriétaire du journal de Lyon; l'autre du ministre Lebrun à ce même Carrier. Challier déclare dans la sienne, que sa seule réponse aux calomnies dirigées contre lui dans les n. XCI et XCIII du journal de Lyon, sera l'insertion de la lettre de Lebrun dans les colonnes de cette feuille. Cette lettre, en effet, d'une authenticité incontestable, et avouée d'ailleurs par Carrier, était la preuve que ce journaliste recevait une subvention,

La seconde des pièces que nous avons à transcrire est un placard qui fut affiché à Lyon, quatre jours de suite, sans signature. Ce placard attaquait particulièrement les auteurs de la pétition rédigée, le 9 mars, dans la cour des Augustins, par un rassemblement que les commissaires conventionnels firent disperser ainsi que nous l'avons vu. A côté du placard était imprimée la pétition et les noms des signataires, au nombre de sept à huit cents. En tête, on lisait : AVIS AUX SANS-CULOTTES. — *Copie sincère et véridique de la* PÉTITION CONTRE-RÉVOLUTIONNAIRE *faite, le 9 mars, par un rassemblement de divers particuliers dans la cour des Augustins, ensemble toutes les signatures.* » Le journal de Lyon, n. LXXVI, auquel nous empruntons ce renseignement, donne bien le texte du placard, mais il ne donne pas celui de la pétition. Il se contente de se récrier « sur une dénonciation aussi perfide que précise, » disant que la pétition des Augustins était oubliée, et que les « commissaires avaient donné leur parole d'honneur d'en anéantir les traces. » Voici le placard :

« *Serment de trois cents républicains à tous les conjurés dont les complots liberticides sont dévoilés.*

» Citoyens, serait-il donc vrai que les ennemis de la patrie, dont le nombre est incalculable dans cette ville, eussent juré sa perte? Serait-il donc vrai qu'un vertige d'iniquité se soit emparé de presque toutes les têtes ? Serait-il possible que les malheureux habitans de Lyon ne voulussent jamais ouvrir les yeux à la lumière en adoptant l'esprit révolutionnaire, qui doit seul fixer les bases éternelles de notre sainte liberté? Serait-il donc possible que des cœurs gangrenés eussent à se réjouir des malheurs de leur patrie?... Non, non, ils n'existeront plus du moment où leurs amis, qui ne sont pas les nôtres, voudront entrer dans cette cité. Trois cents Romains ont juré de poignarder les modernes Porsenna qui nous menacent, qui nous assiégent, et de s'ensevelir avec leurs anthropophages ennemis sous les décombres fumans de cette nouvelle Sagonte. Nous connaissons tous vos plans infernaux pour vous défaire des patriotes qui vous observent... Oui, dans vos barbares orgies, vous souriez d'une maligne joie par votre cruel espoir de voir bientôt, et dans quinze jours, dites-vous, vos vœux accomplis... Insensés!... traîtres!... misérables!... calculez-vous aussi notre courage, notre fermeté, notre réunion et l'étendue de notre dévouement pour sauver notre patrie?

»Aristocrates, feuillantins, rolandins, modérés, égoïstes, égarés, tremblez; le peuple est debout. Le 10 août peut encore renaître; et, à la première atteinte portée à la liberté, les ondes ensanglantées de la Saône et du Rhône charrieront vos cadavres aux mers épouvantées. »

VENDÉE. — GUERRE CIVILE.

Au mois d'avril 1793, les forces des rebelles vendéens se distribuaient en deux groupes principaux, dont l'un occupait le Bas-Poitou, et était commandé par Charette; et dont l'autre, qui fut le noyau des rassemblemens connus depuis sous le nom de la grande armée d'Anjou et du Haut-Poitou, était sous les ordres de l'Elbée, de Cathelineau, de Bonchamp, de La Rochejaquelin, de Stofflet, de Bérard, etc. Nous allons suivre les opérations militaires de ces deux divisions de troupes vendéennes.

Reprise de Machecoult. — Depuis la reprise de Pornic, Charette n'avait éprouvé que des revers. De Machecoult où il avait établi son quartier-général, il tentait des diversions fréquentes, dont l'une, dirigée sur le bourg de Challans et l'autre sur Saint-Gervais, furent suivies de deux déroutes complètes de la part des royalistes.

» Cependant, dit A. Beauchamp, tom. I, pag. 123, le sanguinaire Soucher continuait les massacres à Machecoult, pendant l'absence de Charette. Jusqu'au 22 avril, le sang ne cessa de couler. Pour légitimer les vengeances, on supposait des nouvelles révoltantes, soit de Nantes, soit de Paris. Une lettre controuvée annonça l'égorgement de tous les prêtres sexagénaires détenus à Nantes. A l'instant, les royalistes les plus furieux enfoncent les prisons, et en arrachent les républicains; quatre-vingts sont massacrés en un jour. On ne les assommait plus ; on les attachait à une corde qui les liait l'un à l'autre par le bras, ce que les assassins appelaient leur chapelet. Les victimes étaient ainsi traînées dans la cour du château, placées à genoux au bord d'un fossé profond, et impitoyablement fusillées. On achevait ceux qui n'avaient pas reçu de coups mortels. Joubert, président du district, eut les poings sciés, et périt sous les coups de fourches et de baïonnettes. On enterra des hommes vivans, et, à la reprise de la ville, on vit encore, dans une vaste prairie voisine qui servait de tombeau aux républicains immolés, un bras hors de terre, dont la main, accrochée à une poignée d'herbe, semblait celle d'un spectre qui s'était vainement efforcé de sortir de la fosse.

» Cinq cent quarante-deux républicains de Machecoult et des environs venaient de périr ; le juge Boulemer avait seul échappé. Tant de victimes n'avaient pu assouvir la rage du comité sanguinaire, que dirigeait Soucher : les femmes mêmes étaient menacées du supplice. Charette, en arrivant à Machecoult, se rend droit à leur prison et en fait ouvrir les portes ; il adressa les plus vifs reproches aux membres du comité royaliste, et n'en reçut que des menaces pour réponse, tant était bornée son autorité dans l'origine. »

Lorsque le général Canclaux prit le commandement en chef de l'armée des côtes, il envoya Beysser à Nantes ; et celui-ci avec des troupes de ligne, auxquelles se joignit la garde nationale nantaise, marcha contre Charette. Les soldats de ce général se débandèrent ; il perdit son artillerie, et se retira presque seul au camp de l'Oise, où commandait M. de Royraud. Beysser trouva Machecoult encore fumant du sang des républicains. Soucher qui avait ordonné le massacre, abandonna son parti ; et, croyant se sauver, vint au-devant de Beysser avec la cocarde tricolore, et une liste de proscription à la main. Mais les femmes de Machecoult signalèrent sa scélératesse : il fut saisi et garrotté, et un sapeur lui coupa le cou sur un billot avec un coutelas. Après avoir fait désarmer plusieurs paroisses, le général Canclaux, qui s'était porté en avant, ordonna à Beysser de se replier, établit une ligne de postes jusqu'à Ségé; croyant tout contenir, et rentra lui-même à Nantes avec le reste des troupes.

Nous passons maintenant aux opérations de l'armée du Haut-Poitou et de l'Anjou.

Combat de Chemillié. (11 avril.) — Le général Berruyer, commandant les troupes républicaines rassemblées aux environs d'Angers, les avait distribuées dans les positions qui lui paraissaient les plus favorables pour un plan d'attaque générale qu'il avait formé; lui-même s'était porté à Chemillié. Le chef d'Elbée, qui commandait une forte division de royalistes, apprenant le dessein de Berruyer, résolut de le prévenir. Il réunit à la division qu'il commandait celle des chefs Bonchamp, Stofflet, Cathelineau et Bérard, et vint, le 11, attaquer Berruyer dans Chemillié. Ce dernier, à la tête de quatre mille hommes, se mit en défense; et vigoureusement secondé par un bataillon parisien composé de *vainqueurs de la Bastille*, il fit prendre la fuite aux royalistes. D'Elbée et Bonchamp, poursuivis sans relâche, ne purent arrêter leurs divisions qu'à Beaupréau.

Combat de Vihiers. (16 avril.) — Après s'être ralliés à Beaupréau, les Vendéens se dirigèrent par Tissauges, sur la ville de Chollet, que les républicains avaient reprise. Le corps commandé par d'Elbée était fort de vingt mille hommes; il se composait des divisions d'Elbée, Cathelineau, Stofflet et Bérard. Une faible division républicaine, sous les ordres du général Lygonnier, occupait Copon et Vezins; d'Elbée se décida à l'attaquer; il plaça Cathelineau à Vihiers, et lui-même marcha contre l'ennemi. Lygonnier, se voyant menacé par des forces supérieures, prit le parti de la retraite et évacua les deux places; en ce moment Cathelineau sortit de Vihiers, et fondit sur les républicains. Cernés de toutes parts, pris à dos, en flanc et en tête, et attaqués avec une aveugle intrépidité, les républicains, forcés de fuir, laissèrent sur le champ de bataille un grand nombre de morts et toute leur artillerie. Cent soixante-sept grenadiers de Montreuil et de Saumur se jetèrent dans le château de Boisgrolau, et s'y retranchèrent, afin d'éviter la fureur des Vendéens; assiégés pendant deux jours par l'armée entière de d'Elbée, ils ne se rendirent que le troisième, défaillants de faim et de soif.

Combat de Beaupreau. (25 avril.) — Ce succès redoubla le courage et les espérances des royalistes. D'Elbée en profita pour s'opposer aux progrès de Berruyer qui, vainqueur à Chemillié, s'était avancé rapidement, et s'était emparé de Saint-Florent et de Montevrault. Bonchamp s'était séparé de d'Elbée, et s'occupait à organiser le corps de troupes qui prit depuis son nom. Mais après le combat de Vihiers, ces deux chefs se réunirent, et tous les deux s'avancèrent à la rencontre des troupes républicaines. Le 23 avril, ils trouvèrent Gauvillier, commandant des gardes nationales d'Angers et des environs, qui, à la tête de deux mille hommes, s'était porté sur cette ville par suite du mouvement offensif ordonné par le général en chef Berruyer. Les troupes de Gauvillier, animées par la voix et l'exemple des chefs qui les guident, obtiennent d'abord quelques avantages. Mais les royalistes se précipitent en aveugles sur les canons et les baïonnettes de leurs ennemis. En vain le commandant encourage ses troupes ; rien ne peut résister à la fougueuse impétuosité des Vendéens. Épouvantés des cris de *vive le roi!* dont ils font retentir les airs, enveloppés presque de tous côtés par leurs colonnes tumultueuses, les républicains cèdent en frémissant. Les canonniers d'Eure-et-Loire se font tuer sur leurs pièces ; abandonnée par l'artillerie, une compagnie de la garde nationale de Luynes se fait hacher en entier, tandis que l'armée fuit en désordre. Les royalistes entrent en vainqueurs dans la ville, après avoir ramassé sur le champ de bataille six pièces de canon et plusieurs caissons. Gauvillier, n'espérant plus pouvoir se défendre avantageusement avec des troupes découragées, se hâta d'évacuer tous les postes de la rive gauche, et de repasser la Loire. Le succès de cette journée fut extrêmement favorable au parti royaliste ; il inspira aux troupes vendéennes une confiance désormais inaltérable dans leurs forces. Fières d'avoir vaincu les troupes républicaines, elles se crurent invincibles. D'un autre côté, la défaite de Beaupréau avait tellement consterné les vaincus, que, pendant plus de trois mois, ils n'osèrent s'avancer dans le pays insurgé, qui se trouva entièrement libre.

Combat des Aubiers. (25 avril.) — Lygonnier, après sa défaite à Vihiers, forcé de se retirer vers Doué, avait appelé le général Quetineau à son secours. Celui-ci, pour arriver plus vite, prit en toute hâte le chemin le plus direct, et se dirigea sur les Aubiers. Averti de sa marche, Laroche-Jacquelin l'attendait dans ce bourg. Ce jeune homme, fils d'un ancien colonel du régiment de Royal-Pologne, après avoir servi dans la garde constitutionnelle de Louis XVI, s'était, à la suite de la journée du 10 août 1792, retiré dans ses terres, près de Châtillon. C'était à la tête des habitans de ses terres qu'il se préparait à arrêter Quetineau; avant le combat il adressa aux hommes dévoués qu'il commandait, ces paroles, devenues depuis si fameuses : « Si mon père était parmi nous, il vous inspirerait plus de confiance, car à peine me connaissez-vous : j'ai d'ailleurs contre moi, et ma grande jeunesse et mon inexpérience; mais je brûle déjà de me rendre digne de vous commander. Allons chercher l'ennemi; si je recule, tuez-moi; si j'avance, suivez-moi; si je meurs, vengez-moi. » — Assailli à l'improviste par les Vendéens, Quetineau perdit la tête, et ne sut point disposer ses troupes en bataille; il négligea même de donner des ordres pour effectuer sa retraite. C'en était fait de sa division tout entière, si quelques troupes régulières ne se fussent point rangées en bataillon carré, et n'eussent soutenu le feu des royalistes, pendant que les fuyards opéraient leur retraite sur Bressuire.

GUERRE EXTÉRIEURE. — BULLETIN DES ARMÉES.

Armée du Nord. — La fuite du général Dumourier, l'arrestation des commissaires conventionnels, et celle de Beurnonville, avaient jeté l'armée dans le plus grand désordre. Si les ennemis, qui devaient bien en connaître la faiblesse, avaient profité de ce moment et de leur supériorité pour frapper un grand coup, ils auraient pu battre, disperser, et une seconde fois anéantir même l'armée française. Les débris épars de cette armée furent recueillis dans le camp de Famars par le général Dampierre, à qui l'on en confia le commandement, et qui s'occupa sur-le-champ à former des camps retranchés à Cassel, près Saint-Omer, dans la plaine du faubourg de la Madeleine, devant Lille, à Maubeuge, sous Charleroi et dans la direction de Philipeville à Givet ; il établit ensuite sur toute cette ligne un cordon de cantonnemens, qui formait la chaîne de correspondance avec ces corps.

Du côté des ennemis, l'armée combinée d'Autriche et de Prusse occupait une ligne de position de Namur par Tournai à Menin. Le prince de Cobourg, dont le quartier-général était à Mons, commandait le centre ; le général Clairfait, la droite ; et la gauche, aux ordres du général Beaulieu, dont les forces étaient combinées avec celles du prince de Hoenlohe-Kirchberg, remplissait l'intervalle jusqu'aux Vosges : ce dernier communiquait avec les généraux Kalckreuth et Wurmser, qui était sur les frontières des ci-devant provinces de Lorraine et d'Alsace.

Le 9 avril, l'ennemi était entré sur le territoire de la République, menaçant à la fois Lille, Condé, Valenciennes et Maubeuge ; il avait attaqué et repoussé autour de Condé les postes des Français de Thivencelle, Frasne, Doumet, le Vieux-Condé, et des bois de Saint-Amand ; maître ensuite des postes de Quarouble Onnaing et Wick, entre Valenciennes et Condé, cette dernière place s'était trouvée investie, et l'armée française obligée de se retirer sous Bouchain, avec une retraite assurée dans *le camp de César*, ainsi appelé parce que c'était un ancien poste de légion romaine. Le même jour le poste de la Glisnelle, en avant de Maubeuge, avait été forcé de se replier dans le camp retranché sous cette place.

Le 12, le général Clairfait se porta sur Bruille et Maulde, entre Condé et Tournai.

Le 13, l'armée autrichienne, qui s'était avancée de Mons à Quiévrain, s'approcha d'Onnaing, entre Valenciennes et Condé. Le général-major Otto enleva, après trois heures de résistance, les postes de Sainte-Sauve, de Saultain et de Curgée, à la vue de Valenciennes.

Les 14 et 15, Clairfait, qui s'était approché du bois de Saint-Amand, y fit attaquer et emporta l'Abbaye de Vicogne, Raimès et Eshanpont. Cependant, malgré le désavantage de ces différens combats, le général Dampierre remarcha le 15 en avant, et rentra au camp de Famars pour soutenir Valenciennes dangereusement menacée; peu de jours après, il reprit l'offensive en s'emparant, le 18, d'Orchies et de Lannoi, en avant de Lille. Le 21, il fit repousser les corps avancés des coalisés sur la Lys, à Warneton, près de Lille, et ceux vers Maubeuge; Le 24, on repoussa aussi les ennemis à Jeumont, au-dessous de Maubeuge, où ils voulaient passer la Sambre.

Dans ces entrefaites, dix mille Anglais, débarqués le 20 à Ostende, aux ordres du duc d'Yorck, s'étaient joints aux Hanovriens et aux Hollandais; ces forces cantonnèrent depuis Tournai et Courtrai jusqu'à la mer. On avait opposé à ce corps d'armée un rassemblement de troupes formé au camp de Cassel, entre Dunkerque et Lille.

Autant les ennemis mettaient d'importance à s'emparer de Condé pour s'assurer d'une place forte qui leur ouvrait en partie la frontière de France, autant les généraux français devaient s'opposer de tous leurs moyens à la prise de cette place. Plusieurs petits combats furent livrés sans succès les 27, 28, 29 et 30, près de Douzies, en avant de Maubeuge, et dans d'autres parties de la ligne.

Cependant le général Dampierre avait reçu quelques renforts, ramené l'ordre à l'armée, et l'ennemi ne devait pas s'attendre à autant de résistance de la part des Français. Dans la circonstance épineuse où se trouvait leur général, il crut devoir convoquer à Valenciennes un conseil de guerre, dans lequel il fut unanimement arrêté de tenter le 1er mai une attaque générale pour sauver Condé.

Armée du Rhin. — Nous avons laissé le général Custine au moment où, effectuant sa retraite, il arrivait sous les murs de Landau. Le 2 avril, il se replia derrière les lignes de la Queich, entre

Landau et le Rhin, et le 4 derrière celles de la Lauter, proche de Weissembourg, où il occupa toutes les positions qui pouvaient assurer la communication entre Landau et Weissembourg. Pendant ces différens mouvemens, le général autrichien Wurmser avait passé le Rhin à Ketsch, près de Schwetzingen, avec les forces réunies sur les deux rives du Necker, et il les avait cantonnées entre Spire et Neustadt, poussant ses troupes légères à Edickhoffen, à une lieue de Landau, sur le chemin de cette ville à Neustadt; disposition qui coupait toute communication entre l'armée française et Mayence, dont le roi de Prusse commença le siége en personne. Quant au corps prussien commandé par le duc de Brunswick, qui avait poursuivi le général Custine, il se dirigea vers le duché des Deux-Ponts et la Sarre.

La droite de l'armée du Rhin était confiée au général Ferrière, chargé de surveiller les passages du fleuve, depuis le fort Louis par Seltz et Lauterbourg, le long des lignes, jusqu'au moulin de Bienwald, sur la gauche de cette ville. Le centre, commandé par le général Houchard, était campé derrière Weissembourg et à Roth. La gauche, aux ordres du général Falck, était à Lemback, dans la direction de Roth, et gardait les débouchés des Vosges. Le 8 avril, le général Wurmser somma inutilement le général Gillot, qui commandait dans Landau, de lui remettre cette place.

A cette époque, l'armée de la Moselle ayant été mise sous les ordres du général Custine, il en confia le commandement au général Houchard avec ordre de la réunir dans le duché des Deux-Ponts, en portant une forte avant-garde à Hombourg pour menacer la droite des Prussiens; il ordonna en même temps la formation d'un camp entre Rouguenou et Phalzbourg. En conséquence de ces arrangemens, le 10, le général Houchard s'était emparé des Deux-Ponts; le 11, une seconde colonne avait marché par Bliescastel; s'étant jointe à la première, ces deux colonnes réunies avaient dé ogé de Hombourg et des environs les Prussiens, qui se retirèrent sur Landsthul proche de Kaiserlautern.

Armées des Alpes et d'Italie. — A son arrivée à l'armée des Alpes, le général Kellermann, instruit des grands préparatifs de guerre du roi de Sardaigne, et que des troupes autrichiennes, après avoir pénétré en Italie et cantonné six mille hommes entre Pavie et Lodi, défilaient vers le Piémont, crut important de mettre en état de guerre Saint-Jean-de-Maurienne, Montient, Montmeillan et Chambéri. Il partit ensuite pour Nice dans les derniers jours de mars, d'après une lettre du conseil exécutif, afin d'y concerter avec le général Biron, qui avait remplacé le général Anselme, le plan des opérations des armées des Alpes et d'Italie, dont un décret de la Convention fixait la démarcation.

L'armée d'Italie devait défendre les départemens du Var et des Basses-Alpes, les places d'Entrevaux, de Colmar, en y comprenant la vallée de Barcelonnette et le camp de Tournoux, en avant de cette dernière ville ; mais comme les forces qui s'étendaient jusqu'à Entrevaux pouvaient entrer en activité un mois plus tôt que celles du reste de l'armée des Alpes, les généraux Kellermann et Biron convinrent de laisser les troupes dans les places jusqu'à l'ouverture de la campagne pour l'armée des Alpes. A cette époque, Kellermann devait les retirer pour faire partie de la division qui occupait le camp de Tournoux, dont il se chargea. Ce camp couvrait la vallée de Barcelonnette et formait une réserve qui devait verser au besoin des renforts sur le point d'attaque ou de défense dans toute l'étendue des deux armées. Pendant que Kellermann s'occupait ainsi à remplir les vues du gouvernement, il était dénoncé à la Convention, et le 30 avril il recevait l'ordre de venir à Paris pour y rendre compte de sa conduite.

Armées des Pyrénées. — Vers la fin de l'année 1792, la Convention décréta une armée pour défendre la frontière d'Espagne ; elle en confia le commandement en chef au général Servan. Le plan de ce dernier était d'attaquer l'Espagne par le centre des Pyrénées ; en conséquence, il avait établi son quartier-général à Toulouse. Le 7 mars 1793, la Convention déclara la guerre à l'Espagne, et le 23 du même mois, la cour de Madrid fit paraître un manifeste qui fut suivi d'une déclaration de guerre. Le général Servan, qui avait prévu ces mesures, donna sur-le-champ ordre au général Sahuguet d'attaquer la vallée d'Aran, vers le centre des Pyrénées, expédition qui eut lieu le 31 mars.

Ce jour-là, le général de brigade, Sahuguet et l'adjudant-général Fontenille entrèrent dans la vallée d'Aran. La colonne commandée par le général s'empara sans difficulté de Bousson, Vielle et de plusieurs petits villages ; elle fit quatre-vingts prisonniers, dont deux officiers. L'avant-garde de cette colonne, aux ordres de l'adjudant-général Fontenille, avait d'abord été repoussée et eut plusieurs hommes tués et d'autres blessés ; mais quelques coups de canon avaient fait tourner le dos à l'ennemi, et les Français n'avaient pas tardé à s'emparer de Canegean et de Bausen. Des chemins affreux, de la neige jusqu'à la ceinture, rien n'avait pu ralentir l'ardeur des soldats ; leur patience, leur bon ordre dans la marche, leur bravoure dans l'attaque méritèrent les plus grands éloges.

Cependant les Espagnols attaquaient avec des forces supérieures les deux points extrêmes de la chaîne des Pyrénées du côté de Perpignan, où l'on travaillait encore aux fortifications de la place ; les ennemis étaient entrés, le 17 avril, par le col d'Ars, dans le Haut-Vallespin, au nombre de cinq ou six mille hommes ; et, secondés par les habitans, qui avaient été séduits, ils avaient culbuté sans peine les douze ou quinze cents hommes, la plupart de la nouvelle levée, qui étaient chargés de la défense de Prats-du-Mollo et du Fort-des-Bains, avec le projet de se jeter ensuite dans le Conflant pour tenter d'y enlever Villefranche, où ils avaient des intelligences, outre que cette ville était mal fortifiée et mal gardée. Ils entrèrent sur le territoire français le 17, dans Arles le 19, et s'emparèrent de Céret le 20.

Du côté de Bayonne, où à peine on avait pu rassembler huit mille hommes pour défendre la frontière depuis la vallée d'Aran jusqu'au fort d'Andaye, après avoir abandonné au zèle patriotique des habitans la sûreté des vallées de Barége, de Cauterets, d'Asun, d'Osseau, d'Aspe, de Bareton et de Mauléon, et s'être renfermé dans la défense de la frontière, depuis Saint-Étiennede-Baigouri, sur la rive droite de la Nive, au-dessous de Saint-Jean-Pied-de-Port, jusqu'à Bayonne et à l'Océan, on avait été obligé, par rapport au petit nombre de troupes disponibles, de se borner à trois camps très-faibles : le premier à Andaye, le second à Jolimont près d'Olette, le troisième à Sarre derrière Sainte-Barbe, entre la Bidassoa et la Nivelle. On avait aussi destiné quelques bataillons à la défense de Saint-Jean-Pied-de-Port.

En opposition à ces faibles moyens, les Espagnols, maîtres de tous les sommets des montagnes, pourvus d'une nombreuse artillerie, comptaient vingt-deux mille hommes dont ils pouvaient disposer pour pénétrer en France, dans la partie occidentale des Pyrénées. Les dispositions militaires primitives pour la sûreté des Pyrénées furent changées vers la fin d'avril 1793; une armée, sous les ordres du général de Flers, fut chargée de la défense de la partie orientale; une autre fut confiée au général Servan pour veiller sur la partie occidentale.

DOCUMENS COMPLÉMENTAIRES

POUR SERVIR

A L'HISTOIRE DU MOIS D'AVRIL 1793.

Les pièces que nous réunissons ici se composent : 1° du procès-verbal des trois conférences de Proly, Pereyra et Dubuisson avec Dumourier, procès-verbal lu le 1er avril à la Convention ; 2° du récit de la trahison et de la fuite de Dumourier, emprunté par nous aux Mémoires du prince Hardenberg ; 3° d'une brochure de Camille Desmoulins contre les Girondins.

Les deux premiers de ces documens nous ont paru très-propres à mettre dans tout son jour l'affaire de Dumourier, l'un parce qu'il constate les projets de ce général vis-à-vis des agens révolutionnaires ; l'autre, parce qu'il renferme tous les détails diplomatiques de sa trahison. Dumourier reconnaît lui-même dans ses mémoires la véracité du rapport sur les trois conférences avec Proly, Dubuisson et Pereyra ; quant à notre extrait des *Mémoires d'un homme d'état*, nous ne pouvions mieux choisir nos citations que dans un livre écrit dans l'esprit et sur les notes des négociateurs étrangers qui avaient traité avec Dumourier.

La brochure de Camille Desmoulins est une des pièces les plus importantes sur la faction d'Orléans ; elle renferme en outre une multitude de faits dont la donnée est indispensable pour étudier les querelles des Girondins et des Jacobins au point de vue de leur personnalité intime, pour savoir quelle part il faut faire dans les causes de l'insurrection du 31 mai aux scènes de leur vie privée, presque toujours voilées par celles de leur vie parlementaire. Indépendamment de sa valeur historique, l'ouvrage de Desmoulins est encore très-intéressant comme monument de littérature révolutionnaire.

PROCÈS-VERBAL

DES TROIS CONFÉRENCES

QUE LES CITOYENS PROLY, PEREYRA ET DUBUISSON

ONT EUES AVEC LE GÉNÉRAL DUMOURIER,

mardi 26, mercredi 27, et la nuit du jeudi 28 au vendredi 29 mars 1793,
à Tournay.

Chargés par le ministre des affaires étrangères d'une mission particulière très-importante, et de se rendre, chemin faisant, auprès du général Dumourier, pour se concerter avec lui sur les moyens de maintenir la réunion de la Belgique et d'obtenir quelques explications sur les proclamations qu'il y avait faites, les citoyens Proly, Pereyra et Dubuisson étaient en route pour se rendre à leur double destination, lorsqu'ils apprirent le malheureux succès des affaires de Nerwinde et des jours suivans. Ils se déterminèrent néanmoins à continuer leur voyage, et à joindre le général dans sa retraite. Déjà ils approchaient de Bruxelles lorsqu'ils apprirent qu'on en commençait l'évacuation. Témoins douloureux du désordre qui régnait parmi les troupes, et qui couvrait les routes d'une multitude de fuyards, ils s'arrêtèrent à Valenciennes, où ils acquirent des connaissances exactes sur tous les événemens de la semaine. Informés de la direction des mouvemens rétrogrades, ils parvinrent à joindre le général à Tournay le mardi au soir 26, au même instant qu'il y entrait avec son avant-garde.

En apprenant qu'il n'avait que peu d'heures à y passer, et qu'il se disposait à repartir dans la nuit pour Ath, où était le corps de bataille, le citoyen Proly, déjà connu assez particulièrement du général, se rendit d'abord seul auprès de lui pour annoncer ses collègues, et faire part de leur mission commune. Il le trouva dans une maison occupée par madame Sillery, mesdemoiselles Égalité et Pamela; le général était accompagné des généraux Valence, Égalité et d'une partie de son état-major; il était de plus entouré par beaucoup de monde, et notamment d'une députation des districts de Valenciennes et de Cambray.

L'entrevue commença par une réception peu amicale de la part du général, et par des reproches très-amers, auxquels ne s'attendait nullement le citoyen Proly, puisqu'il n'y avait donné aucun sujet. Le général avait été induit en erreur par de mauvais journaux et par une relation fausse d'une séance des *Jacobins*, insérée d'une manière inexacte dans le *Journal des Débats* de la société. La conversation fut très-aigre, et *Proly*, fort de son innocence, en parla le langage avec quelque dignité.

Le général passa ensuite à une multitude de reproches contre la Convention et les Jacobins. Entre autres propos extrêmement inconsidérés qu'il tenait devant tout le monde, il dit positivement que la Convention et les Jacobins étaient la cause de tout le mal de la France; mais que lui, général, était assez fort pour se battre *par devant et par derrière*; et que, dût-on l'appeler *César*, *Cromwell* ou *Monk*, il sauverait la France seul et malgré la Convention. Proly trouva convenable de se retirer à l'instant, se souciant peu de servir d'occasion au général pour dire tant de folies devant tant de monde. Au retour de leur collègue, les citoyens Pereyra et Dubuisson, informés de tous ces détails, et sentant combien il importait à la chose publique de ne pas laisser le général en proie à des sentimens si extraordinaires, furent décidés par Proly à aller le trouver seul sur-le-champ, pour tâcher de ramener son esprit à des sentimens plus équitables.

Ils présentèrent leurs lettres de créance du ministre Lebrun, et demandèrent un entretien particulier, afin que le général ne fût pas entraîné publiquement, comme avec Proly, aux expansives expressions de son humeur, qu'ils n'attribuaient alors qu'au chagrin des échecs multipliés que nos armées venaient de souffrir. Le général les fit passer dans un appartement voisin, où ils s'occupèrent d'abord à calmer, s'il était possible, cette humeur violente dont il paraissait maîtrisé. Leurs efforts furent presque heureux; et après ses diatribes répétées contre la Convention entière, le conseil exécutif et les Jacobins, ils parvinrent à lui inspirer plus de confiance, et se trouvèrent à peu près certains de savoir dans une troisième conversation ce que pensait véritablement un homme qui paraissait livré à mille idées contradictoires, et n'avait pas cependant énoncé assez clairement son plan de contre-révolution pour en tirer un résultat utile à la chose publique. Il était huit heures du soir; le général allait partir pour Ath; ils sollicitèrent donc une troisième entrevue commune à eux trois pour le lendemain après midi, aussitôt son retour; elle leur fut promise positivement, et le général, devenu très-raisonnable, se porta vers eux avec un mouvement amical, et sans doute pour leur faire oublier les duretés personnelles qu'il leur avait prodiguées d'abord comme Jacobins; il les embrassa en les quittant, et monta de suite en voiture pour se rendre à Ath.

Les trois collègues réunis se communiquèrent tout ce qui leur avait été dit par le général; ils virent clairement que le salut de la République dépendait de ce moment, c'est-à-dire de savoir au juste le secret de Dumourier, et s'il y avait véritablement quelque consistance dans ses projets. Ils écrivirent la nuit même au ministre Lebrun, et lui annoncèrent qu'ils prévoyaient qu'un d'entre eux se rendrait incessamment auprès de lui pour lui rendre compte de certains objets essentiels que des lettres expliqueraient mal. Ils se concertèrent le lendemain sur les moyens de prudence à employer pour connaître Dumourier tout entier dans la troisième entrevue. Il revint d'Ath sur les cinq heures du soir avec son corps de bataille, qu'il plaça aux environs et sous les murs de Tournai. Le citoyen Proly et ses deux collègues se trouvèrent sur son passage, à son entrée à l'abbaye Saint-Martin, où était son logement et le quartier général. Ils remarquèrent que Dumourier avait l'air de plus mauvaise humeur que jamais; ils sentirent que ce n'était pas là le moment convenable pour se présenter à lui, et apprirent de son aide-de-camp Devaux qu'il soupait chez le général Égalité, c'est-à-dire chez Mme Sillery, lieu de leurs premières entrevues. Ils se décidèrent à l'y voir encore, et après deux heures d'attente ils se rendaient chez cette dame au moment que Dumourier y arrivait.

En les apercevant, il leur dit avec un ton d'humeur très-renforcé : Je ne suis pas ici chez moi; je suis chez Égalité; si vous voulez me parler, vous me trouverez après souper à l'abbaye Saint-Martin. Ils se retirèrent sans répliquer un seul mot, bien résolus à essuyer tous les désagremens possibles pour rendre définitive cette dernière entrevue nocturne. A neuf heures et demie ils étaient dans son appartement à l'attendre et à recorder leurs idées.

Ils y passèrent une heure et demie, pendant laquelle des adjudans et autres officiers les entretinrent de propos très-inconsidérés, très-anti-patriotiques, et de la même teinte que ceux de leur général. Celui-ci parut enfin, et, malgré les traces de son humeur violente fortement imprimées sur sa physionomie, il semblait désirer lui-même la conversation qui se préparait. Cette nuance n'échappa point aux trois collègues; il les fit asseoir, renvoya tout le monde; et quand ils furent seuls avec lui, il recommença les mêmes sorties véhémentes contre la Convention et les sociétés populaires.

Après une multitude d'idées que les citoyens Proly, Pereyra, et Dubuisson lui présentaient successivement avec rapidité, pour parvenir à détruire cette méfiance qu'il semblait avoir reprise contre eux, ils lui firent reprendre lui-même cette première idée de la veille, qu'il sauverait la patrie *seul*, sans *la Convention* et malgré *la Convention*. Il répéta qu'elle était composée de sept cent quarante-cinq tyrans, tous régicides; qu'il ne faisait aucune différence des appelans et non appelans; qu'il les avait tous en horreur; qu'il se moquait de leurs décrets; qu'il avait déjà dit à Danton que bientôt ils n'auraient de validité que dans la banlieue de Paris. De là il passe à une sortie virulente sur l'armée, sur les volontaires, qui étaient des poltrons, et dit qu'il ne veut que des troupes de ligne ; il s'enflamme et se transporte de fureur en parlant du nouveau tribunal révolutionnaire, jure qu'il ne souffrira pas son existence, qui est horrible. Vainement on veut lui en démontrer la nécessité par la gravité des circonstances et par les mouvemens de cette guerre civile (dont il avait parlé avec une sorte de complaisance), il s'emporte de plus en plus, et dit trois ou quatre fois que tant qu'il aura *quatre pouces de lame à son côté* il saura bien empêcher cette horreur ; que si on renouvelle à Paris des scènes sanglantes, il marche à l'instant sur Paris ; qu'au reste la Convention n'a pas pour trois semaines d'existence.

Cette dernière phrase répétée dès la veille engage à hasarder enfin de lui demander ce qu'il compte mettre à la place de cette Convention annihilée, et à laquelle il annonçait ne pas vouloir de successeurs.

Pressé vivement dès la veille par le citoyen Dubuisson, il hésite encore à s'expliquer ; enfin, serré vivement par des argumens sans réplique, il se décide à parler catégoriquement, et à développer ses idées.

Ici les mots sont devenus si précieux, que, pour en conserver la plupart dans leur intégrité textuelle, il faudra quelquefois tracer textuellement le dialogue.

« Vous ne voulez donc pas de constitution ? lui disent les trois collègues. — Non, la nouvelle est trop bête ; et pour un homme d'esprit, en vérité, Condorcet n'y a rien entendu. — Mais que mettrez-vous donc à la place ? — L'ancienne, toute médiocre et vicieuse qu'elle soit. — A la bonne heure ; mais sans royauté, sans doute ? — Avec un roi, car il en faut un, et absolument. »

Ici deux d'entre nous concentrent leur indignation ; le troisième ne peut la contenir, et dit vivement que pas un Français n'y souscrira ; qu'ils ont tous juré le contraire ; qu'ils aimeraient mieux mourir jusqu'au dernier, et que pour lui le nom de Louis......... Dumourier interrompt et réplique : « Peu importe qu'il s'appelle *Louis* ou *Jacobus*.... »

Ou *Philippus*, dit Proly. A ce mot Dumourier se livre à un

mouvement violent, dit que c'est une atrocité des Jacobins, qui, depuis long-temps, lui reprochent d'être du parti d'Orléans, parce qu'après l'affaire de Jemmappes, il avait rendu à la Convention un compte avantageux de la conduite courageuse de ce jeune homme, qu'il forme au métier.

On n'insiste pas sur cet incident; on le ramène doucement à sa première idée de faire adopter l'ancienne constitution, *même avec un roi, puisqu'il le voulait.* « Mais comment, lui dit-on, et par qui ferez-vous accepter cette constitution, puisque vous insistez sur la destruction préalable de la Convention actuelle, et que vous entendez qu'aucun corps représentatif ne la remplace en ce moment? » Dumourier répond sans hésiter qu'il fera remplacer cette Convention par un moyen tout simple : « J'ai, dit-il, mes gens tout trouvés sans les assemblées primaires, qui prendraient trop de temps à se convoquer; enfin j'ai les présidens des districts. »

Ici la conversation fut interrompue par l'entrée subite du général Valence et de l'aide-de-camp Montjoie, qui annonçaient l'évacuation de Mons.

Le citoyen Proly et ses collègues eurent l'air de vouloir se retirer; Dumourier leur dit d'attendre un instant.

Après quelques minutes, il forme une espèce d'*à parte* avec le citoyen Proly, pendant lequel il parle d'une négociation qu'il avait entamée avec le général *Cobourg* pour quelques arrangemens relatifs aux malades laissés dans les hôpitaux de Bruxelles; négociation dont il comptait, disait-il, profiter adroitement pour retirer dix-huit bataillons qui sont dans les garnisons de Breda, Gertruydemberg,

Il lui est observé par Proly que ce commencement de négociation pourrait conduire à la *paix.* Dumourier répond que c'est bien là aussi son objet, mais qu'il la ferait *seul,* parce qu'aucune des puissances belligérantes ne voudrait jamais traiter avec la Convention, ni avec le conseil exécutif, qui était subordonné à sept cent quarante-cinq tyrans.

Pendant ce petit moment de conversation particulière, les

deux autres collègues s'entretenaient avec le général Valence et l'aide-de-camp Montjoie.

Ils entendaient aussi, de leur part, de vives plaintes contre le tribunal nouveau. Montjoie généralisait son mépris pour les décrets de la Convention, et disait tout naïvement qu'elle n'avait pas le droit d'exiger son obéissance, parce qu'il n'y avait pas donné son consentement. Ce singulier principe de droit public donna la juste mesure de la judiciaire et du civisme de l'aide-de-camp.

Après quelques minutes, Dumourier rentra dans le cercle et en tira Dubuisson, qu'il conduisit dans un coin de l'appartement éloigné du reste de la compagnie. Aussitôt celui-ci lui fit reprendre la conversation où elle était restée, c'est-à-dire à l'emploi que, dans son plan contre-révolutionnaire, il comptait faire incessamment des présidens des districts.

Dumourier se livre alors verbeusement à tous les développemens : «Mais, dit Dubuisson, je vois bien environ cinq cents présidens de district énonçant ce qu'ils appelleront le vœu du peuple, et sans doute qu'ils se rassembleront à cet effet. »

Dumourier répond : « Non, ce serait trop long, et dans trois semaines les Autrichiens seront à Paris si je ne fais la paix. Il ne s'agit plus de république, ni de liberté; j'y ai cru trois jours; c'est une folie, une absurdité; et depuis la bataille de Jemmappes, j'ai pleuré toutes les fois que j'ai eu des succès pour une aussi mauvaise cause; mais il faut sauver la patrie, en reprenant bien vite un roi, et faisant la paix; car ce serait bien pis si le territoire était envahi; et il le sera, si je veux, dans moins de trois semaines,

» Cela se peut, reprend Dubuisson ; mais rendez-moi donc plus clairs vos moyens pratiques de sauver la patrie. Vous ne voulez pas des rassemblemens des présidens de district; qui donc aura l'initiative pour émettre le vœu de rétablir un roi, et de reprendre la première constitution ? »

Dumourier dit : « Mon armée. »

Silence de la part de Dubuisson, pendant lequel Dumourier

répète : «Mon armée.... oui, l'armée des *Mamelucs*. Elle le sera, l'armée de *Mamelucs*, pas pour long-temps; mais enfin elle le sera; et de mon camp, ou du sein d'une place forte, elle dira qu'elle veut un roi. Les présidens des districts sont chargés de le faire accepter, chacun dans son arrondissement. La moitié et plus de la France le désire. Et alors, moi, je ferai la paix dans peu de temps et facilement. »

Dubuisson lui fait à l'instant beaucoup d'objections sur les moyens d'exécution, et lui représente le danger personnel que lui, Dumourier, courrait, s'il était soupçonné ou traversé dans la réussite. Il répond que si ses projets échouent, et qu'il soit décrété d'accusation, comme il nous l'avait déjà dit plusieurs fois, qu'il s'en moquait, et de ce décret et de tous les autres; qu'il défiait la Convention de le faire mettre à exécution au milieu de son armée, et qu'au reste il avait toujours pour dernière ressource un temps de galop vers les Autrichiens.

Dubuisson lui représente que le sort de La Fayette n'est pas tentant pour ses imitateurs. Il réplique : «La Fayette avait inspiré le mépris pour ses talens, et la haine par la journée du 6 octobre à Versailles, à toutes les puissances du nord; mais moi, je suis aimé et estimé d'elles toutes; d'ailleurs je passerai chez elles de manière à m'en bien faire recevoir.» Ému, Dubuisson, cherchant tous les moyens de l'engager à renoncer à ses idées, imagine de lui proposer un autre plan de contre-révolution qui aurait un même but, mais qui serait plus adroit et moins risquable.

Dumourier l'écoute avec complaisance, et lui dit que, quoique meilleur que le sien, il ne peut l'adopter, parce que le temps manquerait; qu'enfin le sien est plus propre aux circonstances, et qu'il aurait déjà commencé ostensiblement à l'exécuter s'il n'avait craint pour les jours de cette *infortunée* qui est au Temple et pour ceux de sa précieuse famille. Dubuisson saisit cette idée dilatoire, la lui présenta sous diverses expressions, pour l'engager à renoncer à un plan qui compromettrait de fait l'existence royale à laquelle il prenait tant d'intérêt.

Il répond : Qu'après que le dernier des Bourbons serait tué, même ceux de Coblentz, la France n'en aurait pas moins un roi ; mais que si Paris ajoutait les meurtres du Temple à tous les autres, il marchait dans l'instant sur cette ville, mais qu'il n'en ferait pas le siége à la manière de *Broglio*, qui était un imbécile, qui n'avait pas connu sa besogne ; mais que lui, Dumourier, se faisait fort de réduire Paris dans huit jours avec douze mille hommes, dont un corps à *Pont-Saint-Maxence*, un autre à *Nogent*, etc., et autres postes sur les rivières ; qu'ainsi il l'aurait bientôt réduit par famine ; qu'au reste la déclaration de guerre avec l'Angleterre, ouvrage ridicule et perfide de Brissot, mènerait à faire capituler la France entière par disette de grains, attendu qu'elle n'en recueillait pas assez pour se nourrir, et que les corsaires anglais ne laisseraient pas entrer dans nos ports un seul navire chargé de grains.

Dubuisson lui répliqua que cette dernière donnée était inexacte ; mais que, sans s'arrêter à le lui démontrer, il voulait encore l'arrêter par le même intérêt pour les jours de la famille royale, qui seraient certainement dans le plus grand danger au premier acte qui signalerait son plan.

Alors Dumourier se tait un instant, et ensuite s'écrie, comme inspiré par la force de sa situation : « Eh bien ! vos Jacobins, à qui vous tenez tant, ont ici moyen de s'illustrer à jamais et de faire oublier tous leurs crimes ; qu'ils couvrent de leurs corps ceux de la famille royale ; qu'ils fassent faire une troisième insurrection qui rachète les crimes de celles de 1789 et de 1792, et que le fruit de cette dernière insurrection soit la dispersion des sept cent quarante-cinq tyrans, à quelque prix que ce soit : pendant ce temps, je marche avec mon armée, et je proclame le roi.

Dubuisson, effrayé de cette scélératesse, pressent dès-lors que l'auteur de semblables confidences, au milieu d'une armée et d'une ville étrangère, pourrait fort bien, après une heure de réflexion, le punir de sa propre imprudence, qui l'entraînait si légèrement à tant d'atroces confidences. Alors il gagne assez sur lui-même pour chercher à assurer sa retraite et celle de ses collègues ; il se décide rapidement à faire accroire à Dumourier qu'il trouve son idée belle et possible dans l'exécution; qu'il va partir pour Paris, et qu'il espère sonder adroitement les Jacobins sur cet objet, qu'il ne doute même pas du succès.

Ici, les confidences se multiplient de la part de Dumourier. Il avoue qu'il a pensé à enlever à la maison d'Autriche la Belgique pour se faire reconnaître le chef de la nouvelle république belge, amie, alliée de la France. Il déclare nettement que c'est la seule haine que les ingrats de la France lui ont portée qui l'a barré dans ce projet; mais il fait entendre qu'il peut encore se réaliser pour la Belgique et pour lui, sous la protection de la maison d'Autriche.

Enfin Dubuisson, fatigué d'être dépositaire, malgré lui, de tant de projets liberticides, demande à trois heures du matin la permission de se retirer. Dumourier lui dit de partir pour Paris avec ses collègues, mais de revenir seul dans 5 ou 6 jours, après avoir jeté les racines de l'insurrection des Jacobins pour opérer la dispersion, et *même plus*, des membres de la Convention, et la protection tutélaire qu'ils donneraient à la famille royale jusqu'à son arrivée.

Dubuisson se retire avec Proly, qui était resté seul, et lui dit dès qu'il se vit libre : Partons pour Paris, nous n'avons plus rien à faire ; les horreurs que je viens d'entendre sont plus fortes encore que celles qu'il nous a dites en commun. Les chevaux de poste sont demandés, et les trois collègues indignés quittent sur-le-champ Tournay.

Dumourier ne s'était pas couché tout de suite. Il fait une lettre au ministre Beurnonville, et annonce le citoyen Dubuisson. La lettre est arrivée par un courrier de dépêche.

Proly et ses collègues rencontrèrent à Lille les députés Lacroix, Robert et Gossuin. Sans leur développer toutes les pensées cruelles qui les agitaient, ils leur firent entendre que le salut public demandait que la ville de Lille fût à l'instant déclarée en état de siége, et qu'ils la surveillassent exactement; qu'il était d'une importance majeure d'en faire autant pour toutes les places frontières, que défendrait mal l'armée en partie dispersée, ou à la disposition d'un homme qui, d'après trois jours de conversation, leur paraissait devenu très-dangereux au salut de la République. Les députés parurent le considérer dans ce sens, et même énoncèrent le désir qu'ils avaient déjà eu de lui envoyer l'ordre d'aller se reposer à Paris. Les citoyens Proly, Pereyra et Dubuisson, un peu plus tranquilles sur le sort de Lille par la présence des commissaires, se rendirent de suite à Paris, où ils ne purent arriver que hier, samedi, à huit heures du matin, malgré le désir qu'ils avaient de déposer d'aussi grands intérêts entre les mains de la puissance protectrice de la République et du ministre qui avait eu confiance dans leur véracité.

Paris, ce 31 mars, l'an 2 de la République, etc., avons signé tous trois collectivement pour ce qui a été dit aux trois en commun, et chacun séparément pour ce qui regarde les conversations particulières.

PROLY, PEREYRA, DUBUISSON.

AVRIL (1793).

EXTRAIT

DES

MÉMOIRES D'UN HOMME D'ETAT.

« Le lendemain même du combat de Louvain, pendant le désordre de la retraite, Dumourier envoie au quartier-général du prince de Cobourg le colonel Montjoie, en apparence chargé de traiter de l'échange des prisonniers, mais au fond porteur d'ouvertures importantes, Là, il s'abouche avec le colonel Mack, chef de l'état-major de l'armée impériale, que le conseil aulique, sur sa réputation d'habile tacticien, avait donné pour mentor au prince de Cobourg, et qui, dans cette campagne, commençait sous d'heureux auspices une célébrité qui, plus tard, s'évanouit dans des revers déplorables. L'envoyé de Dumourier lui représente combien il serait avantageux aux deux armées de convenir d'une suspension d'armes, et n'oubliant rien pour le persuader, dissimule le désordre de la retraite, et exagère les ressources de son général. Le colonel Mack promet d'entretenir de cette ouverture le prince de Cobourg.

» Le lendemain 22, Dumourier, après avoir de nouveau réfléchi sur la position et les dangers de son armée, renvoie le colonel Montjoie inviter le colonel Mack à venir s'aboucher avec lui au sujet de la proposition qu'il lui a faite. Mack arrive le soir même dans une maison isolée située sur la Montagne-de-Fer près Louvain. La il trouve Dumourier, qui, s'ouvrant en peu de mots, sans toutefois lui faire connaître toute l'étendue de ses projets, l'amène à consentir à une première convention sur les trois bases suivantes : 1º que les impériaux ne feront plus de grandes attaques, et que Dumourier, de son côté, ne cherchera point à livrer bataille ; 2° qu'en vertu de cet armistice tacite, les Français se retireront sur Bruxelles lentement, en bon ordre et sans être inquiétés ; 3° qu'après l'évacuation de Bruxelles, on s'abouchera de nouveau pour convenir des faits ultérieurs. Cette première convention entre les deux généraux fut purement verbale. Le prince de Cobourg s'en félicita, d'autant plus qu'elle opérait sans autre combat l'évacuation de la Belgique.

» Dumourier assure que le prince ignorait le déplorable état de son armée, les ombres de la nuit ayant caché aux Autrichiens l'extrême désordre de la retraite ; car depuis Louvain, toute l'énergie que l'armée avait montrée dans les combats précédens était détruite. Il avoue même que le prince aurait pu en profiter pour achever de la disperser et de l'anéantir.

» La retraite de l'armée française s'effectuait, quand le surlendemain de l'occupation de Bruxelles par les impériaux (1), le colonel Mack se rendit à Ath pour s'aboucher de nouveau avec Dumourier : le général Thouvenot, le duc de Chartres et le colonel Montjoie assistèrent à cette conférence. Sans rien écrire, on y arrêta une seconde convention plus formelle que la première. Pour cacher aux deux armées la connivence entre les généraux, on convint que l'armée française s'arrêterait quelque temps sur la frontière, dans la position de Mons, Tournay et Courtray, sans être inquiétée. Dumourier ayant révélé au colonel Mack son projet tout entier de marcher sur Paris, on convint également qu'il règlerait lui-même, quand il en serait temps, les mouvemens des impériaux, qui n'agiraient que comme auxiliaires ; que s'il n'avait pas besoin de secours, les impériaux resteraient sur les frontières sans s'avancer, et que l'évacuation totale de la Belgique serait le prix de cette condescendance ; que si, au contraire, Dumourier ne pouvait pas opérer tout seul, non pas la contre-révolution, mais la réformation, c'est-à-dire le rétablissement de la monarchie constitutionnelle, il indiquerait lui-même le nombre et l'espèce de troupes dont il aurait besoin pour réussir dans son projet, et qu'on ne les ferait marcher

(1) » Le 27 mars.

que sous sa direction. Il fut enfin décidé que lors du mouvement de Dumourier sur Paris, la place de Condé serait remise aux Autrichiens, pour lier les opérations entre les deux parties d'armée impériale du prince de Cobourg et du prince de Hohenlohe-Kirchberg, mais comme place de garantie, et avec la condition qu'elle serait rendue à la France après la guerre, *et après le réglement des indemnités*; que d'ailleurs toutes les autres places, si le parti constitutionnel était dans le cas d'avoir besoin de seconder les impériaux, recevraient garnison mi-partie sous les ordres des Français.

» Ainsi c'était pour aider Dumourier à renverser la secte des Jacobins, et à rétablir la constitution émanée de la révolution de 1789, que le prince de Cobourg consentait à n'agir que comme auxiliaire. Dans les conseils tenus à Bruxelles, on ne vit d'abord cet arrangement secret que sous le point de vue de l'assurance de recouvrer toute la Belgique sans coup-férir, et peut-être même de terminer la guerre. On s'y rallia.

» L'arrestation des quatre commissaires de la Convention (1) et du ministre de la guerre Beurnonville, chargés de s'assurer de Dumourier lui-même à son quartier-général, fut le dernier acte d'autorité, au-delà duquel vint expirer le pouvoir de ce général, et s'évanouir tous ses plans. Les commissaires tombés dans ses mains furent remis, le 2 avril, au général Clairfayt, transférés de Tournay à Mons, puis à Bruxelles, et enfin à Maëstricht. Là on leur signifia qu'ils étaient retenus comme otages de la sûreté des prisonniers de la famille royale gardés au Temple.

» Immédiatement après ce grand éclat donné à sa défection, Dumourier aurait dû ne pas différer d'agir en faisant déclarer son armée : elle lui était dévouée en partie, et, s'attachant à sa fortune, aurait obéi à ses ordres s'il eût montré dans ses démarches autant de promptitude qu'il y apporta de hardiesse. Peut-être eût-il entraîné par là quelques-uns des corps qui lui étaient opposés. Mais par suite de sa dernière convention avec le

(1) » Camus, Bancal, Quinette et Lamarque.

prince de Cobourg, il se trouva pour ainsi dire enchaîné dans le moment décisif. On était convenu, dans la conférence d'Ath, que le prince de Cobourg, l'archiduc Charles et le baron de Mack se rendraient, le 4 avril au matin, entre Bossu et Condé, où Dumourier viendrait aussi de son côté, et que là on combinerait les mouvemens des deux armées autrichienne et française réunies. Ainsi quarante-huit heures se trouvaient perdues, et en révolution c'est l'à-propos qui décide du succès.

» D'un autre côté, par suite de la même convention entre les généraux, un congrès des ministres des puissances coalisées venait d'être convoqué à Anvers. Sur l'avis de sa prochaine ouverture, Dumourier, au lieu d'agir militairement, selon que l'exigeait l'occurrence, s'engagea dans le dédale de la diplomatie, dont il connaissait tous les détours; il fit partir le général Valence pour Bruxelles, afin de le mettre à portée du congrès, et dans la nuit même composa un court manifeste où il rendait compte des motifs de sa défection.

» Elle parut d'une si haute importance au duc d'York, récemment débarqué avec des troupes anglaises envoyées à la défense commune, qu'il en expédia en toute hâte la nouvelle à Londres. A l'arrivée du courrier, les ministres jugèrent que l'événement était d'une nature si décisive, qu'on pouvait contremander les préparatifs de l'embarquement de plusieurs régimens d'infanterie et de cavalerie destinés pour le continent.

» Quant au congrès, voici comment et dans quelle vue en fut précipitée l'ouverture. Le comte de Metternich (1), ministre plénipotentiaire de l'empereur auprès des Pays-Bas, crut devoir, d'après la convention consentie à Ath entre Dumourier et le prince de Cobourg, inviter les ministres des puissances coalisées, qui se trouvaient à La Haye, à se réunir le 8 avril en conférences dans la ville d'Anvers, pour y délibérer sur les circonstances politiques qui se mêlaient à la conduite de la guerre. In-

(1) » Père du prince de Metternich actuel; il avait remplacé le comte de Mercy auprès du gouvernement des Pays-Bas; en 1805 il fut élevé à la dignité de prince, et mourut en 1818. »

struit également que la réunion des deux armées devait être réglée le 4 dans une conférence des généraux, il jugea que les événemens seraient dans toute leur maturité du 4 au 8, et que le congrès n'aurait plus alors qu'à donner sa sanction diplomatique aux arrangemens déjà consentis de part et d'autre.

» Avec quel vif empressement, vu la gravité des conjonctures, les différens ministres se portèrent aux conférences de ce congrès improvisé ! Le stathouder, le prince héréditaire d'Orange et le duc d'York manifestèrent l'intention d'y assister. Lord Auckland, ambassadeur d'Angleterre à La Haye ; le comte de Starhemberg, et le comte de Keller, ministres de l'empereur et du roi de Prusse à la même cour, étaient les principaux diplomates qui devaient y délibérer avec le comte de Metternich. Qu'on y ajoute le général prussien de Knobelsdorff et le comte Tauentzien, major au service de Prusse, et on aura au juste la composition de ce congrès, que devait compléter la présence du prince Cobourg et de son chef d'état-major, baron de Mack.

» Veut-on avoir une idée de l'esprit qui animait la plupart des ministres appelés à Anvers ? qu'on lise la note présentée par lord Auckland et le comte de Starhemberg aux états-généraux des Provinces-Unies le 5 avril, trois jours avant l'ouverture des conférences. Elle était conçue en ces termes :

» Hauts et puissans seigneurs, il est connu que vers la fin du
» mois de septembre de l'année dernière (1), S. M. Britannique
» et V. H. P. ont donné de concert l'assurance solennelle que,
» dans le cas où le danger imminent qui menaçait dès-lors
» LL. MM. Très-Chrétiennes et leur famille se réalisât, S. M.
» et LL. HH. PP. ne manqueraient pas de prendre les mesures
» les plus efficaces pour empêcher que les personnes qui se se-
» raient rendues coupables d'un crime aussi atroce ne trouvas-
» sent aucun asile dans leurs états respectifs. Cet événement,
» qu'on pressentait avec horreur, a eu lieu ; et la vengeance di-
» vine paraît ne s'être pas long-temps fait attendre. Quelques-
» uns de ces détestables régicides sont déjà dans le cas de pou-

(1) » Septembre 1792.

» voir être soumis au glaive de la loi (1). Les autres sont encore
» au milieu du peuple qu'ils ont plongé dans un abîme de maux,
» et auquel la famine, l'anarchie et la guerre civile préparent de
» nouvelles calamités. Enfin tout ce que nous voyons arriver
» concourt à nous faire regarder comme prochaine la fin de ces
» misérables, dont la démence et les atrocités ont pénétré d'é-
» pouvante et d'indignation tous ceux qui tiennent aux principes
» de religion, de morale et d'humanité.

» En conséquence, les soussignés soumettent au jugement
» éclairé et à la sagesse de vos hautes puissances si elles ne trou-
» veraient pas convenable d'employer tous les moyens qui sont
» en leur pouvoir pour défendre l'entrée de leurs états en Eu-
» rope ou de leurs colonies à tous ceux des membres de la soi-
» disant Convention nationale, ou du prétendu conseil exécutif,
» qui ont pris part directement ou indirectement audit crime, et
» s'ils étaient découverts et arrêtés, de les livrer entre les mains
» de la justice, pour servir de leçon et d'exemple au genre hu-
» main. *Signé*, AUCKLAND, LOUIS, *comte de Starhemberg.* »

» Il est clair, d'après le contenu de cette note, que les ministres signataires croyaient toucher au renversement de la Convention. Nous pouvons affirmer que les autres ministres et généraux, ainsi que les trois princes qui venaient assister au congrès, étaient dans la même attente. Mais il est une chaîne d'événemens que toute la prudence humaine ne peut ni calculer ni prévoir ; c'est Dumourier qui s'exprime ainsi en rappelant dans ses Mémoires, mais d'une manière incomplète, les circonstances de sa défection. D'après son plan, il devait s'approcher de Lille, et remettre aux impériaux la place de Condé, comme garant du traité ; mais dès le 4 avril, jour où il était convenu que de part et d'autre on en commencerait l'exécution, Dumourier cessa d'être obéi. En s'approchant de Condé pour aller conférer avec le prince de Cobourg et l'archiduc Charles, il fut assailli par trois bataillons de volontaires qui, voulant le tuer, lui tirèrent des

---

(1) » Les quatre commissaires de la Convention arrêtés trois jours avant par Dumourier.

coups de fusil. Dumourier leur échappa en faisant un détour, et manqua ainsi son rendez-vous ; le soir seulement il parvint à joindre le colonel Mack, passa une partie de la nuit à faire entrer cet officier dans ses vues, en lui dissimulant l'état réel de son armée, et rédigea de concert une proclamation au nom du prince de Cobourg, pour être imprimée et publiée le lendemain à la suite de son *adresse à la nation française*. Cette adresse était une sorte de manifeste contre la Convention et contre les Jacobins, où Dumourier annonçait le rétablissement, sous les auspices de toute l'Europe, de la *constitution jurée en* 1789, 90 *et* 91.

» Mais il ne suffirait pas d'indiquer ou d'analyser cette pièce historique dans un ouvrage particulièrement consacré à remonter aux causes des événemens. Or, voici dans toute sa teneur (1) la proclamation, approuvée, signée et publiée le lendemain par le prince de Cobourg.

» *Le maréchal prince de Saxe-Cobourg, général en chef des ar-*
» *mées de S. M. l'empereur et de l'empire, aux Français.*

» Le général en chef Dumourier m'a communiqué sa déclara-
» tion à la nation française. J'y trouve les sentimens et les prin-
» cipes d'un homme vertueux, qui aime véritablement sa patrie,
» et voudrait faire cesser l'anarchie et les calamités qui la dé-
» chirent en lui procurant le bonheur d'une constitution et d'un
» gouvernement sage et solide. Je sais que c'est le vœu unanime
» de tous les souverains, que des factieux ont armés contre la
» France, et principalement celui de S. M. l'empereur et de S. M.
» Prussienne. Rempli d'estime encore pour l'ensemble d'une na-
» tion si grande et si généreuse, chez laquelle les principes im-
» muables de la justice et de l'honneur furent jadis sacrés, avant
» qu'à force d'attentats, de bouleversemens et de prestiges, on
» soit parvenu à en égarer et en corrompre cette portion qui,

(1) » Le texte en est peu connu, et ne se trouve dans aucune de nos histoires de la révolution.

» sous le masque de l'humanité et du patriotisme, ne parle plus
» que d'assassinats et de poignards ; je sais aussi que ce vœu est
» celui de tout ce qu'il y a en France d'honnête, de sensé, de
» vertueux. Profondément pénétré de ces grandes vérités, ne
» désirant que la prospérité et la gloire d'un pays déchiré par
» tant de convulsions et de malheurs, je déclare par la présente
» proclamation, *que je soutiendrai de toutes les forces qui me sont*
» *confiées, les intentions généreuses et bienfaisantes du général en*
» *chef Dumourier, et de sa brave armée.* Je déclare en outre que
» venant récemment, et à plusieurs reprises, de nous battre en
» ennemis vaillans, intrépides et généreux, je ferai joindre, si le
» général Dumourier le demandait, une partie de mes troupes ou
» toute mon armée à l'armée française, pour coopérer *en amis*
» et *en compagnons d'armes*, dignes de s'estimer réciproque-
» ment, à rendre à la France son *roi constitutionnel*, la constitu-
» tion qu'elle s'était donnée, et par conséquent les moyens de la
» rectifier si la nation la trouve imparfaite, et ramener ainsi en
» France, comme dans le reste de l'Europe, la paix, la confiance,
» la tranquillité et le bonheur. Je déclare par conséquent ici, sur
» ma parole d'honneur, que je ne viendrai nullement sur le ter-
» ritoire français *pour y faire des conquêtes*, mais uniquement et
» purement aux fins ci-dessus indiquées. Je déclare aussi, sur
» ma parole d'honneur, que si les opérations militaires exi-
» geaient que l'une ou l'autre place forte fût remise à mes trou-
» pes, je ne la regarderai jamais autrement que comme un *dépôt*
» *sacré*, et m'engage ici de la manière la plus expresse et la plus
» positive de *la rendre aussitôt que le gouvernement qui sera éta-*
» *bli en France, ou le brave général avec lequel je vais faire cause*
» *commune, le demanderont*. Je déclare enfin que je donnerai les
» ordres les plus sévères et prendrai les mesures les plus vigou-
» reuses et les plus efficaces pour que mes troupes ne commet-
» tent pas le moindre excès, ne se permettent pas la moindre
» exaction ou la moindre violence, respectent partout les per-
» sonnes et les propriétés sur le territoire français, et que qui-
» conque dans mon armée oserait contrevenir à mes ordres

» serait puni sur-le-champ de la mort la plus ignominieuse.
» Donné à mon quartier-général de Mons, ce 5 avril 1793.

» *Signé le prince* DE COBOURG. »

» A peine cette proclamation est-elle rédigée, que Dumourier, au point du jour, monte à cheval et se porte avec une escorte de cinquante cavaliers autrichiens vers le camp de Maulde pour y rallier son armée et commencer le mouvement qu'il médite sur Lille. Mais l'escorte étrangère, destinée à sa sûreté personnelle, à cause des événemens de la veille, choque tellement les soldats français, qu'ils s'indignent de voir leur général en chef sous la garde des ennemis. Toutefois on le reçoit encore avec affection aux avant-postes du camp de Maulde; mais à son approche du camp de Saint-Amand, il apprend la désertion de son artillerie, qui bientôt entraîne la presque totalité de son armée.

» Il ne lui restait plus, pour se soustraire à la proscription (car la Convention venait de mettre sa tête à prix), que la triste ressource de la fuite et de l'exil. Voyant arriver l'heure de céder à sa destinée, il remonte à cheval suivi de quelques amis liés à sa fortune, et se rend à Tournay sous l'égide autrichienne. Là environ quinze cents hommes de son armée, tant à pied qu'à cheval, viennent le joindre, amenant avec eux et escortant les équipages de son état-major.

» Ainsi finit le rêve brillant de ce guerrier diplomate, qui, partant de Paris à la fin de janvier, et laissant Paris en proie aux factions et aux désordres, voulut conquérir la Hollande, changer l'état politique de la Belgique, et rétablir la monarchie en une campagne. » (*Mémoires d'un homme d'état*, t. II, p. 143-162.)

HISTOIRE
DES BRISSOTINS,

OU

FRAGMENT DE L'HISTOIRE SECRÈTE DE LA RÉVOLUTION

ET DES SIX PREMIERS MOIS DE LA RÉPUBLIQUE,

PAR CAMILLE DESMOULINS,

député de Paris à la Convention.

Est-ce que des fripons la race est éternelle ?

On dut porter envie à ceux qui venaient d'être nommés députés à la Convention. Y eut-il jamais une plus belle mission, une plus favorable occasion de gloire ? L'héritier de soixante-cinq despotes, le Jupiter des rois, Louis XVI, prisonnier de la nation et amené devant le glaive vengeur de la justice; les ruines de tant de palais et de châteaux et les décombres de la monarchie tout entière, matériaux immenses devant nous pour bâtir la Constitution; quatre-vingt-dix mille Prussiens ou Autrichiens arrêtés par dix-sept mille Français; la nation tout entière debout pour les exterminer; le ciel s'alliant à nos armes, et auxiliaire de nos canonniers par la dyssenterie; le roi de Prusse réduit à moins de quarante mille hommes effectifs, poursuivi et enveloppé par une armée victorieuse de cent dix mille hommes; la Belgique, la Hollande, la Savoie, l'Angleterre, l'Irlande, une grande partie de l'Allemagne s'avançant au-devant de la liberté, et faisant publiquement des vœux pour nos succès : tel était l'état des choses à l'ouverture de la Convention. La république française à créer, l'Europe à désorganiser, peut-être à purger de ses tyrans par l'éruption des principes volcaniques de l'égalité ; Paris, moins un département que la ville hospitalière et commune de tous les citoyens des départemens, dont elle est mêlée et dont se compose sa population ; Paris, qui ne subsistait que de la monarchie et qui avait fait la république, à soutenir, en le plaçant entre les bouches du Rhin et les bouches du Rhône, en y appelant le commerce maritime par un canal et un port ; la liberté, la démocratie à venger de ses calomniateurs, par la prospérité de la France, par ses lois, ses arts, son commerce, son industrie affranchie de toutes les entraves, et prenant un essor qui étonnait l'Angleterre, en un mot par l'exemple du bonheur public ; enfin le peuple, qui jusqu'à nos jours n'avait été compté pour rien, le peuple, que Platon lui-même, dans sa république, tout imaginaire qu'elle fût, avait dévoué à la servitude, à rétablir dans ses droits primitifs et à rappeler à l'égalité : telle était la vocation sublime des députés à la Convention. Quelle ame froide et rétrécie pouvait ne pas s'échauffer et s'agrandir en contemplant ces hautes destinées ?

Qui nous a empêchés de remplir cette carrière de gloire? De quel côté sont les ennemis de la République, les factieux, les véritables anarchistes, les conspirateurs, les complices de Dumourier, de Pitt et de la Prusse ?

Il est temps enfin de les signaler et d'en faire justice ; et dans la masse des faits que je vais recueillir, ce sera pour les départemens leur acte d'accusation que j'aurai rédigé, et, pour l'histoire, le jugement uniforme de la postérité que j'aurai prononcé d'avance.

Il y a quelques jours Pétion gémissait en ces termes à la Convention : « De quoi nous sert-il de réfuter une calomnie ? On la coule à fond aujourd'hui, elle surnage le lendemain. On la réfute à la tribune, on la chasse de tous les esprits ; elle y rentre le lendemain par les journaux, et on en est assailli dans la rue. Quand est-ce donc qu'on posera sur le papier, et non en l'air, une série de griefs à laquelle nous puissions répondre article par article ? » Vous allez être contens, Pétion, vous et les vôtres : je vais vous présenter cette série de griefs, et je suis curieux de voir comment vous pourrez répondre à mon interrogatoire sur faits et articles.

D'abord une observation préliminaire indispensable : c'est qu'il y a peu de bonne foi de nous demander des faits démonstratifs de la conspiration. Le seul souvenir qui reste du fameux discours de Brissot et de Gensonné pour démontrer l'existence du comité autrichien, c'est qu'ils soutenaient, avec grande raison, qu'en matière de conspiration il est absurde de demander des faits démonstratifs et des preuves judiciaires, qu'on n'a jamais eues, pas même dans la conjuration de Catilina, les conspirateurs n'ayant pas coutume de se mettre si à découvert. Il suffit d'indices violens. Or, je vais établir contre Brissot et Gensonné l'existence d'un comité anglo-prussien par un ensemble d'indices cent fois plus forts que ceux par lesquels eux, Brissot et Gensonné, prouvaient l'existence du comité autrichien.

Je mets en fait que le côté droit de la Convention, et principalement les meneurs, sont presque tous partisans de la royauté, complices des trahisons de Dumourier et Beurnonville, dirigés par les agens de Pitt, de d'Orléans et de la Prusse, et ayant voulu diviser la France en vingt ou trente républiques fédératives, ou plutôt la bouleverser, pour qu'il n'y eût point de république. Je soutiens qu'il n'y eut jamais dans l'histoire une conjuration mieux prouvée, et par une multitude de présomptions plus violentes que celle de ce que j'appelle les brissotins, parce que Brissot en était l'ame, contre la république française.

Pour remonter aux élémens de la conjuration, on ne peut nier aujourd'hui que Pitt, dans notre révolution de 1789, n'ait voulu acquitter sur Louis XVI la lettre de change tirée en 1641 par Richelieu sur Charles Ier. On sait la part qu'eut ce cardinal aux troubles du long parlement, où il pensionnait les plus zélés républicains ; et bien des événemens depuis m'ont fait ressouvenir de la colère que montra Brissot, il y a trois ans, quand un journaliste aristocrate, ayant déterré le livre rouge de Richelieu et de Mazarin, y trouva à livres, sous et deniers, les sommes que ces ministres avaient comptées à Fiennes et Hampden pour leur zèle à demander la république. Ceux qui lisaient *le Patriote français* peuvent se souvenir avec quelle chaleur Brissot, craignant l'application, se fit le champion du désintéressement des républicains anglais. Pitt avait encore à prendre sa revanche des secours donnés par Vergennes aux insurgens anglo-américains; mais, depuis le 10 août, il s'est trouvé qu'au grand déplaisir de Pitt et de Brissot, ils avaient mené la liberté plus loin qu'il ne convenait à l'Angleterre; et Pitt et Brissot se sont efforcés d'enrayer. Quand le général Dillon affirmait, il y a quatre ans, à la tribune du corps constituant, qu'il savait, de science certaine, que Brissot était l'émissaire de Pitt, et sonnait du cor pour le compte du ministère anglais, on n'y fit pas beaucoup d'attention, parce que Dillon était du côté droit; mais ceux qui ont suivi les marches et contre-marches de Brissot, depuis ses écrits sur la traite des noirs et les colonies jusqu'à l'évacuation de la Hollande et de la Belgique, peuvent-ils nier qu'on ne trouverait pas peut-être une seule page dans cette masse de volumes qui ne soit dirigée au profit de l'Angleterre et de son commerce, et à la ruine de la France?

Est-ce qu'on peut me nier ce que j'ai prouvé dans un discours dont la société des Jacobins se souvient encore? celui que je prononçai *sur la situation politique de la nation à l'ouverture de l'assemblée législative,* que notre révolution de 1789 avait été une affaire arrangée entre le ministère britannique et une partie de la minorité de la noblesse, préparée par les uns pour amener un déménagement de l'aristocratie de Versailles dans quelques châteaux, quelques hôtels, quelques comptoirs; par les autres, pour amener un changement de maître; par tous pour nous donner les deux chambres et une constitution à l'instar de la constitution anglaise. Lorsque je prononçai ce discours à la société, le 21 octobre 1791, où je montrais que les racines de la révolution étaient aristocratiques, je vois encore la colère et les soubresauts de Sillery et de Voidel quand je parlai des *machinistes* de la révolution. Je glissai légèrement là-dessus parce qu'il n'était pas temps encore, et qu'il fallait achever la révolution avant d'en donner l'histoire. Je voulais seulement laisser entrevoir à Sillery que ses pensées les plus secrètes ne nous échappaient pas, que nous le tenions en arrêt, et qu'il ne s'imaginât point que chez lui, et à Belle-Chasse, la harpe de madame Sillery et les séductions plus fortes de ses sirènes avaient amené toute mon attention sur le bord de mes yeux et de mes oreilles pour admirer, et n'avaient point laissé le temps à mon esprit observateur de poursuivre ses observations et de lever ses plans de république.

Me fera-t-on croire que lorsque je montais sur une table, le 12 juillet, et que j'appelais le peuple à la liberté, ce fut mon éloquence qui produisit ce grand mouvement une demi-heure après, et qui fit sortir de dessous terre les deux bustes d'Orléans et de Necker?

Croit-on que dans les quinze jours que j'ai habité à Versailles chez Mirabeau, immédiatement avant le 6 octobre, où je le quittai, je n'aie rien vu des mouvemens précurseurs de la journée du 5 au 6? Croit-on que lorsque j'allai chez Mirabeau, au moment où il apprit que d'Orléans venait de partir pour Londres, sa colère de se voir abandonné, et ses imprécations dignes de Philoctète, et celles de son secrétaire, et la figure pétrifiée de Servan, et, dans ce temps-là, les liaisons de l'Anglais *Dumont* et du Génevois *Duroveray*, leurs allées et venues de Paris à Londres, ne m'aient rien fait conjecturer?

N'est-ce pas un fait que Brissot a été secrétaire de madame Sillery ou de son frère Ducrest? N'est-ce pas un fait que ce fut Brissot et Laclos (car Danton n'y concourut point) qui furent les rédacteurs impunis de la pétition concertée avec La Fayette, et si funeste, du Champ-de-Mars? Brissot et Laclos! c'est-à-dire La Fayette et Orléans? Le lecteur qui n'est pas au courant s'étonne de trouver ces deux noms à côté l'un de l'autre. Patience! que j'aie débrouillé l'intrigue, et la surprise cessera tout à l'heure.

N'est-ce pas un fait que Pétion a fait le voyage de Londres

dans une dormeuse avec madame Sillery et mesdemoiselles d'Orléans, Pamela, Sercey, qu'on pouvait appeler les trois Graces, et qui pressaient son genou vertueux et heureusement incorruptible ; et que c'est à ce retour qu'il a été nommé maire de Paris ? Pourquoi ce voyage si suspect? quelle négociation si importante avait exigé qu'un si grand personnage que Jérôme Pétion passât la mer et s'abouchât avec Pitt?

Pétion croit-il que je ne me souvienne pas, il y a trois ans, dans le temps où on m'avait cru bon à quelque chose, de mes dîners chez Sillery, dans le *salon d'Apollon*, où venaient aussi dîner lui Pétion, Voidel, Volney, Mirabeau, Barrère, tuteur de Pamela, et autres républicains de cette étoffe, mais où on n'invitait jamais Robespierre?

Vous étiez donc aussi vous-même de la faction d'Orléans? me répète ici Barbaroux au sujet de ces dîners. Mais je lui observe que dans ces premiers temps de la révolution, cette coalition se confondait tellement avec celle des amis de la liberté et de la république, qu'il y aurait eu de la stupidité de nous joindre à Maury et à Boucher d'Agis pour tirer sur nos troupes. Nous n'étions peut-être pas à Paris dix républicains le 12 juillet 1789 (1), et voilà ce qui couvre de gloire les vieux cordeliers, d'avoir commencé l'entreprise de la République avec si peu de fonds ! Quand on se souvient que c'est un *Chapelier* qui a posé la première pierre du club des Jacobins, on sent que, dans l'abâtardissement de la génération, cette statue de la Liberté, notre idole, il nous a fallu la construire comme le curé de Saint-Sulpice sa Vierge d'argent, avec des pots de chambre. Ce qui nous a servi merveilleusement, c'est que tous les intrigans ayant besoin de la faveur populaire pour se faire remarquer de l'intendant Laporte,

(1) Ces républicains étaient la plupart des jeunes gens qui, nourris de la lecture de Cicéron dans les colléges, s'y étaient passionnés pour la liberté. On nous élevait dans les écoles de Rome et d'Athènes, et dans la fierté de la république, pour vivre dans l'abjection de la monarchie, et sous le règne des Claude et des Vitellius. Gouvernement insensé, qui croyait que nous pouvions nous enthousiasmer pour les pères de la patrie, du Capitole, sans prendre en horreur les mangeurs d'hommes de Versailles, et admirer le passé sans condamner le présent! *Ulteriora minari, præsentia secuturos.* (*Note de Desmoulins.*)

et de gagner d'abord la confiance du peuple pour gagner ensuite un plus fort dividende dans la liste civile, commençaient par attaquer la cour avec d'autant plus de chaleur qu'ils voulaient s'en faire acheter plus cher, en sorte que les nouvelles recrues d'intrigans qui nous arrivaient aux Jacobins nous servaient à livrer bataille aux vétérans à mesure que ceux-ci en émigraient. C'est ainsi que les Chapelier, les Beaumetz, les Desmeuniers, étaient chassés des Jacobins par les Duport et les Barnave, et ceux-ci par les Brissot et les Roland. C'est ainsi qu'il nous a fallu terrasser le despotisme pur et simple de Calonne par les deux chambres de Necker, et les deux chambres de Necker par les deux sections de Brissot, Pétion et Buzot, et les citoyens actifs de Syeyès et Condorcet, jusqu'à ce qu'enfin soient venus les sans-culottes. C'est ainsi que tour-à-tour vaincus, Maury le royaliste par Mounier les deux chambres, Mounier les deux chambres par Mirabeau le *veto* absolu, Mirabeau le *veto* absolu par Barnave le *veto* suspensif, Barnave le *veto* suspensif par Brissot, qui ne voulut pas d'autres *veto* que le sien et celui de ses amis; tous ces fripons, balayés des Jacobins les uns par les autres, ont enfin fait place à Danton, à Robespierre, à Lindet, à ces députés de tous les départemens, Montagnards de la Convention, le rocher de la République, et dont toutes les pensées n'ont jamais eu pour objet que la liberté politique et individuelle des citoyens, une constitution digne de Solon et de Lycurgue, la République une et indivisible, la splendeur et la prospérité de la France, et non l'égalité impossible des biens, mais une égalité de droits et de bonheur. C'est ainsi que Necker, Orléans, La Fayette, Chapelier, Mirabeau, Bailly, Desmeuniers, Duport, Lameth, Pastoret, Cerutti, Brissot, Ramond, Pétion, Guadet, Gensonné, ont été les vases impurs d'Amasis, avec lesquels a été fondue, dans la matrice des Jacobins, la statue d'or de la République. Et au lieu qu'on avait pensé jusqu'à nos jours qu'il était impossible de fonder une république qu'avec des vertus, comme les anciens législateurs ; la gloire immortelle de cette société est d'avoir créé la république avec des vices.

Déjà le lecteur voit que Necker, d'Orléans, La Fayette, Malouet, Chapelier, Dandré, Desmeuniers, Mirabeau, Duport, Barnave, Dumolard, Ramond, Dumourier, Roland, Servan, Clavière, Guadet, Gensonné, Louvet, Pétion, Pitt, Brissot, Sillery, ne sont que les anneaux d'une même chaîne. C'est le même serpent coupé en différens tronçons, qui se rejoignaient sans cesse, pour siffler et s'élancer de même contre les tribunes, les Jacobins, le peuple, l'égalité et la République. Déjà j'ai fait toucher au doigt la jointure entre Brissot et d'Orléans (1).

J'achève de compléter l'ensemble irrésistible de preuves qui surprendront bien du monde, que Brissot, Pétion, et la clique, n'étaient que les continuateurs de la faction d'Orléans. Comme depuis long-temps j'étais devenu suspect à Sillery, qui ne m'a plus invité, je n'ai pu continuer mes observations sur les lieux; mais il m'a été facile de deviner que Louvet, Gorsas et Carra dînaient à mon couvert dans le salon d'Apollon, quand j'ai vu que Louvet avait succédé à ma faveur, que Sillery ne quittait plus sa manche aux Jacobins, où il s'était fait son plus zélé champion; quand j'ai vu Sillery, dans la discussion de la guerre, prendre si chaudement parti pour Louvet et Brissot, que je ne pouvais pas trop décider si c'était Sillery qui épousait leurs querelles contre Robespierre, ou si ce n'était pas plutôt eux qui épousaient les querelles de Philippe et de Sillery contre Robespierre trop républicain.

Quand je n'aurais pas remarqué l'indiscrétion de Carra, n'ayant point de honte, à une certaine séance des Jacobins, il y

(1) Notez que par Orléans, ici je ne désigne pas précisément Philippe (sur qui individuellement je dirai mon opinion tout à l'heure, à la fin de la première partie de ces mémoires), mais plutôt la sphère d'ambition et d'intrigues dans laquelle il tournait et par laquelle il était emporté, je veux dire la chancellerie d'Orléans, Ducrest, Laclos, Limon, Brissot, avec la coterie de cette madame de Genlis, dont les démangeaisons allaient toujours en se dépravant, et qui avait remplacé celle si naturelle de faire des *Dunois* et de la musique par celle de faire des livres; celle d'être auteur de comédies, par celle d'être docteur de Sorbonne, et enfin les douceurs de la dévotion, de la vie contemplative et d'être moine, par les plaisirs de la politique, de la vie active, et d'être surintendante et premier ministre, après qu'elle aurait fait de son élève; mademoiselle d'Orléans, une petite reine. (*Note de Desmoulins.*)

a environ un an, de nous proposer pour roi le duc d'York, ou quelqu'autre de la maison de Brunswick, qui aurait épousé apparemment mademoiselle d'Orléans; quand je n'aurais pas remarqué le choix fait, le 25 septembre, de Carra par le président Pétion pour l'envoyer avec Sillery au camp de la Lune, observer Dumourier et assister à ses conférences avec Mansfeld, l'aide-de-camp du roi de Prusse; j'aurais reconnu l'amphytrion Sillery rien qu'à l'application de nos trois journalistes à dénigrer Robespierre et Danton, et c'est ici le lieu de faire une observation essentielle.

Une des ruses de nos ennemis qui leur a le mieux réussi dans la révolution a été leur prévoyance à bâtir colossalement certaines réputations et à en démolir d'autres. L'aristocratie s'est toujours attachée à entretenir comme une réserve de coquins. Dans la crainte d'un mauvais succès de son principal acteur, elle employait à l'avance une partie de ses soufflets à forger une réputation à la doublure qu'elle tenait prête à paraître au moment où l'autre serait contraint par les sifflets de vider la scène.

Ainsi, quand on désespéra que Mirabeau et ensuite Barnave, qui commençaient à s'user, pussent se soutenir long-temps, on fit à la hâte un immense trousseau de réputation patriotique à Brissot et à Pétion pour qu'ils pussent les remplacer; et depuis nous avons vu les papiers publics anglais, devenus les échos des hymnes de chez Talma, représenter Dumourier comme un Turenne, et Roland comme un Cicéron, tandis que l'un n'était qu'un médiocre aventurier et un bourreau qui aurait été précipité, à Rome, de la roche Tarpéienne pour des victoires aussi sanglantes que celle de Jemmapes; et l'autre, un si misérable écrivain, que, lorsqu'il était membre de votre comité de correspondance, vous savez qu'il n'a jamais pu y faire une lettre passable, et qu'on ne fût obligé de raturer en maints endroits pour la pauvreté des idées et l'incorrection du style. C'est ainsi que Pitt, voyant baisser en France les actions de Brissot, mettait tous ses papiers ministériels en l'air pour le faire remonter aux nues comme un cerf-volant, engageait des membres connus de l'opposition à louer le *sage*, le *vertueux* Brissot dans le parlement, afin que cela retentît jusqu'à nos oreilles, et renvoyait ainsi à son féal, par le paquebot, des renforts de réputation patriotique pour soutenir son crédit, dont Pitt avait besoin. Car, comme disait Cyrus, il y a trois mille ans, tant la maxime est ancienne et l'alphabet de la politique : « *Il n'y a personne qui puisse mieux obliger ses amis que celui qui passe pour leur ennemi, ni personne qui puisse davantage nuire à un parti que celui qui passe pour ami sans l'être.* » De là ces louanges de Roland dans la chambre des communes, et cette affiliation de Roland et Barrère pour membres honoraires de la société constitutionnelle de wighs, pendant que, depuis quatre années, j'ai observé nos ennemis, mettant tout en œuvre pour saper les fondemens de certaines réputations de républicains robustes qu'on prévoyait qui ne manqueraient point d'enterrer la royauté s'ils parvenaient un jour à rallier l'opinion autour d'eux. Voilà pourquoi il en a coûté plusieurs millions à la liste civile de La Fayette, continuée par celle de Roland, pour ruiner de fond en comble la réputation de Marat. Voilà pourquoi Sillery, qui ne bougeait de chez le maire Pétion, comptait avoir fait beaucoup, avoir fait presque tout pour cette espèce de coalition orléanico-anglo-prussienne, s'il parvenait à faire demander par ses commettans, les Brissotins du club d'Amiens, *la tête de Danton et celle de Marat*, et s'il faisait crier dans les rues : *vive Pétion!* et : *Robespierre à la guillotine!*

La guerre qui semblait à outrance entre La Fayette et Philippe m'en a imposé long-temps, et je m'en veux d'avoir reconnu si tard que Brissot était le mur mitoyen entre Orléans et La Fayette, mur comme celui de Pyrame et Thisbé, entre les fentes duquel les deux partis n'ont cessé de correspondre. Je commençai à soupçonner que cette guerre n'était pas à mort, mais, comme les querelles de coquins, susceptibles d'accommodement, quand je vis madame Sillery prendre la défense de La Fayette, et avec tant d'intérêt, qu'elle ne gardait de mesures qu'autant qu'il en fallait pour ne pas me laisser soupçonner entre les deux rivaux d'ambition et d'intrigues des intelligences funestes aux Jacobins. Je n'en pus plus douter un jour que Sillery, cherchant à émousser la pointe dont je tourmentais sans cesse le cheval blanc, m'avoua qu'il y avait des propositions de paix, et que la veille, La Fayette, étant venu au comité des recherches, lui avait fait entrevoir dans l'avenir la possibilité et même les convenances d'un mariage de sa petite-fille avec son fils, Georges La Fayette.

Un trait acheva de me convaincre que, quoique La Fayette, depuis plus d'un an, eût fait pleuvoir les plus sanglans libelles sur la faction d'Orléans, la grande famille des usurpateurs et des fripons ajournait ses querelles et se ralliait toujours contre le peuple et contre l'ennemi commun à l'approche du fléau terrible de l'égalité. Je dois raconter ce trait, parce qu'il ouvre un champ vaste aux conjectures et pourra servir à expliquer bien des événemens postérieurs. Nous étions seuls dans le salon jaune de la rue Neuve-des-Mathurins; le vieux Sillery, malgré sa goutte, avait frotté lui-même le parquet avec de la craie, de peur que le pied ne glissât aux charmantes danseuses. Madame Sillery venait de chanter sur la harpe une chanson que je garde précieusement, où elle invitait à l'inconstance; et mesdemoiselles Paméla et Sercey dansaient une danse russe dont je n'ai oublié que le nom, mais si voluptueuse et qui était exécutée de manière que je ne crois pas que la jeune Hérodias en ait dansé devant son oncle une plus propre à lui tourner la tête quand il fut question d'en obtenir la lettre-de-cachet contre Jean le baptiseur. Bien sûr de ne pas succomber à la tentation, je ne laissais pas de jouir intérieurement d'être mis à une si rude épreuve, et je goûtais le même plaisir que dut éprouver saint Antoine dans sa tentation. Quelle fut ma surprise, au milieu de mon extase et dans un moment où la gouvernante magicienne opérait sur mon imagination avec le plus de force, et où la porte devait être fermée aux profanes, de voir entrer, qui? un aide-de-camp de La Fayette, venu là tout exprès, et qu'on fit asseoir un moment auprès de moi, pour me montrer sans doute que La Fayette était redevenu l'ami de la maison! Ceci se passait à l'époque où Sillery achevait son fameux rapport sur l'affaire de Nancy, et s'efforçait de blanchir Bouillé, le cousin de La Fayette.

Il ne peut plus être douteux pour personne de quel côté il faut chercher la faction d'Orléans dans la Convention. Les complices de d'Orléans ne pouvaient pas être ceux qui, comme Marat, dans vingt de ses numéros, parlaient de Philippe d'Orléans avec le plus grand mépris ; ceux qui, comme Robespierre et Marat, diffamaient sans cesse Sillery, ceux qui, comme Merlin et Robespierre, s'opposaient de toutes leurs forces à la nomination de Philippe dans le corps électoral ; ceux qui, comme les Jacobins, rayaient Laclos, Sillery et Philippe de la liste des membres de la société ; ceux qui, comme toute la Montagne, demandaient à grands cris la République une et indivisible, et la peine de mort contre quiconque proposerait un roi. Enfin les complices de d'Orléans ne pouvaient être ceux qui, comme toute la Montagne, demandaient en vain, par un mouvement unanime et simultané, que la tête du général Égalité fût mise à prix comme celle de Dumourier, et que Philippe fût traduit au tribunal révolutionnaire de Marseille.

Mais les complices présumés et bien véhémentement présumés de d'Orléans, ne sont-ce pas ce Brissot, ci-devant secrétaire à la chancellerie d'Orléans, et rédacteur avec Laclos de la pétition du Champ-de-Mars, pétition visiblement concertée avec La Fayette ? Les complices de d'Orléans ne sauraient être que tous ces royalistes qui, comme Sillery et Roland, Louvet et Gorsas, poursuivaient avec acharnement et Pache, et la Commune du 10 août, et la députation de Paris pour les punir d'avoir travaillé si efficacement à établir la République. Les complices de d'Orléans ne sauraient être que ceux qui, comme Pétion, allaient faire un voyage à Londres avec madame Sillery et mademoiselle d'Orléans ; ceux qui, comme Pétion, étaient les confidens les plus intimes et le mentor du général Égalité ; qui, comme Pétion, lui écrivaient par tous les courriers, en recevaient des lettres par tous les courriers, et à l'heure même de sa trahison et de son émigration (voyez l'affiche accablante de Bassal contre

Pétion); ceux qui, comme Carra, proposaient le duc d'Yorck pour roi ; ceux qui, comme le président Pétion et les secrétaires Brissot, Rabaud, Vergniaux et Lasource, envoyaient, à la fin de septembre, Carra et Sillery au camp de la Lune. Oh! les bons surveillans qu'on donnait là aux généraux Dumourier et Kellermann pour presser la déconfiture des Prussiens, pour empêcher qu'on ne ménageât Frédéric-Guillaume, et prendre garde qu'il ne fût rien stipulé contre la République au profit de l'Angleterre et de la Prusse dans les conférences qu'on a avouées avec Mansfeld, et probablement dans des entrevues dont on n'est pas convenu avec le roi de Prusse!

Les complices de d'Orléans (1) ce sont ceux qui, comme Servan, ministre seulement de nom, laissaient la réalité et les opérations du ministère à Laclos ; ce sont visiblement les Brissotins, qui, s'étant emparés de tous les comités de la Convention, et ayant rempli depuis long-temps le ministère de leurs créatures, avaient insensiblement mis à la tête des affaires tous les amis, naguère proscrits, de Philippe : si bien qu'un beau jour, à la fin de février, la nation se trouva avoir toutes ses armées commandées par des chefs bien connus par des relations plus ou moins intimes avec cette maison, par leur attachement à ses intérêts, ou pour en être les commensaux : Chartres, Valence, Ferrière, Kellermann, Servan, Latouche, Biron, Miranda, Dumourier, Lecuyer, etc.; et il n'y a pas quinze jours encore, après que la trahison de Dumourier avait éclaté, Latouche, avant d'aller à son commandement, étant venu prendre congé du comité des Vingt-Cinq, où se trouvaient tous les hommes d'état, Brissotins et Girondins qui accusent la Montagne d'être la faction d'Orléans, je fus le seul qui, dans le silence de tous les membres, prit la parole pour répondre à Latouche : « Je crois volontiers que vous êtes un homme

(1) A la vérité on avait adjoint à Sillery et Carra ce Prieur, de la Marne, qui est bien la loyauté et la candeur personnifiées ; mais la Convention l'avait envoyé là comme le corps constituant avait envoyé Pétion avec Barnave et Latour-Maubourg, commissaire au retour de Varennes, pour être l'homme de bien de la légation, pour jeter de la poudre aux yeux du vulgaire, et à condition que ses collègues lui cacheraient tout. (*Note de Desmoulins.*)

de bien et un patriote, comme vous le dites; mais lorsque vos anciennes liaisons avec la maison d'Orléans sont connues, lorsque Dumourier semble ne conspirer que pour cette maison, lorsque j'ai vu dans les mains d'un collègue, avant la trahison de Dumourier, des lettres de l'armée où on racontait que les domestiques, voyant Dumourier s'échauffer prodigieusement, à la fin du repas, à côté de mademoiselle d'Orléans, gémissaient dans l'antichambre, où ils disaient tout haut que c'était une chose indigne que la République fût trahie et tant de milliers d'hommes sacrifiés, tant de magasins livrés à l'ennemi, à cause des complaisances de madame Sillery pour un vieux paillard; dans ces circonstances, je m'étonne que le ministre de l'intérieur ait pris sur lui de vous confier un commandement, et je n'y donnerai jamais la main tant que je serai du comité. » Il me semble que voilà des faits qui donnent à penser au lecteur.

Ne serait-ce pas le comble de l'art des Brissotins si, tandis qu'ils travaillaient si efficacement pour la faction d'Orléans, c'étaient eux qui nous avaient envoyé à la Montagne le buste inanimé de Philippe et un automate dont le côté droit tirait les fils pour le faire mouvoir avec nous par assis et levé, et montrer aux yeux que, s'il y avait une faction d'Orléans, elle était parmi nous? Ce fut du moins un coup de politique du côté droit de demander le bannissement de Philippe prématurément; et, lorsque la trahison de ses enfans n'avait point encore éclaté (comme s'ils avaient été dans le secret de cette trahison prochaine), ce fut un coup de leur politique de revenir sans cesse à la charge pour obtenir cette expulsion. Par-là, ils nous mettaient dans l'alternative, ou d'accréditer le bruit qu'ils répandaient que nous étions les partisans secrets de d'Orléans, ou de commettre une injustice en envoyant à l'échafaud de Coblentz un citoyen qui n'avait pas encore fait oublier les services immenses qu'il avait rendus à la liberté. Pour glisser entre ces deux écueils, en même temps que je m'opposais à son bannissement dans le discours que la société a fait imprimer et a envoyé aux sociétés affiliées, il y a trois mois, je ne dissimulais pas dès lors le soupçon que nous donnaient la con-

duite tortueuse et équivoque de Philippe, son espèce de neutralité, particulièrement ses fautes *d'omission*, pour me servir d'une expression théologique, et surtout l'intimité de son confident Sillery avec les plus mauvais sujets de la Convention, son compérage avec Pétion et avec tout le corps brissotin. Sur quoi, il est bon de dire, en passant, que, quelques jours après, Égalité étant venu se placer auprès de moi, à l'assemblée, et me remerciant d'avoir pris sa défense dans ce discours, ajouta, en présence de plusieurs de mes collègues, « qu'à l'égard des reproches que je
» lui adressais de ses liaisons avec les intrigans du côté droit, il
» est vrai qu'il les avait hantés lorsqu'il les avait crus patriotes,
» mais qu'il avait cessé de les voir, ayant reconnu que c'était des
» *coquins*. »

Il ne se servit pas de termes plus ménagés, tant il jouait bien son personnage. Aussi se divertissait-on quelquefois à la Montagne à dire exprès à ses oreilles les plus grandes injures contre Sillery, afin de voir jusqu'où Philippe saurait être cordelier; et alors il ne manquait jamais d'enchérir sur les propos, au point que je me suis dit quelquefois : il serait fort singulier que Philippe d'Orléans ne fût pas de la faction d'Orléans, mais la chose n'est pas impossible. Non-seulement rien n'est plus fort que son vote dans le jugement de Louis XVI, par lequel il a condamné à l'échafaud tous les rois et quiconque aspirerait au pouvoir royal; mais depuis quatre ans, dans l'assemblée constituante et dans la Convention, où je l'ai bien suivi, je ne crois pas qu'il lui soit arrivé une seule fois d'opiner autrement qu'avec le sommet de la Montagne, en sorte que je l'appelais *un Robespierre par assis et levé*. Aimable en société, nul en politique, aussi libertin, mais plus paresseux que le régent, et incapable de la tenue qu'aurait exigée cette continuité de conspirations pendant quatre années, il aura pu être embarqué un moment par Sillery, son cardinal Dubois, dans une intrigue d'ambition, comme il s'était embarqué dans un aérostat; mais dans cette intrigue, comme dans son ballon, il me semble voir Philippe, à peine ayant perdu la terre et au sein des orages, tourner le bouton pour se faire descendre bien vite, et rapporter du voisinage de la lune le bon sens de préférer madame Buffon. Je sais ce qu'il y aurait à objecter, et voilà pourquoi *ma remarque subsiste*, c'est-à-dire toute cette partie de mon discours. Mais comme la différence de la conduite de Pétion avec le père, qu'il bannissait à Marseille et en Amérique, parce qu'il siégeait à la Montagne, et avec le fils, à qui il écrivait tous les jours jusqu'au moment même de son émigration, parce qu'il conspirait avec Dumourier et madame Sillery ; comme le conseil de Pétion à Philippe de fuir *par-delà les colonnes d'Alcide* lui etait donné en même temps par Rabaud, Guadet, Barbaroux, Buzot et Louvet, *qui se croyaient encore trop voisins d'un perfide*, je suspends mon jugement sur ce *perfide*, et je lui devais le témoignage que je viens de lui rendre dans un moment où il est accusé, traduit dans les prisons de Marseille, et si loin du maître-autel de Reims. Au demeurant, que Philippe fût oui ou non membre de la faction d'Orléans ; qu'il ait trempé oui ou non dans la trahison de ses enfans et dans les intrigues des deux Sillery, mari et femme ; toujours demeure-t-il prouvé que ce couple tripotait avec les Brissotins, qu'il existait une faction d'Orléans, et que le siége de cette faction était dans le côté droit et le Marais.

Il me reste à ajouter aux preuves que tout ce côté regorge de royalistes, de traîtres, complices de Dumourier et Beurnonville, de calomniateurs, de désorganisateurs ; que là existe un comité anglo-prussien et un foyer de contre-révolution.

Nous ne demandions pas mieux que de nous former une meilleure idée de la Convention. Nous arrivions à cette assemblée pleins d'espoir. Comment se persuader en effet qu'une convocation d'assemblées primaires, faite après le 10 août et en présence des Autrichiens et des Prussiens entrés en Champagne, faite dans un moment de révolution et au moment même de la naissance de la République, eût pu amener d'aussi mauvais choix et des députations entières composées de royalistes ? Lorsque, le 21 septembre, à l'ouverture de la Convention, l'assemblée, se levant en entier sur la motion de Collot-d'Herbois, eut proclamé la république française, l'eût proclamée une et indivisible, quel député pouvions-nous croire assez esclave, assez autrichien, assez aveugle même sur son intérêt, pour ne pas poser les armes devant la nation victorieuse, pour ne pas regarder comme rompus tous ses pactes avec la cour, avec La Fayette et Pitt, avec toutes les factions du dedans, pour ne pas chercher à se faire pardonner toutes ses tergiversations des années précédentes? Comment croire qu'il y aurait dans l'assemblée d'autres débats que d'émulation, d'autre opposition que d'individus à qui mériterait le mieux de la République? Aussi nous, qui depuis nous sommes retirés à la Montagne, nous étions, nous, dans les premiers temps, répandus indifféremment dans toutes les parties de la salle; mais là, quoiqu'il nous en coûtât de renoncer à de si chères espérances, il a bien fallu en reconnaître l'illusion et s'avouer la perfidie et la scélératesse d'une grande partie de la Convention.

Je ne partage point l'opinion de ceux qui croient que la plupart des membres du côté droit n'étaient qu'égarés. Lorsqu'il était impossible à l'artisan qui a le tact le moins exercé de venir deux fois aux tribunes de la Convention sans voir de quel côté sont les patriotes et les aristocrates, comment croire qu'un député, qui n'est pas arrivé à la Convention sans s'être fait connaître dans son département par quelque sagacité et quelques lumières, fût si profondément inepte que de ne pas distinguer si Salles, si Rabaud étaient des royalistes; si Roland, pris trois fois en flagrant mensonge, était un hypocrite; et si Beurnonville, ne s'environnant que de ce qu'il y avait de plus vil et de plus aristocrate, suivant les erremens des contre-révolutionnaires qui l'avaient précédé, divisant tous les régimens en trois parties dont il envoyait l'une au midi et les autres au couchant ou au nord, faisant mille promotions scandaleuses d'officiers et de généraux, et tirant vingt bataillons de l'armée de Custine, en présence de l'ennemi, pour les envoyer à cent cinquante lieues au fond de la Bretagne, était un désorganisateur et un traître? Je crois peu à un tel excès de janotisme, et je regarde cette grande partie de l'assemblée comme contrefaisant les niais en sens inverse de Brutus, pour ramener la royauté sans être taxés de royalisme, et couvrant du masque de dupe un visage de fripon.

Peut-on en porter un autre jugement d'après la série des faits que je vais continuer pour compléter l'interrogatoire sur faits et articles que demande Pétion ?

Anacharsis Clootz, que Brissot et Guadet avaient appelé au droit de cité et à la Convention, parce qu'on pensait avoir bon marché d'un Prussien et le faire entrer facilement dans une conspiration anglo-prussienne, n'a-t-il pas le premier donné l'alarme dans le mois d'octobre en nous révélant que, depuis quatre jours, il bataillait chez Roland *pour l'unité de la République et contre la République fédérative et le démembrement de la France, pour lequel on conspirait ouvertement, qu'il était impossible à un Français de tenir aux propos qu'on débitait à sa table;* en publiant que dans le comité diplomatique *on parlait de notre révolution sur le ton de Cazalès et de La Fayette;* que Guadet cachait si peu ses dispositions favorables pour la Prusse, qu'un jour il disait dans le comité : « Que nous importe que des Hollandais, des marchands de fromage, soient libres ou esclaves ? » ce même M. Guadet qui, six mois auparavant, voulait absolument la guerre *pour municipaliser l'Europe?*

N'ai-je pas entendu Brissot, qui voulait aussi la guerre pour municipaliser l'Europe, se féliciter publiquement du désastre de nos armées dans la Belgique, en disant naguère dans l'ancien comité de défense générale : *que l'évacuation de la Hollande et de la Belgique était heureuse, en ce qu'elle était un acheminement à la paix?*

Quel est l'homme tant soit peu clairvoyant qui, remarquant les fréquentes conférences de Dumourier avec l'aide-de-camp Mansfeld, dans le voisinage et sous les auspices de Carra et Sillery, ne se soit rappelé que, de toute éternité, Carra nous avait recommandé l'alliance de la Prusse? qui ne s'est pas rappelé la tabatière d'or de Carra avec le portrait du roi de Prusse?

N'était-ce pas une chose inconcevable pour tout le monde, et inouïe dans l'histoire, comme je l'ai dit à Dumourier lui-même au milieu de son triomphe, quand il parut à la Convention, qu'un général qui avec dix-sept mille hommes avait tenu en échec une armée de quatre-vingt-douze mille hommes, après que Dumourier, Ajax Beurnonville et Kellermann avaient annoncé que les plaines de la Champagne allaient être le tombeau de l'armée du roi de Prusse, comme de celle d'Attila, sans qu'il en échappât un seul, n'ait pu couper la retraite à cette armée lorsqu'elle se trouvait réduite de près de moitié par la dyssenterie, lorsque sa marche était embarrassée de vingt mille malades, et qu'au contraire l'armée victorieuse s'était élevée de dix-sept mille à plus de cent mille hommes ? Tous les soldats de l'avant-garde de notre armée nous diront que, lorsque l'arrière-garde des Prussiens faisait halte, nous faisions halte ; quand ils allaient à droite, nous marchions à gauche ; en un mot, Dumourier reconduisait plutôt le roi de Prusse qu'il ne le poursuivait, et il n'y avait pas un soldat dans l'armée qui ne fût convaincu qu'il y avait eu un arrangement entre les Prussiens et la Convention par l'entremise de Dumourier. Mais celui-ci n'avait pas traité avec le roi de Prusse sans l'aveu au moins du comité diplomatique et des meneurs anglo-prussiens, qui, charmés de l'évasion de Frédéric-Guillaume, au lieu de demander au général compte de sa conduite, ne s'occupaient qu'à donner à Fabius, à Métellus Dumourier, les honneurs du petit triomphe chez Talma.

N'est-ce pas un fait, et un fait notoire, que l'intimité de Dumourier et ses conciliabules avec les meneurs du côté droit ? Guadet a dit qu'il avait vu Dumourier à l'Opéra avec Danton. Il était naturel qu'il affectât de s'y montrer à côté de Danton ; mais ce n'est point à l'Opéra qu'on conspire, c'est au sortir de l'Opéra. C'est là que tout le public pouvait voir Millin le chroniqueur tenant officieusement la portière, tandis que mademoiselle Audinot montait en voiture avec Kellermann et Brissot (1). Qui ignore que Dumourier n'a pas envoyé un seul courrier qui n'ait été por-

---

(1) Brissot, dans sa dernière apologie, distribuée le 25 avril à la Convention, nie ses liaisons avec les généraux. Il proteste n'avoir vu Dumourier qu'une seule fois depuis son numéro du mois de juillet, où il disait : Dumourier *est le plus vil*

teur d'une lettre pour son confident Gensonné; qu'il n'a vu que les brissotins dans son second séjour à Paris, lors du jugement du roi ; qu'il y avait entre eux une communauté de sentimens et de passions ; que, tandis que Brissot et la Gironde épuisaient leur rhétorique à la Convention pour sauver le tyran, Dumourier faisait des extravagances dans sa rue de Clichy, se démenant comme un forcené, s'emportant contre la Convention au milieu de ses aides-de-camp; s'écriant sans ménagement, en pleine antichambre, que c'était une horreur de condamner Louis XVI, qu'après une telle atrocité il ne restait plus aux régicides qu'à le guillotiner, lui, Dumourier ? N'est-ce pas un fait notoire qu'il avait écrit à la Convention une lettre pleine d'impertinences, pour appuyer le sursis que demandait Gensonné; que cette lettre fut brissotée sur le bureau par le zèle de ses amis, qui avaient peur que la lecture ne leur enlevât leur bouclier en faisant destituer le général, et de perdre ainsi le fruit des savantes combinaisons de la trahison de Maëstricht et d'Aix-la-Chapelle, et de ne pouvoir donner à Cobourg la fête d'une si facile boucherie de nos volontaires nationaux, et de si grandes pertes en armes et en magasins pour la République ?

Si, moi, qui n'avais jamais vu Dumourier, je n'ai pas laissé, d'après les données qui étaient connues sur son compte, de deviner toute sa politique, et d'imprimer, il y a un an, dans le numéro IV de la *Tribune des patriotes*, un portrait de ce traître, tel que je n'ai rien à y ajouter aujourd'hui; quels violens soupçons s'élèvent contre ceux qui le voyaient tous les jours, qui

des intrigans. Mais voici un fait qui prouve la mesure de confiance qui est due à tous les dires de Brissot dans cette justification.

Il y est dit, page 2 : Je défie qu'on cite six personnes à qui ma prétendue faveur ait fait obtenir des places.

Or voici la réponse à ce fait justificatif :

Lettre de J.-P. Brissot, trouvée sous les scellés de Roland et déposée au comité de sûreté générale.

« Mon cher Roland, je vous envoie une liste de ceux que vous devez placer. Vous et Lanthenas devez sans cesse l'avoir devant les yeux, pour ne nommer à un emploi quelconque que les sujets qui vous sont recommandés par cette liste.
» *Signé* J.-P. BRISSOT. »

étaient de toutes ses parties de plaisir, et qui se sont appliqués constamment à étouffer la vérité et la méfiance sortant de toutes parts contre lui, et des lettres de Talon et de Sainte-Foy, et de la persécution du bataillon des Lombards, et des dispositions tous les jours plus fortes consignées dans la feuille de Marat, et d'un journal de Peltier, qui, émigré à Londres, et pour y vivre de l'histoire, dans une feuille intitulée : *Dernier Tableau de Paris*, convainquait toute l'Angleterre des trahisons de Dumourier, dans le même temps qu'à Paris Villette lui adressait des hymnes, et que l'encens fumait pour lui chez Talma à la Convention (1)?

N'est-ce pas un fait que Dumourier les a proclamés ses mentors et ses guides? Et quand il n'eût pas déclaré cette complicité, toute la nation n'est-elle pas témoin que les manifestes et proclamations si criminelles de Dumourier ne sont que de faibles

---

(1) Voici le passage du journal que j'ai montré dans la Convention à qui a voulu le voir :

« Pour Dumourier, disait Peltier dans son numéro II, je ne puis résister au désir de peindre ce protée, sur qui roule aujourd'hui peut-être la destinée de l'Europe. » Pour cela, Peltier copiait une lettre de Bruxelles, du 5 octobre 1792, qui paraît avoir été écrite par Rivarol, témoin d'autant plus sûr qu'il était, par madame Beauvert, le frère *in partibus* de Dumourier.

« Quant à Dumourier, cet homme est inconcevable. Il déclare la guerre ; c'était l'objet de tous nos vœux. On croit voir sous son bonnet rouge le bout d'oreille aristocratique : sa correspondance insultante avec Vienne, l'insolence de son manifeste contre M. de Kaunitz, semblent indiquer le but de piquer le vieux ministre, qu'il supposait récalcitrant. Un plan de campagne est arrêté par le conseil et les généraux; il le bouleverse ; il souffle le commandement de l'armée au vieux Rochambeau, il le fait passer à Biron et à d'autres Jacobins, qu'il envoie battre par Beaulieu. Il envoie La Fayette mourir de faim et de soif à Givet, où il n'avait rien à faire. Il empêche Luckner d'houzarder dans les électorats et de les enjacobiner jusqu'à Coblentz. Clavière, Roland, Servan, opposés par lui, embrassent trop ouvertement le parti de Brissot... Il les culbute. Il prend le portefeuille de la guerre, accuse Servan à la face de l'assemblée; là il retrouve La Fayette, qui, furieux de voir qu'on sauve le roi sans lui, profite d'un moment de baisse dans les actions de Dumourier pour le dénoncer et forcer le roi à le renvoyer. Il part, il va à l'armée de Flandres; il dit, en prenant congé, à MM. de Nivernais et d'Avary, « que le roi n'a pas de meilleur serviteur que lui, qu'il croit lui en avoir donné des preuves en déclarant la guerre. » Il reste au camp de Maulde en dépit des généraux Lukner et La Fayette; il épaissit tous les jours son masque, et sert la République comme la Constitution; ses lettres à l'assemblée ont l'air d'une mystification continuelle. Enfin il réunit toutes les armées

extraits des placards, discours et journaux brissotins, et une redite de ce que les Roland, les Buzot, les Guadet, les Louvet, avaient répété jusqu'au dégoût? Y avait-il rien de plus inconséquent et de plus scandaleux que de mettre à prix la tête de Dumourier, et dans le même temps de nommer pour président Lasource, qui avait dit la même chose avec bien plus de pathos?

Pitt n'a-t-il pas avoué dans la chambre des communes (comme je l'ai montré dans mon discours sur l'appel au peuple) ses relations avec ce qu'il appelait les *honnêtes gens de la Convention*, c'est-à-dire les brissotins et le côté droit? et quand Pitt ne l'aurait pas avoué, est-ce que dans Brissot, Vergniaud et Guadet, tous défenseurs officieux de la glacière d'Avignon, cette affectation de faire tous les jours de nouvelles tragédies des événemens du 2 septembre (1), est-ce que cette contradiction si grossière,

en un point en face de l'ennemi, sous sa direction suprême; car je le crois incapable d'être lieutenant de qui que ce soit : j'entends parler de capitulation proposée par lui : là je crois saisir mon homme, je crois voir le point où aboutissent les six derniers mois de sa vie, de ses pensées, de ses actions; tout à coup il m'échappe : on annonce que la capitulation est un jeu, qu'il s'est moqué du duc de Brunswick, qu'ayant gagné du temps et fait arriver des vivres, il défie ceux aux pieds desquels il avait l'air de ramper, et tout à coup l'heureux rival de Monk, le profond auteur du plan le plus savamment combiné, le plus longuement amené, se transforme en un insensé; car comment, avec de l'esprit, peut-il vouloir servir un ordre de choses qui n'est bon ni pour la France ni pour lui pendant six mois? La reconnaissance des républiques.... ah! le bon billet qu'il aurait là! J'avais imaginé qu'il avait attiré dans le piége l'armée et les enfans du duc d'Orléans pour en faire à leur tour les otages du roi, et qu'occupé comme nous de la solution du problème qui fatigue toutes les têtes, de la solution de cet imbroglio, il n'en avait pas trouvé de plus sûr et de plus expéditif. Cependant les dernières nouvelles ont détruit tous ces calculs : Dumourier a rompu la capitulation; et, toujours retranché dans les gorges du Clermontois, aux islettes, il s'y prépare à une défense qui n'aura pas lieu, car les plans du roi de Prusse sont changés, etc., etc. » (*Note de Desmoulins.*)

(1) N'est-ce pas un fait que J.-P. Brissot, ce Jérémie du 2 septembre, a dit, le 3 septembre, au conseil exécutif, en présence de Danton : *Ils ont oublié Morande!* Ce Morande, qui avait presque mérité de la nation ses lettres de grace de tant de libelles, pour avoir dit tant de vérités de Brissot. Chabot m'a assuré que le 2 septembre Brissot s'était également souvenu de Morande au comité de surveillance. Ce chagrin de Brissot de voir Morande sauvé prouve bien que ce tartufe d'humanité a l'ame des Tibère, des Médicis et de Charles IX, et que *le cadavre de son ennemi sentait bon pour lui*. (*Note de Desmoulins.*)

surtout dans Gorsas, qui s'était écrié le 3 septembre dans son journal : *Qu'ils périssent!* est-ce que ces redites éternelles pour diffamer notre révolution et la rendre hideuse aux yeux des peuples ; est-ce que la conformité du langage du côté droit et du ministère anglais sur le procès de Louis XVI, et l'opiniâtreté perfide de demander à cor et à cris l'appel au peuple, lorsque les brissotins étaient instruits, depuis le mois de septembre, de la conspiration de *la Roërie*, quand ils savaient que l'embrasement de la Vendée n'attendait qu'une étincelle, et les paysans de l'Ouest une convocation pour prendre la cocarde blanche dans les assemblées primaires ; est-ce que la constante opposition des deux comités diplomatique et de défense générale à toutes les réunions à la France, et l'insolence des propos de Roland pour aliéner les habitans de Carrouge, et le sommeil de Lebrun au milieu des agitations si favorables de l'Irlande et de la Pologne ; cette apoplexie dont le ministère des affaires étrangères a paru frappé, au lieu d'opérer une si facile diversion, en soutenant les patriotes de Dantzick, de Cracovie et de Belfast ; et l'impolitique des deux comités d'ordonner l'ouverture de l'Escaut, sans entrer en même temps en Hollande ; et leur précipitation à déclarer la guerre à l'Angleterre, à la Hollande, à l'Espagne et à toute l'Europe ; et leur négligence à relever notre marine, protéger nos corsaires et à prendre de sages mesures qu'on leur suggérait (1), et leur tendresse pour Dumourier, la protection éclatante dont ils couvraient ses attentats, et leur acharnement

(1) Par exemple, je connais un citoyen qui, au mois de septembre, écrivait au ministre Monge : « C'est par la disette de subsistances qui nous menace, à cause de la consommation des armées et des pertes de la guerre, que la France sera troublée dans six mois ; je vous offre, pendant que les mers sont libres, de vous approvisionner immensément en bœufs d'Irlande, etc. » Monge sait bien que celui qui lui faisait ces offres était en état plus que personne de les tenir ; mais il s'est bien donné de garde de les accepter. Après cet échantillon de sa conduite ministérielle, il y a beaucoup de bonhomie aux Jacobins de ne taxer Monge que d'ineptie !

Comment ne serions-nous pas affamés ? Comment nous viendrait-il des grains d'Amérique ? Qui est-ce qui y est consul général de France ? C'est le beau-frère de Brissot. Et qui est-ce qui l'a nommé ? Cela se demande-t-il ? c'est le ministre Lebrun, le prête-nom de Brissot aux affaires étrangères. (*Note de Desmoulins.*)

contre Pache, contre Marat, qui rompaient en visière à Dumourier et croisaient ses projets ambitieux; et le versement de tous nos magasins et de tant de trésors dans la Belgique; les approvisionnemens immenses à Liége et dans des lieux sans défense, exprès pour que Dumourier livrât nos ressources à l'ennemi; enfin cette opposition simulée du côté droit à la nomination de Beurnonville, pour qu'il acquît de la confiance, étant nommé par la Montagne; puis, quand il se fut démasqué, en faisant cesser les travaux des manufactures d'armes, quand ils l'eurent reconnu bon compagnon et frère en contre-révolution, en le voyant s'entourer d'escrocs et de royalistes, la réélection de ce ministre par les brissotins; ne sont-ce pas là des faits, et peut-on désirer des preuves plus fortes de l'existence du comité anglo-prussien dans la Convention?

Pétion demande des faits :

N'est-ce pas un fait relevé si à-propos par Phelippeaux, que le trésorier du roi de Prusse, en lui rendant compte des dépenses de l'année dernière, emploie un article de *six millions d'écus pour corruptions en France?*

N'est-ce pas un fait que ce que Chabot a reproché publiquement à Guadet, quand il disait : « Je ne sais; mais j'ai entendu le lendemain Guadet demander le congé pour le ministre Narbonne, et faire la même motion dont *on m'avait offert, la veille, vingt-deux mille francs?* Cependant Guadet assure qu'il mange le pain des pauvres; et Roland, dans son ministère, affectait de porter des habits râpés et ses plus méchans pourpoints. Cela me rappelle cette pauvreté d'Octave, qui, pour détourner l'envie de Jupiter, disent les historiens, affectait de tomber dans l'indigence, et parut tous les ans sous l'habit de mendiant.

N'est-ce pas un fait que Pétion, pendant sa mairie, recevait des ministres des affaires étrangères trente mille francs par mois; que Dumourier, qui se disait le plus fidèle serviteur du roi, ne les lui donnait pas sans doute pour jeter les fondemens de la République? Mille francs par jour! je ne m'étonne plus que Pétion eût tant de complaisance pour notre côté droit au conseil-général de la Commune; je ne m'étonne plus qu'il se soit si fort opposé à l'impression du discours que j'y prononçai quinze jours avant le 10 août; je ne m'étonne plus qu'il se soit logé au pavillon de Vaudreuil, qu'il n'ait pas quitté un seul jour depuis ce temps l'habit noir, comme en état de représentation permanente et comme un *grand pensionnaire*.

N'est-ce donc pas un fait que c'est à ses côtés qu'ont toujours combattu ces royalistes bien prononcés, et Rouzet et le réviseur Rabaut, *lassé de sa portion de royauté*, et qui voulait remettre sa quote-part à Louis Capet; et ce Biroteau, qui appelait des *croassemens de grenouilles de marais* l'opinion de ces républicains qui condamnaient Louis XVI, *par cela seul qu'il fut roi*; et ce Salles, qui avait eu la bassesse d'imprimer *qu'il se poignarderait le jour que la France serait sans roi*? Combien il faut que le côté droit ait pris la nation française pour un peuple de quinze-vingts et de badauds, puisqu'il n'a pas désespéré de nous faire croire que c'était Salles qui était républicain et Marat royaliste!

N'est-ce donc pas un fait qui, dès le mois de septembre, sautait aux yeux des tribunes, qu'une grande partie de la Convention était royaliste? Le décret de l'abolition de la royauté ne prouvait rien. C'était un arrêt de mort rendu contre un malfaiteur six semaines après qu'il avait été exécuté. La plupart de nos constituans et de nos législatifs dissimulaient mal leur dépit que les républicains de la Convention eussent culbuté leur ouvrage. Leur royalisme perçait dans les imprécations contre Paris. Lasource, un des moins corrompus, et qui opinait avec le côté gauche en dînant avec le côté droit, mais dont on avait mis la bile en mouvement contre Robespierre, s'écriait dès le 14 septembre à la tribune : *Je crains ces hommes vils, cette crasse de l'humanité vomis, non par Paris, mais par quelque Brunswick. Tout était perdu, tant que les départemens ne verraient pas dans Paris;* selon Lasource, *l'ancienne Rome,* qui rendait les provinces tributaires; selon Buzot, *la tête de Méduse. On ne pouvait pas,* s'écriait encore Buzot, *faire la constitution dans une ville souillée de crimes.* Mais c'est sur leurs bancs qu'il fallait les entendre, et que leur jaserie décelait leurs dispositions bien mieux encore que leurs harangues à la tribune. C'étaient les mêmes fureurs que dans Bouillé contre Paris quand il jurait de n'y pas laisser pierre sur pierre. Dans ces premiers jours, où ils ne se connaissaient pas bien entre eux, on n'osait s'avouer qu'on était royaliste ; mais pour prendre langue, on se déchaînait contre Paris, et les mots *agitateurs*, *désorganisateurs,* étaient comme les termes d'*argot* auxquels tous les aristocrates se reconnaissaient, se prenaient la main, s'invitaient à dîner chez Roland ou chez Vénua. Dernièrement encore, étant à la tribune, j'entendais un de ces aristocrates affecter de dire à mes oreilles : « *Mon cher Ducos, ce qui me console, c'est que j'espère t'acheter une hotte, avec laquelle tu auras le plaisir de semer du sel sur Paris.* Pour ne point transposer les temps et revenir aux premiers jours de la Convention, tous nos royalistes n'osant point dire : Guerre à ces scélérats de républicains ; ils disaient : guerre à ces scélérats de désorganisateurs, qui avaient désorganisé une si belle machine que la constitution révisée par Rabaut.

S'ils avaient été de bonne foi, si c'eût été une taie qu'ils avaient sur les yeux, et non pas les deux mains qu'ils y mettaient sans cesse pour s'empêcher de voir ; ne seraient-ils pas revenus de leur erreur dès les premiers jours, quand, indigné de leurs calomnies, un orateur qui, comme le Nil, n'a rien de meilleur que ses débordemens et sa colère, Danton concluait un discours énergique en proposant et faisant décréter à l'unanimité que *toutes les propriétés territoriales et industrielles seraient inviolablement maintenues ;* quand le 24 septembre, pour guérir la fièvre de Lasource et sa frayeur d'un dictateur, Danton proposait et faisait décréter, à l'unanimité, *la peine de mort* contre quiconque parlerait de triumvirat, de tribunat, de dictature ? Certes, c'était bien là des démonstrations que nous n'étions ni des ambitieux ni des partisans de la loi agraire. Cette argumentation était aussi pressante que celle de Marat, l'autre jour, lorsqu'accusé par Salles de vivre dans une *intimité étrange* avec d'Orléans, il leur répondit : « Ah ! vous dites que je suis l'intime de Philippe, et que ma feuille est le pivot sur lequel tourne la faction d'Orléans ; eh bien je fais la motion que la tête du général Égalité fils, qui a trahi comme Dumourier, soit également mise à prix, et que le père soit traduit au tribunal révolutionnaire de Marseille. » Comment le côté droit répliqua-t-il à ce défi péremptoire ? avec la fureur d'hommes désespérés d'une réponse qui mettait si au grand jour leur mauvaise foi, par des redoublemens de rage et un sabbat dans lequel Duperret tirait une seconde fois le sabre. Et le lendemain Salles distribuait à la Convention un imprimé de seize pages, où il prouvait en forme que toute la Montagne, qui mettait à prix la tête d'Égalité fils, qui envoyait le père à Marseille, qui l'avait réformé dans la dernière revue des Jacobins, lui, Sillery et Laclos, *était le siége de la faction d'Orléans*, et, ce qui est bien plus fort, que Marat *s'entendait avec Dumourier*. C'est ainsi que la tête de Salles, pour échapper au panier de cuir, prenait le parti de se constituer en démence.

Mais poursuivons cette partie de l'histoire des séances, qu'on ne trouve point dans le *Moniteur* et le *Logotachygraphe*. Ne sont-ce pas des faits que, dès les premiers jours de la Convention, à force de tactique, en nous obligeant, par des attaques continuelles, à songer à notre propre défense, en nous écartant des comités, en nous éconduisant de la tribune, on s'était étudié à paralyser les républicains, et à nous mettre dans l'impuissance de rien faire pour le peuple ? N'est-ce pas un fait que, pendant les quatre premiers mois surtout, les présidens, tous dévoués à la faction, ne nous accordaient jamais la parole, et que les hommes qui vingt fois se sont plaints qu'ils n'étaient pas libres, qu'ils étaient sans cesse interrompus, et ont demandé que le procès-verbal fût envoyé aux départemens, pour faire foi qu'ils étaient dominés par les tribunes, sont les mêmes qui plus d'une fois se sont livrés aux violences les plus indécentes, jusqu'à lever le bâton, tirer des sabres, et venir fondre sur la Montagne, et qui, toujours assis en triple haie sur les bancs autour de la tribune, ne nous permettaient pas d'en approcher sans y être assaillis de leurs interruptions, de leurs vociférations, au point qu'il fallait une poitrine de Stentor pour couvrir seulement leurs injures ?

N'est-ce pas un fait, pour ne parler ici que de moi, et laisser aux autres le soin de se louer, dont on s'acquitte toujours mieux soi-même, que moi (qui, doyen des Jacobins depuis le commencement de la révolution, attiré dans toutes les intrigues et mêlé dans tous les combats, n'avais jamais fait un faux mouvement, un à droite pour un à gauche, et qui, dans les huit volumes révolutionnaires que j'ai publiés, défie qu'on y trouve une seule erreur politique), pendant ces six mois où la République n'a cessé d'être travaillée de maux, je me suis fait inscrire inutilement sur les listes de candidats pour tous les comités où j'aurais pu rendre service, et d'où j'ai toujours été repoussé, le chevet du malade étant assiégé d'une multitude de médecins qui se disputaient l'honneur, les uns de le guérir exclusivement, les autres de l'assassiner habilement? Ce n'est que, lorsqu'après nous avoir embarqués dans une guerre avec toute l'Europe, après avoir au-dehors repoussé les peuples qui voulaient se réunir à nous, et au-dedans couvé pendant six mois la guerre civile et l'embrasement de la Vendée, l'ancien comité de défense générale a eu donné sa démission; ce n'est qu'alors que l'extrémité de la maladie a été jugée telle, que j'ai été appelé enfin à la consultation, et nommé membre du comité des Vingt-Cinq, comité si mal composé et organisé, que le seul service que nous ayons pu y rendre a été d'en provoquer la suppression et le remplacement par le comité des Neuf, devant lequel encore, il faut l'avouer, il n'y a pas jusqu'à ce jour de quoi s'incliner d'admiration et de reconnaissance.

Me niera-t-on que, soit qu'un membre de la Convention eût publié contre les principaux fondateurs de la République un libelle bien atroce comme Louvet, soit que dans son opinion à la tribune il se fût dessiné en royaliste parfait, comme Salles et Rabaud; soit qu'il se fût fait conspuer généralement par une apostasie insigne, comme Manuel et Gorsas; soit qu'il se fût signalé en montrant le poing à la Montagne, comme Kersaint, où par une signature au bas de la pétition des vingt mille, comme Camus et Lanthenas, ou par un commissariat mémorable, comme celui de Carra auprès du négociateur Dumourier; soit que les quarante-huit sections eussent demandé avec plus de cent mille signatures l'expulsion de quelques membres, comme atteints et convaincus d'avoir parlé et agi dans le sens de Dumouriez et de Cobourg, tels que Lasource, Pontécoulant, Lehardi, Chambon; en un mot, dès qu'on avait obtenu une note d'infamie et pris des patentes d'aristocrate, on était sûr d'être le jeudi prochain nommé sans faute président ou secrétaire de la Convention?

Enfin, pour en venir au Socrate, au Phocion du côté droit, à Roland, n'est-ce pas un fait, et un fait prouvé par les lettres trouvées sous les scellés du *juste*, que le vertueux ministre de la République était fauteur d'émigration et s'était ligué contre la République avec tous les ci-devant nobles et les feuillans? Qu'on en juge par cette lettre :

« Comment vous remercier, lui écrit-on de Montagniac, de vos offres obligeantes qui me feront rejoindre mon mari à Berlin? Signé : NOAILLES LAFAYETTE. »

Et cette autre lettre : « J'avais bien compris dès votre premier ministère, vertueux Roland, que *nos principes étaient communs*. Signé, MONTESQUIOU, *général de l'armée des Alpes.* »

Et celle-ci encore : « Ne comptez pas, mon cher Roland, lui écrit-on de Lyon, sur les ci-devant nobles; ils n'ont pas assez de résolution. Signé, VITET, *maire de Lyon.* »

Ce sont là des faits, je pense, et la chose parle de soi; et tous les diamans du garde-meuble ne tireraient pas le juste de cette affaire et de dessous le rasoir national.

Jérôme Pétion disait confidemment à Danton, au sujet de cette apposition de scellés : « Ce qui attriste ce pauvre Roland, c'est qu'on y verra ses chagrins domestiques et combien le calice du cocuage semblait amer au vieillard, et altérait la sérénité de cette grande ame. » Nous n'avons point trouvé ces monumens de sa douleur, mais bien des preuves multipliées qu'il avait à sa solde un camp volant d'orateurs pour présenter la bataille sur la terrasse au café Beauquesne, au café Procope et partout où ils trouvaient de ce qu'ils appelaient champions de Robespierre. Nous avons vu combien les comptes de Roland sont infidèles, puisqu'il ne portait que 1200 livres à l'article dépenses secrètes, ce qui lui valut alors tant de battemens de mains ; et la note seule de ce qu'il en a coûté pour circonvenir Gonchon, pour le rolandiser et lui faire lire une des deux pétitions *du faubourg Saint-Antoine*, cette note seule excède deux mille francs. Encore le recruteur Gadaul, ajoute-t-il « qu'il perd ses assignats, qu'il pensait la veille tenir Gonchon sur la fin du dîner, mais que le lendemain, à jeun, *l'homme à la pétition* redevint plus Jacobin que jamais, et qu'il n'y a pas moyen de le défroquer. Il ne serait pas même sûr de lui présenter de l'argent. La délicatesse de Gonchon se cabre ; il lui avait offert d'être lieutenant-colonel de la garde départementale, afin de l'engager à venir, au nom du faubourg Saint-Antoine, présenter une pétition pour appuyer la motion Buzot ; mais il a suffi de cette offre pour le persuader que la motion Buzot ne valait rien ; et il n'est plus possible de lui en reparler. » Combien d'autres découvertes curieuses on eût fait dans la levée de ces scellés, si, lorsque nous avons arrêté leur apposition au comité des Vingt-Cinq, on n'eût pas vu s'écouler l'instant d'après une foule de députés qui ont couru mettre l'alarme au logis, rue de la Harpe, de manière que M. et madame Roland ont eu plus de six heures d'avance pour évacuer le secrétaire.

Mais était-il besoin de preuves écrites pour constater la ligue de Roland avec la ci-devant noblesse ? On demande des faits ; mais n'en existe-t-il pas un, qui seul sera une tache éternelle à la majorité de la Convention, et la preuve de sa complicité, ou du moins combien elle était loin des idées républicaines et du sentiment de sa dignité ? Quoi ! Roland seul, car il ne faut pas compter ses deux acolytes brissotins, osait s'emparer du secret de l'état et des archives de toute la conspiration depuis quatre ans ! Il osait fouiller seul, en visir, l'armoire de fer, et cela, lorsque la saine partie de la Convention soupçonnait qu'il devait sortir du fond de cette armoire une accusation terrible contre Roland; lorsqu'il était notoire que ses amis Guadet, Vergniaud, Gensonné, avaient transigé avec le roi le 9 août; lorsque cette transaction ne se trouvait point parmi les pièces; lorsque dans cette histoire des intrigues contre-révolutionnaires on remarquait des lacunes précisément aux époques où on avait accusé les brissotins de trafiquer de nos droits avec la cour. Et la majorité de la Convention, qui s'effrayait sans cesse d'une dictature chimérique, ne s'est pas levée indignée pour punir, par un décret d'accusation, l'acte le plus dictatorial qu'on puisse imaginer. Et lorsque, ayant couru à la tribune avec des poumons trop inférieurs à mon zèle pour me récrier contre le visirat de Roland, et que, n'ayant pu obtenir la parole, j'étais obligé de me contenter de lui dire, à son banc de ministre : Quelle confiance pouvons-nous avoir en un tel dépôt? le visir me répondait avec hauteur : *Que m'importe votre confiance?* Quelle arrogance à l'égard d'un représentant du peuple, dans un homme qu'on ne pouvait excuser d'avoir violé le greffe des trahisons de la cour, qu'en disant, comme on fit, que ce vieillard n'en avait pas senti la conséquence, et en le faisant ivre ou imbécile, pour ne pas l'avouer traître. Mais l'excuse d'une si grande démence, valable pour un citoyen, n'était pas recevable pour un ministre. Aussi la loi de Solon égalait au crime l'étourderie ou l'ivresse d'archonte.

Mais, quand on se souvient que dès le lendemain du 10 août, tous les bons esprits s'aperçurent que l'auteur du placard intitulé *les dangers de la victoire* battait le rappel autour de lui de tous les royalistes, de tous les feuillans, et que cet auteur c'était Roland, l'épreuve en ayant été vue sur son bureau, corrigée en entier de la main de sa femme; quand on se souvient de *la sentinelle*, espèce de chant du coq contre-signé; de ses *avis aux Athéniens*, de ses placards couleur de rose, et de la *lettre d'un Anglais aux Parisiens*, dans laquelle le ministre de l'intérieur, comme cela a été prouvé juridiquement, sous le nom d'un Anglais, tenait le même langage qu'aurait tenu Pitt, appelait les proscriptions et les fureurs du peuple contre les fondateurs de la République, qu'il désignait sous le nom de *tyrans populaires*, et osait exhorter le peuple français *à reprendre son caractère léger*, et à retourner à ses vaudevilles ; quand on se souvient que c'est lui qui, le 23 septembre, terminait ainsi son compte rendu à la Convention : *Il faut de la force ; je crois que la Convention doit s'environner d'une force armée et imposante ; qu'une troupe soldée et fournie par les départemens peut seule atteindre ce but*, et ouvrait ainsi la discussion sur une garde prétorienne ; quand on se souvient qu'il n'a cessé de souffler dans les départemens le fédéralisme et la haine contre Paris, par des placards séditieux ; qu'il écrivait à Dumourier, comme il est prouvé par la déclaration des deux députés Lacroix et Danton, qui ont lu la lettre : *Il faut nous liguer contre Paris* ; quand une foule de députés attestent qu'ils ont été révoltés des propos tenus à la table de Roland, où on ne les avait conviés que pour les faire entrer dans la coalition contre cette ville, et ses tribunes, ses sociétés populaires, ses pouvoirs constitués, sa députation trop républicaine ; quand on se souvient qu'il subornait deux faux témoins contre Robespierre, Barbaroux et Rebecqui, qui affirmaient, celui-ci en se frappant les deux mains sur la poitrine, que *Panis lui avait proposé de faire Robespierre dictateur* ; quand on se souvient de son étude constante à perfectionner l'art de renverser les républiques, et à suivre la politique d'Auguste (1) ; quand on se souvient qu'à l'aide des millions dont il était bourré par le corps législatif, Roland avait commencé, dès le lendemain du 10 août, à monter sa grande machine de la formation de l'esprit public, et s'était ménagé à sa nomination, dans les corps électoraux, des médailles de députés, comme les rois avaient à

---

(1) Octave, pour devenir empereur, n'eut besoin que de renoncer au nom de triumvir. Il s'assura de l'armée, en divisant, par l'intérêt et le numéraire, les soldats d'avec les citoyens ; du peuple, en faisant hausser sous la république le pain, qu'il fit baisser sous la monarchie ; de tout le monde, en criant contre les anarchistes et les factieux, et en faisant jouer *l'Ami des lois* par le comédien Pylade, ce que Tacite, avec sa précision admirable, dit en trois mots : *Posito triumviri nomine, militem donis, populum annonâ, cunctos dulcedine otii pellexit.*
(*Note de Desmoulins.*)

Rome des chapeaux de cardinal; c'est ainsi qu'il avait fait nommer J.-B. Louvet à Orléans, Sillery à Amiens, Rabaud de Saint-Étienne, à Troyes (1) ; en un mot, quand il y a preuve écrite qu'il était ligué avec les ci-devant nobles, et que le patriarche, comme l'appelaient les amans de sa Pénélope, enivré de leurs flagorneries, et enhardi par sa vieillesse, a osé, de ses mains sexagénaires, prendre les rênes abandonnées par Montmorin et Lessart, et se faire le cocher de la contre-révolution, aidé de ses deux laquais Clavière et Lebrun, l'un le plus hardi violateur du secret des postes, et le Brissot de la finance, l'autre, plat valet, comme il est prouvé par ses lettres à Joseph II, et depuis chargé d'entretenir, aux frais de la nation, les journalistes détailleurs de l'opium brissotin, tels que Carrier de Lyon, le Gorsas du Midi; qui ne voit, en joignant tous ces ressouvenirs, que la descente si audacieuse de Roland seul dans l'armoire de fer n'était pas une étourderie du ministre à barbe grise,

(1) Il faut convenir que ce Rabaud n'a point payé Roland d'ingratitude, et n'a point volé sa médaille. Chargé d'empoisonner l'opinion publique, il s'est livré à ce métier avec une ardeur infatigable, et avec d'autant plus de succès qu'il préparait très-bien un certain vernis de modération dont il plaquait son vert-de-gris. C'est lui qui a tenu la principale boutique de calomnie contre les républicains. Rédacteur à la fois du *Moniteur*, du *Mercure* et de *la Chronique*, ces trois journaux étaient comme les trois gueules avec lesquelles ce Cerbère des brissotins aboyait tous les jours la Montagne, et jamais royaliste sournois n'a mieux mérité que lui que le côté droit l'élevât à la présidence, et d'être le portesonnette de la coalition. Il y a un trait de lui qui le peint mieux que ne ferait un gros livre. Robespierre était à la tribune, suant sang et eau depuis une demi-heure; et depuis une demi-heure, tapi dans un coin du marais, Rabaut, fixant l'orateur, mordait sa distribution et ses doigts avec des grimaces. « Que voulez-vous donc, lui dit son voisin, avec votre pantomime, et quel est votre but? » Le prêtre, qui croyait répondre à un des siens, lui dit : « Ne vois-tu pas que, comme il n'y a pas moyen d'interrompre, à cause du décret qui défend tout signe d'improbation et d'approbation, si un regard de Robespierre pouvait tomber sur ma grimace, cela brouillerait ses idées et le ferait peut-être descendre de la tribune? » Ce fait, peu important en apparence, montre à nu l'ame de ce Rabaud, qui est si reptile, si esclave, si intrigant, si traître, si tartufe, si brissotin en un mot, car c'est la définition du mot brissotin que je viens de donner, que, lorsqu'à force de purger l'assemblée nationale de cette espèce d'hommes, on se demandera un jour ce que c'était qu'un brissotin, je fais la motion que, pour en conserver la plus parfaite image, celui-ci soit empaillé, et je m'oppose à ce qu'on le guillotine, si le cas y échet, afin de conserver l'original entier au Cabinet d'histoire naturelle. (*Note de Desmoulins.*)

mais bien un coup de maître et un magnifique brissotement de toutes les pièces qui étaient à la charge de ses commensaux, brissotement qui n'est surpassé peut-être que par le coup d'essai que le vertueux avait fait, à la mi-septembre, sur le garde-meuble ?

Quand Barrington apprit à Botany-Bay le vol du garde-meuble, il dut s'écrier qu'il était vaincu par le vertueux ministre de la République. Quoique j'aie entendu dire à Brissot, dans le comité de défense générale, que Roland *mangeait aussi le pain des pauvres*, et qu'au sortir de son second ministère il ne *lui serait pas resté de quoi vivre si*, *lui Brissot*, *n'avait fait donner*, *par le conseil exécutif*, *une pension de mille écus à l'ex-ministre*, *comme la retraite de ses services dans les manufactures*, il n'en est pas moins clair à mes yeux, et il sera prouvé à la postérité, que c'est le vertueux qui a volé le garde-meuble. Les voleurs ont été arrêtés et ont découvert leurs complices. On a retrouvé presque tout ce qu'ils avaient emporté, et ce recouvrement n'est pas monté à plus de 4 millions, et on n'a point retrouvé les gros diamans ; en sorte qu'il était facile de deviner qu'on avait introduit ces voleurs dans le garde-meuble pour pouvoir en supposer le pillage, leur faire emporter les restes, et par-là couvrir le démeublement officiel qui en avait été fait, et une grande opération de finance. Vous avez entendu Fabre d'Églantine qui a suivi la trace de cette expédition avec la sagacité qu'on lui connaît, nous faire une démonstration qui suffirait presque au juré, que tout avait été arrangé d'avance pour une émission de filous dans le garde-meuble, qui n'étaient que l'arrière-garde des grands voleurs. Toujours est-il constant qu'on n'a retrouvé ni le *Pitt*, ni le *Régent*, ni le *Sancy*, ce qui supposait un vol extérieur, dont le soupçon ne pouvait appartenir qu'au ministre Roland, chargé de la surveillance du garde-meuble. Et l'observateur qui rassemble ces diverses présomptions et les indices matériels que fournit d'Églantine, et les efforts de Roland pour soulever la France contre les députés républicains, en employant tant de presses, pendant trois mois, à apitoyer sur le sort de Louis XVI, et son second ministère en entier, où on voit que, dès le lendemain du 10 août, il s'était appliqué à rallier autour de lui les constitutionnels et les débris de l'armée royale; la méditation, dis-je, qui fait tous ces rapprochemens, ne doute pas plus que ne fera l'histoire qui aura retrouvé le Pitt et le Sancy, et suivi leurs traces; elle ne doute pas que dans la déconfiture des royalistes, le 10 août, et dans leur désespoir d'une contre-révolution à la Calonne et autrichienne, Roland ne leur ait présenté l'annonce d'une contre-révolution anglo-prussienne et à la Brissot, qu'il ne les ait engagés à prendre sa contre-révolution au rabais, et, de concert avec Louis XVI, captif, n'ait déménagé le garde-meuble, comme un riche supplément de la liste civile, pour corrompre la Convention, payer les 60,000 liv. de dettes de Duprat, les 80,000 liv. de Barbaroux (1), et pour venir au secours de la royauté agonisante, et étouffer la République au berceau.

Je supprime une multitude de faits. Qu'ajouteraient-ils à l'impression d'horreur que font naître ces deux derniers contre l'hypocrisie des *vertueux* et des *sages*, car c'est ainsi qu'ils se nommaient entre eux, pour en imposer, comme des prêtres, au vulgaire, avec leurs encensoirs, et en se prosternant ainsi les uns devant les autres? Pour nous, ils nous appelaient des *royalistes*, tandis qu'ils étaient ligués avec les ci-devant nobles; *des agitateurs*, tandis qu'ils n'ont cessé de prêcher une croisade contre Paris, et de souffler pour ranimer la cendre tiède de la royauté; *des désorganisateurs*, tandis que leurs créatures, Dumourier et Beurnonville, désorganisaient l'armée, et qu'eux-mêmes conspiraient la désorganisation de la République, en s'obstinant à convoquer les assemblées primaires dans la Bretagne et la Vendée;

---

(1) « Barbaroux, dit le n. CLXXVII du *Journal de Marseille*, qui n'avait pour tout patrimoine qu'un poignard quand il est parti pour la Convention, a répondu aux Marseillais, qui s'étonnaient de ses deux secrétaires et des gardes de la Manche qu'il était assez riche pour entretenir, que par le bienfait de la loi qui abolit les substitutions il avait hérité de 80,000 liv.; tandis qu'il est de notoriété publique qu'il n'a jamais eu, dans les deux mondes, de parens possesseurs d'une telle fortune. Il est vrai que, pour dépayser les curieux, il a dit que cette succession lui venait d'Amérique. (*Note de Desmoulins.*)

des partisans secrets de d'Orléans, tandis qu'eux-mêmes étaient la faction déclarée de Dumourier et de d'Orléans ; des *assassins,* tandis qu'ils avaient fait l'apologie de la Glacière d'Avignon, qu'ils ont fait périr tant de milliers de citoyens aux frontières, dans cette guerre qu'ils ont décrétée malgré nos cris ; enfin, des *brigands,* dans le même temps qu'ils dévalisaient le garde-meuble. Non, il n'y a pas d'exemple dans l'histoire d'une faction plus impudemment hypocrite.

Mais, en dépit de leurs calomnies et des clameurs de cette autre espèce de mauvais citoyens, de ces royalistes, de ces faux patriotes, qui disent que la Convention *a beaucoup promis et rien tenu ;* qui nous reprochent nos querelles, et se demandent le soir si les deux partis se sont pris aux cheveux le matin, comme si les chiens devaient vivre en paix avec les loups ; de ces royalistes déguisés, je le répète, qui, ne pouvant s'empêcher de condamner le côté droit, cherchent à faire tomber le blâme sur les deux partis de la Convention, afin de nous donner un Louis XVII à la place de l'assemblée nationale ; en dépit de toutes ces clameurs, je vois s'élever la colonne où la postérité, plus reconnaissante, gravera le nom de ces hommes courageux qui ont entraîné la majorité, et scellé avec le sang du tyran, le décret qui déclare la France république. Quelque mêlée que soit la Convention de traîtres et de scélérats plus odieux que Desrues, je ne crains pas de soutenir qu'il n'y eut jamais d'assemblée dans l'univers qui dut donner à une nation d'aussi grandes espérances. Qu'on considère de quel degré de corruption nous sommes partis ! Qu'on considère, pour répéter ce que je citais encore dernièrement, qu'un homme qui n'avait fait que voyager toute sa vie répondait, il n'y a pas bien des années : « qu'il aurait bien voulu se fixer dans quelque ville ; mais qu'il n'en avait trouvé aucune où la puissance et le crédit fussent entre les mains des gens de bien. » Partout l'homme était réduit à être enclume ou marteau, *vel prœda, vel prœdo.* Ce qui faisait dire à un ancien : je ne vois point de ville que je ne croie entrer dans une campagne infectée de la peste, où on n'aperçoit autre chose que des cadavres qui sont dévorés et des corbeaux qui dévorent. Malgré les proclamations de Cobourg, et les calomnies des Zoïles de la révolution, il faut avouer pourtant que Pétrone, s'il écrivait de nos jours, ne pourrait tenir le même langage. La représentation nationale s'épure chaque année. De douze cents, bien peu sont sortis purs de l'assemblée constituante, et leur nombre, tamisé dans la Convention, est devenu plus petit encore. L'assemblée législative, moins nombreuse, a fourni plus de députés fidèles au peuple. La Convention en montre un bien plus grand nombre encore. Sans doute le quatrième scrutin épuratoire donnera dans l'assemblée une majorité permanente et invariable aux amis de la liberté et de l'égalité, surtout lorsqu'il n'y aura plus un garde-meuble à piller, et un Clavière pour gardien du trésor public. Les talens si nécessaires aux fondateurs de la république française ne manqueront pas à l'assemblée des représentans de la nation. Il est impossible que les têtes fermentent pendant quatre années de révolution et de discordes civiles, dans un pays tel que la France, sans qu'il ne s'y forme un peuple de citoyens, de politiques et de héros. Il est dans la Convention une foule de citoyens dont on n'a remarqué encore que le caractère, mais dont on reconnaîtrait bientôt le mérite si l'organisation de nos assemblées nationales n'était plus favorable au développement du babil que du talent, et si la méditation avec la faiblesse de l'entendement humain pouvait se faire à cette continuité de séances, sans aucune solution, et à cette législature en poste et sans relais (1). Ces talens ont déjà percé dans les grandes questions,

---

(1) L'Assemblée nationale de la république française ne sera jamais à sa hauteur que lorsqu'elle ajournera ou prorogera ses séances, selon la difficulté des temps; lorsqu'elle n'aura, par exemple, que trois ou quatre séances par semaine, et que les autres jours seront consacrés au travail des comités. On n'a jamais vu aucun peuple condamner les législateurs à faire des lois comme un cheval aveugle à tourner la meule, jour et nuit. Qu'on se souvienne qu'une seule loi, chez les Romains, était discutée pendant vingt-sept jours, et pendant dix-neuf à Athènes, et qu'il y a telle séance où nous rendons vingt ou trente décrets; et on sera surpris de la facilité de tant d'improvisateurs de législation qui se précipitent tous les jours à la tribune, où on ne devrait venir qu'avec des idées dignes de la révolution et de la majesté du peuple français; pendant

qu'on n'a pas fait décréter, *sans désemparer*, telles que celle de l'appel au peuple, du jugement de Louis XVI, etc., etc. Il suffirait de la seule discussion dans le procès du tyran pour venger la Convention de ses détracteurs. Ceux qui ont détruit le prestige de la royauté, et envoyé à l'échafaud un roi de France, parce qu'il fut roi, ne sauraient être avilis dans l'opinion des peuples. Nous avons tenté une expérience sublime, et dans laquelle il nous serait glorieux à jamais même d'avoir succombé, celle de rendre le genre humain heureux et libre. Mais nous ne succomberons point, et cette nouvelle tempête qui menace la république française n'aura d'autre effet que, comme les vents sur un arbre vigoureux, d'en affermir les racines lorsqu'il en est battu avec le plus de violence. Le vice était dans le sang. L'éruption du venin au dehors, par l'émigration de Dumourier et de ses lieutenans, a déjà sauvé plus qu'à demi le corps politique; et les amputations du tribunal révolutionnaire, non pas celle de la tête d'une servante qu'il fallait envoyer à l'hôpital, mais celle des généraux et des ministres traîtres; le vomissement des brissotins hors du sein de la Convention, achèveront de lui donner une saine constitution. Déjà trois cent soixante-cinq membres ont effigié tous les rois dans la personne de Louis XVI, et plus de deux cent cinquante membres s'honorent d'être de la Montagne. Qu'on me cite une nation au monde qui ait jamais eu autant de représentans dévoués. Depuis près de six cents ans que les Anglais ont leur parlement, il ne leur est arrivé qu'une seule fois d'avoir, dans le long parlement, une masse de véritables patriotes et une Montagne; et cette masse, qui fit de si grandes

---

que J.-J. Rousseau avoue qu'il y a telle phrase qui lui a coûté un jour à rendre digne de lui. Dans cet état de choses, on sent qu'on ne peut rien conclure du silence d'un député contre son mérite; car le député pénétré de ses devoirs n'a pas trop de tout son recueillement pour remplir sa tâche, je ne dis pas avec éclat et en orateur, mais obscurément et par assis et levé. Cette permanence des séances tous les jours est un des moyens les plus infaillibles pour déconsidérer l'assemblée nationale. On a compris que, quelque profonde que fût la superstition, et même en Basse-Bretagne, les prêtres auraient bientôt déconsidéré leur religion s'ils carillonnaient et messaient solennellement tous les jours.

(*Note de Desmoulins.*)

choses, ne s'élevait pas à plus de cent membres. Et à Rome, Caton; en Hollande, Barnevelt et les deux de Witt, luttèrent presque seuls contre le génie et les victoires du dictateur et du stathouder.

Hâtons-nous d'ouvrir des écoles primaires; c'est un des crimes de la Convention qu'elles ne soient pas encore établies. S'il y avait eu dans les campagnes, sur le fauteuil du curé, un instituteur national qui commentât le droit de l'homme et l'almanach du Père Gérard, déjà seraient tombés des têtes des Bas-Bretons, la première croûte de la superstition, cette gale de l'esprit humain; et nous n'aurions pas, au milieu des lumières du siècle et de la nation, ce phénomène de ténèbres dans la Vendée, le Quimpercorentin et le pays de Lanjuinais, où des paysans disent à vos commissaires : Faites-moi donc bien vite guillotiner, afin que je ressuscite dans trois jours. De tels hommes déshonorent la guillotine; comme autrefois la potence était déshonorée par ces chiens qu'on avait pris en contrebande, et qui étaient pendus avec leurs maîtres. Je ne conçois pas comment on peut condamner à mort sérieusement ces animaux à face humaine; on ne peut que leur courir sus, non pas comme dans une guerre, mais comme dans une chasse; et quant à ceux qui sont faits prisonniers, dans la disette de vivres dont nous souffrons, ce qu'il y aurait de mieux à faire serait de les échanger contre leurs bœufs du Poitou.

A la place de colléges de grec et de latin, qu'il y ait dans tous les cantons des colléges gratuits d'arts et métiers.

Amenons la mer à Paris, afin de montrer avant peu aux peuples et rois que le gouvernement républicain, loin de ruiner les cités, est favorable au commerce, qui ne fleurit jamais que dans les républiques, et en proportion de la liberté d'une nation et de l'asservissement de ses voisins; témoins Tyr, Carthage, Athènes, Rhodes, Syracuse, Londres et Amsterdam.

Nous avons invité tous les philosophes de l'Europe à concourir à notre législation par leurs lumières; il en est un dont nous devrions emprunter la sagesse : c'est Solon, le législateur d'Athènes, dont une foule d'institutions surtout semblent propres à s'acclimater parmi nous, et qui semble avoir pris la mesure de ses lois sur desFrançais. Montesquieu se récriait d'admiration sur les lois fiscales d'Atnènes. Là, celui qui n'avait que le nécessaire ne payait à l'état que de sa personne, dans les sections et les armées ; mais tout citoyen dont la fortune était de dix talens devait fournir à l'état une galère ; deux, s'il avait vingt talens ; trois, s'il en avait trente. Cependant, pour encourager le commerce, eût-on acquis d'immenses richesses, la loi ne pouvait exiger d'un Beaujon ou d'un Laborde que trois galères et une chaloupe. En dédommagement, les riches jouissaient d'une considération proportionnée dans leur tribu, et étaient élevés aux emplois de la municipalité et comblés d'honneurs ; celui qui se prétendait surtaxé par le département avait le droit d'échanger sa fortune contre celui qui était moins haut en cote d'impositions.

Là, il y avait une caisse des théâtres et de l'extraordinaire des fêtes, qui servait à payer aux comédiens de la nation les places des citoyens pauvres. C'étaient là leurs écoles primaires, qui ne valaient pas nos colléges d'arts et métiers quand la Convention les aura établis.

Là, il n'y avait d'exempt de la guerre que quiconque équipait un cavalier d'armes et d'un cheval et l'entretenait, ce qui délivrait le camp d'une multitude de boutiquiers et de riches bourgeois qui ne pouvaient que lui nuire, et les remplaçait par une excellente cavalerie.

Là, ceux d'une tribu, d'un canton, étaient enrôlés dans une même compagnie ou le même escadron. Ils marchaient, ils combattaient à côté de leurs parens, de leurs amis, de leurs voisins, de leurs rivaux ; en sorte que personne n'osait commettre une lâcheté en présence de témoins aussi dangereux.

Là, il y avait pour tous ceux qui avaient bien mérité de la patrie un prytanée, qu'il nous serait si facile d'imiter et même de surpasser, en faisant un magnifique prytanée de Versailles et de tous les palais des despotes pour les héros de la liberté qui les auront vaincus.

Là, il y avait une institution la plus touchante qui se soit jamais pratiquée chez aucun peuple : le dernier jour de la fête de Bacchus, après la dernière tragédie, en présence du sénat, de l'armée et d'une multitude de citoyens, un héraut, suivi des jeunes orphelins, fils adoptifs de la nation, les présentait au peuple avec ces mots : Voici des jeunes gens dont les pères sont morts à la guerre, après avoir vaillamment combattu. Le peuple, qui les avait adoptés, les a fait élever jusqu'à l'âge de vingt ans ; et aujourd'hui qu'ils ont atteint cet âge, il leur donne une armure complète, les renvoie chez eux, et leur assigne les premières places dans les spectacles.

Je conviens que nous n'avons pas encore transporté parmi nous toutes ces belles institutions ; je conviens que l'état des choses, en ce moment, n'est pas encore exempt de désordre, de pillage et d'anarchie. Mais pouvait-on balayer un si grand empire qu'il ne se fît un peu de poussière et d'ordures ? La nation a souffert ; mais pouvait-on s'empêcher de l'amaigrir en la guérissant ? Elle a payé tout excessivement cher ; mais c'est sa rançon qu'elle paie, et elle ne sera pas toujours trahie. Déjà nous avons eu le bonheur de remplir le serment le plus cher au cœur d'un citoyen, le serment que faisait le jeune homme à Athènes, dans la chapelle d'Agraule, lorsqu'il avait atteint l'âge de dix-huit ans : « *de laisser sa patrie plus florissante et plus heureuse qu'il ne l'avait trouvée.* » Nous avions trouvé la France monarchie, nous la laissons république.

Laissons donc dire les sots qui répètent tous les jours ces vieux propos de nos grands mères, que la République ne convient pas à la France. Les talons rouges et les robes rouges, les courtisanes de l'Œil-de-Bœuf et les courtisanes du Palais-Royal, la chicane et le biribi, le maquerélage et la prostitution, les agioteurs, les financiers, les mouchards, les escrocs, les fripons, les infâmes de toutes les conditions, et enfin les prêtres, qui vous donnaient l'absolution de tous les crimes moyennant la dîme et le casuel, voilà les professions, voilà les hommes à qui il faut la monarchie. Mais, quand même il serait vrai que la République et la démocratie n'auraient jamais pu prendre racine dans un état aussi étendu que la France, le dix-huitième siècle est, par ses lumières, hors de toute comparaison avec les siècles passés; et si un peintre offrait à vos yeux une femme dont la beauté surpassât toutes vos idées, lui objecteriez-vous, disait Platon, qu'il n'en a jamais existé de si parfaite ? Pour moi, je soutiens qu'il suffit du simple bon sens pour voir qu'il n'y a que la République qui puisse tenir à la France la promesse que la monarchie lui avait faite en vain depuis deux cents ans : *la poule au pot pour tout le monde.*

Post-scriptum.

Ce fragment ne contient pas peut-être la dixième partie des faits de l'histoire des membres du côté droit, la plupart de ces faits, ou ayant été enveloppés d'épaisses ténèbres, et couverts d'un secret impénétrable, ou s'étant passés trop loin de ma lorgnette, et tout-à-fait hors de sa portée; c'est au temps et au hasard qu'il est réservé de nous révéler certaines anecdotes, comme celle, aussi certaine qu'étrange, que j'ai racontée dans le numéro IV de la *Tribune des Patriotes*, sur la mort de Favras. C'est ainsi que le temps nous apprendra comment le ci-devant prince de Poix s'échappa de la mairie le lendemain du 10 août, et quel ange endormit ses gardes, et le sortit de chez le maire Pétion aussi miraculeusement que saint Pierre-ès-Liens. Son valet de chambre apprendra sans doute à l'histoire s'il dut ce prodige aux cent mille écus donnés à des gardiens en écharpe, comme on l'a dit dans le temps, et quelle est la véritable explication de ce phénomène, de celle-ci ou de cette autre que je me suis laissé donner, et qui n'est pas sans vraisemblance. Non-seulement, comme tout le monde sait, et comme cela est si bien développé dans la septième lettre de Robespierre à ses commettans (lettre, quoi qu'on puisse dire, comparable à la meilleure des Provinciales pour l'atticisme et la finesse de la plaisanterie), Jérôme Pétion ne voulait point de la journée du 10 août, et récalcitrait de toute sa force; non-seulement il avait visité les postes du château, ainsi que Rœderer, et donné la bénédiction municipale aux

Suisses et aux chevaliers du poignard ; mais au moment de l'arrestation de Mandat, il fut même accusé, à la maison commune, lorsque ce commandant-général trouvait sur le perron le châtiment de son crime, de lui avoir *signé* l'ordre de faire feu sur le peuple, le cas de l'insurrection échéant ; et je tiens de bon lieu que c'est à cet ordre, *signé Pétion*, que Philippe Noailles a dû son salut. On prétend que, soit que cet ordre leur eût été remis par Mandat, ou qu'elles se fussent fait livrer, n'importe comment, cet écrit précieux, des personnes qui touchaient de fort près le ci-devant prince de Poix avaient cet ordre dans leurs mains, lorsqu'elles vinrent solliciter Pétion de le mettre en liberté ; et comme le maire faisait difficulté de prendre sur lui l'élargissement périlleux du capitaine des gardes, elles le déterminèrent, par un péril plus grand, à sauter le fossé, et, lui montrant ce papier, le menacèrent, s'il ne sauvait son prisonnier de la guillotine, de le conduire lui-même sous le fatal rasoir par le moyen de cet écrit ; et on a prétendu qu'alors Jérôme Pétion ne se le fit pas dire deux fois, et trouva une porte de derrière par laquelle il fit sortir le capitaine des gardes, qui court encore.

J'ai même omis des faits de notoriété, tels que celui que Meaulle a articulé à la tribune : qu'il savait de science certaine que les meneurs du côté droit avaient voulu faire égorger la Montagne dans le temps que l'un d'eux, Barbaroux, osa donner l'ordre au second bataillon de Marseille de sortir de ses casernes, et le requérir d'investir la Convention nationale la veille du jugement du roi. Mais il suffit de ce que j'ai raconté pour que le procès du côté droit soit regardé comme fait et parfait ; et il est évident, par exemple, que, sur les pièces authentiques que j'ai citées concernant Roland, il aurait dû être traduit au tribunal révolutionnaire à l'instant même où le scellé a eu livré au comité de sûreté générale ces pièces d'après lesquelles sa condamnation ne peut pas être douteuse. N'est-ce pas également une chose indigne que ses complices de contre-révolution, responsables avec lui de tout le sang qui coule dans la Vendée, Clavière et Lebrun, soient encore dans le ministère ; et ai-je tort, d'après une négligence si impardonnable, d'accuser la mollesse du comité de salut public?

(La brochure de Desmoulins fut imprimée aux frais de la société des Jacobins, ainsi que le constate la note suivante, par laquelle elle est terminée.)

« La Société, dans sa séance du 19 mai 1793, l'an II de la République une et indivisible, a arrêté l'impression, la distribution et l'envoi de cet ouvrage aux sociétés affiliées.

» *Signé*: BENTABOLE, *président;* CHAMPERTOIS, *vice-président;* COUPÉ de l'Oise; DUQUESNOY, SAMBAT, COINDRE, *députés;* PRIEUR, *secrétaire.* »

MAI 1793.

Voici le huitième et dernier mois de la guerre à jamais mémorable qui divisa les Montagnards et les Girondins au sein de la Convention nationale. Narrateurs impartiaux des combats qui se termineront le 2 juin par le triomphe décisif des opinions jacobines, nous avons dû particulièrement nous attacher à maintenir la question nationale sous les yeux de nos lecteurs, afin qu'ils pussent discerner entre les deux bannières rivales celle qui était française de celle qui ne l'était pas. Un signe certain pour ceux qui n'ont pas l'habitude de chercher dans les idées la raison des faits, ce sont les conclusions pratiques, si nettes maintenant de part et d'autre. Maintenant les mots de fédéralisme et d'unité passent, en effet, de la théorie à l'application, et il est impossible de ne pas reconnaître que les Girondins étaient réellement fédéralistes, et les Jacobins le parti national. Chacun d'eux employait, il est vrai, le mot d'unité; mais il avait dans leur bouche un sens aussi opposé que les sentimens eux-mêmes dont ils étaient animés. Les Girondins avaient pour unique conviction les doctrines individualistes du dix-huitième siècle; ils professaient le principe absolu du droit naturel, et l'unité n'était pour eux que le contrat des intérêts privés dans le but de leur plus grande sécurité. L'adage antique, *vis unita fortior*, interprété selon le principe fédéral du droit, servit de texte à leurs protestations d'unité et fut la pensée dont les hommes de bonne foi parmi eux se trouvèrent dupes.

De la part des Jacobins, l'unité voulait dire la France et le devoir commun qui la constituait nation. Élèves du dix-huitième siècle, aussi bien que leurs adversaires, ils en connaissaient les théories, mais ce n'était pas en elles qu'ils avaient placé leur certitude ; dans ce cercle, ils admettaient la liberté des opinions, la discussion illimitée, le pour et le contre à tous les degrés, justement parce qu'il y avait doute et question sur les points principaux de la politique spéculative. Ce dont ils étaient parfaitement sûrs, c'était de la pratique sociale ; et, sur ce terrain, le seul révolutionnaire, ils proclamaient, comme principe, le dévouement absolu au salut de la France. Le devoir national était donc pour eux le sens du mot unité. Toutes les fois qu'ils quittaient ce terrain pour suivre leurs adversaires dans des controverses théoriques, ils semblaient être d'accord dans les expressions, mais au fond ils étaient profondément séparés ; c'est même à la difficulté d'établir rigoureusement dans la science les contradictions du sentiment, c'est au soupçon de quelque sophisme fondamental dans le langage constitutionnel des Girondins, et aux vains efforts des Jacobins pour le découvrir, qu'il faut attribuer en grande partie l'impatience inquiète et la méfiance de ces derniers. Cette raison, ajoutée aux raisons morales déduites par nous dans la préface du vingt-cinquième volume de cette Histoire, indique pourquoi ils voulaient que le gouvernement fût d'abord, et avant tout, révolutionnaire, et pourquoi ils ajournaient la Constitution.

A cette heure, les débats finissent par des énonciations précises. Isnard propose un pacte social, un compromis préalable, sans lequel on ne peut plus s'entendre, ni convenir de rien. A cette formule dictée par le droit, Marat répond par une accusation de fédéralisme. Enfin, au plus fort des passions déchaînées dans ce dernier assaut, Guadet fait la motion de casser les autorités de Paris, et de transporter à Bourges le siége de la Convention. A ces mots, Collot d'Herbois s'écrie : « Voilà la conspiration découverte! » Le fédéralisme, en effet, venait de se trahir lui-même. L'existence de vingt-deux députés à qui, comme le leur reprochait Marat un moment auparavant, Dumourier avait imprimé le cachet de la contre-révolution ; leur existence était opposée et préférée à celle de Paris. Or, disaient les Jacobins, et disait avec eux le peuple, Paris a fait la révolution, Paris est la ville commune de la France; préférer vingt-deux députés suspects à Paris, c'est donc les préférer à la révolution et à la France; et, afin qu'il n'y eût plus de doute sur les résolutions de la Gironde, quelques jours après la motion de Guadet, Isnard, alors président, prononça ces paroles célèbres : « S'il arrivait qu'on portât atteinte à la représentation nationale, Paris serait anéanti, et bientôt on chercherait sur les rives de la Seine si Paris a existé. »

Nous n'entreprendons pas d'esquisser ici les scènes qui précédèrent la catastrophe du 31 mai ; nous laisserons parler les documents où vivent tous les détails de ce drame. Nous signalerons seulement à nos lecteurs la ligne où vont se rencontrer la majorité girondine de la Convention avec la minorité de cette assemblée, que soutient au-dehors la Commune de Paris.

La ligne sur laquelle se heurtent et se groupent les principaux événemens commence par un mouvement girondin contre la municipalité. Ce fut à l'occasion de son arrêté pour le recrutement d'une armée de douze mille hommes (voir la Commune du 1er mai), qu'il fallait envoyer sur-le-champ en Vendée, que ce mouvement éclata. L'article VII de l'arrêté désignait à la réquisition les commis de bureau non mariés, les clercs de notaire et d'avoué, les commis de banquiers, de négocians, les garçons marchands et les garçons de bureau. Ces jeunes gens résistèrent, et, sûrs d'être soutenus par la majorité de la Convention, excités par des articles du *Patriote français* où on les invitait à prendre les armes contre les anarchistes, et à leur livrer un combat à mort, ils cherchèrent à s'emparer des sections, et organisèrent des émeutes. Pendant quatre jours ils furent les maîtres dans plusieurs sections, apposant les scellés sur les papiers des comités révolutionnaires, et demandant, par des pétitions, que la Gironde accueillît le changement de la forme réquisitionnelle ordonnée par la Commune, en celle de l'enrôlement volontaire. Pour organiser le dévouement du peuple au milieu de ces désordres, il fallut que les jacobins déployassent une énergie et une vigilance que nous ne comprendrions pas si les nouvelles de plus en plus inquiétantes des provinces de l'Ouest n'étaient venues solliciter sans relâche leur patriotisme. Paris commençait à être dégarni de bons citoyens. Aussi, le 31 mai fut-il une des journées les plus difficiles et les plus disputées. Par leur nombre, par leur position parlementaire, par leurs appuis au dehors, par les résolutions qu'ils annoncent, les Girondins semblent, au premier coup d'œil, devoir l'emporter. Mais lorsque l'on voit que ceux qui font l'émeute pour eux sont des gens qui, non-seulement craignent de recevoir des coups, mais encore de se faire déchirer les habits; lorsqu'on lit dans le *Patriote français* le témoignage de décence, d'ordre, et de bonne tenue donné à leurs attroupemens, on demeure convaincu qu'il n'y a aucune volonté sérieuse de sacrifice au fond de toutes ces démonstrations. Des rassemblements où l'on crie : *A bas la République! A bas la Montagne! Vive la loi!* se forment aux Champs-Élysées et au Luxembourg. On procède à des arrestations, et le domestique de Buzot est pris dans ces émeutes avec plusieurs Girondins reconnus à la suite de certaines mesures de police auxquelles la municipalité est provoquée; les Girondins obtiennent, le 18 mai, un décret qui charge une commission de douze membres d'examiner les arrêtés de la Commune depuis un mois. Ce fut là cette fameuse commission des douze, dont le but était à la fois la plus cruelle injure et la menace la plus directe qui eussent encore été faites aux sections de la capitale. Bientôt son activité réactionnaire répandit des alarmes que l'emprisonnement d'Hébert acheva de rendre sérieuses. Cassée le 27, à la demande réitérée des sections, la commission des douze fut réintégrée le lendemain 28, sur la motion de Lanjuinais. Le 29, les sections réclamèrent encore une fois; le 30, elles se préparèrent à l'insurrection; le 31, à trois heures du matin, le tocsin sonnait à Notre-Dame.

Telles sont les grandes circonstances du conflit. Nul incident d'ailleurs qui ne s'y rattache et ne vienne en exciter la violence. Un décret surtout est vivement contesté; mais la Gironde s'oppose vainement ; le 20 mai on frappe sur les riches un emprunt forcé d'un milliard. Il n'y a pas jusqu'aux délibérations constitutionnelles appelées de temps en temps par l'ordre du jour qui ne servent de champ de bataille. Un seul décret peut-être fut complètement en dehors des hostilités : nous voulons parler de l'organisation des écoles primaires, adoptée le 29, sur le rapport de Barrère.

Nous suivrons pendant le mois de mai le plan qui nous a dirigés pendant le mois d'avril. L'histoire de la révolution est plus que jamais un véritable journal, qu'il faut écrire heure par heure. Nous sortirons de cette condition après la chute des Girondins.

Indépendamment des matériaux directs qui comprendront les séances de la Convention, celles des Jacobins, celles de la Commune, etc., nous réunirons à la fin du mois quelques documens complémentaires de la plus haute importance. De ce nombre sont une brochure de Gorsas, un placard original d'un grenadier de la Butte-des-Moulins, la narration de la Commune de Paris, le compte rendu de Saladin, une brochure de Michel-Edme Petit, etc. L'époque du 31 mai est d'un si haut intérêt révolutionnaire, que nous avons dû réunir tout ce qui nous a paru indispensable à en procurer l'éclaircissement. Les écrits que nous réimprimons sont extrêmement rares ; quelques-uns même, le placard, par exemple, n'existent certainement qu'entre nos mains. Ces écrits sont en outre ce qui a été publié de plus authentique et de plus concluant pour et contre le 31 mai.

Nous divisons le mois de mai en trois parties. Dans la première nous placerons les séances de la Convention, celles de la Commune, celles des Jacobins ; les audiences du tribunal révolutionnaire, et la presse ; dans la seconde, nous ferons l'histoire de Lyon et celle de la Vendée ; dans la troisième, celle de la guerre étrangère.

Le 10 mai la Convention s'installa aux Tuileries. Nous donnerons dans la presse de ce jour une notice sur la nouvelle salle.

Parmi les pièces intéressantes que nous a fournies le dépouillement des journaux, nous citerons une lettre où il est prouvé que

Gorsas avait été massacreur de septembre ; et une lettre de Hoche, alors capitaine, à Marat. Ces deux lettres sont, l'une dans la presse du 9, l'autre dans la presse du 16.

CONVENTION. — *Séance du 1er mai.*

Décret qui met à la disposition du ministre de l'intérieur 4,000 liv. pour l'arrestation des quatre chefs du complot contre-révolutionnaire formé près de Jalès. — Bréard fait mettre toute l'artillerie de la République à la réquisition du ministre de la guerre. — Goupilleau repousse les inculpations faites contre les généraux Berruyer et Menou, en activité dans les départemens révoltés. Châles se plaint de leur faste. Renvoi au comité de salut public.

Sur la lettre des commissaires envoyés dans le département de l'Orne, décret qui traduit au tribunal révolutionnaire Fécamps, de Pont-l'Évêque, agent de d'Orléans, lequel, en voyageant, faisait l'éloge de *son maître*, et parlait de la nécessité de donner un chef à la République. — Sur le rapport de Réal, décret relatif à la liquidation et au paiement des dettes d'Orléans. — Décret, sur le rapport d'Aubry, pour le choix des nouveaux commissaires des guerres. — Décret qui règle le service des postes et messageries, et fixe le tarif des voitures par terre. — Autre qui refuse une avance demandée par la municipalité de Lyon ; sauf à elle à prélever 300,000 liv. sur le produit des contributions publiques. — Autre qui accorde à la municipalité de Caen l'avance de 150,000 liv. pour approvisionnement. — Députation de Versailles, avec bannière portant : *Nous demandons la taxe des grains.* — Députation de la section des *Amis de la patrie*, qui demande que la Convention fasse partir sur-le-champ toutes les troupes soldées actuellement à Paris ou aux environs, même sa garde d'honneur. Lidon fait ordonner au conseil exécutif de rendre compte de l'exécution du décret qui enjoignait à tous les officiers de rejoindre dans quinzaine. Le maire de Paris et le procureur de la Commune annoncent le départ prochain de douze mille hommes et trente pièces de canon avec un bataillon de canonniers. Sur la proposition de Marat, il est décrété que les Parisiens ont bien mérité de la patrie. — Lacaze et Mazuyer s'élèvent contre l'envoi des commissaires par la commune de Paris. Ordre du jour, d'après l'observation de Thuriot, que ce ne sont que de simples citoyens. — Députation de la section de la Réunion, qui demande le départ des troupes soldées existantes à Paris.

[Une députation se présente au nom des citoyens du faubourg Saint-Antoine; elle est introduite.

L'orateur. Nous vous présentons une pétition des habitans du faubourg Saint-Antoine, au nombre de huit à neuf mille, qui demandent à défiler dans le sein de la Convention. (Applaudissemens.) Ils y défileront avec toute la décence qui est due aux représentans du peuple; ils y défileront paisiblement et sans armes. (On applaudit.)

Mandataires du souverain, les hommes des 5, et 6 octobre, 14 juillet, 20 juin et 10 août, et de tous les jours de crise, sont dans votre sein pour vous y dire des vérités dures, mais que des républicains ne rougissent et ne craignent pas de dire à leurs mandataires. Aujourd'hui est encore un de ces jours de crise qui doit les forcer à se lever en masse ; ils l'ont fait ; et prêts à partir tous s'il le faut, ils viennent vous dire quels sont les moyens que vous et eux doivent employer pour sauver la République.

Depuis long-temps ne vous occupant que d'intérêts particuliers, que de dénonciations les uns contre les autres, vous avez retardé la marche que vous devez suivre. Rassemblés dans cette enceinte pour opérer le salut public, pour former des lois républicaines, répondez, qu'avez-vous fait? Vous avez envoyé nos meilleurs défenseurs en commission, dégarni la sainte Montagne. Les agitateurs qui siégent avec vous sont restés en force et ont opéré ce qui suit ; vous avez beaucoup promis et rien tenu.

Nos volontaires, nos défenseurs ont manqué des choses les plus nécessaires ; leurs femmes, leurs enfans manquent de subsistance. Depuis long-temps vous promettez un *maximum* général sur toutes les denrées nécessaires à la vie... Toujours promettre et rien tenir !

Lasser et fatiguer le peuple, le mettre hors d'état de pouvoir vous continuer sa confiance.

Comme lui, faites des sacrifices ; que la majeure partie de vous oublie qu'il est propriétaire.

Que le *maximum* ait lieu, et nous sommes là et nous serons bientôt à la défense de vos propriétés, plus encore à celle de la patrie.

Ce n'est pas assez, mandataires ; écoutez un membre de votre souverain. En approuvant les mesures prises par le département de l'Hérault, nous avons senti que notre position particulière nous fournissait des moyens plus conformes à notre situation.

Les trois sections du faubourg Saint-Antoine réunies ont arrêté le mode de recrutement suivant :

Art. 1er. Tous les soldats de tous les corps qui sont à Paris à la solde de la République, sous telle dénomination que ce soit, y compris les gendarmes des tribunaux, les grenadiers de la Convention, partiront sur-le-champ.

Que ce grand moyen ne vous épouvante pas ; il restera encore des patriotes, des républicains ; la source en est inaltérable : ils nous répondront du dépôt qu'en vous nous leur confions.

2. Tous les signataires des pétitions anti-révolutionnaires, et gens suspectés d'incivisme ; tous les garçons, depuis l'âge de dix-huit ans jusqu'à cinquante, y compris les ministres du culte catholique, en observant qu'ils auront le droit de nommer les généraux qui les commanderont ; tous les hommes veufs et sans enfans.

3. Si le nombre de tous ces hommes n'est pas suffisant, tous les citoyens mariés, indistinctement de rangs ou places, tireront au sort pour compléter le nombre déterminé.

En conséquence, déjà tous les citoyens sont prêts à partir, et brûlent de faire voir à tous les tyrans de la terre que les Français républicains sont au-dessus de toutes leurs conjurations.

Ils viennent vous dire que, ne pouvant compter que sur eux pour assurer tout ce qui est nécessaire aux défenseurs de la patrie,

Ils veulent que vous décrétiez :

Que dans chaque département il soit formé une caisse des sommes prélevées sur les riches, suivant le mode ci-après :

Que tous les propriétaires qui ont un revenu net de plus de 2000 liv. seront tenus de verser, dans une caisse qui sera ouverte à cet effet dans chaque département, la moitié du surplus pour ceux qui n'ont pas d'enfans ;

Que pour les propriétaires qui ont des enfans, il leur sera accordé 500 liv. en sus des 2000 liv. par chacun d'eux ;

Que chaque commune soit chargée de cette perception ;

Que dans les grandes villes, ou les communes divisées en sections, que ce soit les sections qui en soient chargées, comme connaissant mieux les fortunes ;

Qu'ensuite ces sommes, portées dans la caisse du département, soient réparties en portions égales du nombre de nécessiteux de chaque commune ou chaque section ;

Que dans cette même caisse il sera pris pour subvenir à l'équipement et armement des défenseurs ;

Que la Convention laisse à la sagesse des communes le soin de percevoir sur les riches marchands, dont les fortunes ne sont pas appréciées, comme ayant plus de facilité de la connaître.

Voilà, nos mandataires, ce que demandent les hommes libres et républicains du 14 juillet et d'aujourd'hui.

Le *maximum*, la résiliation des baux, contribution sur les riches, et leur départ ensuite, et pas avant.

Mandataires, nous sommes bien prévenus d'avance que les modérés, que les hommes d'état vont crier à l'arbitraire ; mais nous leur répondrons : tel moyen propre dans un temps calme est infructueux dans un instant de crise et de révolution ; nos maux sont grands, il faut de grands remèdes.

La révolution n'a encore pesé que sur la classe indigente ; il est temps que le riche, que l'égoïste, soit aussi, lui, républicain, et qu'il substitue son bien à son courage ; il faut la République une et indivisible ; nous la voulons sans restriction ; vous l'avez jurée avec nous ; avec nous aussi, à des maux extraordinaires, portons des remèdes extraordinaires : force, unité, courage, vérité, mort aux tyrans et à tous leurs adhérens.

République ! victoire aux patriotes, c'est là notre devise. (On applaudit.)

Mandataires, voilà nos moyens de sauver la chose publique, et que nous croyons les seuls infaillibles.

Si vous ne les adoptez pas, nous vous déclarons, nous qui voulons la sauver, que nous sommes en état *d'insurrection* : dix mille hommes sont à la porte de la salle.... (Des violentes rumeurs s'élevant à la fois de toutes les parties de la salle interrompent l'orateur.)

Le président à la députation. Les hommes des 5 et 6 octobre, du 14 juillet, du 20 juin et du 10 août seront les hommes de tous les siècles ; mais pour passer avec gloire à la postérité, il faut qu'ils y arrivent purs, exempts de blâme et de censure. Vous parlez de nos divisions ; la Convention en gémit elle-même. Vous demandez ce qu'elle a fait : elle n'a trouvé autour d'elle que des débris ; c'est à travers des monceaux de ruines qu'elle s'efforce sans cesse de parvenir au bonheur du peuple par un bon système de lois, unique but où elle tend ; et si sa marche n'est pas toujours rapide, c'est qu'on l'entrave à chaque instant.

La Convention sait qu'elle est gardée par les citoyens de Paris ; si elle ne le croyait pas, elle le dirait à la France, qui veut que ses représentans soient libres et respectés ; elle sait aussi que rien n'est capable d'influencer son opinion ; chacun des membres qui la composent ne consultera jamais que sa conscience ; elle ne craint point de dangers, elle ne connaît que des devoirs, et dans quelques circonstances qu'elle se trouve, ses délibérations ne seront dictées que par la sagesse et la justice.

Lacroix. Quoi ! la Convention accorderait les honneurs de la séance à des gens qui lui disent qu'ils sont en insurrection ?

Mazuyer. Dans les circonstances graves où nous nous trouvons, le calme et la dignité ne doivent point abandonner les représentans du peuple. Je ne pense pas que les sept cent quarante citoyens sur la tête desquels reposent les destinées de la France fléchiront sous aucune autorité. (L'assemblée entière se lève; un crime unanime : *Non, non*, se fait entendre.) Non, je le répète, les représentans de la nation ne courberont leur tête sous aucun joug. Les poignards des assassins ne pourront rien contre eux. Lorsqu'à l'époque du 20 septembre nous sommes accourus à Paris, les dangers de la patrie étaient grands : est-il ici quelqu'un qui ait donné des preuves de faiblesse ? Eh bien! ils sont encore aujourd'hui les mêmes hommes. Il faut dire la vérité; il faut que la Convention annonce à toute la République quel est le véritable état des choses.

On vient de vous présenter une pétition au nom de huit mille hommes qui sont en insurrection ; je veux croire que ces hommes du 14 juillet ne sont qu'égarés ; mais nous devons craindre même l'égarement. Je ne vous proposerai pas de quitter Paris dans cet instant.... (*Non, non, jamais*, s'écrie-t-on simultanément de toutes les parties de la salle.)

Fonfrède. C'est à Paris que nous saurons mourir ou faire triompher la liberté.

Mazuyer. Parce que cette mesure, quelque grande qu'elle soit, semblerait être l'effet des menaces. En arrivant ici, nous nous sommes dévoués à tous les événemens. (*Oui, oui*, répètent un grand nombre de membres.) Mais comme je vois qu'à côté de la Convention s'élève une autorité opprimante (On entend quelques murmures.); comme je vois que la Convention est aux prises avec une autorité contre-révolutionnaire (Mêmes rumeurs.); comme il faut que la Convention, en se dévouant à la mort, sauve la République, et ne laisse pas les choses à un tel point que, si les assassins venaient à nous égorger tous, il ne restât pas d'autorité légitime (Murmures dans une partie de la salle.); je demande : 1° que la pétition qui vient de vous être présentée soit imprimée dans trois heures de temps et envoyée aux départemens par des courriers extraordinaires ; 2° et cette mesure est la seule qui puisse sauver la chose publique, je demande que nos suppléans se réunissent à Tours ou à Bourges, pour que, dans le cas où la Convention serait anéantie, ils fussent là pour se saisir de l'autorité, et l'empêcher de passer entre les mains de la municipalité de Paris, qui déjà a tenté plusieurs fois de l'usurper ; 3° je demande qu'il soit ordonné à cette municipalité de supprimer le bureau central de correspondance.

N..... Je remarque que Mazuyer est monté à la tribune avec un discours et un décret tout préparés.

Châles. Il connaissait sans doute la pétition..... C'est peut-être lui qui l'a rédigée.

Plusieurs voix de l'extrémité gauche. Qu'il dépose son écrit sur le bureau.

Mazuyer. Il y a quinze jours que j'ai rédigé mon projet de décret dans une circonstance semblable.

Les propositions de Mazuyer n'ont pas de suite.

Sur la proposition de Chassey, il est décrété que l'orateur de la députation sera interpellé sur son nom et sa profession.

L'orateur. Je me nomme Muzine ; je suis commissaire de police ; j'étais auparavant tapissier ; je demeure grande rue du Faubourg-Saint-Antoine, n. 88.

Chassey. Je soutiens maintenant que les seuls pétitionnaires, les seuls coupables, sont les signataires de la pétition ; car dans le droit de nature on ne peut pas se faire représenter pour l'émission de son vœu.

Lehardy, du Morbihan. J'observe qu'il n'y a point sur la pétition de pouvoirs donnés par les sections.

Chassey. Ils n'ont pas même de pouvoirs des citoyens qu'ils prétendent représenter. Je propose à la Convention de faire imprimer la pétition, de l'envoyer aux départemens par des courriers extraordinaires, et de faire arrêter ceux qui l'ont présentée.

Philippeaux. J'observe que les habitans du faubourg Saint-Antoine ne peuvent être les auteurs d'une pétition aussi extravagante, aussi subversive de l'ordre social. Je demande qu'elle soit improuvée, que les pétitionnaires soient renvoyés, et que l'orateur seul soit mis en état d'arrestation et traduit devant le tribunal révolutionnaire.

Boyer-Fonfrède. C'est ainsi, citoyens, que les intrigues des ennemis de la République tourneront sans cesse contre eux-mêmes, et que cependant, infatigables dans leurs efforts, à une manœuvre déjouée ils feront succéder sans cesse des manœuvres nouvelles, et qu'ils vous déroberont chaque jour le temps précieux que vous auriez employé à veiller sur les destinées du peuple et à fixer par une nouvelle constitution les bases immortelles de la félicité future ; mais qu'ils se trompent ceux-là qui croient vous intimider, ceux-là qui ne veulent pas que les Français soient heureux par vous ! de même que c'est au milieu des revers que les peuples renoncent à leurs molles habitudes, c'est au milieu des dangers que les grands caractères se déploient. Ce fut au milieu de l'appareil menaçant des armes, ce fut lorsqu'ils étaient entourés des satellites du tyran, que vos devanciers jurèrent au Jeu-de-Paume de rester fidèles à leurs sermens. Vous avez leur courage et une plus belle cause à défendre. Ne la trahissez donc pas ; et, n'écoutant qu'une juste indignation, ne songez pas à vous séparer. Ce sont les menaces et non pas la paix qui doivent vous fixer au lieu même où l'on ose vous insulter. (*Un grand nombre de voix :* Oui, oui....) La grandeur consiste à braver, mais non pas à fuir le péril. Ils sont immortels, ils ont conquis les hommages de la postérité, ces sénateurs intrépides qui, sur la chaise curule, attendirent et reçurent les coups des féroces dévastateurs de leur patrie. (On applaudit.)

Mais tels ne sont pas vos dangers, citoyens ; les illustres vainqueurs du 10 août n'ont pas voulu ternir tant de gloire ; elle est leur patrimoine le plus cher. Ils sont les amans jaloux de la liberté. La Convention est le trésor précieux que la France a confié à leur garde, et dont ils seront toujours les fidèles soutiens. Ils n'ont mis que leur énergie dans cette adresse ; des scélérats y ont, à leur insu, ajouté la menace.

Ah ! je ne fais à aucun d'entre vous l'outrage de penser qu'il excuse cet orateur arrogant qui vous annonce votre propre dissolution ; qui, trahissant à la fois et les citoyens dont il se prétend l'organe, et le peuple français, à la majesté duquel il insulte, et la Convention, dont il prédit la chute, n'est à mes yeux, comme aux vôtres, qu'un insolent rebelle. (Applaudissemens.)

Tel est l'essai que Pitt veut faire de vos forces. Il achète quelques hommes ; par eux il égare les meilleurs citoyens, et trompant leur énergie, qu'il désespère d'assoupir, il tourne contre la liberté les efforts des hommes qui veulent pourtant vivre et mourir pour elle.

Si vous n'adoptez les lois que l'orateur veut bien vous dicter, il va, dit-il, se déclarer en insurrection contre vous, c'est-à-dire contre la nation, que vous représentez. Oh ! que le peuple français va trembler devant une pareille menace ! Il n'hésitera pas entre la Convention et ce génie, qui veut bien gouverner la France. Citoyens, si ce n'était là le comble de l'ineptie en délire, l'acte des pétitionnaires serait un grand attentat.

Ils vont marcher, disent-ils, contre les révoltés ; mais les révoltés sont là, ils sont à la barre. Les révoltés de la Vendée, profanant le saint nom d'insurrection, ont levé contre la Convention l'étendard de la rébellion ; les pétitionnaires les imitent. Les révoltés de la Vendée méconnaissent la souveraineté du peuple ; les pétitionnaires les imitent. Les révoltés de la Vendée vous redemandent un roi ; l'insurrection invoquée par les pétitionnaires vous ramène à la royauté. Les révoltés de la Vendée ont embrasé la République des feux de la guerre civile ; les pétitionnaires la provoquent, car sans doute il naîtrait des vengeurs de nos cendres. Les révoltés de la Vendée sont soutenus par nos ennemis extérieurs ; mais n'est-ce pas Cobourg qui a dicté l'insolente menace ajoutée par les pétitionnaires à l'énergique adresse des habitans du faubourg Saint-Antoine ? menace que ceux-ci ignorent et qu'ils désavoueront.

Ah ! qu'ils cessent donc, ces rebelles, de se proclamer les amis de la liberté ! Qu'ils fuient loin de son sanctuaire, qu'ils partent, qu'ils aillent joindre leurs armes à celles des ennemis déclarés de la République. (On applaudit.)

Ou plutôt, citoyens, lorsque chacun de nous vit enveloppé de calomnies, et que l'on est parvenu à diviser cette assemblée, lorsqu'on s'accuse réciproquement d'intrigues, lorsque plus d'une fois on a calomnieusement avancé de part et d'autre que le génie qui lance au milieu de nous ces tisons de discorde, existait dans notre sein, pour connaître enfin les auteurs des maux de la République et les provocateurs de nos divisions, faites arrêter les pétitionnaires, et remontez ainsi à la source. (Un très-grand nombre de membres se lèvent, en criant : *Aux voix.*) — On demande l'appel nominal.

Boyer-Fonfrède. Je le veux bien, quoique je pense qu'il est inutile : aucun de vous ne veut se déclarer devant la France le protecteur de la rébellion ; aucun de vous n'est assez vil pour trahir ainsi la cause des Français ; aucun de vous n'est assez lâche pour trembler devant une poignée d'hommes qui provoquent la dissolution de la Convention. Au reste, s'ils veulent être connus de la République, qu'ils parlent ; nous ne voulons pas être les complices de ceux qui conspirent l'avilissement de la Convention, de ceux qui, transigeant sur leur propre liberté, transigeraient bientôt sur celle de leurs commettans.

Quant à moi, qui veux sauver ma mémoire de l'opprobre qui attend les artisans des maux de ma patrie ; moi, qui n'ai pas encore appris à servir, je déclare aux vils flatteurs et des rois et du peuple qu'ils peuvent me poignarder à cette tribune, mais non pas me ravir ma liberté, mais non pas me rendre parjure à mes sermens, mais non pas faire de moi un oppresseur de mes compatriotes ; mourir pour sa patrie, c'est vivre pour la postérité.

On me conseille dérisoirement d'appeler le commandant de la garde nationale : celui-là qui parle ainsi n'est pas républicain, il ne sent pas qu'un homme libre est toujours assez fort de son caractère. Ce sont ceux qui veulent imiter les rois qui ont besoin de soldats et de baïonnettes pour réprimer quelques rebelles. (On applaudit.)

Je dis donc, citoyens, que vous devez faire sur-le-champ arrêter les pétitionnaires. (Quelques murmures s'élèvent dans l'extrémité gauche.) Président, je suis las de cette oppression ; je ne suis pas disposé à la souffrir plus long-temps ; en violant chaque jour la liberté des opinions, veut-on me forcer à provoquer une protestation de la part de la majorité de cette assemblée? Si on m'interrompt encore, je le ferai ; nous protesterons au nom de nos départemens. (*Quelques voix* : Oui, oui.)

Je termine par une pensée consolante. Ah ! la plus tumultueuse des libertés vaut mieux que la plus douce des servitudes. La liberté naquit au milieu des orages ; les vents des tempêtes populaires la fortifient. La liberté est comme la flamme : c'est en brûlant qu'elle prend de la force et jette de l'éclat. Pourquoi faut-il que des traîtres, en se mêlant parmi ses plus ardens amis, cherchent à en empoisonner les fruits? Tels sont les pétitionnaires et les trois signataires de cette adresse. Je demande leur arrestation.

Une grande partie de l'assemblée se lève et demande de nouveau à aller aux voix.

Brival. Je suis sûr qu'on a payé quelques hommes pour faire cette pétition, dont le faubourg n'a point connaissance, et que, comme au temps où l'on demandait une force départementale, on a répandu de l'argent sur quelques intrigans pour les faire agir. Je demande que les signataires de la pétition soient mis en état d'arrestation, et interrogés par le comité de sûreté générale.

Couthon. Citoyens, la pétition qui vient de vous être lue est une pétition contre-révolutionnaire ; elle ne peut donc être l'ouvrage des hommes du 10 août, qui ont fait la révolution, et qui la maintiendront ; elle est l'effet des manœuvres que l'on emploie pour dissoudre la Convention nationale, et exciter dans Paris la guerre civile et la propager ensuite dans les départemens, afin que l'ennemi extérieur puisse pénétrer aisément et proclamer un roi, et que les machinateurs de tant d'infamies, sortant enfin de l'antre qui les recèle, soient proclamés les premiers valets de ce nouveau tyran; mais qu'on ne s'y trompe pas, et qu'on apprenne par ma bouche deux vérités : la première, c'est que tant qu'il respirera des députés à cette Montagne, il n'y aura jamais de tyran en France; la seconde, c'est que la République, une et indivisible, ne cessera d'exister que quand les intrigans et nous ne serons plus. Je demande donc que le ministre de la justice reçoive de la Convention l'ordre précis de poursuivre les auteurs et instigateurs de cette pétition, pour en rendre compte demain.

Buzot. Je ne sais comment on a pu proposer de ne pas mettre en état d'arrestation les citoyens perfides ou égarés qui sont venus vous insulter de la part d'hommes qui sont égarés eux-mêmes. Lorsqu'un de vos commissaires fut insulté à Orléans, vous avez pris une mesure bien autrement sévère. Est-ce donc parce que vous êtes à Paris que vous n'osez parler ni agir? Citoyens, j'ai remarqué que le faubourg Saint-Antoine n'avait pas à sa tête son orateur ordinaire. Sans doute l'énergique Gonchon s'est refusé à porter dans le sein de la Convention le cri de la révolte.

Mallarmé. Vous voyez en ce moment des hommes égarés, ou peut-être soudoyés par Cobourg et Pitt, qui sont venus vous menacer de s'insurger.

Au lieu d'écouter avec le sang-froid, le calme et la dignité qui vous conviennent cette dernière pétition, on s'est levé, on a parlé de poignards, d'assassinats : on a dit que les neuf mille hommes allaient entrer par une des portes de cette salle pour égorger les représentans du peuple; au lieu de considérer les circonstances graves et malheureuses dans lesquelles se trouve le peuple, et de vous rendre aux instances qu'il vous fait, vous perdez deux jours qui étaient consacrés à la constitution; au lieu de regarder comme ridicule une phrase qui ne mérite que cette épithète, on vous propose de sévir; vous n'entendez que des orateurs contre le peuple, et aucun pour le peuple. (Il s'élève de violens murmures.)

Bourges. C'est en faveur du peuple que nous nous élevons contre les brigands.

Le président. Je dois communiquer à la Convention une lettre que je reçois à l'instant.

« Les habitans du faubourg Saint-Antoine apprennent avec douleur que leur pétition entraîne des débats. Une nouvelle députation demande à être admise ; et ont signé les républicains qui veulent sauver la patrie, et non la perdre, et défendre jusqu'à la mort la Convention. »

La députation est introduite.

L'orateur. Citoyens, les habitans du faubourg Saint-Antoine étant là, à la porte du temple de la liberté, apprennent avec douleur que la pétition qu'on vous a présentée en leur nom vous fait perdre un temps précieux à la République. Nous demandons qu'on nous fasse lecture de cette pétition, afin que nous puissions avouer ce qui est conforme à nos principes, et désavouer ce qui leur est contraire.

Plusieurs voix : Vos pouvoirs !

L'orateur. Nos pouvoirs ne sont pas équivoques ; les habitans du faubourg Saint-Antoine sont là ; ce sont eux qui nous ont députés vers vous. Nous ne venons pas vous assassiner, comme on n'a pas craint de vous le dire ; au contraire, s'il se trouvait des assassins, nos corps vous serviraient de rempart. (On applaudit.)

Thuriot. Les citoyens d'une commune qui a bien mérité de la patrie vous présentent des réclamations. Eh bien ! agissez avec les enfans de la patrie comme de bons pères de famille, et lorsque des sections déclarent qu'elles se mettront en insurrection pour sauver la chose publique...

L'orateur de la seconde députation. Nous les désavouons.

Thuriot. Si ces citoyens eussent méprisé votre autorité, est-ce à vous qu'ils seraient venus présenter le tableau de leurs besoins ? est-ce sur vous qu'ils auraient fondé leurs espérances ? Calculez la position de ces hommes qui ont sauvé la patrie, de ces hommes qui n'ont d'autre patriotisme que la vertu ; de ces hommes que nous porterons dans nos cœurs jusqu'au dernier soupir, et jugez ce que vous leur devez. Ceux qui sollicitent contre eux un acte de rigueur veulent perdre Paris, et tous les moyens leur conviennent ; mais nous, nous voulons conserver cette cité à titre de reconnaissance nationale, nous voulons la conserver, parce que la force qu'elle renferme en imposera toujours aux tyrans.

Je demande que la Convention, s'empressant d'accueillir le dévouement des pétitionnaires, improuve la phrase qu'ils ont eux-mêmes désavouée, et passe à l'ordre du jour. (Une grande partie de l'assemblée et les citoyens des tribunes applaudissent.)

Danton. Citoyens, sans doute la Convention nationale peut éprouver un sentiment d'indignation quand on lui dit qu'elle n'a rien fait pour la liberté ; je suis loin de désapprouver ce sentiment ; je sais que la Convention peut répondre qu'elle a frappé le tyran, qu'elle a déjoué les projets d'un ambitieux, qu'elle a créé un tribunal révolutionnaire pour juger les ennemis de la patrie ; enfin, qu'elle dirige l'énergie française contre les révoltés ; voilà ce que nous avons fait. Ce n'est pas par un sentiment d'indignation que nous devons prononcer sur une pétition bonne en elle-même ; je sais qu'on distingue la pétition du dernier paragraphe, mais on aurait dû considérer ce qu'était la plénitude du droit de pétition. Lorsqu'on répète souvent ici que nous sommes incapables de sauver la chose publique, ce n'est pas un crime de dire que, si telles mesures ne sont pas adoptées, la nation a le droit de s'insurger... (*Plusieurs voix* : Ces pétitionnaires ne sont pas la nation.)

On conviendra sans doute que la volonté générale ne peut se composer en masse que des volontés individuelles. Si vous m'accordez cela, je dis que tout Français a le droit de dire que, si telle mesure n'est pas adoptée, le peuple a le droit de se lever en masse. Ce n'est pas que je ne sois convaincu que de mauvais citoyens égarent le peuple, ce n'est pas que j'approuve la pétition qui vous a été présentée, mais j'examine le droit de pétition en lui-même ; et je dis que cet asile devrait être sacré, que personne ne devrait se permettre d'insulter un pétitionnaire, et qu'un simple individu devrait être respecté par les représentans du peuple, comme le peuple tout entier. (Quelques rumeurs.) Je ne tirerai pas la conséquence, de ce que je viens de dire, que vous deviez assurer l'impunité à quiconque semblerait être un conspirateur dangereux, dont l'arrestation serait nécessaire à l'intérêt public; mais je dis que, quand il est probable que le crime d'un individu ne consiste que dans des phrases mal digérées, vous devez vous respecter vous-mêmes. Si la Convention nationale sentait sa force, elle dirait avec dignité, et non avec passion, à ceux qui viennent lui demander des comptes et lui déclarer qu'ils sont en état d'insurrection : Voilà ce que nous avons fait; et vous, citoyens, qui croyez avoir l'initiative de l'insurrection, la hache de la justice est là pour vous frapper si vous êtes coupables. Voilà comme vous devez leur répondre. Les habitans du faubourg Saint-Antoine vous ont dit qu'ils vous feraient un rempart de leurs corps; après cette déclaration, comment n'avez-vous pas répondu aux pétitionnaires : Citoyens, vous avez été dans l'erreur, revenez-en; ou bien, si vous êtes coupables, la loi est là pour vous punir? Je demande l'ordre du jour, et j'observe que quand il sera notoire que la Convention a passé à l'ordre du jour, motivé sur l'explication qui lui a été donnée, il n'y aura pas de pusillanimité dans sa conduite; croyez qu'un pareil décret produira plus d'effet sur l'ame des citoyens qu'un décret de rigueur. Je demande qu'en accordant les honneurs de la séance aux pétitionnaires, l'assemblée passe à l'ordre du jour sur le tout.

Cette proposition est décrétée.]

TRIBUNAL RÉVOLUTIONNAIRE. — *Audiences du 30 avril et du 1ᵉʳ mai.*

30 *avril*. — Jean-Jacques-Pierre Desparbès, âgé de soixante-douze ans, natif de Montauban, y demeurant, gouverneur-général de Saint-Domingue, accusé d'avoir refusé de faire agir dans cette colonie la force armée, quoiqu'il en fût légalement requis, et d'avoir provoqué directement les citoyens militaires à désobéir aux autorités légitimes, a été acquitté de l'accusation intentée contre lui, et mis sur-le-champ en liberté.

Le *Patriote français* du 3 mai fait, à cette occasion, l'article suivant : « Desparbès, ci-devant gouverneur de Saint-Domingue, a été absous par le tribunal révolutionnaire. Son défenseur a eu recours à un moyen très-ingénieux pour le tirer d'affaire : c'est d'attribuer tous les troubles de cette île à Brissot et aux Girondins. Cette dénonciation d'un genre nouveau a bien disposé les esprits en faveur de l'accusé, que nous sommes loin de croire coupable de contre-révolution, mais qui n'aurait pas dû se défendre aux dépens de la vérité. Au surplus, il est véritablement étrange qu'on veuille faire juger les contre-révolutionnaires de Saint-Domingue par un tribunal dont tous les membres sont profondément ignorans sur les troubles des colonies ; il est impossible qu'il puisse jamais découvrir la vérité ! Que de choses curieuses à dire sur les accusateurs et sur les témoins, et sur l'avocat, et sur les plaisans moyens de défense. »

1er mai. — Antoine Juzeau, âgé de vingt-trois ans, négociant à Angoulême avant le 1er octobre 1792, convaincu d'avoir émigré du territoire de la République vers la fin de septembre ou les premiers jours d'octobre dernier, et d'y être rentré dans le courant de mars aussi dernier, a été condamné à la peine de mort, et ses biens acquis à la République.

COMMUNE. — *Séance du 1er mai.*

On donne lecture d'une lettre par laquelle la municipalité de Versailles annonce qu'une nombreuse députation de cette ville vient de partir pour venir demander à la Convention nationale une loi sur les subsistances.

Le citoyen maire rend compte de la démarche qu'il a faite ce matin à la Convention pour lui faire part de l'adhésion de la majorité des sections à l'arrêté du département de l'Hérault. Il ajoute que, sur la proposition de Marat, la Convention a décrété que Paris avait bien mérité de la patrie. Il demande que l'on s'occupe du mode d'exécution de l'arrêté du département de l'Hérault. Le conseil nomme des commissaires à cet effet, et les charge de faire leur rapport séance tenante.

Burlot rend compte de l'effet qu'a produit la proclamation dans le faubourg Saint-Antoine. Elle y a été très-bien reçue ;

mais les citoyens demandent que les signataires de pétitions anticiviques et tous les citoyens soldés qui sont à Paris partent avec eux.

Un aide-de-camp annonce que la Convention a levé sa séance au moment où différentes députations demandaient à être introduites, et qu'une nombreuse députation de Versailles s'est partagée en deux; qu'une partie est allée aux Jacobins, et que l'autre va bientôt se rendre dans le sein du conseil.

Le conseil-général confirme l'arrêté du corps municipal du 30 avril, par lequel est adoptée la rédaction d'une adresse à la Convention, à l'effet de lui demander une avance de 1,800,000 l. pour l'acquit des dépenses municipales, ladite somme remboursable sur les sous additionnels.

La municipalité de Dijon envoie copie d'une adresse qu'elle a présentée à la Convention sur les subsistances.

Un membre prend de là occasion de donner quelques détails sur les troubles qu'a excités ce matin à la Convention l'adresse qui lui a été présentée par les trois sections réunies du faubourg Saint-Antoine.

Le conseil renvoie la lettre de la municipalité de Dijon aux départemens de police et de subsistances, à l'effet de prendre les mesures nécessaires pour découvrir les accapareurs et autres agens perfides qui trafiquent illicitement sur les subsistances.

Les commissaires nommés par la majorité des sections pour délibérer sur les subsistances demandent au conseil l'ouverture des magasins, à l'effet de vérifier l'état des subsistances, et en faire leur rapport aux sections.

Le président leur répond qu'il a été envoyé aux sections une adresse pour leur représenter le danger de cette démarche; et le conseil passe à l'ordre du jour, motivé sur les divers arrêtés qu'a pris à ce sujet le corps municipal.

Le citoyen maire annonce que les citoyens de Versailles se disposent à passer la nuit dans la salle de la Convention, en attendant que les membres se réunissent.

Le conseil invite le citoyen maire à aller leur représenter que la salle de la Convention est une propriété nationale, qui doit être respectée, et nomme six commissaires pour l'accompagner.

La section des Arcis envoie son adhésion à l'arrêté du département de l'Hérault.

Le conseil ordonne l'impression, et ajourne la discussion d'un rapport sur les dettes de la Commune.

Un des commissaires nommés pour accompagner le citoyen maire annonce que les citoyens de Versailles se sont retirés de la salle de la Convention, se sont distribués dans les sections voisines, et que tout est calme.

Le citoyen Lubin fait son rapport sur la levée de douze mille hommes pour marcher contre les rebelles de la Vendée. Le conseil en adopte les dispositions, et arrête qu'il sera communiqué demain aux quarante-huit sections.

Le département sera invité à nommer des membres pris dans son sein pour accompagner leurs frères de Paris qui vont se rendre au département de la Vendée.

Arrêté sur la levée de douze mille hommes. — Du 1er mai.

D'après l'approbation solennelle de la Convention nationale, et l'adhésion positive de la majorité des sections de Paris à l'arrêté du département de l'Hérault relativement aux troupes de la Vendée, le conseil-général de la Commune, convoqué extraordinairement, arrête ce qui suit :

Art. 1. Il sera formé un corps d'armée de douze mille hommes, avec lesquels marcheront trois membres du conseil-général de la Commune, ainsi que des membres du département; il sera composé ainsi qu'il suit :

2. Chaque compagnie, composée de cent vingt-six hommes, sera tenue d'en fournir quatorze.

3. Ce choix se fera par un comité composé de six membres du comité révolutionnaire de chaque section, du membre du conseil-général de la Commune, lequel ne pourra être de la section.

4. Les comités civils et de surveillance réunis, seront tenus

de nommer parmi eux les six membres qui doivent former le nouveau comité de réquisition.

5. Le comité sera formé dans la journée du 14 mai, et se fera représenter dans le même jour, par chaque capitaine, le contrôle de sa compagnie.

6. Les commandant, adjudans et capitaines des sections armées seront responsables de l'inexécution de l'article ci-dessus.

7. Ils désigneront dans le jour les citoyens auxquels ils croiront devoir adresser des réquisitions pour l'expédition du département de la Vendée, leur en donneront acte sur-le-champ, le conseil laissant à la sagesse des comités de réquisition la liberté de requérir ceux des citoyens qui ne sont point portés sur les rôles des compagnies. Il est inutile d'observer aux membres du comité de réquisition qu'ils doivent suivre dans leurs choix, les règles d'une justice vigoureuse, qui les déterminent à ne désigner que ceux dont l'absence momentanée est sujette à moins d'inconvéniens ; en conséquence, tous les commis non mariés de tous les bureaux existans à Paris, excepté les chefs et sous-chefs, pourront être requis ; les clercs de notaires et d'avoués, commis de banquiers, négocians et tous autres, en suivant les proportions ci-après pour les clercs, commis, garçons marchands, et garçons de bureaux.

Sur deux, il en partira un ; sur trois, deux ; sur quatre, deux ; sur cinq, trois ; sur six, trois ; sur sept, quatre ; sur huit, quatre, et ainsi de suite.

Ceux des commis de bureaux qui partiront conserveront leurs places et le tiers de leurs appointemens ; nul ne pourra refuser de partir.

Les fonctionnaires publics nommés par le peuple ne pourront être distraits de leurs fonctions.

8. La liste des citoyens requis sera affichée dans l'assemblée générale de la section, et envoyée au conseil-général de la Commune.

9. Les citoyens requis feront connaître au comité de réquisition ce qui leur manque pour leur habillement, équipement et

armement complet, lequel en fera part sur-le-champ au bureau de la Commune.

10. Les commissaires s'occuperont des autres préparatifs du départ, afin qu'au premier ordre du général chaque citoyen soit prêt à marcher.

Chaque bataillon sera composé de huit compagnies.

Chaque compagnie sera composée d'un capitaine, un lieutenant, un sous-lieutenant, un sergent-major, quatre sergens, huit caporaux, un tambour, quatre-vingt-dix-huit fusiliers; total, cent quatorze.

L'état-major de chaque bataillon sera composé d'un lieutenant-colonel en premier, un lieutenant-colonel en second, un adjudant, un porte-drapeau, un chirurgien major et d'un quartier-maître.

Les citoyens requis s'assembleront sur-le-champ dans l'emplacement le plus commode de la légion, et procéderont à la formation des compagnies, à la nomination des officiers et sous-officiers, en présence des officiers municipaux.

Chaque bataillon aura une compagnie de canonniers de soixante-douze hommes, sans compter les officiers et sous-officiers : ils procéderont à leur nomination aux termes du décret et en raison du nombre des pièces. Chaque bataillon aura un drapeau, trois canons et six caissons.

La formation des bataillons se fera en présence des officiers municipaux; après la formation des bataillons, s'il se trouvait quelques compagnies excédantes dans les divisions, on formerait un bataillon de ces mêmes compagnies.

CONVENTION. — *Séance du 2 mai.*

Lettre du général Lamarlière sur un avantage remporté à Pont-à-Marque contre les Prussiens. — Lettre du représentant Dartigoyte, relative à la déroute d'un corps de troupes espagnoles.— Lettre du citoyen Évan, ordonnateur à Nantes, lequel annonce l'évacuation de Noirmoutier par les brigands. Letourneur et Barre, députés de Nantes, admis à la barre, peignent l'état déplorable de cette cité, qui, dès 1778, se leva pour la liberté; l'égorgement dans la Vendée de plus de deux mille patriotes par les rebelles, dont cinq cent cinquante dans le seul lieu de Machecoul; et ils demandent l'accélération des forces nécessaires pour sauver les côtes. Sur la proposition de Baraillon, appuyée par Mellinet, il est décrété que le conseil exécutif rendra compte des causes de contre-ordres donnés aux gardes nationaux qui allaient au secours de la Vendée et de Mayenne-et-Loire. — Sur la proposition de Chiappe, décret qui accorde 20,000 livres au citoyen Jacquier, négociant suisse, pour former un établissement de filature en Corse. — Suite de la discussion sur les subsistances. Dewars présente un projet de décret sur la circulation, l'exportation des grains et l'établissement d'un *maximum*. Charlier propose qu'on ne puisse vendre ou acheter les grains que dans les marchés, à peine de 3,000 liv. Thuriot fait décréter : 1° un recensement des grains ; 2° l'approvisionnement des marchés par les administrations ; 3° la nécessité d'une déclaration à leurs municipalités respectives de la part de ceux qui voudront faire le commerce de grains.

[La discussion s'ouvre sur le maximum.

Vernier. Je demande la parole sur la dernière proposition, qui consiste à fixer un *maximum*; je m'y oppose; mais je crois qu'il y a une autre mesure qui produira le même effet : je vous l'ai déjà présentée dans un projet de décret. Elle consiste à charger le comité de salut public de prendre toutes les mesures nécessaires pour faire venir du grain de l'étranger.

N… Tous les projets qui vous ont été présentés ne remplissent pas le but que vous devez vous proposer, celui de soulager les pauvres. On sent que c'est aux riches à secourir les malheureux, et c'est pour cela que je vous propose de décréter que le pain soit fixé à trois sous la livre dans toute la République. Lorsque le blé se vendra trop cher pour que la livre de pain soit fixée à trois sous, alors les sous additionnels que vous avez décrétés seront employés pour maintenir la fixation à trois sous. Voici comme les riches, qui sont les seuls soumis à l'impôt de sous additionnels viendront au secours des pauvres. Lorsque le prix du pain sera fixé à trois sous la livre, et qu'il n'y en aura que d'une seule qualité dans la République, alors vous verrez diminuer toutes les autres denrées à proportion du prix du pain.

Poulain-Grandpré. Je demande que le préopinant veuille bien expliquer comment il entend faire exécuter ce qu'il propose.

Couthon. On a bien parlé de faire des réquisitions pour l'approvisionnement des marchés, mais on n'a pas encore parlé des peines à infliger à ceux qui refuseraient d'obéir aux réquisitions. Je demande que les propriétaires et fermiers qui refuseront de déférer aux réquisitions soient punis, pour la première fois, de la confiscation de leur blé; et, pour la seconde, d'une amende de 500 liv. en sus de la confiscation. Je demande qu'on adopte le projet de la fixation du *maximum* diminutif.

Réal. Déjà plusieurs projets tendant à fixer le prix du blé vous ont été proposés. De tous ces projets, s'il était possible d'en admettre un, ce serait celui du *maximum* décroissant. C'est, à mon sens, le moins désastreux de tous. Mais on vous a proposé une autre mesure que nous aurions dû avoir déjà adoptée. Plusieurs causes ont concouru au renchérissement du blé; les troubles intérieurs de la République, le discrédit malicieusement jeté sur les assignats, les approvisionnemens des armées. Mais une autre existe encore dans une de nos lois. Vous avez décrété que tous les fermiers des biens appartenant au ci-devant ordre de Malte seraient tenus de porter directement leur blé dans des magasins publics sur le pied de 25 liv. le setier. L'intérêt du trésor public vous a sans doute fait adopter cette mesure. Votre but était que ces grains restassent à la disposition de la nation, sans qu'ils fussent soumis au renchérissement des denrées. Mais il est résulté de cette mesure que les marchés où les fermiers avaient coutume d'apporter ces grains n'ont plus été aussi approvisionnés, et que les grains portés directement dans les dépôts publics n'ont plus fourni de subsistances. Le département de l'Isère est un de ceux qui ont le plus souffert de cette mesure. Je demande que vous rapportiez cette loi, que vous décrétiez que ces grains seront vendus dans les marchés publics, et que le prix en sera versé au trésor national. Si vous adoptez la taxation décroissante d'un dixième de mois en mois, il en résultera que le marchand ne voudra plus acheter de grain pour le vendre au bout d'un mois à un prix inférieur d'un dixième au prix qu'il lui aura coûté. Ce *maximum* diminutif me paraît donc une mesure très-dangereuse et qui n'empêchera pas qu'il y ait des accapareurs. Je propose de décréter que les directoires de districts et les communes seront autorisés à forcer les propriétaires ou fermiers d'apporter leur blé sur les marchés.

Poulain-Grandpré. J'aperçois deux inconvéniens majeurs dans la mesure du *maximum* proposé. 1° Ce *maximum* ne peut pas être le même dans tous les départemens, et il résulte de-là que les particuliers feront sortir leurs grains d'un département, où le *maximum* sera moindre, pour l'aller vendre dans celui où le *maximum* sera plus considérable ; 2° l'effet de cette mesure sera de faire apporter, le premier mois, dans les marchés tous les grains renfermés dans les magasins, de manière qu'il faudra que chacun achète sa provision de blé pour l'année. Mais l'ouvrier ne pourra pas faire sa provision ; il ne peut acheter que pour un mois, et le mois suivant il ne trouvera peut-être plus de blé sur les marchés. Si l'on décrète un *maximum*, il faut qu'il soit égal dans toute la République, et que la nécessité en soit bien démontrée ; et vous devez vous réserver le droit de le fixer.

Génissieux. Le premier avantage que j'aperçois dans le *maximum décroissant* c'est que celui qui s'empressera de vendre le premier, et par conséquent au plus haut prix, ce sera le petit cultivateur qui a battu tout son blé, tandis que le riche propriétaire l'a conservé en paille : ainsi vous voyez que ce ne sera pas sur le pauvre, mais sur le riche que tombera cette taxe. On a dit qu'il pourrait arriver que le commerçant n'approvisionnât pas les pays qui ne produisent pas de blé, parce qu'il craindrait de vendre moins cher qu'il n'aurait acheté. Je crois que c'est une raison pour faire adopter cette mesure, parce que les marchands qui achèteront seront intéressés à porter leur blé là où il sera plus rare; et que le blé qui ne pourra être vendu à des marchands servira à nourrir les pauvres du lieu. Je demande donc que l'on adopte la mesure du *maximum* en la faisant précéder d'un considérant qui tranquillise les propriétaires, et que l'on renvoie au comité pour déterminer le mode d'exécution.

N... Je demande que la taxe n'ait lieu que lorsqu'il sera constaté que le prix de vingt livres de blé excédera le prix de trois journées de travail.

Thirion. Cela serait excellent si les ouvriers avaient toujours du travail; mais c'est précisément lorsque le blé est plus cher qu'ils n'en ont pas. Je viens au *maximum*. Mettre en question si l'on établira un *maximum* du prix des grains c'est mettre en question si l'on mettra un frein à l'avarice et à la cupidité des riches accapareurs, si l'on mettra un frein au système désorganisateur des contre-révolutionnaires. Voilà les ennemis qu'il faut enfin réprimer. Le *maximum* diminutif est un moyen sûr, et c'est le seul pour remplir cet objet. Par-là, les magasiniers perdent l'espérance de vendre plus cher; car le système des accapareurs c'est de garder toujours dans l'espoir de gagner davantage. Il faut que nous leur disions aujourd'hui : Quoi que vous fassiez, vous ne vendrez pas plus cher; plus vous garderez votre grain, moins vous gagnerez. Si cette mesure portait atteinte au commerce, elle ne détruirait que le commerce en gros, et ce ne serait pas un grand mal; mais elle ne nuirait pas au petit commerce des bladiers qui se contentent d'un gain raisonnable. J'observe que le commerce du grain a toujours été nuisible à la société, et que, lorsque les despotes ont voulu affamer la France, ils ont fait voyager les blés de Bordeaux à Dunkerque, et de Dunkerque à Bordeaux.

Osselin. Je demande qu'on interrompe la discussion pour faire part au peuple de la victoire que nos troupes ont remportée devant Mayence.

Un secrétaire fait lecture d'une lettre du général Custine. (Voyez la notice qui se trouve à la fin du n. CXXIII.)

Ducos. Je ne répéterai pas les observations qu'on a déjà faites sur les inconvéniens du *maximum* en général, qui n'est autre chose qu'une taxe. Mais on vous a proposé d'adopter un *maximum* décroissant. Si les grains croissaient dans les rues des villes, comme dans les sillons des campagnes (On murmure.), ce *maximum* serait de tous le moins absurde. Mais comme il est des départemens où il croît très-peu ou pas de grains, il faut que ceux-là soient approvisionnés par le commerce. Le commerce de grains est un état comme tout autre commerce : il faut que celui qui le fait en retire sa subsistance. Si donc vous dites que celui qui achètera du blé à un prix dans le Nord le vendra dans le Midi au même prix qu'il l'aura acheté; il n'y aura plus de commerce. Il est vrai que le préopinant a observé que le commerce en gros n'était pas nécessaire. Il ne faut pas, a-t-il dit, de gros commerçans, ce sont des accapareurs. Les bladiers seuls feront le commerce. Mais je demande au préopinant si c'est à dos de mulets que les départemens du Midi pourront faire venir du Nord leurs subsistances. D'ailleurs, fixera-t-on le *maximum* en proportion du prix actuel? J'observe que dans mon département le pain se paie huit et neuf sous la livre, et que le peuple ne verrait pas avec plaisir que le pain fût fixé dans le département de la Gironde à cinq et six sous, tandis qu'il ne se vendrait que trois sous dans un autre. Je demande donc la question préalable sur toute espèce de taxe. Dans l'Amérique septentrionale, lorsque les Américains étaient, comme nous, en révolution, il n'y avait pas parmi eux des accapareurs, des mécontens ; la nation était unanime ; cependant les denrées augmentèrent considérablement, et la cause unique était la création du papier monnaie. Les denrées diminuèrent ensuite sans qu'on eût recours à la taxe, ni à aucun autre moyen violent. Attendons, comme les Américains, la diminution des denrées du cours naturel des choses; attendons-la de la diminution de la masse des assignats en circulation. C'est de cette dernière mesure que je prie la Convention de s'occuper.

Châles. On a dit que l'abondance amène la diminution du prix des denrées. Eh bien! il n'est pas de département dans la République plus abondant que celui que j'ai parcouru, et cependant la disette y est. Cela vient de ce qu'il n'y a pas de *maximum* forcé, et de ce que la liberté indéfinie du commerce des grains laisse un libre cours à l'insatiable cupidité du marchand de blé. L'apport des grains dans les marchés est considérable, mais les marchands s'entendent entre eux pour les faire monter ; et cela est au point que, si les citoyens ne s'empressaient d'acheter, le prix du sac s'élèverait jusqu'à 200 liv. Les accapareurs ne sont pas les seuls ennemis qui aient juré la perte de la République ; ils sont secondés par les préposés même du gouvernement, par ceux de la municipalité de Paris, que je ne prétends pas inculper. Mais on voit dans les marchés beaucoup d'hommes qui, au nom de la municipalité de Paris, sont les accapareurs les plus inouïs. Des préposés, chargés de l'approvisionnement des armées et de la ville de Paris, ont fait des marchés si avantageux, qu'ils ont dit eux-mêmes qu'avant un mois il leur était possible de porter le prix du grain au triple et au quadruple de sa valeur actuelle. Ces hommes vont dans les marchés et achètent le blé à un prix tel que les particuliers, les communes même ne peuvent soutenir avec eux la concurrence. La commune de Maintenon, ne pouvant plus atteindre au prix courant des marchés, a été obligée de s'approvisionner chez des cultivateurs, je ne dirai point patriotes, car presque tous sont aristocrates (On murmure.), mais moins avides que les autres. Je finis donc par demander l'adoption du *maximum* dégradatif.

L'assemblée ferme la discussion.

Thuriot. Voici comme je propose de mettre la question aux voix : Il y aura, pour un temps déterminé, un *maximum* relatif et décroissant.

Figer. Je demande qu'on mette cette proposition aux voix divisément.

L'assemblée décrète qu'il y aura, pour un temps déterminé, un *maximum* pour le prix des grains.

Viger. Je demande actuellement qu'on explique ce que signifie le mot *relatif*.

Rabaut. Je demande que l'on dise : Relatif aux localités et à l'espèce de grains.

Thuriot. Quand j'ai proposé le mot *relatif*, j'ai entendu comprendre tous les rapports sous lesquels on pouvait considérer cette question et ratifier le *maximum*.

L'assemblée décrète que le *maximum* sera relatif et décroissant.

Les comités d'agriculture et de commerce présenteront demain les articles réglementaires de cette loi.]

Séance du 2 au soir. — Les administrateurs de la Seine-Inférieure font part d'une insurrection qui a eu lieu à Rouen, à cause de la cherté des grains.—Boyer-Fonfrède est élu président. Les secrétaires sont Mazuyer, Génissieux et Pénières.

COMMUNE. — *Séance du 2 mai.*

La section de la Butte-des-Moulins fait part au conseil de son adhésion à l'arrêté du département de l'Hérault, et annonce qu'elle est prête à fournir le contingent qui lui sera demandé. Le conseil applaudit à l'arrêté de la section de la Butte-des-Moulins, et invite ses députés à assister à la séance.

Le conseil passe à la nomination, par acclamation, de trois de ses membres pour accompagner l'armée parisienne qui doit marcher contre les rebelles de la Vendée. Minier, Félix et Millier se présentent pour cette honorable mission ; ils passent à la censure du conseil et sont acceptés sans réclamation. Le conseil arrête que ces trois citoyens seront soumis demain à la censure des quarante-huit sections.

Un administrateur des travaux publics donne lecture de l'adresse à la Convention qu'il a été chargé de rédiger, pour réclamer en faveur de la Commune la propriété des Tuileries, Champs-Élysées, et jardin des Plantes, désignés par la Convention comme propriétés nationales. Le conseil adopte la rédaction de cette adresse, et arrête qu'elle sera présentée dimanche prochain à la Convention.

Le conseil arrête qu'il sera fait une adresse à la Convention pour lui demander une loi qui empêche les malveillans de fondre les sous en métal pour en faire un trafic criminel, et qui ordonne la fabrication de pièces de six deniers pour faciliter le commerce. Arthur est chargé de la rédaction de cette adresse.

Le conseil déclare que c'est par erreur de rédaction que l'article IV est inséré dans l'arrêté d'hier relatif aux mesures de salut public. Les comités révolutionnaires seront formés d'après l'article III de cet arrêté.

Tout citoyen qui chercherait à se soustraire à la réquisition serait obligé de partir. En conséquence, tous les citoyens seront tenus de se rendre à leurs sections au moment de la convocation.

Les sections de Beaurepaire et du Mail présentent diverses réclamations sur l'arrêté pris hier. Le président leur annonce que l'article IV de cet arrêté vient d'être rapporté.

Les commissaires nommés pour se transporter chez les ministres et vérifier les certificats de civisme des employés dans leurs bureaux rendent compte de leurs premières démarches.

Le conseil, ajoutant à son premier arrêté, ordonne que la liste des employés dans les bureaux sera envoyée aux quarante-huit sections.

Le délai fatal pour la présentation à faire par les employés de leurs certificats de civisme est fixé à lundi prochain.

D'après le tableau joint à l'ordre du commandant général, en date de ce jour, il se trouve à Paris deux mille neuf cent quatre-vingt-huit hommes de troupes soldées. Ces divers détachemens tiennent à divers bataillons, et n'attendent pour partir que le complètement de leur habillement et armement.

Les dispositions pour le départ du contingent que Paris doit fournir se préparent sans relâche. Des ordres ont été donnés pour que les objets de campement partent aujourd'hui.

Il va partir pour Bayonne douze canons et quatre compagnies de canonniers du camp de Meaux, le tout en poste, attendu que notre armée des Pyrénées manque de canons. Il ne restera à l'arsenal qu'une seule pièce de canon de quatre montée, et six qui le seront sous deux jours. Il y en a encore une trentaine presque finies. Les fonderies de Paris peuvent fournir deux cents pièces de canon par mois.

CONVENTION. — *Séance du 3 mai.*

Lettre du général Dampierre, qui rend compte du succès d'une attaque faite par le camp de Famars, et de la bonne conduite des généraux Lamarche, Kilmaine et Gobert, des adjudans-généraux Tardy, Brancas, et du citoyen Vanot, son aide-de-camp. — Lettre du représentant Choudieu, qui détruit les calomnies répandues contre le général Berruyer, ami de la République, comme de la discipline. — Lettre du ministre de la justice, qui annonce la détention, à Marseille, des citoyens Conti, Égalité père, et ses deux fils, et de la citoyenne Bourbon.

[Fabre, rapporteur du comité d'agriculture, soumet à la délibération la rédaction et le développement des principes décrétés dans la séance précédente sur les subsistances. — Après de légères discussions, les articles suivans sont successivement décrétés :

« La Convention nationale, après avoir entendu le rapport de ses comités d'agriculture et de commerce réunis, décrète ce qui suit :

ART. 1er. Immédiatement après la publication du présent décret, tout marchand, cultivateur ou propriétaire quelconque de grains et farines, sera tenu de faire à la municipalité du lieu de son domicile la déclaration de la quantité et de la nature de grains ou farines qu'il possède, et, par approximation, de ce qui lui reste de grains à battre : les directoires de district nommeront des commissaires pour surveiller l'exécution de cette mesure dans les diverses municipalités.

2. Dans les huit jours qui suivront cette déclaration, des officiers municipaux, ou des citoyens par eux délégués à cet effet, vérifieront les déclarations faites, et en dresseront le résultat.

3. Les municipalités enverront sans délai au directoire de leur district un tableau des grains et farines déclarés et vérifiés ; les directoires de districts en feront passer sans retard le résultat au

directoire de leur département, qui en dressera un tableau général, et le transmettra au ministre de l'intérieur et à la Convention nationale.

4. Les officiers municipaux sont autorisés, d'après une délibération du conseil général de la Commune, à faire des visites domiciliaires chez les citoyens possesseurs de grains ou farines qui n'auraient pas fait la déclaration prescrite par l'article 1, ou qui seraient soupçonnés d'en avoir fait une frauduleuse.

5. Ceux qui n'auront pas fait la déclaration prescrite par l'article 1, ou qui l'auraient faite frauduleuse, seront punis par la confiscation des grains ou farines non déclarés, au profit des pauvres de la commune.

6. Il ne pourra être vendu des grains ou farines que dans les marchés publics ou ports où l'on a coutume d'en vendre, à peine d'une amende qui ne pourra être moindre de 300 liv., et plus forte de 1,000 livres, tant contre le vendeur que contre l'acheteur solidairement.

7. Pourront néanmoins les citoyens s'approvisionner chez les cultivateurs, marchands ou propriétaires de grains de leurs cantons, en rapportant un certificat de la municipalité du lieu de leur domicile, constatant qu'ils ne font point de commerce de grains, et que la quantité qu'ils se proposent d'acheter, et qui sera déterminée par le certificat, leur est nécessaire pour leur consommation d'un mois seulement, sans qu'ils puissent excéder cette quantité. Les municipalités seront tenues d'avoir des registres de ces certificats, sous le numéro corespondant à celui porté sur chacun d'eux.

8. Les directoires de département sont autorisés, d'après l'avis des directoires de district, à établir des marchés dans tous les lieux où ils seront jugés nécessaires, sans qu'ils puissent supprimer aucun de ceux actuellement existans.

9. Les corps administratifs et municipaux sont également autorisés, chacun dans son arrondissement, à requérir tout marchand, cultivateur ou propriétaire de grains ou farines, d'en ap-

porter aux marchés la quantité nécessaire pour les tenir suffisamment approvisionnés.

10. Ils pourront aussi requérir des ouvriers pour faire battre les grains en gerbes, en cas de refus de la part des fermiers ou propriétaires.

11. Les directoires de département feront parvenir leurs réquisitions aux directoires de district, et ceux-ci aux municipalités, qui seront tenues d'y déférer sans délai.

12. Nul ne pourra se refuser d'exécuter les réquisitions qui lui seront adressées, à moins qu'il ne justifie qu'il ne possède pas des grains ou farines au-delà de sa consommation, jusqu'à la récolte prochaine, et ce à peine de confiscation des grains ou farines excédant ses besoins ou ceux de ses colons, métayers, journaliers et moissonneurs.

13. Le conseil exécutif provisoire est autorisé, sous la surveillance du comité de salut public, à prendre toutes les mesures qui seront jugées nécessaires pour assurer l'approvisionnement de la République.

14. Le ministre de l'intérieur est également autorisé à adresser aux départemens dans lesquels il existera un excédant de subsistances les réquisitions nécessaires pour approvisionner ceux qui se trouveraient n'en avoir pas une quantité suffisante.

15. Tout citoyen qui voudra faire le commerce de grains ou farines, sera tenu d'en faire la déclaration à la municipalité du lieu de son domicile : il lui en sera délivré extrait en forme qu'il sera tenu d'exhiber dans tous les lieux où il ira faire ses achats, et il sera constaté en marge, par les officiers préposés dans ces lieux à la police des marchés, la quantité de grains ou farines qu'il y aura achetée.

16. Tous marchands en gros ou tenant magasin de grains ou farines seront tenus d'avoir des registres en règle où ils inscriront leurs achats et leurs ventes, avec indication des personnes auxquelles ils auront acheté ou vendu.

17. Ils seront tenus en outre de prendre des acquits à caution dans le lieu de leurs achats, lesquels seront signés du maire et

du procureur de la commune du lieu, ou, en leur absence, par deux officiers municipaux; de les faire décharger avec les mêmes formalités dans le lieu de la vente, et de les représenter ensuite à la municipalité du lieu de l'achat, le tout à peine de confiscation de leurs marchandises, et d'une amende qui ne pourra être moindre de 300 livres, ni excéder 1,000 livres.

18. Ces acquits à caution seront délivrés gratuitement sur papier non timbré, et portés sur des registres tenus par les municipalités.

19. Tout agent du gouvernement pour les approvisionnemens de l'armée et de la marine, tout commissionnaire de grains, soit des corps administratifs, soit des municipalités, seront assujettis aux mêmes formalités, et, en outre, à faire porter sur leurs acquits à caution le prix de leurs achats.

20. Il est expressément défendu aux dénommés dans l'article précédent de faire aucun commerce de grains ou farines pour leur propre compte, à peine de confiscation et d'une amende qui ne pourra être moindre de la valeur des grains ou farines confisqués, ni excéder 10,000 livres.

21. Il est également défendu à tout fonctionnaire public de s'intéresser directement ni indirectement dans les marchés du gouvernement, à peine de mort.

22. Les bladiers ou marchands de grains en détail seront dispensés de la tenue des registres ordonnée par l'article 16, et seront seulement astreints à prendre des acquits à caution, conformément à l'article XVII de la présente loi.

23. Les lois relatives à la libre circulation des grains et farines continueront à être observées, et il ne pourra y être porté aucun trouble ni empêchement, en s'assujettissant toutefois aux formalités prescrites par la présente loi.

24. Les municipalités veilleront avec soin à entretenir le bon ordre et la tranquillité dans les marchés publics.

25. Pour parvenir à fixer le *maximum* du prix des grains dans chaque département, les directoires de district seront tenus d'adresser à celui de leur département le tableau des mercuriales

des marchés de leur arrondissement, depuis le 1ᵉʳ janvier dernier jusqu'au 1ᵉʳ mai, présent mois.

Le prix moyen résultant de ces tableaux auquel chaque espèce de grains aura été vendue entre les deux époques ci-dessus déterminées sera le *maximum* au-dessus duquel le prix de ces grains ne pourra s'élever.

Les directoires de département le déclareront dans un arrêté qui sera, ainsi que les tableaux qui y auront servi de base, imprimé et envoyé à toutes les municipalités de leur ressort, publié et affiché, et adressé au ministre de l'intérieur.

26. Le *maximum* ainsi fixé décroîtra dans les proportions suivantes : au 1ᵉʳ juin il sera réduit d'un dixième, plus d'un vingtième sur le prix restant au 1ᵉʳ juillet; d'un trentième au 1ᵉʳ août, et enfin d'un quarantième au 1ᵉʳ septembre.

27. Tout citoyen qui sera convaincu d'avoir vendu ou acheté des grains ou farines au-delà du *maximum* fixé sera puni par la confiscation desdits grains ou farines, s'il en est encore en possession; et par une amende qui ne pourra être moindre de 500 livres, ni excéder 1,000 livres solidairement entre le vendeur et l'acheteur.

28. Ceux qui seront convaincus d'avoir méchamment et à dessein gâté, perdu ou enfoui des grains ou farines, seront punis de mort.

29. Il sera accordé sur les biens de ceux qui seront convaincus de ce crime une récompense de 1,000 livres à celui qui les aura dénoncés.

30. Les municipalités, commis des douanes, et autres préposés, veilleront avec exactitude, et sous leur responsabilité, à l'exécution des lois contre l'exportation des grains ou farines à l'étranger.

31. Le présent décret sera envoyé par des courriers extraordinaires dans tous les départemens. »]

COMMUNE. — *Séance du 3 mai.*

La section des Graviliers fait part d'un arrêté qu'elle a pris concernant celui du département de l'Hérault. Elle déclare que pour le recrutement elle adopte la voie du sort.

Un membre demande que l'arrêté sur les certificats de civisme des employés soit envoyé au ministre de l'intérieur. Le conseil autorise les commissaires précédemment nommés à cet effet à vérifier les certificats de civisme de tous les employés payés des deniers de la République.

La compagnie commandée par le citoyen Wenter offre à la Commune cent officiers soldés, habillés et armés de sabres, pour marcher contre les rebelles de la Vendée. Le conseil, en acceptant cette offre, en ordonne la mention civique au procès-verbal.

La section des Quinze-Vingts fait part d'un arrêté par lequel elle déclare qu'aucun de ses membres ne prendra les armes pour marcher dans la Vendée avant que l'on ait fait partir tous les corps de troupes soldées qui sont à Paris.

Le conseil passe à l'ordre du jour.

Le commandant général, Santerre, annonce au conseil qu'ayant entendu la voix de la patrie en danger, il se dispose à partir pour combattre les rebelles de la Vendée, et désigne le citoyen Mathis, chef de division, comme ayant les qualités requises pour le remplacer. Le président, au nom du conseil, engage Santerre à suivre le penchant de son cœur et à revenir bientôt partager avec ses frères d'armes, les Parisiens, les lauriers de la victoire.

Le conseil accorde un congé à Santerre et ajourne à demain son remplacement.

La section de l'Unité demande que le conseil nomme un ou plusieurs de ses membres pour assister à ses délibérations et faire cesser les scènes scandaleuses qui ont été occasionnées dans son sein par les ennemis du recrutement, des clercs de notaires et de banquiers. Le conseil nomme deux commissaires à cet effet, arrête qu'il déclarera mauvais citoyens ceux qui s'opposeront au recrutement, et que la loi qui porte peine de mort contre les ennemis du bien public et de la liberté sera envoyée demain aux quarante-huit sections.

Des députés du troisième bataillon de Paris se présentent au conseil, et, après avoir exposé les pertes qu'ils ont éprouvées le 1er mars à Aix-la-Chapelle, réclament l'armement et l'équipement des citoyens qui remplacent ceux qui sont morts en combattant pour la patrie. Ils déposent sur le bureau la liste de leurs compagnons morts ou faits prisonniers. Le conseil leur témoigne tout l'intérêt qu'il prend à leur situation. Le président donne ensuite aux députés l'accolade fraternelle, au nom du conseil. Sur le réquisitoire du procureur de la Commune, le conseil arrête que deux commissaires iront chez le ministre de la guerre prendre une liste exacte des citoyens morts à Aix-la-Chapelle, afin que l'on puisse prendre des mesures efficaces pour secourir au plutôt les familles de ces généreux martyrs de la liberté, et que ces mêmes commissaires solliciteront auprès du ministre les objets nécessaires pour l'armement et l'équipement des citoyens qui forment maintenant le troisième bataillon de Paris.

CLUB DES JACOBINS. — *Séance du 3 mai.*

« Chabot dit, dans une lettre datée de Castres, avoir appris par le *Courrier français* que les Jacobins l'avaient rayé de leur tableau : il les invite à suspendre leur jugement en protestant que son exclusion ne l'empêcherait pas d'être toujours Jacobin. On applaudit aux sentimens de Chabot, et la société adopte la rédaction d'une réponse à Chabot, par son comité de correspondance, pour démentir l'assertion du *Courrier français.* — On arrête l'impression et l'envoi aux sociétés d'une pétition à la Convention nationale par les corps administratifs de la ville de Lyon réunis, avec adhésion des citoyens de cette ville pour le rapport des rappelans. — L'examen du corps de Lajouski n'a donné aucun résultat certain sur le genre de sa mort. Elle a paru être la suite d'une fluxion de poitrine, sans dissiper tout soupçon sur d'autres causes que le raffinement meurtrier des cours et de leurs suppôts rendent souvent imperceptible à l'œil du maître. — Dubois-Crancé, à la veille de son départ avec Albitte, comme commissaires à l'armée des Alpes, invite la société à entretenir une correspondance active avec eux, pour qu'étant instruits au vrai de l'état des choses, leur conduite républicaine en soit moins sujette à de fausses mesures. On arrête la formation d'un comité pour remplir cet objet. D'après la motion de Bentabole, il sera même fait un bulletin périodique qui contiendra les travaux de la Convention, ceux de la société, de la Commune de Paris, et les nouvelles intéressantes des armées, pour être envoyé à tous les commissaires près les armées. Il sera présenté dimanche prochain (5 mai) un mode d'exécution. — Sur les différentes observations faites par Robespierre jeune, on nomme des commissaires qui se transporteront auprès de la municipalité pour l'informer des moyens que les ennemis de la chose publique introduisent dans les assemblées des sections pour y semer la discorde. Elle sera invitée de plus à surveiller l'entrée des étrangers à Paris. » (Le *Républicain, journal des hommes libres*, etc., n. CLXLV.)

TRIBUNAL RÉVOLUTIONNAIRE. — *Audience du 3 mai.*

« 1° François-Auguste Renard de Beauvoir, ci-devant comte de Mazu, né à Constantinople, fils d'un Français alors chargé d'affaires du roi de France auprès de la Porte, ci-devant gendarme, puis lieutenant dans la légion de Luxembourg, âgé de trente-quatre ans, demeurant à Paris, rue des Petites-Écuries-du-Roi, et à Boulogne-sur-Mer, rue du Puits-d'Amour;

» 2° Paul-Pierre Kolly, ci-devant fermier-général, âgé de cinquante-quatre ans, demeurant à Paris, rue Croix-des-Petits-Champs, né de Paris;

» 3° Madeleine-Françoise-Joséphine de Robec, épouse dudit Kolly, et avant, veuve de Réné Foucault, ancien négociant, âgée de trente-cinq ans, demeurant à Paris, rue des Petites-Écuries-du-Roi, et à Boulogne-sur-Mer, rue du Puits-d'Amour, née de Saint-Malo;

» 4° Et Jean-Nicolas Bréard, ancien commissaire de la marine, demeurant à Paris, rue Sainte-Appolline, âgé de cinquante-quatre ans, né de Rochefort, département de la Charente-Inférieure ;

» Convaincus d'avoir voulu rétablir la ci-devant caisse dite de Bussi, à l'effet de procurer des fonds considérables d'argent aux ci-devant frères du ci-devant roi, et opérer par-là le discrédit et l'anéantissement des assignats, lequel Beauvoir a été trouvé nanti de l'autorisation desdits frères dudit Louis Capet ; de l'avoir fait avec des intentions criminelles et contre-révolutionnaires ; sont condamnés à la peine de mort ; et ce, en conformité de l'article IV de la section première du titre premier de la seconde partie du Code pénal ; les biens desdits Beauvoir, Kolly, femme Kolly et Bréard acquis au profit de la République.

» *Nota.* Sur la déclaration faite par la femme Kolly de sa grossesse, par jugement du tribunal du 4 dudit mois, il a été ordonné qu'il serait sursis à l'exécution du jugement ci-dessus contre ladite femme Kolly. » (*Répertoire des jugemens, etc.*, p. 120.)

Roland, ex-ministre, fut entendu dans cette affaire ; sa déposition ne présente aucun intérêt. Il y fut aussi question du général Santerre, mais cet incident est tout-à-fait nul. Nous devons rapporter le vote motivé du juré Dumont ; sa déclaration est ainsi conçue :

« Il est des délits qu'on peut commettre sans des intentions évidemment criminelles, mais celui dont il s'agit doit être rangé dans une autre classe. Pour agir de concert avec les frères du tyran, il fallait avoir mûrement réfléchi un pareil projet. Impassible comme la loi, je dois donc oublier que je prononce sur le sort d'une femme, lorsque je vois en elle une conspiratrice. Ma conscience ne me permet pas d'écouter le sentiment de la compassion pour un sexe faible ; et je déclare sur mon honneur et ma conscience que l'accusée est convaincue. » (*Bulletin du tribunal révolutionnaire*, n. XXVI.)

Presse du 3 mai.

« Les bons citoyens font enfin justice de cette plate et ridicule pétition rédigée par Robespierre, sous le nom de la section de la Halle-aux-Blés, contre les vingt-deux ; cette section même, celle des Quatre-Nations, celle de la Fontaine-Grenelle, ont fini par la condamner au feu. » (*Patriote Français*, n. MCCCLIX.) — Girey-Dupré annonçait là une nouvelle qui fut bien loin de se confirmer ; car, le 5 mai, de nombreuses adresses de sections demandèrent à la Convention le rapport du décret qui déclarait calomnieuse la pétition de la Commune de Paris.

CONVENTION. — *Séance du 4 mai.*

Sur le rapport de Lecointre, de Versailles, il est décrété qu'il n'y a pas lieu à inculpation contre Westermann. — Desgarceaux, lieutenant de vaisseau, commandant l'aviso *le Furet*, instruit la Convention d'un combat qu'il a soutenu avec l'*Espiègle*, ne portant que dix canons, comme son bâtiment, contre une frégate anglaise de vingt-six canons. — Sur les observations de Sallengros et de Merlin de Douai, décret qui maintient les représentans Dubois-Dubay et Briez près l'armée du Nord. — Lettres des généraux Dampierre, Kilmaine, Servan et Sahuguet, annonçant différentes victoires remportées sur les ennemis. — Décret, sur le rapport de Marec, qui accorde des secours aux familles des volontaires et marins qui se vouent à la défense de la patrie. Chassey pense qu'on doit retrancher les frères et sœurs. Sur l'avis de Marat, l'article est maintenu.

COMMUNE. — *Séance du 4 mai.*

Sur l'avis donné au conseil-général qu'il existe des troubles dans plusieurs sections, on nomme des commissaires pour s'y transporter à l'effet d'y rétablir le calme et la tranquillité.

Cet objet donne lieu à une discussion. Le procureur de la Commune expose au conseil le danger qu'il y aurait à laisser propager dans la Vendée la nouvelle de la division qui existe à Paris entre les bons et les mauvais citoyens.

Songeons, ajoute-t-il, à sauver la patrie. Si nos ennemis continuent leurs efforts, nous n'aurons plus que de grandes mesures

MAI (1793). 353

à prendre. Je demande que dès ce moment toute discussion cesse sur ce qui a rapport à la Vendée.

La discussion est fermée.

Le ministre de la justice fait part au conseil qu'il a vu avec un grand intérêt son arrêté concernant les certificats de civisme des employés, et qu'il fait imprimer la liste de ceux de ses bureaux pour l'envoyer à la Commune et aux quarante-huit sections.

Les commissaires chargés de se rendre dans les diverses sections où l'ordre était troublé font leur rapport, et certifient que partout le calme y règne.

Sur le réquisitoire du procureur de le Commune, le conseil arrête qu'il sera fait part au comité de salut public de l'état actuel de Paris et du rétablissement de l'ordre.

La section du Panthéon-Français informe le conseil des rassemblemens qui doivent avoir lieu demain au Luxembourg et aux Champs-Élysées par un grand nombre de jeunes gens qui s'opposent au recrutement. Elle assure aussi le conseil de la contenance ferme qu'elle tiendra toujours contre les contre-révolutionnaires.

Le conseil arrête que le commandant-général sera instruit de cet attroupement, et donnera les ordres nécessaires pour le dissiper.

Le conseil arrête qu'il sera demandé à la Convention de faire partir non-seulement les troupes soldées qui sont à Paris, mais encore toutes celles qui sont dans les environs.

CLUB DES JACOBINS. — *Séance du 4 mai.*

« Une députation du conseil-général de la Commune de Paris invite, non à lever la séance, mais un certain nombre de citoyens, tant parmi la société que parmi les tribunes, à se rendre respectivement dans leurs sections pour contenir les intrigues qui y portent le désordre. Elle ajoute que des jeunes gens ont parcouru aujourd'hui les rues en poussant des cris séditieux ; six d'entre eux ont été arrêtés.

» Marat fait, à ce sujet, différentes observations, et fait part de quelques mesures répressives, celle surtout de mettre les perturbateurs et contre-révolutionnaires dans l'impuissance physique de nuire. Il rappelle, à cet égard, un moyen pratiqué par les Anglais dans le temps de leur révolution envers les Irlandais contre-révolutionnaires, et qui était de désarmer ceux-ci au point de les contraindre à tenir leurs couteaux enchaînés à leur table. S'il s'en détachait un anneau, ils étaient obligés, sous peine de mort, d'en avertir l'administration de police, qui le faisait rétablir.

» Un citoyen vient inviter ceux de la section de Bon-Conseil à s'y rendre aussitôt pour aider à y maintenir l'ordre que les malveillans cherchent à troubler. Les dangers auxquels il s'y vit exposé lui-même hier au soir lui fournissent un nouveau motif de sollicitude. — Une partie de la société se détache pour aller dans les sections où ces mouvemens se manifestent. » (*Le Républicain, journal des hommes libres*, etc., n. CLXXXVII.)

PRESSE.

Le jour même où les troubles mentionnés dans la séance de la Commune, et dans celle des Jacobins, agitaient les sections, le *Patriote français* provoquait très-explicitement à la guerre civile. On comprendra ce que dut ajouter au ressentiment des Jacobins l'article que nous allons transcrire, si l'on réfléchit qu'il s'agissait de recruter des soldats pour aller en Vendée, et que les Girondins s'efforçaient d'entraver cette mesure.

« *Du samedi 4 mai.* — La fermentation redouble, et les agitateurs mettent en jeu tous les ressorts. On crie dans toutes les rues un infâme libelle contre une partie de la Convention, avec ces mots pour titre et pour refrain : *Rendez-nous nos dix-huit francs, foutez-nous le camp, et gare le tribunal révolutionnaire et l'*AIMABLE *guillotine* (1). On parle de tocsin ; on annonce de nouvelles pétitions ; on dit qu'on ne marchera pas contre les rebelles

---

(1) Cette brochure rappelle par son titre celle qui était mise dans la main des députés de la Constituante, au moment où cette assemblée allait se dissoudre.
(*Note des auteurs.*)

si la Convention n'est pas purgée, si elle ne *livre* pas tels et tels membres. On profite surtout de l'agitation qu'excite le nouveau recrutement, et des divisions qui s'élèvent sur le choix du mode; et ceux qui ne veulent pas partir sont ceux qui crient le plus haut. Il est aisé de voir qu'on prépare un nouveau mouvement. Les patriotes doivent-ils le redouter? non; ils doivent même le désirer bien plus que ses auteurs. Depuis trop long-temps le républicanisme et l'anarchie sont en présence, et n'ont fait, pour ainsi dire, qu'escarmoucher; cet état pénible ne peut plus se prolonger; on nous présente un combat à mort, eh bien! acceptons-le; si nous sommes vainqueurs, la République est sauvée; si nous succombons, les départemens sont là, nous aurons des vengeurs, la République aura des sauveurs; est-ce que la République peut périr?....

» Mais nous vaincrons. Républicains, sentez votre force. Quels sont vos ennemis? une bande de forcenés déclamateurs, Achilles à la tribune, Thersites au combat; une poignée de conspirateurs de caves, qui tremblent même à la vue de leurs propres poignards; un ramas de brigands sans courage, intrépides massacreurs dans les prisons, mais dont les yeux n'osent rencontrer ceux d'un homme de cœur; enfin, un vil troupeau de misérables, que la soif du pillage réunit, que la pluie dissipe. — Quels sont vos amis? la grande majorité de la Convention, la grande, l'immense majorité des habitans de Paris, fatiguée de l'odieuse et ridicule tyrannie de nos Mazaniels en miniature. Républicains, soyez prêts..... » (*Patriote français*, n. MCCCLX.)

C'était certainement une tactique de la part de Girey-Dupré que d'attribuer, ainsi qu'il le faisait, le mouvement occasionné par le recrutement à la résistance des Jacobins. Le mensonge était grossier pour Paris où, en effet, il était difficile de faire croire que des troubles que la Commune et les Jacobins employaient tous leurs efforts à dissiper étaient leur ouvrage. Mais cette calomnie était bonne pour les départemens; l'important consistait à paraître provoqué, tandis que l'on provoquait soi-même, jusqu'à donner aux siens le signal du combat. Au reste, voici comment Marat, allant mettre le holà dans sa section, fut accueilli par les prétendus Jacobins qui la troublaient :

« C'est une vérité, dit Marat, n. CLXXXVIII du *Publiciste*, etc., qu'il ne faut point perdre de vue : les meneurs de la faction des hommes d'état, couverte d'opprobre, devenue l'objet de l'exécration publique, et n'ayant plus pour elle qu'une petite partie égarée de la nation et la tourbe des suppôts de l'ancien régime, tous ennemis de la liberté, ces meneurs, dis-je, ne peuvent se sauver eux-mêmes que par une contre-révolution ; aussi mettent-ils tout en œuvre pour la provoquer. Je ne retracerai pas ici le tableau révoltant de toutes les tentatives qu'ils ont faites jusqu'à ce jour depuis l'ouverture de la Convention, et particulièrement depuis qu'ils ont voté l'appel au peuple, et la réclusion du tyran. Je me borne aux coups qu'ils ont montés depuis quinze jours pour s'opposer aux mesures propres à assurer les subsistances, et au recrutement des douze mille hommes que Paris lève contre les révoltés de la Vendée.

» Il est certain que ce sont eux qui ont poussé tous les clercs de notaires, d'avoués et d'hommes de loi ; tous les commis de gros marchands, d'agens de change, de banquiers, d'agioteurs, de bureau, à s'attrouper, et à parcourir les rues en criant : Au diable Marat, Danton, Robespierre ! au diable la Montagne ! au diable la République, et vive d'Orléans ! ces scélérats ont dû s'assembler en armes aux Champs-Élysées ; ce sont des révoltés à arrêter, et à livrer au tribunal révolutionnaire.

» Avant-hier soir (le 4), sur l'invitation de la Commune à tous les bons citoyens de se rendre dans leurs sections respectives, je courus à la mienne, et je trouvai la salle presque toute remplie de ces rebelles, ce qui ne m'empêcha pas d'aller m'asseoir au bureau. A ma vue ils élevèrent des clameurs, et voulurent me faire retirer ; je restai calme et tranquille : ma conscience ferme leur en imposa long-temps. A la fin ils voulurent lever la séance, je m'y opposai. Je chargeai quelques patriotes d'aller chercher le commissaire de la section et la garde, ils revinrent sans elle, je partis pour l'aller chercher moi-même ; à peine au milieu de la salle que les cabaleurs se mirent à huer ; je fus à l'instant environné d'une vingtaine de patriotes, hommes et femmes, qui, par leurs cris, couvrirent ma voix, m'empêchèrent de m'expliquer, de leur dire la marche à tenir, d'exécuter mon dessein de faire arrêter les chefs des cabaleurs, et de connaître les meneurs des révoltés. La garde que je trouvai à la grande porte des Cordeliers mit le sabre à la main pour me protéger contre les mutins qui suivaient mon cortége, et par ses cris elle augmenta elle-même la confusion, de sorte qu'elle me reconduisit chez moi, sans qu'il m'ait été possible de me faire entendre un seul instant.

» Je regretterai toujours que le zèle aveugle et l'effervescence des patriotes m'ait fait perdre une si belle occasion de faire saisir les plus mutins des contre-révolutionnaires, et de connaître les chefs du complot ; ce qui eût été facile à exécuter avec une garde de quinze à vingt hommes. »

CONVENTION. — *Séance du 5 mai.*

Lettres des représentans près les armées du Nord et des Ardennes, sur une fausse attaque à Saint-Amand. — Johannot fait rendre un décret d'organisation d'une compagnie franche, dite chasseurs-bons-tireurs du Haut-Rhin. — Sillery proteste qu'il n'est pas complice des traîtres fugitifs avec Dumourier, et demande que, s'il n'y a aucune dénonciation contre lui, l'état de surveillance soit levé à son égard. Bassal déclare que le comité n'a encore pu examiner tous les papiers de Sillery ; il demande qu'il ne soit rien statué avant son rapport. Adopté. — Pétition de diverses sections pour le rapport du décret qui a déclaré calomnieuse celle de la Commune de Paris, pour le rappel de vingt-deux députés.

Députation de la section de Bon-Conseil, qui proteste de ne souffrir aucun tyran, sous quelque dénomination que ce soit ; de maintenir la liberté des opinions des représentans, et de secouer le joug des intrigans qui écrasent les bons citoyens sous le poids du despotisme populaire. Marat accuse les pétitionnaires d'avoir mis le feu dans cette section. Vergniaud les défend. — Décret qui envoie à Orléans les représentans Julien, de Toulouse, et Bourbotte, pour vérifier des faits d'incivisme dénoncés contre les chefs de la légion germanique.

COMMUNE. — *Séance du 5 mai.*

Le *Moniteur* du 8 mai renferme un procès-verbal de cette séance où l'on chercherait en vain quelque trace de ce qu'elle fut en effet. Celui que nous donnons ici est transcrit littéralement de la *Chronique de Paris* du 7 mai. On y trouvera des preuves nombreuses du mouvement que les Girondins s'efforçaient d'exciter, et de la tentative par laquelle ils essayèrent de s'emparer des sections. Ils furent maîtres pendant quatre jours de celle de l'Unité (précédemment Quatre-Nations.)

« *Commune du 5 mai.* — On a arrêté, ce matin, au jardin du Luxembourg, la femme d'un ci-devant conseiller au parlement; elle tenait des propos inciviques. Il s'est formé, ce matin, aux Champs-Élysées, un rassemblement d'environ quatre cents jeunes gens sans armes, entre midi et une heure; ils ont parcouru les rues Saint-Honoré, des Lombards, de la Verrerie; ils ont traversé la place de Grève; ils ont suivi le quai Pelletier, le pont Notre-Dame, où cinq ou six d'entre eux ont été arrêtés et conduits à la mairie; ils criaient : *A bas les anarchistes! vive la nation! vive la République! vive la loi.* D'après les ordres de la municipalité, le commandant général avait pris les mesures nécessaires pour maintenir la tranquillité publique qui n'a pas été troublée; à deux heures, cet attroupement était dissipé.

» Un rassemblement semblable eut lieu hier aux Champs-Élysées et au jardin du Luxembourg; dans ce dernier endroit, cette assemblée, composée de cinq à six cents jeunes gens bien habillés, avait un président, ... Des troubles ont eu lieu hier soir dans la section Bon-Conseil; les patriotes n'ont pu s'y faire entendre dans l'assemblée générale; ils se sont retirés; on s'est emparé des registres; un nouveau président et des secrétaires ont été nommés; un arrêté a été pris, imprimé et affiché ce matin.... Le commissaire de police et le secrétaire-greffier de cette section sont invités à se rendre à l'instant au conseil pour donner de plus grands éclaircissemens à ce sujet.

» Un militaire expose que dans la section de la Cité plusieurs citoyens, qui ne sont pas de son arrondissement, se rendent à l'assemblée générale, au nombre de cinq à six mille, avec des cartes de différentes sections.

» Le procureur-général syndic du département de Paris, parlant en son nom, donne des détails sur ce qui s'est passé hier à la section de Bon-Conseil, où il dit avoir été hué, conspué et avoir couru des risques; il explique les causes de troubles qui existent dans Paris; il promet, au nom du département, que rien ne sera négligé pour maintenir, de concert avec le conseil-général, l'ordre et la tranquillité.

» Des agitateurs règnent aussi dans l'assemblée générale de la section de l'Unité, ci-devant des Quatre-Nations; un nouveau nombre de citoyens qui s'est trouvé en force a apposé les scellés sur le comité révolutionnaire. Des commissaires de cette section déposent sur le bureau du conseil un registre contenant quinze cent une signatures d'adhésions à la pétition du 15 avril, et dont on voulait s'emparer pour le livrer aux flammes; ce registre est intitulé : *l'Immortalité du républicanisme français*; le conseil ordonne que ces scellés seront croisés par un administrateur de police et un membre du conseil-général.

» *Seance du soir.* — Le commissaire de police et le secrétaire-greffier de la section Bon-Conseil donnent lecture des faits qui se sont passés dans l'assemblée générale de cette section; le portefeuille et tout ce qu'il contenait, excepté le cachet, ont été remis aux commissaires qui l'ont requis; ils déposent sur le bureau leur procès-verbal, qui sera envoyé à la police, ainsi qu'une affiche de cette section; en voici l'extrait :

« Vrais patriotes, que la crainte d'être opprimés ne vous entraîne plus; accourez à l'assemblée générale de la section, vous y trouverez des amis et des frères; cette poignée d'intrigans, coureurs de place, dont le prétendu patriotisme ne s'exhalait que dans les convulsions de la rage, fera maintenant de vains efforts pour étouffer la voix de la raison et de la justice; accourez tous, jurez avec nous d'obéir à la loi, de faire respecter les magistrats populaires, de nous rallier autour de la Convention; que tous les bons citoyens se montrent enfin; le temps presse, réunissons-nous, et, malgré leurs cris impuissans, la République sera sauvée. »

» *Serment prêté par les citoyens.* Nous jurons de maintenir la liberté, l'égalité de la République une et indivisible; de ne jamais souffrir qu'il existe un tyran sous quelque dénomination que ce puisse être; d'obéir à la loi, sauf les réclamations qu'elle permet; de nous rallier autour de la Convention nationale; de porter à tous les députés indistinctement le respect dû à leur caractère; de maintenir la liberté des opinions des représentans du peuple, et de ne jamais permettre que qui ce soit ose y porter atteinte; de maintenir la sûreté des personnes et des propriétés; de nous rendre tous les jours aux assemblées légales de la section pour y participer aux délibérations, et de ne plus souffrir qu'une poignée d'intrigans, sous le masque du patriotisme, écrase davantage les bons citoyens sous le poids d'*une popularité usurpée.*

» *Signé*, Gurnot, *président*; Sagnier, *vice-président*; Langlois, *secrétaire.* »

« Sur un second rapport que les troubles continuent dans cette section, on y envoie deux commissaires pour y établir l'union; on nomme de plus des commissaires à l'effet de se transporter aux Jacobins, à la société fraternelle et aux Cordeliers, pour inviter les membres à se rendre dans leurs sections, pour déjouer les manœuvres des ennemis du bien public.

» Le conseil arrête que les citoyens, qui ont constamment fait le service militaire depuis le 10 août, et qui sont domiciliés depuis un an, auront voix délibérative dans l'assemblée générale de leur section, et qu'il sera délivré des cartes de citoyens sans qu'il soit besoin de montrer une quittance d'imposition.

» Sur la déclaration d'un membre qu'il se porte à la section de

Bon-Conseil une foule de citoyens de celle des Lombards, on y envoie encore deux commissaires.

—» Chaumet donne lecture de la lettre suivante, en réponse à ses dénonciateurs:

« Citoyens, on m'accuse d'avoir émis une opinion qui n'est pas la mienne; on fait plus, on y met ma signature.

» Il est vrai que j'ai parlé sur le départ pour la Vendée. J'ai demandé que les célibataires, les clercs de notaires et de procureurs et les commis banquiers partissent les premiers, et cela est juste.

» J'ai dit que ceux qui faisaient le pain, les souliers et les habits devaient être plus ménagés que ceux qui écrivaient dans un bureau ou dans une étude.

» J'ai dit qu'il y avait assez long-temps que les pauvres faisaient tout, qu'il fallait que les riches servissent à quelque chose.

» J'ai dit que ceux qui élevaient des discussions sur le départ étaient ceux qui ne voulaient pas qu'on aille éteindre la guerre civile dans la Vendée. On peut dénaturer tant qu'on voudra mes opinions, on peut même me persécuter; rien ne me fera changer de principes, et, le cou sous le couteau, je crierai encore : *Le pauvre a tout fait, il est temps que le riche fasse à son tour.*

» Je crierai qu'il faut rendre utiles, malgré eux, les égoïstes et les jeunes désœuvrés, et procurer du repos à l'ouvrier utile et respectable. »

—» L'union la plus parfaite règne dans la section de la Halle-aux-Blés; deux registres y ont été ouverts : l'un pour ceux qui s'enrôlent volontairement, l'autre pour ceux qui souscrivent pour les frais de la guerre de la Vendée. On y compte déjà quatre-vingt-dix citoyens enrôlés, et dans celle de la Maison-Commune quatre-vingt.

» On annonce que le calme est rétabli dans la section de Bon-Conseil; l'ancien président a été réinstallé. Dans celle de Marseille, au moment où Marat sortait de la cour des Cordeliers, on a crié : *vive Marat!* ensuite *à la garde!* Il a couru les plus grands dangers. L'officier du poste avec cinquante hommes de garde l'ont sauvé ; des jeunes gens demandaient sa tête.

» Une députation de la section de l'Unité donne lecture d'un imprimé intitulé : *L'Assemblée générale de l'Unité à Chaumet, procureur-général de la commune du 4 mai.* Il commence ainsi : « Quatre mille citoyens de la section de l'Unité, lassés des vexations d'une poignée d'intrigans, à la tête desquels sont un ci-devant noble et un banqueroutier avec quelques misérables provocateurs au meurtre et au pillage, sans cesse escortés de leurs exécuteurs, chargent leur président de te répondre, Chaumet, que tu aurais dû avoir moins d'égard pour les réclamations de ces malheureux que de ménagemens pour les hommes qui les ont enfin démasqués... » De violens débats s'élèvent au sujet de cet imprimé ; les quatre pétitionnaires sont interrogés ; le premier le désavoue ; ils signent leurs déclarations et se retirent. Les pièces et l'interrogatoire seront envoyés à l'administration de police. »

—Le *Patriote français* garde maintenant un profond silence ; il attendait le résultat de la provocation qu'il avait jetée au sein des troubles naissans pour les changer en une guerre sérieuse. Son article du 5 mai est une analyse insignifiante d'un discours de Pontécoulant contre la pétition de la Commune du 15 avril dernier ; du reste, pas un mot sur l'état de Paris. Nous remarquons dans ce numéro (MCCCLXI) une réponse de Pétion aux accusations de Marat. Il énumère les griefs, et se contente de les dénier purement et simplement ; il ne cherche à expliquer que l'emploi des trente mille livres par mois qu'il recevait sur les fonds secrets pour la police de Paris. Il déclare que ces fonds ont été consacrés à leur objet, sans qu'il en fût rien détourné, et il invoque le témoignage de Sergent et de Panis. Quant à sa voiture, à la cave d'Egmond Pignatelli qu'il aurait achetée, à sa table somptueuse, à son loyer de mille écus, aux lambris dorés qu'il habite, il rapporte ces faits, et les déclare calomnieux sans aucune apologie.

CONVENTION. — *Séance du 6 mai.*

Lecture d'une proclamation de la municipalité de Marseille et d'une lettre des sections, pour mettre les citoyens en garde contre la fausse nouvelle que Marseille est en état de contre-révolution. — Couthon obtient la liberté provisoire du général Chazot.

[Un des secrétaires fait lecture d'une lettre des commissaires de la section de Bon-Bonseil, datée des prisons de la mairie, et par laquelle ils informent la Convention qu'ils y ont été mis en état d'arrestation hier, pour avoir présenté à la barre la pétition dont l'assemblée a ordonné l'impression avec mention honorable. Ils ajoutent que plusieurs individus de la section des Lombards, apostés par l'ancien bureau de celle de Bon-Conseil, ont déjà cherché à les punir par des voies de fait. (De longues rumeurs suivent la lecture de cette lettre.)

Vergniaud. Les pétitionnaires qui sont venus hier à cette barre vous ont exprimé des sentimens très-louables ; mais il semble que toutes les fois qu'on parle de respect pour la Convention, on commette un crime de *lèse-municipalité* ; car si, pour avoir paru à votre barre on est assassiné en sortant, il faut aussi que la Convention se déclare en état de guerre contre ces autorités tyranniques et usurpatrices. Je demande que le maire de Paris rende compte, séance tenante, et par écrit, des motifs de l'arrestation des pétitionnaires.

Robespierre. Il y a des faits notoires que l'on ne doit pas laisser ignorer à la Convention. Tout le monde sait qu'à Paris il y a un certain nombre d'hommes suspects qui ont jeté le trouble dans les sections, et empêché le prompt armement des citoyens. Tout le monde sait qu'il y a eu ce matin des rassemblemens séditieux, et que plusieurs ont été mis en prison. J'ignore si ceux dont il est parlé dans la lettre sont détenus pour des causes différentes ; dans ce cas, il faut rendre justice à ces citoyens. Mais si leur délit est le même, prendre ouvertement la défense de ces hommes-là, ce serait attiser le feu qu'ils ont allumé, ce serait se déclarer le protecteur des rebelles, ce serait favoriser les troubles de la Vendée, ce serait avilir les autorités constituées. (*Plusieurs membres de la partie droite :* Aux voix la motion de Vergniaud.) Une partie de l'assemblée sait très-bien qu'hier un certain nombre d'hommes suspects parcourait les rues en criant : *vive le roi!* (*Plusieurs voix* : C'est faux. *D'autres* : Oui, oui.) Que plusieurs de ces gens-là, qui savent aussi se couvrir du masque du patriotisme, ont été arrêtés.

Je dis donc que si ceux qui ont écrit la lettre sont du nombre, il n'y a de plus coupables qu'eux que les hommes qui prennent leur défense. (Une grande partie de l'assemblée et les citoyens applaudissent : des rumeurs s'élèvent à la droite de la tribune. Plusieurs instans se passent dans l'agitation.)

Il est clair que je n'ai inculpé personne ici, puisque j'ai toujours parlé en homme qui doute, et que je n'ai vu personne prendre la défense des hommes que je supposais. Mais je répète que si ces citoyens sont du nombre des gens suspects arrêtés, il est impossible à la Convention d'arrêter le cours de la loi sans encourager les séditieux d'une manière indirecte.

En conséquence, j'invite la Convention à appuyer de toute sa force les autorités constituées de Paris; car je déclare que si ces hommes étaient coupables, et que la Convention leur laissât l'espoir de sa protection, elle trahirait elle-même ses devoirs. Mais en vain on forme des complots contre la République, contre la liberté : la liberté, la République triompheront de tous les complots. (On applaudit.)

Vergniaud. Je fais une proposition extrêmement simple, qui tend, non point à soustraire à la loi des citoyens s'ils sont coupables, mais à les soustraire à l'oppression s'ils sont innocens. Si les séditieux trouvaient des protecteurs, ces protecteurs seraient coupables; s'ils étaient représentans du peuple, ils seraient encore plus coupables. Mais certes, si ces citoyens n'ont commis d'autre crime que d'avoir osé venir à cette barre (On murmure.) vous exprimer des sentimens..... (Nouvelles interruptions.) Je n'injurie personne, il faut de la malveillance pour m'interrompre lorsque je viens vous exprimer des sentimens qui doivent être dans le cœur de tous les vrais républicains ; s'ils n'ont commis d'autre crime que de marquer quelque déférence pour la Convention ; il me semble que ceux qui protégeraient les vexations dont ils sont les victimes seraient les plus cruels ennemis de la Convention. Il me semble que si la Convention ne les arrachait pas à ces vexations, elle trahirait ses devoirs et le peuple ; car on trahit le peuple toutes les fois qu'on néglige d'assurer la liberté d'un seul citoyen. Comme Robespierre, je raisonne dans une hypothèse et je n'inculpe personne.. Je suis moins prompt que lui pourtant à traiter de séditieux des citoyens détenus pour des motifs que je ne connais pas. Je répète ma proposition, et je demande que le maire de Paris rende compte, séance tenante, par écrit, des motifs de cette arrestation.

— Pénières, l'un des secrétaires, fait lecture d'une seconde lettre, ainsi conçue : « Citoyen président, je suis l'un des commissaires de la section Bon-Bonseil envoyés pour présenter la pétition qui a obtenu hier votre approbation. Je me déclare personnellement l'auteur du serment, sauf les additions qui y ont été faites. Je suis, pour récompense, en prison à la mairie.

Signe, SAGNIÉ, *vice-président de la section de Bon-Conseil.*

Sergent. Ils sont arrêtés pour avoir troublé l'ordre. (Murmures à la droite de la tribune.

Thuriot. Nous ne pouvons nous dissimuler que dans ce moment on cherche à exécuter une partie du plan médité par Dumourier. (*Marat, Bazire, Bentabole, Duprat et quelques membres.* Oui, oui.) Dans ce moment, et cela peut plaire à ceux qui ont combiné la perte de Paris, il y a une insurrection générale ; on s'assemble dans les places publiques ; on a arrêté des hommes qui avaient la cocarde blanche. On a arrêté deux mille hommes qui avaient le projet de s'emparer des pièces de canon. Peut-on concevoir que la garde qui est sous les armes, et qui arrête ces individus, puisse à l'instant même rédiger des procès-verbaux ? Ces hommes prétendent avoir été arrêtés pour avoir présenté une pétition. Je sais bien qu'il est impossible d'arrêter des citoyens pour un pareil objet ; aussi ai-je rendu hommage aux principes développés par Vergniaud. Le commandant-général a eu l'ordre d'arrêter ceux qui sonnent le tocsin, qui s'assemblent aux Champs-Élysées, au Luxembourg. On vous propose de violer toutes les règles de la justice. On veut que le maire de Paris, qui ne sait peut-être pas que ces deux mille hommes sont arrêtés, soit mandé à la barre, c'est-à-dire qu'on veut imprimer à l'avance un caractère odieux sur le magistrat. La municipalité est à son poste, elle remplit son devoir ; si les brigands réunis voyaient une puissance supérieure les protéger, c'est alors que le tocsin sonnerait avec plus de force. Est-il donc d'une bien haute sagesse de proclamer d'avance leur innocence ? Tous ceux qui sont arrêtés ne vous écriront-ils pas qu'ils le sont pour avoir présenté des pétitions ? Ils iront jusqu'à dire qu'ils sont en insurrection pour sauver la chose publique. Comme il n'y a aucune des propositions qui soit fondée, qui ne soit injuste, qui ne porte atteinte aux principes, je demande l'ordre du jour.

Bazire. Je demande à dire des faits.

L'assemblée ferme la discussion.

Bazire. Je déclare à la Convention qu'elle décrète la guerre civile.... Je demande la parole.

Réveillère-Lepaux. Président, si vous accordez la parole à Bazire, je la demande après, car j'ai des faits aussi.

N..... La proposition de Vergniaud doit concilier toutes les opinions ; car nous ne préjugeons rien en demandant au maire de Paris des informations.

La proposition de Vergniaud est mise aux voix et décrétée.

Plusieurs voix. La délibération est douteuse.

D'autres. L'ordre du jour ! la constitution.

Le président. J'annonce à l'assemblée que plusieurs députations de sections, se disant amies de l'ordre et des lois, sollicitent leur admission sur des objets pressans.

Un grand nombre de membres. Admis, admis.

Bazire. Vous allez avoir la guerre civile aujourd'hui.

Lidon. La guerre civile contre les anarchistes et les contre-révolutionnaires.

Marat s'élançant au milieu de la salle : La parole à Bazire ! ou je déclare que vous protégez les contre-révolutionnaires.

Marat court à la tribune, y poussé Bazire en le prenant par le bras, et criant : Va donc, Bazire ; il aura la parole.

Une partie de l'assemblée : Il ne l'aura pas.

Marat. Taisez-vous, royalistes !..... La parole à Bazire !

Le président. Tout le monde paraît d'accord pour que Bazire soit entendu après que les pétitionnaires qui s'annoncent pour un objet pressé auront parlé.

Après quelques minutes de nouvelles instances, Marat se retire au bruit des murmures des membres de la partie droite.

La Convention décrète que Bazire sera entendu après les pétitionnaires.

Une députation de la section de Molière et Lafontaine est admise à la barre.

L'orateur de la députation. Un arrêté du conseil-général de la Commune qui demande une levée de douze mille hommes, a excité, tant par les formes que par le fond, beaucoup de troubles dans Paris. Pleine du désir de voler au secours de nos frères de la Vendée, mais désirant d'obéir à la loi, la section a cru devoir improuver l'arrêté de la Commune, et celui du département qui le confirme. Elle a cru devoir demander à la Convention un décret qui détermine promptement la proportion dans laquelle Paris et les départemens fourniront un nouveau contingent.

Plusieurs membres. Le département de l'Hérault n'a pas demandé cela. Il a fourni son contingent sans récriminer contre les départemens voisins.

L'orateur. Et néanmoins, considérant que le danger de la chose publique est évident, la section a arrêté que provisoirement on suivrait le mode de recrutement du 24 février, et a ouvert un registre pour recevoir les enrôlemens volontaires.

Marat. Ces pétitionnaires sont des clercs de procureurs qui ne veulent point partir.

Thuriot. Depuis trois jours les ennemis de la révolution affluent dans les sections pour y porter le trouble et entraver le zèle des bons citoyens, qui seront toujours en majorité.

Le président à la députation. Le département de l'Hérault a volé au secours de nos frères. La Convention a proposé cet exemple à tous les Français. Elle ne doute point que les Parisiens ne l'imitent, au lieu de s'arrêter à des pétitions oiseuses. (On applaudit.)]

— Cambon, au nom du comité de salut public, présente une instruction pour les représentans du peuple délégués auprès des armées. Génissieux combat l'extension de pouvoirs proposée. « La Convention alors pourra se retirer, dit-il, car elle n'aura » plus rien à faire ; chaque commissaire sera plus qu'un roi, et » il n'y aura que désordres et confusion dans l'administration in- » térieure. » Ajournement. — Au nom du même comité, Barrère, après avoir analysé les moyens employés par le gouvernement pour comprimer les insurgés, et les efforts de la malveillance pour atténuer le dévouement des citoyens, fait adopter un décret par lequel la Convention s'en remet au zèle des administrations des départemens, des districts et des conseils-généraux, des communes et des sections, et au patriotisme des citoyens, pour prendre les mesures propres à arrêter les mouvemens de révolte qui se sont propagés dans les départemens maritimes de l'Ouest. Décret, sur l'observation de Prieur, portant que les citoyens qui marcheront contre les révoltés pourront rentrer dans leurs foyers sitôt la paix rétablie dans ces départemens. — Legendre revient sur le projet de Cambon, dont il demande l'adoption. Gensonné et Louvet réclament l'appel nominal. L'ajournement est maintenu.

COMMUNE. — *Séance du 6 mai.*

Chaumet expose avec énergie les malheurs qui affligent en ce moment tous les amis de la République, et les causes qui les ont produits et entretenus. Il soumet ensuite les moyens qu'il croit propres à les réparer. Il termine en requérant :

1° Que le conseil général de la Commune arrête que, jusqu'à ce que les dangers de la patrie soient passés, tous les corps administratifs, toutes les autorités constituées de Paris, le département, la Commune, les présidens des sections, ceux des comités révolutionnaires et des comités civils, soient invités à se rassembler en présence des citoyens deux fois par semaine, les jeudi et dimanche matin, dans un lieu assez vaste pour y délibérer sur les mesures à prendre en commun pour le maintien de l'ordre, le salut de la République et le bonheur de nos concitoyens ;

2° Qu'à un jour déterminé, toute la force armée soit assemblée pour renouveler entre les mains des magistrats le serment de fidélité à la République, à la liberté, à l'égalité, ainsi que la promesse de protection mutuelle entre tous les citoyens, d'obéissance à la loi et à ses organes, etc. ;

3° Qu'il soit arrêté que tout membre du conseil qui chercherait à y semer la division, troublerait ses délibérations par esprit de parti, ou chercherait à faire naître des haines, des animosités entre les membres du conseil, sera dénoncé aux quarante-huit sections, afin qu'elles le retirent d'un poste où il serait dangereux ;

4° Qu'il sera fait une pétition à la Convention nationale pour lui demander la prompte organisation de l'instruction publique, des établissemens pour les pauvres valides et infirmes ; enfin qu'elle charge ses comités d'agriculture et de commerce de lui faire à une époque fixe un rapport sur les moyens les plus prompts et les plus sûrs, non pas de soulager les misérables, mais d'extirper la misère en procurant à la jeunesse une ressource pour la vieillesse, et à ceux qui n'ont que des bras, du courage et de la santé, les moyens de les employer de manière à pouvoir devenir un jour propriétaires ;

5° Qu'il sera prélevé sur les fonds provenant de l'emprunt forcé une somme destinée à employer les arquebusiers, armuriers et fourbisseurs à ne faire que des armes, lesquelles seront distribuées gratis aux citoyens qui en manquent, et ce d'après les tableaux dressés par les sections ;

6° Qu'il sera organisé un comité chargé de recevoir les déclarations des citoyens et citoyennes ayant droit aux secours, et de poursuivre la prompte délivrance des sommes qui leur sont dues par la République ;

7° Qu'il sera incessamment formé à la Commune un comité de surveillance avec lequel correspondront tous les comités révolutionnaires des sections ;

8° Que, tant que le patriotisme ne dominera pas dans les assemblées des sections, le conseil général ne tiendra pas de séance les dimanches soir et les jours d'élection dans lesdites sections ; que tous les autres corps administratifs seront invités à agir de même, afin d'augmenter dans les assemblées des sections le nombre des véritables amis de la République ; que cependant, si les circonstances l'exigent, le conseil général pourra être convoqué pour les dimanches par le citoyen maire ;

9° Que le présent arrêté sera envoyé au département pour obtenir son approbation, et aux quarante-huit sections ; enfin qu'il sera affiché et mis à exécution dès cette semaine en tout ce qui peut être exécuté sur-le-champ.

Après une longue discussion suivie article par article, le conseil a converti en arrêté le réquisitoire de Chaumet, et en a ordonné l'impression.

Sur la motion d'Arthur, il a été arrêté par amendement qu'il serait établi à Paris une manufacture d'armes.

Une députation de la section du Pont-Neuf annonce qu'il y a beaucoup de troubles dans l'assemblée générale de cette section, et que les citoyens qui ont des cartes rouges (cartes de sûreté pour les étrangers) se permettent d'y délibérer ; qu'ils ont fait apposer les scellés sur le comité révolutionnaire, qui renferme des papiers très-importans, et qu'ils s'opposent à ce que les membres de ce comité puissent, pour leur propre sûreté, croiser les scellés que l'on y appose.

Sur le réquisitoire du substitut du procureur de la Commune, le conseil arrête que le commandant général sera invité à faire marcher sur-le-champ une force armée suffisante pour dissiper et mettre en état d'arrestation ceux qui délibèrent dans cette section sans en avoir le droit. Six commissaires y sont envoyés pour rétablir le calme, avec autorisation de réinstaller le comité révolutionnaire et de prendre toutes les mesures que pourront exiger les circonstances et les dangers de la patrie.

Le ministre de l'intérieur se présente et donne ses observations sur l'opinion que le conseil aurait pu se former d'après la lettre qu'il lui a écrite lorsqu'il assure qu'il met la plus scrupuleuse attention à se faire représenter les certificats de civisme des employés dans ses bureaux, et que, s'il s'en trouvait quelqu'un d'entre eux qui n'en eût pas, il ne resterait pas vingt-quatre heures en place.

Le conseil applaudit aux explications données par le ministre de l'intérieur.

Un membre annonce que quelques rassemblemens qui s'étaient formés ce matin ont été dissipés, et que les agitateurs ont été arrêtés.

Le conseil arrête qu'il sera fait mention civique au procès-verbal de la conduite des citoyens armés qui ont agi dans cette circonstance; ordonne également la mention civique du zèle des canonniers de la section des Gravilliers, lesquels ont déclaré qu'ils étaient prêts à marcher contre les rebelles qui désolent le département de la Vendée.

CLUB DES JACOBINS. — *Séance du 6 mai.*

« Roussillon, ne doutant pas que la faction Brissot ne concoure puissamment à entraîner la perte de la République, appelle la discussion sur cet objet, qu'il désirerait qu'on ne perdît jamais de vue. Il regarde ces hommes d'état comme favorisant les troubles qui se prolongent dans les départemens intérieurs.

« Un autre membre dit que cela est si vrai qu'on a fait courir le bruit à Bordeaux que le calme était rétabli dans la Vendée, pour qu'on n'y pensât pas à envoyer des forces contre les rebelles.

» Chasles fait divers rapprochemens confirmatifs. Il croit que le but de la faction est de fédéraliser quelques départemens à la faveur des agitations intestines, de proposer ensuite un roi quelconque, et finir par replonger la France dans l'esclavage.

« Legendre s'élève avec son énergie ordinaire contre ces mêmes hommes qui siégent dans la Convention nationale. Il ne dissimule pas combien les dangers qu'ils font courir à la chose publique provoquent leur expulsion. Il trouve surtout des dangers dans la prolongation de la guerre civile dans la Vendée. Il invite avec force les citoyens à tourner toute leur sollicitude de ce côté-là. Il voudrait qu'on invitât les limonadiers et restaurateurs à remplacer un nombre de leurs garçons par des filles, afin que ceux-là, robustes en général, et nombreux à Paris, prissent les armes pour aller combattre les révoltés. — Il se fait sur ce même sujet de nombreuses considérations, qui toutes indiquent la Vendée comme le point de ralliement des défenseurs de la patrie. » (*Le Républicain, journal des hommes libres*, n. CLXXXVIII.)

CONVENTION. — *Séance du 7 mai.*

[*Cambon*. Pour abréger beaucoup de discussions, et ne voulant pas interrompre celle de la Constitution, votre comité de salut public a cru devoir vous demander que la séance du 10 de ce mois fût consacrée à entendre le compte général de ses opérations. Aujourd'hui ses pouvoirs finissent; il demande que vous procédiez à son remplacement. Nous devons en même temps repousser une calomnie dirigée contre nous; elle est relative à l'emploi que nous avons fait du numéraire. Brissot a dit que nous ne songions qu'à dilapider. Jamais nous n'avons excédé les bornes de nos pouvoirs. Cent mille livres ont été mises à notre disposition; nous n'y avons pas touché. Le ministre des affaires étrangères, non sur la proposition du comité de salut public, mais sur celle du comité des finances, a reçu 6 millions. Nous n'avons disposé d'aucun de ces fonds. Les derniers qui ont été décrétés pour les indemnités à accorder à nos alliés n'ont point encore été entamés. Ils ont leur destination, mais rien ne peut nous engager à dire ici les opérations qui ont été combinées. Nous pensons que le salut de la République peut être attaché à ce secret. C'est ainsi que nous répondons à ce Brissot, et nous livrerons à la vengeance des lois cet allié de Pitt. (Un grand nombre de membres et les citoyens des tribunes applaudissent.)

Voici notre crime. Nous avons trouvé le pouvoir exécutif ne marchant pas; et, nous le dirons encore, il est des ministres que nous ne pouvons faire marcher.

N... Je somme Cambon de nommer le ministre qui ne mérite pas la confiance, afin de le remplacer.

Cambon. Dans le rapport général que nous vous ferons, nous vous dirons la vérité sur tous les individus. Nous trouvons de l'activité dans le ministère de la marine; mais il était fort arriéré. Il faut beaucoup de temps pour le mettre en état. Le ministère de la guerre est un dédale; je défie tout être vivant de faire marcher cette machine. Les réclamations, les demandes se multiplient à l'infini, et je ne comprends pas comment un seul homme peut se charger d'une pareille responsabilité. Il y a une stagnation terrible; ce département a été renouvelé en entier. Le ministre des affaires étrangères communique assez avec le comité de salut public. Nous n'y trouvons pas encore assez d'activité. Le ministre des contributions publiques a eu peu de relations avec votre comité. Sa comptabilité est connue par les tableaux imprimés à la trésorerie. On ne peut se dissimuler qu'il y a eu beaucoup de réclamations contre ce ministre. Mais nous n'assistons pas au conseil, nous ne sommes que surveillans; nous avons cependant pensé dans le comité qu'il fallait réunir ce département à la trésorerie nationale. La multiplicité des travaux a empêché le comité des finances de vous faire un rapport à cet égard.

Cambon donne ensuite lecture d'un nouveau projet d'instruction pour les commissaires conventionnels.

« L'étendue des pouvoirs et des fonctions des représentans du peuple a fait penser qu'ils seraient dans la nécessité de s'environner d'agens et de personnes de confiance ; la Convention nationale les y a autorisés par l'article 17 de la loi du 30 avril. Le comité croit qu'il serait nécessaire que chaque députation formât un comité central de correspondance composé de citoyens instruits et zélés choisis parmi les membres des administrations de départemens, de districts, des conseils-généraux des communes, des sociétés populaires et des bons citoyens. Ce comité ne pourra prendre aucune délibération ; les représentans du peuple entretiendront avec ce comité une correspondance active.

» L'objet de cette correspondance sera de leur faire connaître toutes les ressources locales, les productions du sol, les fabriques, les manufactures, les forges, les usines, le prix des denrées, des bestiaux, des productions brutes et œuvrées, et de la main d'œuvre. Le comité sera composé de membres qui se transporteront dans les villes, dans les campagnes, qui réuniront les connaissances locales et celles de l'expérience. Si parmi les agens employés par le conseil exécutif il s'en trouve qui puissent remplir leurs vues, les représentans du peuple les préféreront aux autres citoyens pour éviter la trop grande multiplicité d'agens ; et, lorsqu'ils auront lieu de juger que les agens du conseil exécutif remplissent mal ou ne sont pas en état de bien remplir les fonctions qui leur sont confiées, ils les suspendront provisoirement et avertiront de les rappeler.

» C'est par les membres attachés à ce comité que les représentans du peuple parviendront à répandre les lumières, l'amour de la patrie et l'émulation du civisme.

» C'est par eux qu'ils exciteront le zèle des citoyens à former de nouveaux établissemens, et à diriger le commerce et l'industrie vers les objets d'utilité générale.

» Les représentans du peuple prépareront de grandes économies en faisant acheter sur les lieux les étoffes nécessaires à l'habillement des troupes, la toile, les effets de campement ; le service acquerra plus de célérité. A peine les besoins seront-ils connus, que l'on sera en état d'y pourvoir. L'administration

s'affranchira des entraves du monopole et de l'accaparement. »
(On applaudit.)

Barbaroux demande à proposer des modifications. Les murmures l'interrompent. Sur ses réclamations réitérées, l'assemblée consultée lui refuse la parole par un décret.

Buzot. Comme je ne veux donner à personne le droit de voler et de piller mon pays, je demande la question préalable. (Il s'élève de violens murmures.)

La Convention adopte la rédaction proposée par Cambon, et décrète l'instruction entière.

Barbaroux. Je propose un article additionnel : Je demande que les membres des corps administratifs municipaux ou des sociétés populaires qui pourront former le comité central soient choisis par leurs corps respectifs. Je me fonde, pour appuyer cet article additionnel, sur ce que vous voulez sans doute que ces comités soient composés d'hommes ayant la confiance publique, et non pas choisis arbitrairement par vos commissaires pour servir leur vengeance. (De violens murmures se font entendre dans une très-grande partie de l'assemblée.)

Maure. Tout cela n'est fait que pour rendre illusoire la mesure qu'on vient de prendre.

Gensonné. Je dis qu'on veut ôter au peuple ses droits pour en investir quelques individus.

Marat. Tais-toi, conspirateur, complice de Dumourier !]

Après avoir entendu Lacroix, Lasource et Couthon, l'assemblée ferme la discussion et passe à l'ordre du jour sur la proposition de Barbaroux.

Sur le rapport de Johannot, la Convention ordonne la fabrication de douze cents millions d'assignats. Voici le rapport et le décret.

[*Johannot.* Votre comité des finances, pressé par les besoins du trésor public et la nécessité de sauver la patrie, ne peut différer de vous proposer une nouvelle émission d'assignats.

Il eût désiré que cette mesure indispensable eût été précédée du décret dont vous vous occupez, et dont l'objet est de diminuer la masse des assignats actuellement en circulation.

Mais les circonstances nous pressent; des approvisionnemens de tout genre, des moyens de défense formidables à opposer à nos ennemis, tout sollicite de vous une très-prompte émission de nouveaux assignats.

Il serait superflu d'inviter les Français à ne pas concevoir des alarmes sur l'immensité de vos dépenses ; ils ont prouvé plus d'une fois que rien ne coûte à de véritables républicains lorsqu'il s'agit de sauver la patrie et de consolider l'édifice de leur liberté.

Si nos dépenses sont grandes, nos ressources sont immenses; elles sont telles que nulle puissance ne peut en offrir de semblables.

On ne doit pas se dissimuler que les hypothèques partiaires et morcelées, présentées dans les différentes créations d'assignats, étaient moins propres à leur assurer la pleine et entière confiance dont ils doivent jouir que le tableau fidèle et exact de notre situation, de l'ensemble de nos dettes et de nos ressources.

Je vais donc vous remettre sous les yeux ce tableau ; il sera court, il désarmera la calomnie, il détruira les inquiétudes et assurera la confiance.

Laissons de côté les rentes perpétuelles et les rentes viagères, qui, jusqu'à leur extinction, sont une charge ordinaire de l'état, charge qui diminue, s'affaiblit et s'éteint tous les jours.

La dette exigible à liquider est réduite, au moyen des remboursemens effectués, à 600 millions.

Les assignats actuellement en circulation représentent une valeur de 3 milliards 100 millions.

Réunissant à ces deux sommes celle de douze cents millions pour la nouvelle émission que le comité m'a chargé de vous proposer, il en résulte que notre dette sera de 4 milliards 900 millions, en regardant comme acquittés tous les assignats émis et ceux que nous vous proposons d'émettre.

Mais le tableau de nos ressources surpasse de beaucoup cette somme; il s'élève, comme vous allez le voir par le tableau annexé au décret, à 7 milliards 700 millions.

Ainsi, nos ressources excèdent nos dettes de 2 milliards 800 millions, en y comprenant même la nouvelle émission proposée qui doit fournir à nos dépenses jusqu'à la fin de cette année.

Ainsi, au premier janvier prochain (et ceci ne peut être trop répété), après avoir fourni à tous les frais de la campagne la plus dispendieuse, il restera à la République un fonds effectif de 2 milliards 800 millions, outre les ressources immenses qu'elle trouvera dans le patriotisme et le dévouement des citoyens.

Le département de l'Hérault vient de vous prouver que ces ressources ne sont pas illusoires.

Votre comité des finances doit vous rappeler qu'il vous donne chaque mois la note de dépenses qui nécessite le versement extraordinaire, et il m'a chargé de vous présenter le tableau de l'emploi de 800 millions d'assignats de la dernière émission.

Observons ici que la nouvelle émission ne se fera que successivement et en proportion des besoins, de sorte que ce ne sera qu'à la fin de l'année que cette émission sera complète. Cependant, il ne faut pas se le dissimuler; la somme des assignats en circulation excède déjà celle des besoins, et il en peut résulter les inconvéniens les plus terribles si vous ne prenez pas les moyens les plus sûrs et les plus efficaces pour la diminuer.

Les hommes qui ont le plus réfléchi sur les monnaies et sur la masse du signe qui peut être supportée par la République l'évaluent à 2 milliards 500 millions. Il est donc urgent de retirer l'excédant, et votre comité vous sollicite de ne pas abandonner la discussion sur cet objet jusqu'à ce que vous ayez prononcé.

Décret. — « La Convention nationale, après avoir entendu le rapport de son comité des finances sur les états de situation des diverses caisses de la trésorerie nationale à la date du 27 avril dernier, fournis par les commissaires de ladite trésorerie; considérant qu'une nouvelle émission d'assignats devient nécessaire pour assurer le succès de la guerre sacrée de la liberté contre les tyrans coalisés de l'Europe;

» Considérant que les rentes perpétuelles et les rentes viagères s'éteignent journellement et forment une charge ordinaire de l'état;

» Considérant que la dette exigible liquidée se trouve réduite par les remboursemens effectués à la somme de 600 millions, et les assignats actuellement en circulation à celle de 3 milliards 100 millions;

» Considérant que nos ressources consistent :

» 1. Arriéré des contributions.	500,000,000 l.
» 2. Créances liquidées, sommes à recouvrer sur les sels et les tabacs, celles avancées pour les grains et différens prêts aux comités; enfin l'arriéré des fermes, des domaines et régies.	500,000,000
» 3. Ce qui reste dû sur les biens nationaux vendus.	2,000,000,000
» 4. Bois et forêts.	1,200,000,000
» 5. Les biens de la liste civile.	500,000,000
» 6. Les bénéfices sur les domaines engagés.	100,000,000
» 7. Les droits féodaux dont les titres primitifs existent.	50,000,000
» 8. Les salines et salins.	50,000,000
» 9. Les biens nationaux provenant des émigrés, toutes dettes défalquées.	3,000,000,000
Total.	7,700,000,000 l.

» Considérant que cette somme excède de 4 milliards celle de nos dettes; ce qui, après une nouvelle émission de 1200 millions, présentera encore un excédant absolument libre de 2 milliards 800 millions;

» Décrète ce qui suit :

» Art. 1ᵉʳ Il sera créé 1,200,000,000 liv. en assignats destinés à fournir tant aux besoins ordinaires et extraordinaires de la trésorerie nationale qu'au paiement des dépenses de la guerre.

» Art 2. La présente création sera composée de :

150,000,000 l.	en assignats de 400 liv., dont la fabrication a été ordonnée par décret du 21 novemb. 1792;
300,000,000	en assignats de 50 liv., dont la fabrication a été ordonnée par décret du 24 octobre 1792;
8,400,000	en assignats de 50 sous, dont la fabrication a été ordonnée par décret du 23 décemb. 1792;
14,700,000	en assignats de 25 sous, dont la fabrication a été ordonnée par décret du 23 décemb. 1792;
726,900,000	en assignats dont la fabrication sera décrétée incessamment.
1,200,000,000 l.	

» 3. La comptabilité des assignats de la présente création sera soumise aux mêmes formalités que celles décrétées par les précédentes.

» 4. Le comité d'aliénation présentera incessamment un projet de loi pour déterminer le mode et la forme de vente de biens nationaux invendus. »

COMMUNE. — *Séance du 7 mai.*

Nous empruntons le procès-verbal suivant à la *Chronique de Paris*, n. CXXIX :

« Une députation de la section de l'Unité informe le conseil que la lettre imprimée et affichée contre le procureur de la Commune, par les ordres d'une faction contre-révolutionnaire qui a dominé l'assemblée pendant quatre jours, a été brûlée. L'assemblée, composée de plus de deux cents citoyens, tous pères de famille, exprime l'indignation des patriotes sur la conduite incivique de jeunes gens peut-être payés pour seconder les efforts des contre-révolutionnaires; elle déclare en outre que le commandant général et Chaumette ont toujours la confiance des sans-culottes de la section de l'Unité.

» Le conseil nomme des commissaires pour lever les scellés apposés sur le comité révolutionnaire de cette section, y réintégrer les membres qui le composaient, et faire arrêter tous les contre-révolutionnaires.

» Une députation de la section de la Réunion fait part au conseil qu'un nouveau parti a fait mettre les scellés sur le comité révolutionnaire de cette section, et que l'asile de plusieurs de ses membres a été violé.

» Le conseil nomme des commissaires pour procéder à la levée de ces scellés, et rétablir dans leurs fonctions les membres de ce comité.

» Le conseil arrête que les comités civils seront tenus de faire mettre à exécution la loi qui ordonne la déportation à la Guiane de tous les prêtres non assermentés; que l'arrêté concernant l'inscription des noms des citoyens à la porte principale des maisons sera exécuté.

» Chaumette requiert que tous les citoyens arrivés à Paris depuis 1789 soient tenus de déclarer ce qu'ils faisaient avant cette époque, et ce qu'ils ont fait depuis. Cette proposition est ajournée à demain.

» Une députation de la section des Champs-Élysées donne lecture de l'adresse suivante : « Les vrais patriotes n'ajournent pas le salut de la patrie; ils agissent lorsqu'elle est en danger, et remettent à des temps plus calmes les délibérations sur des objets moins importans; ils ne reconnaissent d'ajournement indéfini que pour les querelles personnelles : telle est la conduite de la section des Champs-Élysées; elle apprend que le concours de ses forces est nécessaire pour arrêter les progrès d'une guerre civile; elle rejette d'abord, pour procurer ses forces, tous moyens attentatoires à la souveraineté du peuple, et promet cependant de fournir son contingent sous trois jours. Les trois jours sont expirés, et, jalouse de prouver qu'elle ne promet pas en vain, la section nous charge de demander au conseil général d'indiquer l'heure à laquelle se délivreront les habits et les armes; ses hommes sont prêts, et dès demain la section vole au secours de ses frères : ces nouveaux défenseurs de la liberté sont presque tous d'anciens soldats, et tous ont juré de ne revenir qu'après avoir fait mordre la poussière aux rebelles. »

» Le conseil arrête qu'il sera fait mention civique au procès-verbal de cette adresse, qu'elle sera imprimée et envoyée aux quarante-huit sections.

» Arthur annonce que le contingent de la section des Piques est presque complet. »

PRESSE.

Nous transcrivons du *Patriote français*, n. MCCCLXIII, un article, daté du 7 mai, qui fut dénoncé le lendemain au conseil de la Commune. Voici les lignes auxquelles il est fait allusion dans le procès-verbal de la séance du 8, plus bas rapporté.

« Bien des citoyens ne se soucient guère d'aller dans la Vendée, d'abord parce qu'on leur donne de mauvais généraux, et 2° parce que les rebelles font aussi guillotiner les prisonniers. En définitive, la cruauté inutile rejaillit toujours sur celui qui la commet. »

CONVENTION. — *Séance du 8 mai.*

Admission à la barre des représentans provisoires, et décret de réunion du pays de Liége à la république française. — Un député extraordinaire d'Indre-et-Loire se plaint de l'insuffisance des mesures prises par le conseil exécutif pour empêcher l'invasion des brigands, et demande des secours. Il est appuyé par Chambon. Bentabole propose : 1° que l'on forme une armée de quarante mille hommes ; 2° que l'on tire le canon d'alarme, et que l'on sonne le tocsin dans les départemens environnant Paris; 3° que toute affaire civile et judiciaire cesse. Thuriot, après s'être élevé contre ceux qui, étant chargés de sauver la chose publique, se sont, pendant six mois, accrochés à une prétendue faction d'Orléans, demande que ceux qui voudront conserver un domestique en état de porter les armes fournissent deux volontaires. Lecointre-Puyraveau pense que, la guerre civile étant suscitée par les nobles et les aristocrates, des hommes par eux payés seront peu propres à la détruire. Legendre propose la permanence de la Convention et du comité de salut public, l'envoi de commissaires dans les sections, le rappel de ceux en mission dans les départemens, et la clôture des spectacles. Vergniaud craint que le canon d'alarme ne soit une cause d'effervescence : la clôture des spectacles lui paraît inutile, il appuie les autres propositions.

[*Robespierre.* La nécessité de s'armer pour repousser les ennemis de la liberté est sentie par tous les citoyens. Le besoin de venger nos frères massacrés est dans le cœur des citoyens de cette grande cité, qui a si bien mérité de la patrie. Une seule raison doit frapper la Convention, c'est d'empêcher que les efforts du patriotisme ne tournent au profit de la trahison et de l'aristocratie. La guerre étrangère et la guerre civile ont été jusqu'ici des gouffres qui ont dévoré les meilleurs citoyens. Paris a fourni plus de cinquante mille hommes, soit contre les despotes coalisés, soit contre les ennemis intérieurs. Ce n'est point assez que nous arrêtions la marche des contre-révolutionnaires ; prenons des mesures contre les complices des rebelles et de l'ennemi extérieur, qui cherchent à faire la contre révolution dans Paris. (On applaudit.) Paris est le centre de la révolution ; Paris fut le berceau de la liberté, Paris en sera le plus ferme rempart. A ce titre, Paris mérite d'être attaqué par tous les ennemis ; c'est contre lui que Brunswick, Cobourg et les rebelles dirigent tous leurs efforts. S'il y a une armée de contre-révolutionnaires dans la Vendée, il y en a une autre dans Paris ; il faut contenir l'une et l'autre ; et quand nous envoyons les patriotes de Paris à la Vendée contre les rebelles, il faut que nous n'ayons rien à craindre ici de leurs complices.

Si l'aristocratie, dans ces derniers jours, a osé lever la tête ; si des citoyens que leur incivisme condamnait au silence se sont répandus dans les sections, que sera-ce lorsqu'il sera parti une armée de patriotes ? Il faut que les ennemis de la liberté, sous quelque nom qu'ils se présentent, robins, nobles, financiers, banquiers ou prêtres, ne puissent lui nuire. Je demande en conséquence que tous les gens suspects soient gardés en otage, et mis en état d'arrestation. (Une grande partie de l'assemblée et les citoyens des galeries applaudissent. — Des rumeurs s'élèvent dans la partie opposée.) Je dis que, sans cette précaution, les efforts des patriotes tourneraient au profit de l'aristocratie. Il ne faut pas non plus déclarer la guerre aux autorités constituées ; il faut encourager les efforts de la Commune de Paris, du maire, qui, en mettant en état d'arrestation les coupables, est loin encore d'avoir rempli la tâche que lui impose le salut public. Il faut que les bons citoyens veillent sur les intrigans qui affluent dans les sections, et que nos femmes et nos enfans respirent en sécurité. (On applaudit.) Il faut que les citoyens qui vivent de leur travail, et qui peuvent à peine pourvoir à la subsistance de leurs familles, reçoivent une indemnité le jour où ils monteront leur garde. (On applaudit.)

Il faut veiller à ce que l'on fabrique des armes de toute espèce, afin de mettre Paris dans un état respectable de défense ; car le but des ennemis est de détruire cette ville. Il faut que des forges soient établies dans toutes les places publiques, afin de ranimer l'énergie des citoyens par la vue de nouveaux moyens de défense. Voilà les mesures que je propose ; je prie la Convention de les prendre en très-grande considération.]

Camille Desmoulins voudrait qu'on invitât les citoyens de bonne volonté à s'exercer au Champ-de-Mars, et à former un corps de six mille hommes d'artillerie volante. — Guyomard s'engage à marcher, comme soldat, dans la Vendée. — Couthon croit qu'on doit examiner la conduite du conseil exécutif, et spécialement du ministre Clavière.—Danton est d'avis du tirage au sort dans les sections qui, sous trois jours, n'auront pas fourni leur contingent.

[*Buzot.* Je demande que l'on mette aux voix les propositions de Danton, comme les plus sages et les seules utiles dans les circonstances. J'aurai aussi à vous entretenir de l'arrestation de plusieurs citoyens..... (*Une voix* : Est-ce parce que votre domestique a été arrêté sur le cheval de Dugazon ?) Je ne parlerais pas de ce fait, si je n'étais interpellé.

Mon domestique fut arrêté le 5 de ce mois ; il montait alors le cheval d'un de mes amis. Conduit au garde-meuble, on lui demanda sa carte civique ; il n'en avait point : et en effet, quatre fois différentes je me suis présenté à la section des Quatre-Nations, que j'habite, et sur mon nom elle m'a été refusée. Ce domestique ayant déclaré qu'il m'appartenait, cette seule circonstance détermina son arrestation et sa mise au secret. Il était détenu à la mairie ; je m'y transportai pour le réclamer ; j'y trouvai, entre autres personnes, un de ces hommes à grandes moustaches et à grand sabre, tels qu'on en voit souvent dans les environs de la Convention : mon domestique me fut refusé. Il y avait des témoins du fait ; je demandai leurs noms : on me les refusa. Le grand homme me demanda si j'avais besoin du sien : « Il est au bout de mon sabre, » ajouta-t-il. Je lui répondis que je l'attendais avec mon courage, et quelques balles dont j'étais muni. Je sortis ; la garde présente voulut m'accompagner ; je refusai ; mais elle me suivit. J'arrivai chez le maire ; il me reçut décemment. J'y étais à peine qu'un officier municipal et l'officier de la garde entrèrent fort échauffés. Le sujet de la querelle était l'arrestation de l'homme à grandes moustaches ; et la cause de son arrestation, la menace qu'il avait faite de ne se retirer qu'avec ma tête. Cet homme fut conduit devant le comité de police, qui le fit relâcher, parce que, disait-il, cet homme était un vrai patriote, un bon citoyen. Enfin, après deux heures et demie d'un interrogatoire dans lequel on épuisa tous les moyens pour faire naître des contradictions dans les réponses, mon domestique me fut renvoyé. Je n'aurais point occupé les momens de la Convention d'un tel fait si les observations de ceux qui m'entendent ne m'y avaient forcé.

Thuriot. Plusieurs mesures ont été proposées. Pour savoir quelles sont les meilleures, je demande que des commissaires pris dans le sein de la Convention se transportent dans les sections de Paris pour y recueillir l'esprit qui les anime, et reconnaître les moyens qu'elles ont adoptés pour fournir leur contingent, et former une masse de fonds destinés à la levée de cette armée.

Ces commissaires se réuniront demain pour rédiger un projet de décret qui sera le résultat des dispositions prises par les sections.

Cette proposition est décrétée.

— Décret qui charge le ministre de la marine de rendre compte des mesures prises pour protéger les convois de la République.

— Plainte d'un citoyen qui se dit arrêté pour cause d'une pétition. Députation des citoyens de la section des Lombards, réclamant la liberté du citoyen Payne, parfumeur, rue Saint-Denis, arrêté pour avoir dit dans la section qu'il fallait un mode uniforme de recrutement. Robespierre déclare que des bandes de financiers, de praticiens et de tant d'autres ennemis de la liberté ont suscité un mouvement contre-révolutionnaire, en criant : *Vive le roi! à bas la République!* que plusieurs même ont arboré la cocarde blanche. (Rumeur. Plusieurs voix : *Cela est faux.*) Il est vrai, reprend l'orateur, qu'ils ont crié aussi : *A bas les patriotes! à bas la Montagne! à bas les Jacobins!* et de pareilles imprécations resteraient impunies? Il invoque l'ordre du jour sur la pétition. Isnard soutient que des jeunes gens qui s'étaient rassemblés, sans armes, aux Champs-Élysées, ont crié : *Vive la loi!* se plaignant que la municipalité eût conféré à cinq ou six personnes le droit de faire partir qui bon leur semblerait, dans chaque section ; il demande que l'assemblée ne se montre pas plus sévère envers des citoyens qui réclament contre l'oppression qu'envers les conspirateurs du 10 mars. Charlier dit qu'on ne doit pas interrompre le cours de la justice à l'égard des jeunes gens qui, armés de cannes à sabre, ont voulu enlever de vive force les canons du corps-de-garde du pont Notre-Dame. Legendre observe que le domestique de Buzot était dans l'attroupement. Buzot invite les citoyens de Paris à périr plutôt que de tomber sous le joug des oppresseurs. « Quant à moi, dit-il, on a
» souvent menacé ma vie ; mais je le déclare, il en coûtera cher à
» ceux qui me l'arracheront ; j'en ai le serment de mon départe-
» ment entier. » Il appuie la proposition d'Isnard. Alquier déclare que Payne, interrogé par lui au comité de sûreté générale, est convenu des faits les plus graves. Ordre du jour. — Lettre

des commissaires à Bayonne, se plaignant du modérantisme des riches sur la route qu'ils ont parcourue ; annonçant que le camp de Sar a été forcé par les Espagnols ; que cet échec est dû à la trahison du chef ; que le général Servan a convoqué un conseil de guerre à Saint-Jean-de-Luz pour concerter un nouveau plan de campagne ; et enfin, citant un trait remarquable du brave capitaine Latour-d'Auvergne, qui a facilité par une manœuvre habile la retraite de nos troupes.

N.-B. Dans cette même séance, immédiatement après le décret porté sur la motion de Thuriot, l'ordre du jour ayant appelé la discussion générale sur la constitution, Vergniaud prononça le discours suivant :

Discours de Vergniaud sur la Constitution.

Je ne viens pas vous présenter un plan de constitution, mais quelques idées et une motion d'ordre sur la constitution.

La révolution a dû nécessairement bouleverser tous les élémens du corps politique. Il s'agit aujourd'hui de les mettre à la place que leur assigne la liberté, de les coordonner entre eux et avec elle d'une manière stable. Il s'agit de substituer aux oscillations du hasard, aux emportemens des passions, un mouvement sagement combiné, qui devienne pour le corps politique le principe d'une nouvelle vie.

La France vous a choisis pour remplir ce sublime ministère ; et sans doute il tarde à votre zèle d'exécuter l'engagement que vous impose une confiance aussi honorable.

Vous vous hâterez de faire la constitution, car si une désorganisation générale a pu vous paraître le plus efficace moyen de régénérer un corps politique usé par le temps et de mauvaises lois, telle est néanmoins la violence de ce moyen hasardeux, que si vous en prolongiez l'usage un seul instant de trop, vous éprouveriez infailliblement dans votre expérience le sort de ces filles insensées qui, s'étant laissé persuader de couper en morceaux leur vieux père pour le rajeunir, ne devinrent que des parricides.

Vous vous hâterez de faire la constitution ; car, ce que vous désirez tous, elle anéantira les factions qui déchirent la République ; elle offrira une base fixe à l'opinion, aujourd'hui livrée à toutes les fluctuations de l'esprit de parti ; elle fera succéder le despotisme salutaire des principes à l'insupportable tyrannie des ambitions individuelles ; plus puissante qu'une armée, sans effusion de sang et par le seul attrait du bonheur, elle rendra à la patrie les enfans égarés qui déchirent son sein, et éteindra les feux de la guerre civile.

C'est par elle que cessera l'interrègne des lois pendant lequel l'homme paisible qui a la bonne foi de les observer est au moins regardé par les hommes ardens comme mauvais révolutionnaire ; et celui qui, pour sa sûreté, ose réclamer leur sauve garde, est souvent poursuivi comme un ennemi public par les protecteurs du meurtre et du pillage. C'est par elle que disparaîtra de votre code, et je crois important de l'annoncer aux Français, cette législation et ce gouvernement de circonstances, commandés sans doute par la nécessité, et justifiés par de trop mémorables trahisons, mais qui pèsent sur les bons citoyens comme sur les mauvais, et qui, s'ils employaient jamais des hommes qui ne fussent pas d'une vertu éprouvée, pourraient bientôt, sous le nom de la liberté, fonder la tyrannie. C'est par elle que l'on trouvera dans le zèle à la défendre une mesure invariable du patriotisme, et qu'on ne le jugera plus d'après la soumission ou la résistance aux opinions des acteurs qui se sont succédé dans les grands rôles de la révolution. C'est par elle enfin qu'on sera affranchi de cette théologie politique qui érige ses décisions sur toutes questions en autant de dogmes, qui menace tous les incrédules de ses auto-da-fé, et qui, par ses persécutions, glace l'ardeur révolutionnaire dans les ames que la nature n'a pas douées d'une grande énergie.

La constitution dissipera les alarmes que des discours insensés ou soudoyés par les cabinets de Saint-James et de Berlin jettent dans l'ame de tous les propriétaires. Et remarquez que je ne parle pas de ces hommes à grande fortune, dont le lâche égoïsme ne permet pas de s'apitoyer sur leurs inquiétudes. Je parle de plusieurs millions de cultivateurs disséminés dans les campagnes, de la portion la plus précieuse du peuple, puisqu'elle nourrit l'autre. Je parle de ces hommes dont l'activité vivifie le commerce, l'agriculture, tous les arts, et répand l'aisance partout où ils sont encouragés. Livrés à des frayeurs mal fondées, mais excitées avec un art bien perfide, ils placent leur fortune chez l'étranger et appauvrissent la France par l'émigration de leurs capitaux. Chaque déclamation contre les propriétés voue quelque terre à la stérilité, et quelque famille à la misère.

La constitution est la plus grande, ou plutôt, ainsi que l'a dit notre collègue Daunou, elle est le complément des mesures de sûreté générale; c'est elle qui, principe de l'ordre dans l'intérieur, y deviendra bientôt la source de l'abondance; qui, rehaussant la confiance dans le gouvernement, accélérera la vente des biens nationaux et celle des biens des émigrés, rendra aux assignats leur véritable valeur, et produira la diminution graduelle des subsistances; c'est elle, qui ranimant dans tous les cœurs l'enthousiasme de la liberté, refroidi peut-être dans quelques-uns par les désordres prolongés de l'anarchie, conduira de nouveaux bataillons à vos armées, et guidera vos armées elles mêmes, brûlantes d'une nouvelle ardeur, à des triomphes assurés. C'est après son acceptation que la République et la liberté seront véritablement fondées; c'est alors que les tyrans coalisés renonceront à l'espoir de nous remettre sous le joug d'une constitution royale; c'est alors qu'avec des armées formidables pour vous défendre, et un gouvernement respecté pour négocier, vous pourrez donner la paix à l'Europe, et voir lever enfin le jour heureux où la France recueillera les fruits de tous ses sacrifices à la liberté.

Enfin, et ici je parlerai avec franchise, non pour nous décourager, mais pour augmenter en nous, s'il est nécessaire, le sentiment du plus impérieux des devoirs, la constitution est le seul port où nous puissions trouver notre salut. Hâtons-nous, citoyens; si par une insouciance criminelle, ou par une ambition coupable de perpétuer nos pouvoirs, nous ne dirigeons promptement notre marche vers cet unique asile, le vaisseau de la République, mal gouverné par nos haines réciproques, épuisé par les moyens extrêmes qu'il nous faut employer pour le conserver, tourmenté au dedans par les secousses que lui impriment nos passions, par les fureurs de la guerre civile et les désordres de l'anarchie, pressé au-dehors par de nombreux ennemis, tombera en dissolution, et s'engloutira avec nous et la liberté dans les orages d'une dernière révolution.

Hâtons-nous, citoyens. Je suis loin cependant de vouloir vous inviter à étouffer la discussion. Les anciens législateurs, pour faire respecter leur ouvrage, faisaient intervenir quelque dieu entre eux et le peuple. Nous, qui n'avons ni le pigeon de Mahomet, ni la nymphe de Numa, ni même le démon familier de Socrate, nous ne pouvons interposer entre le peuple et nous que la raison, c'est-à-dire une discussion solennelle qui l'instruise et nous éclaire, qui nous mène à la découverte des véritables bases sur lesquelles peut reposer sa félicité, et qui le détermine à les accepter quand nous les lui présenterons. Tout ce que je sollicite, c'est qu'une discussion d'où dépend le sort de la patrie ne soit jamais interrompue par de misérables incidens, et qu'on adopte un plan qui accélère sa marche sans nuire à ses développemens.

Or, quel sera ce plan?

Il est une question que nous avons laissée à l'écart, et qui, ce me semble, devait avoir la priorité sur tout autre travail.

Nous voulons tous la République. Quelle sera la nature du gouvernement que nous donnerons à cette République?

Pour que notre ouvrage ait dans ses parties, et la raison, qui seule fait la solidité, et l'harmonie, qui permet d'espérer le bonheur; pour qu'il ne soit pas le résultat incohérent et peu durable des mauvais succès ou des triomphes qu'auront obtenus les passions auxquelles nous sommes si souvent livrés; pour que nous puissions nous entendre dans le cours de la discussion, il faut dire franchement quel est le but auquel nous nous proposons d'atteindre; et cette profession de foi n'est peut-être pas inutile au maintien de l'esprit public.

Rousseau, Montesquieu et tous les hommes qui ont écrit sur les gouvernemens nous disent que l'égalité de la démocratie s'évanouit là où le luxe s'introduit ; que les républiques ne peuvent se soutenir que par la vertu, et que la vertu se corrompt par les richesses.

Pensez-vous que ces maximes, appliquées seulement par leurs auteurs à des états circonscrits, comme les républiques de la Grèce, dans d'étroites limites, doivent l'être rigoureusement et sans modification à la république française? Voulez-vous lui créer un gouvernement austère, pauvre et guerrier comme celui de Sparte?

Dans ce cas, soyez conséquens comme Lycurgue ; comme lui, partagez les terres entre tous les citoyens ; proscrivez à jamais les métaux, que la cupidité humaine arracha aux entrailles de la terre ; brûlez même les assignats, dont le luxe pourrait aussi s'aider, et que la lutte soit le seul travail de tous les Français. Étouffez leur industrie, ne mettez entre leurs mains que la scie et la hache. Flétrissez par l'infamie l'exercice de tous les métiers utiles ; déshonorez les arts et surtout l'agriculture. Que les hommes auxquels vous aurez accordé le titre de citoyens ne paient plus d'impôts. Que d'autres hommes, auxquels vous refuserez ce titre, soient tributaires et fournissent à vos dépenses. Ayez des étrangers pour faire votre commerce, des ilotes pour cultiver vos terres, et faites dépendre votre subsistance de vos esclaves.

Il est vrai que de pareilles lois qui établissent l'égalité entre les citoyens consacrent l'inégalité entre les hommes ; que, si elles ont fait fleurir pendant plusieurs siècles la liberté de Sparte, elles ont maintenu pendant plusieurs siècles l'oppression des villes de la Laconie et la servitude d'Hélos ; il est vrai que les institutions de Lycurgue, qui prouvent son génie en ce qu'il n'entreprit de les fonder que sur un territoire d'une très-médiocre étendue, et pour un si petit nombre de citoyens que le plus fort recensement ne le porte pas au-delà de dix mille, prouveraient la folie du législateur qui voudrait les faire adopter à vingt-quatre millions d'hommes ; il est vrai qu'un partage des terres et le nivellement des fortunes sont aussi impossibles en France que la destruction des arts et de l'industrie, dont la culture et l'exercice tiennent au génie actif que ses habitans ont reçu de la nature; il est vrai que l'entreprise seule d'une pareille révolution exciterait un soulèvement général, que la guerre civile parcourrait toutes les parties de la République; que tous nos moyens de défense contre d'insolens étrangers seraient bientôt évanouis ; que le plus terrible des niveleurs, la mort, planerait sur les villes et les campagnes. Je conçois que la ligue des tyrans puisse nous faire proposer, au moins indirectement, par les agens qu'elle soudoie un système d'où résulterait pour tous les Français la seule égalité du désespoir et des tombeaux, et la destruction totale de la République.

Voulez-vous fonder, comme à Rome, une république conquérante, et votre orgueil se flatterait-il que les nations étrangères, impuissantes pour vous servir, le seront aussi pour se défendre contre vos invasions ?

Je vous dirais que dans les républiques les conquêtes furent presque toujours funestes à la liberté, qu'un gouvernement trop militaire l'environne chaque jour de nouveaux dangers. J'ajouterais avec Montesquieu que rien n'est plus redoutable pour les peuples libres que l'ivresse des grands succès ; que la victoire de Salamine perdit Athènes, comme la défaite des Athéniens perdit Syracuse.

Et peut-être la postérité pensera-t-elle que nous n'aurions pas essuyé les revers de cette campagne si notre entrée triomphale dans la Belgique ne nous eût persuadés qu'il n'y avait plus de revers possibles pour nous.

Pourquoi d'ailleurs voudriez-vous faire des conquêtes? pour asservir les peuples vaincus ? vous ne pourriez plus parler de liberté ; ce serait vous proclamer les oppresseurs du genre humain. Pour les rendre libres, de manière que leur réunion forcée ne fût que le salaire du service que vous leur auriez rendu ? vous ne pourriez plus parler des droits des hommes ; ce serait vous en proclamer les vils trafiquans.

Enfin, voulez-vous faire du peuple français un peuple qui ne soit qu'agriculteur et négociant, et lui appliquer les paisibles institutions de Guillaume Penn ?

Mais comment un pareil peuple pourrait-il exister, environné de nations presque toujours en guerre et gouvernées par des tyrans qui ne connaissent d'autre droit que celui de la force ?

Après être entré dans ces développemens sur ce qu'il ne faut pas que soit notre gouvernement, peut-être parviendrons-nous à être d'accord sur ce qu'il doit être en effet.

Tout législateur doit consulter la nature et la politique : la nature, puisqu'il fait des lois pour des hommes ; la politique, puisqu'il les fait pour des hommes en société, environnés d'autres hommes en société.

La constitution la plus parfaite sera celle qui fera jouir de la plus grande somme de bonheur possible et le corps social, et les individus qui le composent.

Il ne peut y avoir de vrai bonheur ni pour le corps social, ni pour ses membres, sans liberté ; il ne peut y avoir de vraie liberté sans égalité ; il ne peut y avoir ni liberté, ni égalité, il n'y aura que le droit du plus fort, si les lois de la justice éternelle sont impunément violées : toute constitution doit donc garantir la liberté, l'égalité et la justice.

L'homme n'a pas reçu seulement de la nature l'amour de l'indépendance, mais encore une foule d'autres passions avec l'industrie, qui les satisfait, et la raison, qui les dirige.

La constitution aura compromis le bonheur de la société et celui des individus si elle a négligé d'employer les passions particulières au bien général, ou si elle gêne dans leur developpement les facultés intellectuelles des individus, ou même qu'elle ne seconde pas les élans de leur génie.

La constitution aura compromis le bonheur général si, dans ses moyens d'assurer la prospérité du corps social, elle contrarie les localités assez fortement prononcées pour être regardées comme le vœu de la nature : par exemple, si elle ordonne à l'Arabe vagabond de semer du blé dans le sable des déserts, ou à l'Égyptien de mépriser les richesses d'une terre fécondée par le Nil ; si elle prescrit à un peuple placé loin des fleuves et des mers d'être navigateur, ou si elle défend à celui qui a de gras pâturages d'élever des bestiaux.

Ainsi ce législateur serait insensé, qui dirait aux Français : Vous avez des plaines fertiles, ne semez pas de grains; des vignes excellentes, ne faites pas de vin. Votre terre, par l'abondance de ses productions et la variété de ses fruits, peut fournir et aux besoins et aux délices de la vie, gardez-vous de la cultiver. Vous avez des fleuves sur lesquels vos départemens peuvent transporter leurs productions diverses, et par d'heureux échanges établir dans toute la République l'équilibre des jouissances, gardez-vous de naviguer. Vous êtes nés industrieux, gardez-vous d'avoir des manufactures. L'Océan et la Méditerranée vous prêtent leurs flots pour établir une communication fraternelle et une circulation de richesses avec tous les peuples du globe, gardez-vous d'avoir des vaisseaux.

Il ne manquerait plus que d'ajouter à ce langage : Dans vos climats tempérés le soleil vous éclaire d'une lumière douce et bienfaisante, renoncez-y ; et, comme le malheureux Lapon, ensevelissez-vous six mois de l'année dans un souterrain. Vous avez du génie, efforcez-vous de ne pas penser, dégradez l'ouvrage de la nature, abjurez votre qualité d'hommes ; et, pour courir après une perfection idéale, une vertu chimérique, rendez-vous semblables aux brutes.

Si la Constitution doit maintenir le corps social dans tous les avantages dont la nature l'a mis en possession, elle doit aussi, pour être durable, prévenir par des réglemens sages la corruption qui résulterait infailliblement de la trop grande inégalité des fortunes; mais en même temps, sous peine de dissoudre le corps social lui-même, elle doit la protection la plus entière aux propriétés. Ce fut pour qu'ils lui aidassent à conserver le champ qu'il avait cultivé que l'homme se réunit d'abord à d'autres hommes auxquels il promit l'assistance de ses forces pour défendre aussi leur champ. Le maintien des propriétés est le premier objet de l'union sociale; qu'elles ne soient pas respectées, la liberté elle-même disparaît. Vous rendez l'industrie tributaire de la sottise, l'activité de la paresse, l'économie de la dissipation ; vous établissez sur l'homme laborieux, intelligent et économe, la triple tyrannie de l'ignorance, de l'oisiveté et de la débauche.

Je conclus de ces simples aperçus, dont les développemens suivront les progrès de la discussion, que vous ne voulez faire des Français ni un peuple conquérant, ni un peuple que l'on puisse asservir, ni un peuple purement agricole ou commerçant, et sans soldats pour le défendre ; ni un peuple purement militaire, et avec des gardes prétoriennes qui disposent de la toute-puissance ; ni un peuple tellement ami de la guerre, qu'il devienne l'effroi des autres nations ; ni un peuple tellement livré aux mollesses de la paix, que, pareil aux Athéniens, il redoute plus les rois qui l'attaqueraient comme les ennemis de ses plaisirs que comme les ennemis de sa liberté ; ni un peuple qui se corrompe par le luxe, et que vous enivreriez dans les festins de Lucullus ; ni un peuple qui s'avilisse par la misère, qui perde dans une orgueilleuse paresse les qualités brillantes de son esprit, et qu'au milieu des prodigalités de la nature vous nourrissiez avec le brouet de Lacédémone.

Je pense que vous voulez profiter de sa sensibilité pour le porter aux vertus qui font la force des républiques ; de son activité industrieuse, pour multiplier les ressources de sa prospérité ; de sa position géographique, pour aggrandir son commerce ; de son amour pour l'égalité, pour en faire l'ami de tous les peuples; de sa force et de son courage, pour lui donner une attitude qui contienne tous les tyrans ; de l'énergie de son caractère trempé dans les orages de la révolution, pour l'exciter aux actions héroïques ; de son génie enfin pour lui faire enfanter ces chefs d'œuvre des arts, ces inventions sublimes, ces conceptions admirables qui font le bonheur et la gloire de l'espèce humaine.

C'est en raisonnant dans cette hypothèse que j'examine les divers projets de constitution.

Je voudrais y distinguer, et la partie organique du gouvernement, et les institutions morales qui font aimer le gouvernement, qui corrigent les défauts et perfectionnent les qualités du caractère national ; qui inspirent cet enthousiasme de la liberté et de la patrie auquel les Grecs durent la journée de Marathon, auquel nous-mêmes nous devons les palmes que nous avons cueillies dans les gorges d'Argonne.

Dans tous, excepté dans celui de Saint-Just, je ne vois que la partie organique ; il semble qu'on ait pris les hommes pour des automates, et qu'on ait cru pouvoir les gouverner avec les lois de la mécanique.

Je ne développerai, dans ce moment, aucune idée à cet égard, peut-être même me suis-je déjà livré à trop de réflexions, puisque je n'ai qu'un plan de discussion à vous présenter.

Plusieurs projets de constitution vous ont été lus ; plusieurs ont été imprimés ; quelle marche maintenant allez-vous suivre ? Accorderez-vous la priorité à l'un de ces projets ? Mais comment déciderez-vous la question de priorité ? sera-ce sans faire une analyse comparée des projets ? alors vous accordez la priorité de confiance ; et la raison ne vous garantit pas la bonté de votre choix. Discuterez-vous, au contraire, les divers projets ? ferez-vous des rapprochemens de leurs vices et de leurs perfections ? c'est vous jeter dans une carrière où l'esprit de parti peut vous faire errer des mois entiers ; et, la priorité accordée, vous n'aurez encore presque rien fait. Ajoutez qu'on vous proposera probablement d'entendre encore la lecture de nouveaux projets. Si vous y consentez, la difficulté de prononcer sur la priorité s'accroît ; si vous refusez, peut-être que vous vous privez de grandes lumières, et que vous vous disposez à des regrets.

Mais s'il est presque impossible de faire à la tribune une comparaison raisonnée des divers projets considérés dans leur ensemble, ou du moins d'arriver par cette comparaison à un résultat qui obtienne la majorité de suffrages, rien ne me paraît plus aisé que de comparer les divers projets, si on les examine successivement dans chacune de leurs bases, et d'accorder une priorité qui n'exige aucune discussion préalable, et cependant ne compromettre point votre sagesse, parce qu'elle n'excluera aucun plan, et qu'elle appellera toutes les lumières. Je m'explique.

Dans tous les projets on traite de la souveraineté du peuple, de la forme du gouvernement, de l'organisation du corps législatif, de celle d'un conseil exécutif, du mode d'élection des représentans du peuple, etc.

Le plan du comité de constitution est, sous ce rapport, le plus vaste et le plus complet, aux institutions morales près, dont il n'y est fait aucune mention. Il embrasse presque toutes les questions qui peuvent nous conduire à l'organisation d'un gouvernement. Plusieurs peut-être y paraîtront bien, d'autres mal résolues; mais en examinant successivement chacune des questions, chacune des solutions correspondantes; en écoutant dans le même ordre les opinions diverses des membres de l'assemblée, les décrets qui interviendraient seraient nécessairement le produit de toutes les méditations, et, les questions étant précisées, ils seraient d'autant plus rapidement rendus que nous échapperions par cette méthode aux divagations inévitables dans les discours où l'on est forcé de généraliser ses idées. Je proposerais donc d'arrêter une série de questions, de lire sur chacune la solution du comité, et d'ouvrir ensuite la discussion sur la question et la solution. Dans la série que je présenterai, je ne me suis pas astreint rigoureusement à l'ordre suivi par le comité de constitution; j'ai adopté celui qui m'a paru le plus simple et le plus analytique, j'ai ajouté les questions sur lesquelles le comité n'a pas donné de décision.

Citoyens, hâtons-nous, la patrie et ses dangers nous pressent; la constitution a pour objet essentiel d'assurer la liberté politique du peuple et la liberté civile des citoyens; en suspendre le travail, ce serait vous accuser vous-mêmes, sinon de tyrannie, au moins d'insouciance sur les intérêts les plus chers qui vous sont confiés.

Chaque corps politique a son enfance, sa virilité et sa vieillesse. La première assemblée constituante était dans la décrépitude lorsqu'elle révisa son ouvrage, et son ouvrage n'a vécu qu'une année. Le nôtre eût peut-être passé plus rapidement encore si nous avions plus tôt entrepris de le faire. Mais le moment est venu. Nous devons avoir atteint notre virilité. Je suis loin de croire que nous nous soyons affaiblis par nos bruyans débats et même par nos haines : j'aime à me persuader que notre caractère en aura acquis plus d'énergie, et que, du mouvement composé de nos passions et de notre raison, de nos méfiances réciproques et de notre ardeur commune pour la liberté, il résultera un ouvrage qui ne sera pas indigne de la France. Mais en même temps il faut nous pénétrer d'une grande vérité, la nation, jusqu'à ce jour indulgente pour nos fautes, s'apprête à nous juger avec rigueur. Elle veut une constitution. Sa malédiction attend celui d'entre nous qui chercherait à retarder l'exécution de sa volonté suprême.

Voici la série de questions que je propose :

1. Le peuple exercera-t-il la souveraineté par lui-même, ou convient-il qu'il en délègue l'exercice à des représentans ?

2. Quelle est la division de territoire qui se concilie avec l'unité de la République et une bonne administration ?

3. Tous les membres du corps social ont-ils droit de concourir à l'exercice de la souveraineté, ou quelles sont les qualités requises pour être citoyen ?

4. Le peuple élira t-il ses représentans immédiatement ou par l'intermédiaire d'électeurs ?

5. Dans l'un ou l'autre cas, quel sera le mode d'élection ?

6. Comment seront tenues les assemblées où le peuple exercera sa souveraineté, ou quelle sera la forme des assemblées primaires ?

7. Les représentans nommés par le peuple seront-ils chargés tout à la fois, et de la confection, et de l'exécution des lois, ou bien y aura-t-il des agens particuliers à qui l'exécution sera confiée ?

8. Quelles sont les bases d'après lesquelles chaque partie de la République concourra à la représentation nationale ?

9. Quel sera le mode d'organisation intérieure du corps législatif? quel sera le mode de ses délibérations? comment procédera-t-il à la confection de la loi? quels seront ses pouvoirs? quelles bornes leur seront assignées?

10. Par qui seront nommés les agens d'exécution? quelle sera leur organisation? quelle sera leur autorité? quelle sera leur dépendance ou leur indépendance du corps législatif? quelles seront leurs relations réciproques?

11. Quelles agences secondaires conviendra-t-il d'établir pour faciliter l'administration et assurer la plus prompte exécution des lois? comment seront organisées, et par qui seront nommées ces agences secondaires?

12. Quelles seront les bases des contributions publiques?

13. Comment sera organisée l'administration de la trésorerie nationale?

14. Comment sera organisée l'administration de la justice civile et criminelle?

15. Quels sont les moyens d'assurer à chaque individu la liberté civile?

16. Quels sont les moyens d'assurer au peuple sa liberté politique? comment pourra-t-il exercer la souveraineté par lui-même lorsqu'il sera mécontent de ceux à qui il en aura confié l'exercice? comment pourra-t-il faire changer une loi qui ne sera pas conforme à sa volonté, ou les articles constitutionnels qui lui paraîtront contraires à son bonheur.

17. Quelle est la nature, la destination et quels sont les devoirs de la force publique?

18. Sur quelles bases doivent reposer les relations de la République française avec les nations étrangères?

19. Quelles sont les institutions morales qu'il conviendrait de rendre constitutionnelles?

Il ne fut donné aucune suite aux propositions de Vergniaud.

COMMUNE. — *Séance du 8 mai.*

Un administrateur des subsistances donne l'état des farines de la halle au 8 mai. Il en résulte qu'il restait le 7, à la halle, deux mille cinquante sacs un tiers de farine, et que le 8 il en restait deux mille cent soixante-onze deux tiers.

La section de la Maison-Commune annonce qu'elle est prête à fournir son contingent, et demande un commissaire pour l'organiser.

Celle de la Croix-Rouge adhère à l'arrêté du conseil-général sur l'emprunt aux riches (1).

(1) L'arrêté dont il s'agit ici était une délibération du conseil général en date du 5 mai; en voici la teneur :

Extrait des registres des délibérations du conseil-général, du 5 mai.

« Le conseil-général entend le rapport suivant, qui lui est présenté par un de ses membres ; après l'avoir discuté article par article, il l'adopte, et en arrête l'impression sur-le-champ et l'affiche.

» Le conseil-général de la Commune, ayant arrêté la levée de douze mille hommes pour marcher au secours de nos frères du département de la Vendée, et voulant pourvoir aux fonds nécessaires, soit pour cette levée, soit pour subvenir aux besoins des mères, femmes et enfans de ceux de nos frères qui marcheront contre les rebelles, a arrêté qu'il serait fait un emprunt de douze millions, ainsi qu'il suit :

» 1° Les comités révolutionnaires des sections, à chacun desquels il sera adjoint un membre du conseil-général de la Commune, seront chargés de cette opération.

» 2° Les comités feront ouvrir dans ce jour un registre pour recevoir les soumissions volontaires des citoyens.

» 3° Ils expédieront, le troisième jour, les réquisitions à ceux des gens aisés qui n'auraient pas fait de soumission, ou à ceux dont les soumissions seraient inférieures à leurs facultés,

» 4° Les réquisitions porteront sur le revenu net *présumé* foncier, mobilier et industriel.

» 5° Les noms des citoyens qui auront fait des soumissions conformes ou supérieures à leurs facultés seront inscrits civiquement sur les registres du conseil-général de la Commune.

» 6° Les comités révolutionnaires recevront les rôles des contributions pour leur servir seulement de renseignemens, sans qu'ils soient tenus de les prendre pour bases.

» 7° Ils auront particulièrement attention de ne donner aucune réquisition à tout citoyen que la notoriété publique présente comme ne jouissant que d'un revenu suffisant au nécessaire.

» 8° Comme il est impossible d'assigner le nécessaire pour chaque citoyen, on considérera comme le nécessaire moyen :

» Pour un père de famille, 1,500 livres,

» Pour chacun des autres membres de la famille, 1,000 livres.

» En sorte que le nécessaire moyen d'une famille composée du père, de la mère, de quatre enfans, sera de 6,500 livres.

» 9° Dans la fixation des sommes requises, lesquelles ne devront ainsi porter

Le conseil ordonne l'impression et l'envoi aux quarante-huit sections de ces deux arrêtés.

Un citoyen donne lecture de deux lettres particulières en date de Saumur; elles renferment des détails sur l'état de l'armée des rebelles de la Vendée et sur le caractère des généraux envoyés pour les combattre.

Le conseil arrête qu'elles seront imprimées et affichées.

Sur la dénonciation faite par un membre et le réquisitoire du procureur de la Commune, le conseil-général arrête qu'il sera envoyé une députation à la Convention nationale, pour la prévenir que le conseil-général de la Commune regarde comme prêchant l'incivisme et l'avilissement des autorités constituées la feuille intitulée : *le Patriote français*, et qu'aux termes de la loi du 9 au 10 août, il croit devoir en suspendre la publication.

que sur la partie du revenu présumé excédant le nécessaire moyen, les comités suivront une progression croissante, ainsi qu'il suit.

Superflu originaire.	Emprunt à fournir.	Superflu restant.
De 1,000 à 2,000 liv.	50 liv.	1,970 liv.
De 2,000 à 3,000	50	2,750
De 3,000 à 4 000	100	3,900
De 4,000 à 5 000	500	4,700
De 5,000 à 10,000	1,000	9,000
De 10,000 à 15,000	2,250	12.250
De 15,000 à 20,000	5,000	15,000
De 20,000 à 30,000	10,000	20,000
De 30,000 à 40,000	16,000	24,000
De 40,000 à 50,000	20,000	50,000

» 10° Tous ceux dont le superflu originaire surpassera 50,000 livres se réserveront 30,000 de superflu restant, et ils verseront l'excédant de ce revenu superflu dans la caisse.

» 11° Les sommes requises seront versées dans la caisse du receveur des contributions, qui ouvrira un registre à ce destiné, fera recette de la somme sur la présentation de la réquisition, et en délivrera un reçu.

» 12° Les paiemens pourront être faits non-seulement en assignats, mais en marchandises relatives à l'habillement, équipement, armement, dont la valeur sera déterminée par les comités de réquisition.

» 13° Le premier tiers de la réquisition sera payé dans les quarante-huit heures, le second tiers dans la première quinzaine, et le troisième tiers dans le mois de la réquisition.

» 14° Les meubles et immeubles de ceux qui n'auront point satisfait à la réquisition patriotique seront saisis et vendus sur la poursuite des comités révolutionnaires, et leurs personnes regardées comme suspectes.

2° Que le n. MCCCLXIII, du mercredi 8 mai, signé *M. Girey*, sera dénoncé à l'accusateur public comme tendant à empêcher le recrutement, et à détourner les citoyens du devoir qui les appelle au secours des départemens dévastés par la guerre civile.

CLUB DES JACOBINS. — *Séance du 8 mai.*

« Un citoyen de la section de l'Unité dit qu'elle est parvenue à rétablir l'ordre que quelques intrigans avaient troublé. Les scellés apposés sur le comité révolutionnaire ont été levés, et ce comité a repris ses fonctions.

» Robespierre fait de nombreuses et énergiques observations sur l'état actuel des choses. Tous les efforts de l'aristocratie et les jeux de l'intrigue extérieure et intérieure qu'il recherche dans tous leurs agens premiers et subalternes, sont loin de le faire désespérer du salut public. Il fait voir que le peuple aura toujours dans sa masse, ses vertus et son énergie, les moyens de les écraser tous. Il conclut aux mesures qu'il a proposées aujourd'hui à la Convention nationale. » (*Le Républicain, journal des hommes libres*, etc., n. CXC.)

PRESSE.

Déjà on a pu voir, par la séance de la Commune du 7, et par l'extrait précédent de la séance des Jacobins du 8, que les Girondins commençaient à avoir le dessous dans les sections. Voici un article du *Patriote français* en date du 8 mai, qui donne un état de situation très-satisfaisant pour son parti. Selon cet article, la victoire était encore aux Girondins. Il nous a paru d'autant plus intéressant à recueillir que les sections où les Jacobins furent un instant les plus faibles, y sont toutes nommées.

« *Du mercredi 8 mai.* Les sections luttent avec avantage contre l'anarchie; plusieurs même ont écrasé ce monstre hideux. Celles qui ont témoigné le plus d'énergie sont les sections Bon-Conseil, du Mail, du Théâtre-Français, de l'Unité (ci-devant des Quatre-Nations), de la Butte-des-Moulins. Mais dans cettre crise heureuse, nous ne saurions trop exhorter les bons citoyens à se conduire avec autant de prudence que de vigueur. La bonne cause ne doit pas être souillée par des excès ; laissons aux anarchistes leurs infâmes moyens. La justice, la raison, la sagesse, la fermeté, la vigilance, et la constance surtout doivent être nos armes. Nous voyons avec peine que Marat, tout Marat qu'il est, ait été maltraité dans une section. On devrait se contenter de le mépriser et de l'envoyer à son poste.

» Les rassemblemens des jeunes gens qui s'étaient formés pour réclamer contre les arrêts iniques de la municipalité, et contre les provocations sanguinaires de Chaumette, n'ont pas troublé la tranquillité publique. Ce ne pouvait être que pour allumer la guerre civile, que Thuriot, Robespierre et quelques autres ont accusé ces citoyens d'avoir crié *vive le roi ! à bas la République !* ils ont crié au contraire, *vive la République ! à bas l'anarchie.* Une preuve sans réplique que ce n'était pas des rassemblemens séditieux, c'est qu'ils n'ont commis aucun désordre, aucune espèce de désordre ; c'est que les nombreuses arrestations faites par la Commune ne les ont portés à aucune fausse démarche.

» On a ouvert dans la plupart des sections des registres où l'on reçoit les inscriptions volontaires des citoyens qui se disposent à marcher contre les rebelles. Ce mode, le seul digne d'un peuple libre, a le plus grand succès. Il y a aussi un autre registre pour les contributions volontaires ; elles sont abondantes.

» Les arrestations se sont multipliées dans ces jours derniers à un point effrayant. La mairie regorgeait de prisonniers, et on ne peut se faire une idée de l'insolence et de la dureté avec laquelle on y traitait les citoyens. On n'y parlait que d'égorger ; que de faire une Saint-Barthélemy. Cependant, si l'on en juge par les discours de *messieurs...,* la partie est remise parce que les départemens se font craindre, et parce qu'il y a partage sur le mode d'exécution. » (*Patriote français*, n. MCCCLXIV.)

Nous ferons sur cet article une remarque qui n'a pas dû échapper au lecteur. Girey-Dupré y accuse Robespierre et Thuriot de provoquer à la guerre civile, dans leurs discours sur les rassemblemens, tandis que c'est lui-même qui, dans son article du 4 mai, et à la veille des rassemblemens, demandait un combat à mort.

Ce ne fut que le lendemain qu'il parla de l'arrêté de la Commune porté contre sa feuille. Il le fit dans les termes suivans :

« *Du jeudi 9 mai.* Je rends grâce à la municipalité de Paris, elle m'honore de ses persécutions. Elle élève une lutte entre elle et moi ; tant pis pour elle, j'ai pour moi les principes. » Ici Girey-Dupré transcrit l'arrêté ; puis, il ajoute : « Il est facile de voir que la première partie de cet arrêté est une suite de la conspiration du 10 mars, et qu'on veut effectuer sous le voile de la loi, ce qu'on n'a pu opérer à l'aide des brigands ; on veut anéantir la liberté de la presse. Je ne réfuterai pas le reproche d'incivisme fait au *Patriote français*, cette horreur est trop bête pour qu'on la croie. Quant à la loi du 9 mars, loi de circonstance assez adroitement ressuscitée, elle n'autorise les municipalités qu'à empêcher la distribution des feuilles *notoirement connues pour prêcher l'incivisme et la contre-révolution.* La Convention nationale, que j'ai constamment défendue contre tous ses ennemis, jugera si le *Patriote français* prêche la contre-révolution. Au reste, je félicite la municipalité de l'impartialité avec laquelle elle exécute la loi ; elle a sans doute commencé par suspendre la circulation des journaux de Marat et d'Hébert, le substitut de la Commune. » — Au reproche d'empêcher le recrutement, Girey-Dupré répond en citant le paragraphe de son article de la veille où il parle du registre des inscriptions volontaires. (*Patriote français*, n. MCCCLXV.)

CONVENTION. — *Séance du 9 mai.*

Sur le rapport de Poultier, décret qui règle l'organisation des légions belges et liégeoises. — Poullain-Grandpré fait décréter que les municipalités retireront aux bureaux des postes les lettres chargées ou non chargées à l'adresse des personnes portées sur la liste des émigrés. — L'assemblée décrète qu'elle tiendra, le lendemain, ses séances dans le nouveau local préparé au palais national. — Sur le rapport d'Antiboul, décret autorisant les bâtimens de guerre et corsaires français à arrêter et amener dans les ports de la République les navires chargés, en tout ou en partie, soit de comestibles appartenant à des puissances neutres chargés pour ports ennemis, soit de marchandises appartenant aux ennemis. Autre décret par lequel il est sursis à l'exécution des jugemens pour fait de prises de navires faites sur les villes anséatiques. — Cambon, au nom du comité de salut public, fait part de diverses mesures employées pour en imposer aux rebelles à Tours et à Poitiers. — Décret, sur le rapport de Chénier, approuvant les mesures adoptées par chacune des sections de Paris pour le recrutement particulier de leur contingent. — Mallarmé fait rendre un décret pour le prompt acquittement de toutes les contributions arriérées.

COMMUNE. — *Séance du 9 mai.*

Une lettre de Valenciennes donne divers détails sur la nouvelle situation de l'armée. L'on s'y plaint de ce que les brevets des soldats sont encore pour la plupart signés *Louis*, malgré les réclamations cent fois réitérées auprès des ministres Beurnonville et Bouchotte. On ajoute que jamais, ni le bulletin de la Convention, ni les papiers patriotes ne parviennent à l'armée.

Le conseil arrête que copie de cette lettre sera envoyée au comité de salut public, au ministre de la guerre et au comité de correspondance; charge en outre le secrétaire-greffier de faire une collection de tous le arrêtés qui seront imprimés et qui peuvent servir d'instruction, afin que le procureur de la Commune les fasse parvenir aux sans-culottes de l'armée.

D'après le rapport d'un des commissaires chargés de l'exécution de la loi relative aux chevaux de luxe, le conseil a arrêté qu'il n'aurait point égard aux réclamations des médecins et des citoyens, qui, se disant infirmes ou vieillards, demanderaient à garder leurs chevaux; que les chevaux achetés depuis le mois de septembre dernier ne pourraient être exceptés de la réquisition; que les chevaux qui se trouvent chez les loueurs de carrosse, et qui peuvent servir à la République, seront considérés comme chevaux de luxe, et comme tels, compris dans la réquisition; que les commissaires qui ont été nommés en exécution de l'art. 3 de l'arrêté du 3 avril dernier, pour mettre le prix aux fourrages, seront aussi chargés de l'estimation des chevaux.

L'on demande si l'on achètera les chevaux dont le prix excède 800 livres. Le conseil passe à l'ordre du jour, motivé sur ce que ces chevaux étant de luxe, sont compris dans la loi.

Sur la proposition du procureur de la Commune, le conseil a arrêté que les citoyens employés au service du Temple, ne pourraient être requis par leurs sections pour le recrutement. Cet arrêté sera communiqué aux quarante-huit sections.

Un membre annonce qu'il se manifeste des troubles dans la section des Droits de l'Homme; que ces troubles sont occasionnés par des gens malintentionnés qui ont pour but d'empêcher le recrutement. Deux commissaires sont envoyés dans cette section pour y maintenir l'ordre et faire respecter la loi.

Une lettre du citoyen Ronsin, adjoint au ministre de la guerre, annonce que le ministre vient d'ordonner à l'administration de l'habillement de réserver, sur les fonds mis à sa disposition une somme de 600,000 livres, pour être employée au paiement des habits destinés aux volontaires qui partiront pour la Vendée.

Le conseil arrête que cette lettre sera communiquée à la commission des habillemens et aux qurante-huit sections.

Une députation de la section de l'Observatoire donne lecture d'un arrêté de cette section, qui porte que sur la masse de l'emprunt forcé, il sera réservé une portion pour être distribuée aux volontaires et à leurs parens peu aisés, et qu'une autre portion serait réservée pour leur faire des rentes viagères. Cet arrêté est revêtu de l'adhésion de quelques sections. Le conseil invite des députés à la séance.

Le conseil a arrêté que les contributions, faites pour nos frères qui partent pour la Vendée, s'étendraient aux soldats de toutes les armées de la République.

Cet arrêté sera envoyé aux quarante-huit sections, avec invitation d'émettre au plus tôt leur vœu à ce sujet, et de le faire parvenir à la Commune.

La section de Popincourt annonce qu'elle a arrêté que les volontaires qui s'enrôleront recevraient 100 livres et une pension de 400 livres à leur retour, et qu'il serait donné vingt sous par jour à leurs femmes et enfans.

Un boulanger demande que le conseil déclare si les garçons boulangers tireront au sort.

Le conseil passe à l'ordre du jour, motivé sur la loi qui les exempte de concourir au recrutement.

CLUB DES JACOBINS. — *Séance du 9 mai.*

Lavau, sortant du bureau de la guerre, annonce que le général Dampierre a eu la cuisse emportée, et que l'armée qu'il commandait a complétement battu l'ennemi.

Chasles. « Pour sauver la patrie, nous avons quatre espèces de mesures à prendre, les mesures morales, politiques, financières et militaires.

» Les mesures morales doivent précéder toutes les autres. La nation ne doit se lever en masse que quand elle aura la certitude de n'être plus le jouet des intrigans. Que la Convention fasse un appel au peuple, qu'elle déclare qu'elle entend par peuple la classe laborieuse et indigente, qu'elle périra plutôt que de consentir à la destruction des sociétés populaires, au fédéralisme, ni à aucune autre détermination avant que le peuple soit délivré de ses ennemis, et jouisse de la plénitude de ses droits. En un mot, il faut que la Convention se déclare révolutionnaire et entièrement populaire.

» Pour mesure politique, je proposerais : 1° de casser le conseil exécutif, et de mettre en état d'arrestation tous les ministres suspects. (Bruit.) 2° De suspendre tous les fonctionnaires publics infectés d'aristocratie; de choisir parmi les patriotes des commissaires pour éclairer le peuple des départemens; d'interdire la vente de tous les objets propres à entretenir la superstition, tels que les chapelets, les *agnus-Dei*, etc., et de surveiller toutes les démarches des prêtres et de cagots ; rendre impératives toutes les dispositions du département de l'Hérault, et mettre en état de réquisition la personne et la fortune de tous les citoyens ; décréter qu'aucun noble ne pourra servir dans les armées qu'en qualité de soldat et après avoir rapporté un certificat de civisme; mettre provisoirement en état d'arrestation tous les généraux, jusqu'à ce que leur conduite soit examinée ; établir des sociétés populaires dans toutes les communes de la République ; déclarer émigrés tous les prêtres déportés : on dira que ces mesures tendent à tout désorganiser ; mais à quoi bon conserver une organisation qui nous tue !

» Décréter que, d'ici au premier juillet, tous les possesseurs d'or et d'argent soient tenus d'en faire la remise aux hôtels des monnaies. J'ai proposé de décréter que nos assignats soient le seul signe conventionnel de nos échanges.

» Je demanderais aussi qu'on remboursât tous les créanciers de la liste civile, à la charge à eux de représenter un certificat de civisme.

» La troisième mesure financière consisterait à généraliser l'arrêté sublime de la section des Sans-Culottes, c'est-à-dire à déclarer que toutes les fortunes particulières sont le gage des assignats. Cette sainte coalition des citoyens rétablirait le crédit de nos assignats.

» Une mesure militaire qui déciderait du sort de la République serait de nous lever tous en masse au nombre de trois ou quatre millions d'hommes. Une mesure qui nous dispenserait de l'embarras de garder nos ennemis, ce serait de suivre le système que nous ont tracé nos ennemis. Qui nous empêcherait de lier nos prisonniers ramassés dans les différens départemens, et de les mettre sur la première ligne. Un des grands plaisirs d'un fanatique qui ravage nos départemens est d'accrocher un patriote à un arbre.

» Il est un moyen de victoire infaillible, c'est de marcher en masse, c'est de nous présenter comme une montagne. Nos frères des départemens seront alors frappés de terreur, et rentreront en eux-mêmes; alors nous n'aurons plus qu'à leur donner l'accolade fraternelle, et à faire punir leurs chefs.

» La société renvoie à son comité d'administration plusieurs demandes, tendantes à obtenir des défenseurs officieux.

(*Journal des Débats du club des Jacobins*, n. CCCCXI.)

TRIBUNAL RÉVOLUTIONNAIRE. — *Audience des 8 et 9 mai.*

Interrogatoire, procès et condamnation à mort de Jean-François Vincent RIVIER-MAUNY *et d'Alexandre* BEAULIEU, *prévenus de correspondance avec l'émigration, et d'avoir émigré.*

Plusieurs circonstances rendent cette affaire intéressante et nous imposent l'obligation d'en recueillir les détails. La fille de l'accusé Mauny demanda à la Convention un sursis de huit jours, nécessaire à l'arrivée de pièces importantes; la Convention s'en rapporta à la décision du tribunal par un décret que l'on trouvera dans le compte rendu du procès. Le *Moniteur* est entièrement muet là dessus; le *Patriote français*, n. MCCCLXVI, mentionne ce décret, seulement il attribue la pétition au fils et non pas à la fille de Mauny. Les termes du décret sont précis à cet égard; en outre de ce premier motif, le soin qu'apportent les jurés à expliquer leur vote; la protestation d'innocence, faite immédiatement après le jugement par Mauny, et la manière dont le *Patriote français* raconte leur supplice, toutes ces raisons réunies nous ont déterminé à transcrire intégralement cette affaire des numéros XXVII, XXVIII, XXIX et XXX du *Bulletin du tribunal révolutionnaire*. — L'audience dura trente-six heures.

Affaire de Mauny et Beaulieu.

« Le premier interrogé de ses nom, surnoms, âge, qualité, lieu de naissance, profession et demeure;

» A répondu se nommer Jean-François-Vincent Rivier-Mauny, ancien capitaine de dragons et aide-major des Suisses du ci-devant comte d'Artois, âgé de quarante-deux ans, demeurant ordinairement à Châteaudun, ou à la Meilleraie, district de Caudebec.

» Le second a dit s'appeler Louis Alexandre Beaulieu, ci-devant négociant, âgé de trente-six ans, natif de la ville de Chartres, demeurant ordinairement à Paris.

» Il résulte de l'acte d'accusation que, le 5 avril dernier, Mauny a été arrêté à la barrière de Sèvres dans une voiture publique, qu'il a été conduit au comité de la section de la Croix-Rouge, et, interrogé; que, par suite des perquisitions faites sur sa personne, il a été trouvé porteur d'une somme de 500 louis en or; qu'il a dit que c'était toute sa fortune, et qu'il la portait toujours sur lui de crainte d'événemens; qu'il a été trouvé dans ses poches et dans le domicile, par lui indiqué, des papiers qui constatent qu'au mois d'août dernier il était possesseur des 6000 louis en or, qui lui avaient été achetés par Beaulieu; qu'il y avait une correspondance établie entre eux, qu'il lui désignait les achats de numéraire, dont il avait besoin, par ces mots : achetez-moi tant de bouteilles de vin rouge vieux, lorsqu'il s'agissait de vieux louis; de rouge nouveau, lorsqu'il s'agissait de louis neufs, et de vin blanc, lorsqu'il était question d'argent; que, d'après le vu des pièces et l'interrogatoire par lui subi devant les commissaires de la section, on a procédé à la recherche et à l'arrestation de Beaulieu; que les scellés ont été mis sur ses papiers; qu'examen fait desdites pièces, il résulte que Mauny, avec lequel il est en liaison d'intérêt, a émigré en Angleterre dans le courant de l'année dernière, qu'il est rentré en France au mois de février de la présente année, qu'il a été porté sur la liste des émigrés, mais qu'il s'en est fait effacer au moyen de certificats de résidence qu'il a obtenus à la Meilleraie; qu'il a entretenu des correspondances criminelles avec les ennemis de la République, qu'il leur a fait passer des fonds, notamment à Olivier Fontaine, son beau-frère, sous le nom d'Orlof; d'avoir également fait passer des fonds à Hambourg, à un sieur Lamontagne-Saint-Charles, qu'il dit être un prêtre réfractaire; qu'il paraît que pendant le séjour qu'il a fait à Londres il a écrit à Beaulieu de lui faire passer de France des objets de luxe, tels que bronze doré, glaces, etc.; qu'il paraît, d'après ses propres aveux, qu'il avait calculé des moyens de spéculation sur du sucre, fer et acier; enfin, qu'il est rentré en France au mois de février 1793, qu'il y est demeuré à l'aide de certificats obtenus par lui. A l'égard de Beaulieu, il est prévenu d'avoir entretenu des correspondances avec Mauny, d'avoir été son agent, d'avoir fait pour lui des emplettes de numéraire, et d'avoir fait passer par ses ordres des fonds à divers émigrés, etc.

» On procède à l'audition des témoins.

» Jean-Baptiste Gigault, portier de l'hôtel où demeure Mauny, à Paris, dépose que Mauny, qui demeurait depuis deux mois dans la maison, en est parti au mois de juin 1792, qu'il y est revenu en octobre, et qu'il en est reparti de nouveau en décembre.

» Le président interpelle le témoin de déclarer si pendant son absence il recevait des lettres pour lui.

» R. Oui.

» Où les adressiez-vous?

» R. A Châteaudun.

» D'où étaient-elles timbrées?

» R. Les unes d'Allemagne et les autres de France.

» L'accusé Mauny observe qu'au mois de décembre il ne resta que cinq jours à Paris.

» Le témoin dit que le fait est vrai.

Le président à Beaulieu. N'avez-vous pas reçu de Londres des lettres timbrées de Calais, dans le mois de décembre dernier?

» R. Il y a erreur de date dans l'acte d'accusation : on a mis décembre au lieu de septembre.

» Le citoyen Fleuriot-Lescot, substitut de l'accusateur public, observe à l'accusé Beaulieu que ce n'est pas dans l'acte d'accusation que ce fait est pris, mais bien dans l'interrogatoire par lui subi au comité de la section de la Croix-Rouge.

» R. J'avais alors si peu la tête à moi que je ne savais ce que je disais.

» L'accusateur public donne lecture dudit interrogatoire.

» Avez-vous une connaissance précise que Mauny ait fait un voyage à Londres?

» R. Je n'ai aucune connaissance de ce voyage; ce que je sais, c'est que je lui ai écrit à Dieppe; j'ignore absolument comment mes lettres lui parvenaient.

» L'accusé Mauny observe qu'à l'époque du mois d'août, ses affaires s'étant trouvées en mauvais état vis-à-vis ses créanciers, il écrivit à Beaulieu : « Ne me parlez plus d'affaires, je suis obligé de faire un voyage en Angleterre »; mais que dans le fait il n'y fut pas.

» Où avez-vous donc resté?

» R. A la Meilleraie, district de Caudebec.

» L'accusateur public donne lecture d'une lettre par lui écrite à Beaulieu, datée du 8 octobre, sans indication de lieu ni d'année, dans laquelle il lui donne son adresse à Londres, et lui dit : «Calonne est ici depuis huit jours. » Il parle ensuite du cours des changes à la Bourse; cette lettre est timbrée *Dunkerque*.

» J'observe que cette lettre a été écrite par moi de la Mailleraie. Je l'ai donnée à un capitaine de navire, qui l'a mise, par mes ordres, à la poste de Dunkerque.

» Avez-vous été quelquefois en Angleterre?

» R. J'y ai fait un voyage il y a douze ans.

» Mais ce n'est pas dans ce voyage, fait il y a douze ans, que vous avez appris l'état du cours des changes de 1792, et ce que faisait Calonne à Londres.

» R. J'observe au tribunal que l'endroit où je demeurais est situé entre le Havre et Dieppe, et qu'en vingt-quatre heures, quand le vent est bon, on sait ce qui se passe à Londres; j'étais d'ailleurs au milieu des négocians, qui étaient intéressés à connaître l'état du change en Angleterre.

» Le président demande à Mauny d'où lui venaient les lettres timbrées *Allemagne*, dont parle le témoin.

» R. C'était d'une femme de mes amies qui était à Cologne avec ses enfans.

» Quel est son nom?

» La citoyenne Montboissier.

» Était-elle émigrée?

» R. Je ne le crois pas.

» L'accusateur public donne lecture d'une lettre timbrée *Calais*, adressée par Mauny à Beaulieu; elle est datée du 29 septembre, sans indication d'année ni de lieu, il lui demande des nouvelles de France, et lui rend compte de l'hospitalité que l'on accorde aux Français; il dit que la jactance est hors de saison, etc.

» *Le président à Beaulieu.* D'après cette lettre, croyez-vous que Mauny ait été à Londres?

» R. Je le croyais, mais il vient de me désabuser lorsqu'il a dit qu'il n'avait feint de faire ce voyage que pour se soustraire aux poursuites de ses créanciers.

» A qui avez-vous adressé la réponse?

» R. Chez un marchand, à Dieppe.

» Comment, vous avez reçu une lettre de Calais, et vous faites réponse à Dieppe?

» R. Oui.

» Il est prouvé au procès qu'à l'époque du mois d'août dernier, vous, Mauny, vous étiez porteur de six mille louis d'or.

« Cela m'avait été confié, et je remboursais à mesure en papier. L'or était alors au pair avec les assignats.

» Expliquez-vous d'une manière plus positive, et tâchez de rendre sensible votre réponse.

» R. L'argent était déposé chez des notaires dont les noms ne me reviennent pas; ils me donnaient des assignats en échange; j'achetais alors de l'or, et je le négociais; cela me produisit quelque avantage dans les premiers temps.

» *Le président à Beaulieu.* Mauny ne faisait-il pas en même temps d'autres objets de spéculation, comme par exemple, sur du sucre, fer et acier?

» R. Pardonnez-moi.

» Quels sont les noms des notaires chez qui ont été déposés les six mille louis?

» R. Gabiou et Collin.

» *Le président à Mauny.* Qu'entendez-vous par ces mots de votre lettre : « Les bons ouvrages français se vendent bien ici » en feuilles ? »

» R. C'étaient des ouvrages de littérature.

» Qu'entendez-vous par ces mots : « Le thé est ici contrebande, » il ne l'est pas à la Meilleraie. »

» R. C'était pour perpétuer l'illusion à mes créanciers.

» Lorsque vous écriviez à Beaulieu, quel intérêt aviez-vous à timbrer vos lettres de Calais et Dunkerque ?

» R. C'est que Beaulieu était lui-même un de mes créanciers.

» Mais vous ne pouviez guère faire illusion à Beaulieu, puisqu'il avait six mille louis à vous. Quelle somme deviez-vous à son cousin Pierre Beaulieu ?

» R. Vingt-cinq mille livres, pour du fer.

» Mais il avait une caution.

» R. Les six mille louis n'étaient plus en entier ; j'avais reçu 144,000 liv. en papier sur cette somme.

» Représentation faite aux accusés des pièces cotées 34 et 35 saisies sur eux, ils les reconnaissent.

» *Le président à Beaulieu.* Que sont devenus ces six mille louis ?

» Quatre mille louis ont été délivrés, et les deux mille autres sont restés à Chartres, chez le cousin de lui, accusé, pour nantissement de ce que Mauny lui doit.

» Comment se fait-il que votre cousin garde deux mille louis, pour vingt-quatre ou vingt-cinq mille livres qui lui sont dues ?

» Mauny observe qu'il ne lui devait que cette somme à l'époque du mois de septembre, mais que depuis il a contracté avec lui de nouvelles dettes.

» Pourriez-vous produire quelques preuves des poursuites que vous ont faites vos créanciers ?

» R. Oui, mais c'est de petites sommes.

» Combien deviez-vous en tout ?

» R. Deux cent mille livres.

» Comment se fait-il que vos créanciers, qui n'avaient obtenu contre vous aucune sentence consulaire, vous obligeassent à vous cacher?

» R. C'était pour obtenir un délai de trois mois pour les paiemens que je devais leur faire.

» Mais vous étiez mal caché à la Meilleraie.

» L'accusateur public donne lecture d'un état qui constate que Beaulieu a délivré à Mauny, le 27 août, 1400 louis en or.

» Mauny, interpellé sur ce fait, répond : je les ai fait vendre à la bourse.

» Quel est l'agent de change que vous avez chargé de cette opération?

» R. Je les ai fait vendre sur la place par un ami.

» L'accusateur public donne lecture d'un état qui constate qu'au mois de décembre les 1400 louis étaient réduits à moitié.

» R. Cela prouve la nécessité où j'étais de satisfaire mes créanciers.

» Lecture est faite d'un troisième état de 3000 louis déposés chez Colin, notaire; cet état, signé Beaulieu, parle de fonds convertis en livres sterling.

» *Le président à Beaulieu.* Quel intérêt aviez-vous à faire pour Mauny ce commerce de louis?

» R. Aucun, que d'obliger un ami.

» Avez-vous fait des envois de numéraire en pays étrangers?

» R. J'ai envoyé 3000 liv. en assignats au citoyen Mazubat, à Liége; le second en février 1793, à l'adresse de M. Altona, banquier à Hambourg, de 24,000.

» Quelle était la destination de ces fonds ?

» R. Je réponds que les 3000 liv. envoyées par moi à Liége étaient destinées à un jeune Russe, nommé Orlof; l'argent envoyé par moi à Hambourg était destiné à Lamontagne-Saint-Charles, prêtre déporté.

» Vous avez donné à connaître qu'il y a eu un troisième envoi.

» R. Oui, 2400 liv. à Londres au même sieur Orlof.

» Vous êtes-vous aperçu que c'était un nom supposé?

» R. J'ai su depuis que c'était Olivier Fontaine, beau-frère de Mauny.

» Le président à Mauny : Pourquoi faisiez-vous cet envoi d'argent à Olivier Fontaine ?

» R. C'était une dette contractée avec mon beau-frère, bien avant que le loi eût défendu d'exporter du numéraire de France en pays étrangers; il avait payé cette somme pour moi, à l'occasion de plantes, graines et arbustes exportés de l'Amérique septentrionale en Angleterre; je les avais achetés parce que ma passion favorite est l'agriculture.

» Le président à Beaulieu : Connaissez-vous le vrai nom du prêtre pour lequel vous avez fait l'envoi des 2,400 livres à Hambourg ?

» R. Je l'ignore.

» L'accusateur public donne lecture d'une minute, écrite par Beaulieu et avouée par lui, qui atteste que le prêtre se nomme la Montagne.

» Une autre minute est le brouillon d'une lettre écrite par le même au sieur Lavallette-d'Altona, banquier à Hambourg, par laquelle il le prévient que pour éviter l'erreur qui pourrait arriver, il croit devoir l'avertir que la Montagne et Saint-Charles, est le même individu.

» L'accusateur public observe à Beaulieu, qu'au moyen de ce qui est dit dans cette lettre, il ne pouvait ignorer que l'individu qu'il appelle la Montagne-Saint-Charles, était le frère de Mauny.

» R. Je le crois.

» Mauny demande que l'on interpelle Beaulieu de déclarer comment il sait que la Montagne est son frère.

» L'interpellation faite, Beaulieu répond : Je le sais par l'humeur que Mauny a témoignée lorsque je lui ai déclaré que je regardais la Montagne-Saint-Charles comme un nom supposé.

» L'accusé Mauny soutient que la Montagne-Saint-Charles est un prêtre, qui, après avoir refusé de prêter le serment ordonné par la loi, a été déporté, et auquel lui accusé fait une pension de 1,200 liv.

» Pourquoi envoyez-vous de préférence, à un prêtre réfractaire, de l'argent, au préjudice de vos créanciers?

» R. Parce qu'il est lui-même un de mes créanciers.

» L'accusateur public donne lecture d'une pièce qui établit que le particulier à qui l'on écrit, a été engagé par Beaulieu à prendre le nom de la Montagne-Saint-Charles, et de se dire négociant.

» Le président, à Mauny : Quel était le fonds qui constitue les 1,200 liv. que vous faites de pension à la Montagne-Saint-Charles?

» R. 12,000 liv. qu'il m'a prêtées en rente viagère.

» Chez quel notaire cette pièce a-t-elle été passée?

» R. Elle l'a été sous seing privé, entre lui et moi, et il en est porteur.

» Le président à Beaulieu : Avez-vous connaissance que Mauny ait des frères?

» R. Oui, je lui en connais deux.

» Mauny, que sont devenus vos frères?

» Ils sont émigrés, mais depuis la guerre je n'ai point de correspondance avec eux.

» Beaulieu, connaissez-vous l'âge et la taille d'Olivier-Fontaine?

» Non.

» Je vous observe que parmi les pièces qui se sont trouvées chez vous, il y en a une qui porte le signalement d'Orlof.

» Mauny, vous avez dit que vous aviez fait venir des arbres et graines de l'Amérique septentrionale, que sont-ils devenus?

R. Ils sont chez moi à Châteaudun, où j'ai la plus belle pépinière; il serait même aisé de vérifier que je vends des arbres chaque année.

» L'accusateur public donne lecture d'une lettre écrite à Beaulieu par la fille de Mauny, sous la dictée de son père, en date du 9 novembre 1792, dans laquelle il lui ordonne de faire passer

3,000 livres à Orlof, à Liége, pour l'acquittement d'une dette de jeu.

» Quelle était cette dette?

» R. Je lui devais cette somme pour le remboursement de l'argent qu'il avait payé pour moi en Angleterre pour mes graines.

» Le président à Beaulieu : Ne vous a-t-on pas invité à tâcher d'obtenir pour Olivier Fontaine un certificat de résidence?

» R. Oui.

» Qui vous a fait cette invitation?

» R. La mère du jeune homme.

» A quelle époque avez-vous vu Mauny depuis le mois d'août dernier jusqu'au mois de mars?

» Je l'ai vu en février.

» Avez-vous connaissance que Mauny ait été porté sur la liste des émigrés?

» R. Oui ; il y fut porté parce que l'on prétendait qu'il avait été faire un voyage en Angleterre.

» N'était-ce pas dans ces temps-là que vous entreteniez des correspondances avec lui sous les adresses de Dunkerque, Dieppe et Calais?

R. Oui, pendant deux mois environ.

» L'accusé Mauny observe à cet égard qu'il était alors à la Meilleraie, et qu'à son retour à Château-Dun, le séquestre fut bientôt levé au moyen du certificat de résidence qu'il exhiba.

» L'accusateur public observe qu'il existe au procès des certificats qui attestent que l'accusé Mauny a demeuré à la Meilleraie, mais qu'il y a lieu de douter que ces certificats aient été demandés et obtenus par supercherie.

» R. Personne dans la République ne pourra dire que j'aie fait les moindres démarches pour me procurer des certificats. J'ai écrit au procureur de la commune de Caudebec que j'étais prêt à me présenter avec mes huit témoins pour obtenir mon certificat de résidence. Voilà peut-être ce que l'on a entendu par solliciter des certificats.

» Où avez-vous passé l'hiver de 1791 à 1792?

» R. A Paris.

» Mauny, persistez-vous à dire que vous n'avez point été en Angleterre, et que vous n'avez point entretenu de correspondance avec les émigrés?

» R. Oui.

» On représente à l'accusé Mauny une pièce d'écriture déposée au procès.

» R. Je la reconnais pour m'avoir été adressée par lambeaux, c'est-à-dire par lettres, de la part du curé Fétu, prêtre réfractaire retiré à Londres; c'est le détail de son voyage en Angleterre, qui a été recopié tel qu'il est par la fille de lui accusé.

» Le président demande à l'accusé si ce n'est pas par hasard l'historique de son voyage.

» R. Non, je n'en partageais pas même les principes.

» A lui observé qu'il paraît étonnant de l'entendre dire qu'il n'en partageait pas les principes, et avoir fait recopier une pareille production.

» R. Je l'ai fait sans conséquence.

» Avez-vous ce que vous appelez les lambeaux?

» R. On aura pu en trouver parmi mes papiers.

» L'accusateur public : Il n'en existe pas au procès.

» On procède à l'audition d'un autre témoin.

» Gabion, notaire, dépose qu'il lui a été remis, il y a environ un an, par l'accusé Beaulieu, 1,500 louis en or, en nantissement d'une pareille somme en assignats.

» A quelle époque a-t-on retiré ces louis de chez vous?

» R. Il y a environ trois mois.

» Savez-vous l'usage qu'on voulait faire de ces assignats?

» R. Un paiement.

» Donniez-vous plus que la valeur des louis au cours de la place?

» R. Oui, à peu de chose près.

» Quel intérêt preniez-vous?

» R. Un pour cent.

» *Le président à Mauny* : Qu'avez-vous fait des 6,000 louis ?

» R. J'ai payé mes dettes.

» Quel était votre principal créancier ?

» R. M. Pigneux, propriétaire à Château-Dun.

» Combien lui deviez-vous ?

» R. Soixante mille livres.

» On procède à l'audition d'un autre témoin.

» Charles-Antoine Sion, ancien négociant, dépose qu'il a prêté, il y a environ six mois, à un sieur Pénier, une somme de 10,000 livres en assignats sur pareille somme en louis d'or ; il ne connaît pas les accusés.

» On entend un autre témoin.

» Jean-François Collin d'Harleville, hommes de lettres, dépose en faveur des accusés qu'il a toujours connus pour de bons citoyens, il n'a aucune connaissance que Mauny ait émigré.

» L'accusé Mauny remercie le témoin du zèle qu'il a toujours montré pour lui ; il l'a toujours estimé et l'estime encore davantage de venir dire du bien de lui, dans le malheur où il se trouve.

» Un autre témoin est entendu.

» Antoine de Cany, avoué près les tribunaux, dépose qu'il a reçu en dépôt des louis d'or en nantissement, et qu'il délivrait des assignats en échange.

» Plusieurs autres témoins sont entendus successivement.

» Simon-Pierre Fournier, graveur en caractères d'imprimerie, dépose connaître les accusés, mais qu'il n'a aucune connaissance des faits contenus en l'acte d'accusation.

» Louis-Charles-François Lepelletier, marchand, dépose que, se trouvant à Londres, son commis lui écrivit de Paris qu'il lui avait été remis une somme de 2,400 liv., pour faire tenir à un jeune Russe nommé Orlof, à Londres ; m'ayant donné l'adresse où je devais remettre cette somme, je m'y suis rendu et ai remis à la personne indiquée 50 guinées, mais je ne vis point le jeune Russe.

» Joseph-Bernard Frapetier, marchand de fer, dépose avoir

reçu chez lui, en dépôt, il y a environ six mois, mille louis d'or, qui en ont été retirés il y a trois mois.

» Jean-Baptiste Castella, receveur à la ville, dépose avoir reçu des rentes en 1791 pour Mauny.

» L'accusateur public donne lecture d'une lettre sans indication de lieu, dans laquelle il est dit : Le fer de Suède, de la première qualité, vaut ici 18 à 20 liv. sterl. le millier.

» Mauny, interpellé sur ce fait, dit que cette manière de s'exprimer est assez en usage le long des côtes, par exemple à Rouen, Dieppe et le Havre.

« L'accusateur public interpelle Mauny de déclarer si, tout en parlant de plantes et de graines, il n'était pas plutôt question d'armes.

» R. Non.

» Quels sont les noms de ces plantes et de ces graines? Vous devez les connaître.

» L'accusé Mauny nomme un grand nombre de plantes d'Amérique.

» Lorsque vous avez été arrêté, ne vous êtes-vous pas dit cultivateur et marchand de bestiaux ?

» R. Oui, cela est vrai ; ayant été conduit au comité de la section, on me fit montrer les mains, et l'on me dit que je les avais trop blanches pour être ce que je m'annonçais, comme si l'on ne pouvait être cultivateur sans avoir de la crotte aux doigts.

» N'aviez-vous pas cinq cents louis sur vous ?

» Oui, je les avais.

» N'étiez-vous pas porteur d'une brochure ayant pour titre : *La mort de Louis XVI.*

» R. Oui ; je l'avais achetée le matin à un colporteur au Palais-Royal.

» Entre autres papiers trouvés sur vous au moment de votre arrestation, n'aviez-vous pas dans votre poche l'adresse de Beaulieu?

» R. Oui, et si je ne l'avais eue, il ne serait pas ici ; j'aurais souffert seul, plutôt que d'entraîner personne dans mon malheur.

» Persistez-vous à dire que vous étiez à la Meilleraie dans le temps que vous écriviez à Beaulieu les lettres timbrées *Dunkerque* et *Calais*.

» R. J'étais en août et septembre à la Meilleraie, et en octobre à Château-Dun.

» L'accusateur public observe au tribunal que les lettres dont est question sont de dates postérieures au temps que vient de désigner Mauny; il passe ensuite à l'analyse du résultat des débats, et dit:

» Citoyens jurés, vous avez dû remarquer par la nature de l'accusation qu'il était de mon devoir de diriger contre Jacques-François Rivier-Mauny et Louis-Alexandre Beaulieu, que les ennemis de la révolution se replient sous toutes les formes, et ne négligent aucuns moyens pour détruire la liberté que le peuple a conquise par tant de sacrifices. Nous avons vu les uns placés à la tête de nos armées et du gouvernement, à l'appui d'une confiance usurpée par l'hypocrisie la plus raffinée; nous les avons vus, dis-je, arrivés au terme de leurs intrigues, jeter tout à coup le masque, et, par les démarches les plus audacieuses, attaquer de front la liberté et leur patrie. Le glaive de la loi en fera justice, et ceux qu'une fuite honteuse a mis hors de son atteinte mourront chargés de l'exécration et des malédictions de tous les hommes.

» Mais, citoyens jurés, la liberté a une autre espèce d'ennemis non moins pervers, non moins dangereux; ce sont ceux qui, restés parmi nous, se sont dévoués à l'emploi honteux et coupable d'entretenir des correspondances avec nos ennemis extérieurs, de leur faciliter les moyens d'exécuter leurs projets liberticides. Ceux-là, plus lâches que les autres, n'en sont que plus dangereux, parce que tous les moyens leur sont propres, pourvu qu'ils commencent à opérer la subversion totale de la patrie. Que leur importe les dangers de la patrie? ils en rient et ils cherchent encore à les augmenter en spéculant sur les objets nécessaires à la subsistance du peuple ; que leur importe ses privations, ses souffrances, ses misères profondes, pourvu qu'ils procurent par les spéculations les plus honteuses les moyens dont nos ennemis ont besoin pour renverser la liberté et rétablir le despotisme et l'esclavage ?

» Tels ont dû vous paraître, citoyens jurés, Mauny et Beaulieu, contre lesquels est dirigé l'acte d'accusation. Je vais, dans le résumé des faits résultans, soit de l'instruction, soit des débats, établir les moyens qui doivent déterminer votre conviction dans cette affaire.

» Après que les défenseurs des accusés ont été entendus, François-Christophe *Dufriche-Desmagdeleines*, faisant les fonctions de président, a résumé les faits et a terminé ainsi : »

« Citoyens jurés ; un mot pénétrant est échappé au premier défenseur de Mauny, à l'occasion des doubles envois d'argent par lui faits à son beau-frère.

» Ce défenseur vous a mis son ame à découvert : « Si j'avais un » fils, vous a-t-il dit, qui eût émigré de sa patrie, fût-il même » armé contre elle, tout en détestant sa conduite, j'avoue que je » ne pourrais le savoir dans la misère et le laisser sans secours. »

» Cet élan d'un sentiment prononcé nous eût paru avoir son excuse dans la nature, si le prestige n'en avait été détruit aussitôt par le mot échappé ensuite :

» *Je voudrais au moins perpétuer son agonie.*

» Quel père maria jamais deux sentimens si contraires ? ce n'est point avec le désir de perpétuer une situation *de souffrance* qu'un père donne des secours *à son fils agonisant*, mais par l'espoir, *qui toujours le charme*, d'arracher ce fils à la mort.

» Au surplus, il ne s'agit point ici de disséquer le cœur humain et ses sensations.

» Disons avec confiance, disons, à la garantie de la loi, qu'on ne peut composer avec elle, et que, si par un sentiment d'humanité on souffrait les pères et les frères, résidans dans la République ; partager leurs fortunes avec les émigrés, contre nous, les secours vont abonder à cette classe perfide de nos ennemis; il en est peu, sans doute, *qui n'aient des frères ou des beaux-frères*; tous au moins *ont eu un père.*

» Mais laissons ces discussions superflues et hors de saison.

» Nous voici, citoyens jurés, élevés à la hauteur du républicanisme.

» Brutus était père aussi.

» Son fils faillit un instant.

» Brutus le condamna et l'envoya au supplice.

» Les jurés se sont retirés en leur chambre pour délibérer sur les questions posées par le citoyen président.

» Après cinq heures de délibération, les jurés sont rentrés à l'audience.

» Avant que les jurés fissent leur déclaration dans l'affaire de *Rivier-Mauny* et de *Beaulieu,* le citoyen Dumont s'est exprimé en ces termes :

« Une calomnie atroce a frappé mes oreilles. Des accusés paraissent avoir annoncé que leur or avait été employé à corrompre les jurés. Indigné de cet outrage, je m'empresse de répondre qu'aucune des personnes qui ont été traduites devant ce tribunal ne m'a jamais fait faire la moindre proposition. Je les aurais rejetées avec indignation, et je connais assez tous mes collègues pour être convaincu que leur conduite eût été la même; mais il est possible que des intrigans soient parvenus à se procurer de l'argent de la part des accusés ou de leurs parens en leur persuadant qu'il servirait à gagner des suffrages ; et, pour démasquer cette odieuse manœuvre, je crois important de faire une déclaration publique des sentimens qui nous animent. Elle sera moins pour les citoyens qui ont assisté aux audiences de ce tribunal et ont été témoins de l'impartialité dont nous avons toujours fait preuve, que pour ceux qui, n'ayant été présens à aucuns débats, pourraient être plus susceptibles d'impressions défavorables. Les hommes qui ont eu le courage d'accepter les pénibles fonctions qu'ils remplissent n'ont pu écouter que l'amour de la patrie; ils sont inaccessibles à la séduction comme à la crainte. Sauver la République en faisant punir les traîtres, délier les fers des innocens, mériter par l'équité la plus stricte l'estime de leurs concitoyens; voilà l'unique objet de leurs vœux et la seule récompense qu'ils ambitionnent. »

Discours du citoyen Leroy, juré.

« Citoyens, sur vingt-quatre jurés nommés pour composer le tribunal révolutionnaire, onze seulement ont eu le courage, pour sauver la patrie, de s'exposer aux clameurs de la calomnie, ainsi qu'au poison et au fer des assassins. Je suis arrivé ici pur, le cœur brûlant du saint amour de la liberté; et, quel que soit le sort que les ennemis de la révolution me préparent, je ne tromperai point la confiance nationale; impassible comme la loi, ferme à mon poste, je remplirai mon devoir sans peur ni sans reproche.

» Sur les conclusions de l'accusateur public, le tribunal ordonne que les déclarations que viennent de faire les citoyens jurés seront inscrites sur ses registres.

» Le président procède au recueillement des opinions des citoyens jurés, duquel il résulte la déclaration suivante : »

« 1° Est-il constant que Jean-François Vincent Rivier-Mauny, ancien capitaine de dragons, et plus récemment aide-major de la garde suisse du ci-devant comte d'Artois, ait quitté le territoire de la République pour émigrer en Angleterre dans les mois de septembre, octobre et novembre 1792?

» Le citoyen Dumont, premier juré, a énoncé son opinion en termes : »

« On a trop abusé de la facilité avec laquelle s'obtenaient les certificats de résidence, et je n'accorde ma confiance qu'à ceux qui ne sont pas contredits par des faits positifs. La fiction sous laquelle Mauny a essayé d'envelopper les lettres par lui écrites d'Angleterre m'a paru ridicule et destituée de fondement. J'ai eu devant les yeux la preuve matérielle de son séjour dans cette île; je ne doute pas même que le voyage pittoresque dont il a été fait mention ne soit son propre ouvrage. Un des motifs qui ont contribué à former ma conviction à cet égard, et dont il n'a pas été question dans le débat, c'est la déclaration faite par Mauny dans son second interrogatoire à la section de la Croix-Rouge ; dans le débat, Mauny, forcé de reconnaître l'écriture de sa fille, a avoué que la relation avait été copiée par elle, et, à la section de la Croix-Rouge, il avait dit que cette copie était de la main d'une maîtresse d'école de Château-Dun, qui écrivait à tant la feuille.

» *Le citoyen Sentex.* Si je n'avais eu que des certificats de résidence pour fixer mon opinion sur la question proposée, je serais réduit à la nécessité de la former sur la certitude de leur existence. Mais si ces certificats n'étaient ni fidèles, ni véridiques, ma conscience, ma bonne foi, seraient exposées à se compromettre, à absoudre le crime. Mais il n'en est pas des moyens de conviction intime pour les jurés comme de ceux de l'ancienne justice française : celle-ci punit souvent l'innocence ; la nôtre ne punira jamais que le crime ; et telle est la sublimité de nos fonctions, que les preuves morales nous dirigent souvent plus que les preuves matérielles. Je me déclare dans ce cas pour la question dont il s'agit, et j'ajoute que, fondé sur les soupçons, sur l'aveu même formel de Beaulieu de l'absence de Mauny, fondé sur les invitations faites à l'accusé Beaulieu par l'accusé Mauny de lui procurer des certificats de résidence, fondé sur les expressions emblématiques des lettres de l'accusé Mauny, fondé enfin sur le défaut volontaire et perfide de dates, de signatures de ces lettres, que Mauny a avouées être les siennes ; je déclare que j'ai ma conviction intime que ledit Mauny a émigré en septembre, octobre, novembre 1792.

» Le président reçoit la déclaration des jurés sur les seconde et troisième questions :

» 2° Qu'il est constant que ledit Rivier-Mauny soit rentré sur le territoire de la République dans le courant du mois de novembre ou de décembre dernier?

» 3° Qu'il est constant que Jean-Vincent Rivier-Mauny ait habituellement entretenu des correspondances avec des émigrés français, et notamment avec Olivier Fontaine, son beau-frère, désigné sous le nom d'Orlof, jeune Russe, ainsi qu'avec un autre désigné tantôt sous le nom de Lamontagne, tantôt sous celui de Saint-Charles?

» Le citoyen Dumont, formant sa déclaration sur cette question, l'a ainsi motivée : »

« Mauny a déclaré dans son troisième interrogatoire, à la section de la Croix-Rouge, que *Saint-Charles*, auquel il a fait passer de l'argent à Hambourg, était un prêtre nommé *Courtoimon*; dans le débat, ce nom n'a plus reparu, et le prétendu prêtre Saint-Charles parle dans une lettre par lui écrite, le 12 décembre 1792, au citoyen Dutille, de *Mauny Montagne, son frère aîné*, ce qui ne permet pas de douter que *Saint-Charles* et *Lamontagne* ne soient deux individus, et les deux frères de Mauny, dont l'émigration a été par lui avouée. Je déclare en conséquence que le fait est constant.

» 4° Qu'il est constant qu'il leur ait à différentes époques procuré et fait passer à Liège, à Londres et à Hambourg, par la voie d'un intermédiaire, notamment au mois de novembre 1792, et à deux dates du mois de février 1793, des fonds et secours en argent, jusqu'à concurrence de 7 mille huit cents liv?

» 5° Qu'il est constant que Rivier-Mauny ait fait des tentatives pour procurer audit Orlof la facilité de rentrer en France à l'aide de certificats de résidence, et qu'il indiquait les moyens d'obtenir?

» *Déclaration du citoyen Sentex.*

» Si Beaulieu n'avait fait que les achats divers d'argent indiqués dans les débats, dans les pièces inhérentes au procès; si, après ces mêmes achats, il n'avait fait que les déposer chez différens banquiers, je pourrais le regarder comme simple courtier; je pourrais me borner à le compter au nombre de ceux qui, protégés par la loi, ont le plus concouru au renchérissement de tout ce qui est le plus nécessaire à la vie; mais il a fait des achats d'argent à des époques différentes. Ces achats lui ont été indiqués par des lettres de Mauny, dans des expressions emblématiques dont il a indiqué la signification. Il a fait toutes les affaires de

Mauny devant et durant son émigration; il a été en correspondance avec lui, a fait passer des fonds aux personnes émigrées et parentes de Mauny que ce dernier lui indiquait; il a enfin avoué l'absence de Mauny; tant de motifs me le font regarder comme son complice, et je déclare que, conjointement avec Mauny, il a fait passer des secours à des émigrés.

» 6° Qu'il est constant que Louis-Alexandre Beaulieu, négociant de cette ville, ait, de concert avec ledit Rivier-Mauny, entretenu avec les émigrés une correspondance suivie en 1792 et au commencement de 1793; qu'il leur ait même envoyé les sommes précédemment énoncées?

» 7° Louis-Alexandre Beaulieu l'a-t-il fait avec des intentions criminelles et contre-révolutionnaires?

» Le citoyen Dumont a ainsi motivé son opinion sur cette question :

» Je ne crois pas que la sensibilité qui porte à donner des secours à des parens émigrés puisse former une exception aux dispositions prohibitives des lois, qui interdisent indéfiniment la faculté de faire parvenir de l'argent aux émigrés. Je suis convaincu que Beaulieu, parent de Mauny, avait connaissance de l'émigration des deux frères et du beau-frère de ce dernier. Il était dans la confidence de la véritable destination des sommes par lui envoyées, et je ne peux que lui attribuer des intentions criminelles, puisqu'elles sont contraires à la loi. La déclaration des autres jurés a été la même.

» Le citoyen Duplain, autre juré, l'a motivée ainsi :

« Tout homme qui, dans un temps de révolution, où chaque individu doit l'usage de tous ses moyens à la chose publique, s'isole et préfère son intérêt particulier à l'intérêt général, spécule sur les fonds publics dans la vue de s'enrichir aux dépens de cette même chose publique, doit être regardé comme un mauvais citoyen et traité comme un contre-révolutionnaire.

» Le président ordonne à la gendarmerie de faire entrer les accusés. Mauny entre le premier, tenant à la main un papier ployé qu'il remet au citoyen président ; celui-ci en ordonne la lecture.

» Le greffier y procède ainsi qu'il suit :

Décret de la Convention nationale du 9 mai 1793.

« La Convention nationale décrète le renvoi pur et simple pardevant le tribunal extraordinaire de la demande qui lui est faite par une jeune personne d'accorder un délai de suspension à l'instruction du procès que son père subit en ce moment pardevant ledit tribunal ; la pétitionnaire motive sa demande sur ce qu'un pareil délai a été accordé aux généraux, etc.

» Après cette lecture, le président observe à l'accusé Mauny que le tribunal ne connaît de pièces officielles que celles qui lui sont transmises par le ministre de la justice, que néanmoins le tribunal va en délibérer. On fait retirer les accusés.

» Sur le réquisitoire de l'accusateur public, le tribunal déclare qu'il ne peut accorder de délai.

« Le tribunal, d'après la déclaration du jury, faisant droit sur
» les conclusions de l'accusateur public, condamne Jacques-
» François Rivier-Mauny et Louis-Alexandre Beaulieu à la peine
» de mort ; et ce conformément à la loi des 25 octobre et 26 no-
» vembre 1792, et à l'article IV du titre premier de la seconde
» partie du Code pénal, dont il a été donné lecture ; ordonne
» que leurs biens, si aucuns ils ont, seront acquis et confisqués
» au profit de la République, suivant l'article ..... de la loi du
» 10 mars dernier ; que le présent jugement sera, à la requête et
» diligence de l'accusateur public, exécuté sur la place de la Ré-
» union de cette ville, imprimé, publié et affiché partout où be-
» soin sera, jusqu'à la concurrence de douze cents exemplaires
» dans l'étendue de la République. »

Après l'application de la loi, Mauny a dit : « Citoyens, je dois
» mourir demain ; j'atteste devant Dieu et le peuple, qui est mon
» souverain, que je meurs innocent des faits pour lesquels je suis
» condamné. »

Le Patriote français, n. MCCCLXIX, raconte ainsi l'exécution de Mauny et de Beaulieu : « Le tribunal révolutionnaire, dans son audience du 9 mai, a condamné à mort..... (Ici les noms, prénoms et qualités des condamnés, et les crimes que la sentence leur reproche.) Mauny cependant avait un certificat de résidence ; Beaulieu était son parent et son ami. Ils ont subi, le 10, leur supplice, entre dix et onze heures. Avant de monter sur l'échafaud, ils se sont étroitement embrassés ; ils ont embrassé aussi leur confesseur, l'ont embrassé encore après être montés sur le terrible théâtre, et se sont livrés à la mort. »

Presse du 9 mai.

Le journal de Marat du 9 mai renferme deux renseignemens de biographie révolutionnaire d'un grand intérêt : l'un est une dénonciation de Marat contre Fournier dit l'Américain ; l'autre est une lettre signée *Legros*, où Gorsas est positivement accusé d'avoir été du nombre des massacreurs du 2 septembre ; l'accusation est formelle. Nous rappellerons ici que nous avons, en écrivant l'histoire des journées de septembre, extrait l'apologie de ces journées de la feuille de Gorsas ; depuis il changea d'opinion et de langage.

Voici les deux pièces que nous annonçons :

« *Avis important à tous les patriotes des sections de Paris.*

» Mes chers concitoyens, les meneurs de la faction des hommes d'état et les aristocrates qui sont dans nos murs, sentant trop aujourd'hui combien ils ont à redouter du civisme de Santerre, s'agitent en tout sens pour empêcher qu'il soit envoyé contre les rebelles de la Vendée avec les douze mille hommes qui doivent partir de Paris. Comme ces scélérats fondent toutes leurs espérances sur la guerre civile de ces révoltés, et qu'ils ont tout mis en œuvre pour en favoriser les horreurs, bien convaincus que pour réussir dans leurs exécrables projets ils devaient mettre quelques scélérats de leur trempe à la tête de cette armée, ils redoublent d'efforts pour y placer le sieur Fournier dit l'Américain, intrigant de la Gironde, vendu à la clique, et long-temps leur agent clandestin. Cet individu, sans mœurs et sans ame, mis en œuvre pour souffler le feu de toutes les crises orageuses, a trouvé le secret de n'être jamais enveloppé dans les diverses persécutions suscitées contre les patriotes, au nombre desquels il se comptait et qu'il affichait de mener.

» Un seul fait fera juger de ses talens. A l'époque du 10 août, réduit à la plus affreuse misère, il avait été recueilli par un bon citoyen qui l'hébergeait et le nourrissait. Cela dura jusqu'à la fin du mois. Je ne sais par quel événement il se mit à la tête des volontaires qui allèrent chercher les conspirateurs d'Orléans. Quoi qu'il en soit, il passe pour constant qu'il fut le dépositaire de leurs effets les plus précieux, dont il n'a point rendu compte ; telle est la source impure de la fortune dont il jouit actuellement ; car il mène grand train ; on assure même qu'il a fait l'acquisition (conjointement avec Garin, autre intrigant) d'une belle maison de campagne aux environs de Paris. J'ai trop haute idée du civisme du comité de salut public et du ministre de la guerre pour ne pas être sûr qu'ils repousseront Fournier de tout emploi de confiance, surtout de tout emploi militaire. Les bons citoyens de Paris et de la République entière sont trop sages et trop jaloux de leur liberté pour faire choix d'un misérable qui ne manquerait pas de les trahir. — MARAT. »

« *Dénonciation contre Gorsas, l'un des massacreurs du 2 septembre.*

» Ami du peuple, je ne conçois pas comment le nommé Gorsas, infâme libelliste de la faction des hommes d'état, vendu à Pétion, Gensonné, Vergniaud et Guadet, qui se sont si long-temps déchaînés contre les massacres du 2 septembre, a l'impudence de déclamer avec ces tartufes, lui qui était l'un des massacreurs de ces journées terribles, l'un des juges populaires à la Conciergerie.

»Le dimanche 2 septembre, à onze heures du matin, il était au Palais-Royal avec des valets d'ex-nobles à prêcher le massacre au milieu de groupes; et, dans la nuit du même jour, sur les deux heures du matin, il était à l'œuvre, prêchant et égorgeant les victimes.

» Je défie ce scélérat d'oser nier ces faits ; je peux lui en donner des preuves juridiques. — *Signé* LEGROS, *de la section du Roule.* »

CONVENTION. — *Séance du 10 mai.*

L'ex-ministre Roland demande la permission de quitter Paris. Ajourné jusqu'après l'examen de son compte. — Piorry rend compte des progrès des rebelles, secondés par les prêtres réfractaires et les aristocrates qui soulèvent les communes. — Les représentans Lequinio et Cochon mandent, de Valenciennes, la mort du général Dampierre, dont la cuisse a été emportée par un boulet à l'attaque des bois de Ruisme et de Saint-Amand; il est remplacé provisoirement par le général Lamarche. On demande les honneurs du Panthéon pour Dampierre. Décret, sur la motion de Bréard, qui passe à l'ordre du jour, motivé sur ce que tout Français qui meurt pour son pays vit dans la mémoire de ses concitoyens. Bassal fait décréter que le président écrira une lettre de consolation à sa veuve. — Décret qui nomme pour commissaires dans les départemens des Deux-Sèvres, Mayenne-et-Loire, la Vienne et Indre-et-Loire, les représentans Jard-Panvilliers, Lecointre-Puyraveau, Delaunay jeune, Dandenac, Creuzé-Pascal et Thibaudeau. — Isnard propose de décréter un pacte social avant la Constitution. Marat : « Je propose que la » Convention décrète la liberté illimitée des opinions, afin que » je puisse envoyer à l'échafaud la faction des hommes d'état, qui » m'a décrété d'accusation. » Buzot appuie la proposition d'Isnard. Lasource pense qu'on doit s'occuper des bases constitutionnelles, qui sont la garantie des droits, la proscription de la royauté, de la noblesse et des priviléges; il demande le renvoi de toute pétition à un comité, et que celui qui proférera une injure contre un de ses collègues soit puni de mort et exécuté séance tenante. Roux dit qu'après la déclaration des droits, il n'y a de pacte social que la Constitution. Danton partage cet avis. Marat pense que la motion de pacte social tend au fédéralisme. Décret qui continue la discussion sur la Constitution.

Discours de Robespierre sur la Constitution.

Robespierre. « L'homme est né pour le bonheur et pour la liberté, et partout il est esclave et malheureux ! La société a pour but la conservation de ses droits et la perfection de son être, et partout la société le dégrade et l'opprime ! Le temps est arrivé de le rappeler à ses véritables destinées ; les progrès de la raison humaine ont préparé cette grande révolution, et c'est à vous qu'est spécialement imposé le devoir de l'accélérer.

» Pour remplir votre mission, il faut faire précisément tout le contraire de ce qui a existé avant vous.

» Jusqu'ici l'art de gouverner n'a été que l'art de dépouiller et d'asservir le grand nombre au profit du petit nombre, et la législation le moyen de réduire ces attentats en système : les rois et les aristocrates ont très-bien fait leur métier ; c'est à vous maintenant de faire le vôtre, c'est-à-dire de rendre les hommes heureux et libres par les lois.

» Donner au gouvernement la force nécessaire pour que les citoyens respectent toujours les droits des citoyens, et faire en sorte que le gouvernement ne puisse jamais les violer lui-même, voilà à mon avis le double problème que le législateur doit chercher à résoudre. Le premier me paraît très-facile : quant au second, on serait tenté de le regarder comme insoluble si l'on ne consultait que les événemens passés et présens sans remonter à leurs causes.

» Parcourez l'histoire : vous verrez partout les magistrats opprimer les citoyens, et le gouvernement dévorer la souveraineté ; les tyrans parlent de séditions ; le peuple se plaint de la tyrannie quand le peuple ose se plaindre, ce qui arrive lorsque l'excès de l'oppression lui rend son énergie et son indépendance. Plût à Dieu qu'il pût les conserver toujours ! Mais le règne du peuple est d'un jour ; celui des tyrans embrasse la durée des siècles.

» J'ai beaucoup entendu parler d'anarchie depuis la révolution du 14 juillet 1789, et surtout depuis la révolution du 10 août 1792 ; mais j'affirme que ce n'est point l'anarchie qui est la maladie des corps politiques, mais le despotisme et l'aristocratie. Je trouve, quoi qu'ils en aient dit, que ce n'est qu'à compter de cette époque tant calomniée que nous avons eu un commencement de lois et de gouvernement, malgré les troubles, qui ne sont autre chose que les dernières convulsions de la royauté expirante, et la lutte d'un gouvernement infidèle contre l'égalité.

» L'anarchie a régné en France depuis Clovis jusqu'au dernier des Capets. Qu'est-ce que l'anarchie, si ce n'est la tyrannie, qui fait descendre du trône la nature et la loi pour y placer des hommes ?

» Jamais les maux de la société ne viennent du peuple, mais du gouvernement. Comment n'en serait-il pas ainsi ? L'intérêt du peuple c'est le bien public ; l'intérêt de l'homme en place est un intérêt privé. Pour être bon, le peuple n'a besoin que de se préférer lui-même à ce qui n'est pas lui ; pour être bon il faut que le magistrat s'immole lui-même au peuple.

» Si je daignais répondre à des préjugés absurdes et barbares, j'observerais que ce sont le pouvoir et l'opulence qui enfantent l'orgueil et tous les vices ; que c'est le travail, la médiocrité, la pauvreté, qui sont les gardiens de la vertu ; que les vœux du faible n'ont pour objet que la justice et la protection des lois bienfaisantes ; qu'il n'estime que les passions de l'honnêteté ; que les passions de l'homme puissant tendent à s'élever au-dessus des lois justes, ou à en créer de tyranniques ; je dirais enfin que la misère des citoyens n'est autre chose que le crime des gouvernemens. Mais j'établis la base de mon système par un seul raisonnement.

» Le gouvernement est institué pour faire respecter la volonté générale ; mais les hommes qui gouvernent ont une volonté individuelle, et toute volonté cherche à dominer ; s'ils emploient à cet usage la force publique dont ils sont armés, le gouvernement n'est que le fléau de la liberté. Concluez donc que le premier objet de toute Constitution doit être de défendre la liberté publique et individuelle contre le gouvernement lui-même.

» C'est précisément cet objet que les législateurs ont oublié : ils se sont tous occupés de la puissance du gouvernement; aucun n'a songé aux moyens de le ramener à son institution; ils ont pris des précautions infinies contre l'insurrection du peuple, et ils ont encouragé de tout leur pouvoir la révolte de ses délégués. J'en ai déjà indiqué les raisons : l'ambition, la force et la perfidie ont été les législateurs du monde ; ils ont asservi jusqu'à la raison humaine en la dépravant, et l'ont rendue complice de la misère de l'homme; le despotisme a produit la corruption des mœurs, et la corruption des mœurs a soutenu le despotisme. Dans cet état de choses, c'est à qui vendra son ame au plus fort pour légitimer l'injustice et diviniser la tyrannie. Alors la raison n'est plus que folie ; l'égalité, anarchie ; la liberté, désordre ; la nature, chimère ; le souvenir des droits de l'humanité, révolte : alors on a des bastilles et des échafauds pour la vertu, des palais pour la débauche, des trônes et des chars de triomphe pour le crime : alors on a des rois, des prêtres, des nobles, des bourgeois, de la canaille, mais point de peuple et point d'hommes.

» Voyez ceux mêmes d'entre les législateurs que le progrès des lumières publiques semble avoir forcés à rendre quelque hommage aux principes ; voyez s'ils n'ont pas employé leur habileté à les éluder lorsqu'ils ne pouvaient plus les raccorder à leurs vues personnelles ; voyez s'ils ont fait autre chose que varier les formes du despotisme et les nuances de l'aristocratie ! Ils ont fastueusement proclamé la souveraineté du peuple, et ils l'ont enchaîné ; tout en reconnaissant que les magistrats sont des mandataires, ils les ont traités comme ses dominateurs et comme ses idoles ; tous se sont accordés à supposer le peuple insensé et mutin, et les fonctionnaires publics essentiellement sages et vertueux. Sans chercher des exemples chez les nations étrangères, nous pourrions en trouver de bien frappans au sein de notre révolution, et dans la conduite même des législateurs qui nous ont précédés. Voyez avec quelle lâcheté elles encensaient la royauté! avec quelle impudence elles prêchaient la confiance aveugle pour les fonctionnaires publics corrompus! avec quelle insolence elles avilissaient le peuple! avec quelle barbarie elles l'assassinaient! Cependant voyez de quel côté étaient les vertus civiques : rappelez-vous les sacrifices généreux de l'indigence, et la honteuse avarice des riches ; rappelez-vous le sublime dévouement des soldats, et les infâmes trahisons des généraux ; le courage invincible, la patience magnanime du peuple; et le lâche égoïsme, la perfidie odieuse de ses mandataires!

» Mais ne nous étonnons pas trop de tant d'injustices. Au sortir d'une si profonde corruption comment pouvaient-ils respecter l'humanité, chérir l'égalité, croire à la vertu? Nous, malheureux, nous élevons le temple de la liberté avec des mains encore flétries des fers de la servitude! Qu'était notre ancienne éducation, sinon une leçon continuelle d'égoïsme et de sotte vanité? Qu'étaient nos usages et nos prétendues lois, sinon le code de l'impertinence et de la bassesse, où le mépris des hommes était soumis à une espèce de tarif, et gradué suivant des règles aussi bizarres que multipliées? Mépriser et être méprisé, ramper pour dominer, esclaves et tyrans tour à tour, tantôt à genoux devant un maître, tantôt foulant aux pieds le peuple, telle était notre destinée, telle était notre ambition à nous tous tant que nous étions, *hommes bien nés ou hommes bien élevés, honnêtes gens ou gens comme il faut, hommes de loi et financiers, robins ou hommes d'épée.* Faut-il donc s'étonner si tant de marchands stupides, si tant de bourgeois égoïstes conservent encore pour les artisans ce dédain insolent que les nobles prodiguaient aux bourgeois et aux marchands eux-mêmes? O le noble orgueil! ô la belle éducation! Voilà cependant pourquoi les grandes destinées du monde sont arrêtées! voilà pourquoi le sein de la patrie est déchiré par des traîtres! voilà pourquoi les satellites féroces des despotes de l'Europe ont ravagé nos moissons, incendié nos cités, massacré nos femmes et nos enfans! Le sang de trois cent mille Français a déjà coulé; le sang de trois cent mille autres va peut-être couler encore afin que le simple laboureur ne puisse siéger au sénat à côté du riche marchand de grains, afin que l'artisan ne puisse voter dans les assemblées du peuple à côté de l'illustre négociant ou du présomptueux avocat, et que le pauvre intelligent et vertueux ne puisse garder l'attitude d'un homme en présence du riche imbécile et corrompu! Insensés, qui appelez des maîtres pour ne point avoir d'égaux, croyez-vous donc que les tyrans adopteront tous les calculs de votre triste vanité et de votre lâche cupidité? Croyez-vous que le peuple, qui a conquis la liberté, qui versait son sang pour la patrie quand vous dormiez dans la mollesse ou que vous conspiriez dans les ténèbres, se laissera enchaîner, affamer, égorger par vous? Non. Si vous ne respectez ni l'humanité, ni la justice, ni l'honneur, conservez du moins quelque soin de vos trésors, qui n'ont d'autre ennemi que l'excès de la misère publique, que vous aggravez avec tant d'imprudence! Mais quel motif peut toucher des esclaves orgueilleux? La voix de la vérité qui tonne dans les cœurs corrompus ressemble aux sons qui retentissent dans les tombeaux, et qui ne réveillent point les cadavres.

» Vous donc à qui la liberté, à qui la patrie est chère, chargez-vous seuls du soin de la sauver; et puisque le moment où l'intérêt pressant de sa défense semblait exiger toute votre attention, est celui où l'on veut élever précipitamment l'édifice de la Constitution d'un grand peuple, fondez-la du moins sur la base éternelle de la vérité! Posez d'abord cette maxime incontestable *que le peuple est bon, et que ses délégués sont corruptibles; que c'est dans la vertu et dans la souveraineté du peuple qu'il faut chercher un préservatif contre les vices et le despotisme du gouvernement.*

» De ce principe incontestable tirons maintenant des conséquences pratiques, qui sont autant de bases de toute Constitution libre.

» La corruption des gouvernemens a sa source dans l'excès de leur pouvoir et dans leur indépendance du souverain. Remédiez à ce double abus.

» Commencez par modérer la puissance des magistrats.

» Jusqu'ici les politiques qui ont semblé vouloir faire quelque effort, moins pour défendre la liberté que pour modifier la tyrannie, n'ont pu imaginer que deux moyens de parvenir à ce but : l'un est l'équilibre des pouvoirs, et l'autre le tribunat.

» Quant à l'équilibre des pouvoirs, nous avons pu être les dupes de ce prestige dans un temps où le mode semblait exiger de nous cet hommage à nos voisins, dans un temps où l'excès de notre propre dégradation nous permettait d'admirer toutes les institutions étrangères qui nous offraient quelque faible image de la liberté; mais pour peu qu'on réfléchisse on s'aperçoit aisément que cet équilibre ne peut être qu'une chimère ou un fléau ; qu'il supposerait la nullité absolue du gouvernement s'il n'amenait nécessairement une ligue des pouvoirs rivaux contre le peuple ; car on sent aisément qu'ils aiment beaucoup mieux s'accorder que d'appeler le souverain pour juger sa propre cause : témoin l'Angleterre, où l'or et le pouvoir du monarque font constamment pencher la balance du même côté; où le parti de l'opposition même ne paraît solliciter de temps en temps la réforme de la représentation nationale que pour l'éloigner, de concert avec la majorité qu'elle semble combattre ; espèce de gouvernement monstrueux, où les vertus publiques ne sont qu'une scandaleuse parade, où le fantôme de la liberté anéantit la liberté même, où la loi consacre le despotisme, où les droits du peuple sont l'objet d'un trafic avoué, où la corruption est dégagée du frein même de la pudeur.

» Eh ! que nous importent les combinaisons qui balancent l'autorité des tyrans? C'est la tyrannie qu'il faut extirper : ce n'est pas dans les querelles de leurs maîtres que les peuples doivent chercher l'avantage de respirer quelques instans, c'est dans leur propre force qu'il faut placer la garantie de leurs droits.

» C'est par la même raison que je ne suis pas plus partisan de l'institution du tribunat ; l'histoire ne m'a pas appris à la respecter. Je ne confie point la défense d'une si grande cause à des hommes faibles ou corruptibles; la protection des tribuns suppose l'esclavage du peuple. Je n'aime point que le peuple romain se retire sur le Mont-Sacré pour demander des protecteurs à un sénat despotique et à des patriciens insolens : je veux qu'il reste dans Rome, et qu'il en chasse tous ses tyrans. Je hais autant que les patriciens eux-mêmes et je méprise beaucoup plus ces tribuns ambitieux, ces vils mandataires du peuple, qui vendent aux grands de Rome leurs discours et leur silence, et qui ne l'ont quelquefois défendu que pour marchander sa liberté avec ses oppresseurs.

» Il n'y a qu'un seul tribun du peuple que je puisse avouer, c'est le peuple lui-même : c'est à chaque section de la République française que je renvoie la puissance tribunitienne; et il est facile de l'organiser d'une manière également éloignée des tempêtes de la démocratie absolue et de la perfide tranquillité du despotisme représentatif.

» Mais avant de poser les digues qui doivent défendre la liberté publique contre les débordemens de la puissance des magistrats, commençons par la réduire à de justes bornes.

» Une première règle pour parvenir à ce but, c'est que la durée de leur pouvoir doit être courte, en appliquant surtout ce principe à ceux dont l'autorité est plus étendue;

» 2° Que nul ne puisse exercer en même temps plusieurs magistratures;

» 3° Que le pouvoir soit divisé; il vaut mieux multiplier les fonctionnaires publics que de confier à quelques-uns une autorité trop redoutable;

» 4° Que la législation et l'exécution soient séparées soigneusement;

» 5° Que les diverses branches de l'exécution soient elles-mêmes distinguées le plus qu'il est possible, selon la nature même des affaires, et confiées à des mains différentes.

» L'un des plus grands vices de l'organisation actuelle c'est la trop grande étendue de chacun des départemens ministériels, où sont entassées diverses branches d'administration très-distinctes par leur nature.

» Le ministère de l'intérieur surtout, tel qu'on s'est obstiné à le conserver jusqu'ici provisoirement, est un monstre politique, qui aurait provisoirement dévoré la République naissante si la force de l'esprit public, animé par le mouvement de la révolution, ne l'avait défendue jusqu'ici et contre les vices de l'institution et contre ceux des individus.

» Au reste, vous ne pourrez jamais empêcher que les dépositaires du pouvoir exécutif ne soient des magistrats très-puissans; ôtez-leur donc toute autorité et toute influence étrangère à leurs fonctions.

« Ne permettez pas qu'ils assistent et qu'ils votent dans les assemblées du peuple pendant la durée de leur agence. Appliquez la même règle aux fonctionnaires publics en général.

» Éloignez de leurs mains le trésor public; confiez-le à des dépositaires et à des surveillans qui ne puissent participer eux-mêmes à aucune autre espèce d'autorité.

» Laissez dans les départemens, et sous la main du peuple, la portion des tributs publics qu'il ne sera pas nécessaire de verser dans la caisse générale, et que les dépenses soient acquittées sur les lieux autant qu'il sera possible.

» Vous vous garderez bien de remettre à ceux qui gouvernent des sommes extraordinaires, sous quelque prétexte que ce soit, surtout sous le prétexte de former l'opinion.

» Toutes ces manufactures d'esprit public ne fournissent que des poisons : nous en avons fait récemment une cruelle expérience, et le premier essai de cet étrange système ne doit pas nous inspirer beaucoup de confiance dans ses inventeurs. Ne perdez jamais de vue que c'est à l'opinion publique de juger les hommes qui gouvernent, et non à ceux-ci de maîtriser et de créer l'opinion publique.

» Mais il est un moyen général et non moins salutaire de diminuer la puissance des gouvernemens au profit de la liberté et du bonheur du peuple.

» Il consiste dans l'application de cette maxime, énoncée dans la Déclaration des Droits que je vous ai proposée : *La loi ne peut défendre que ce qui est nuisible à la société; elle ne peut ordonner que ce qui lui est utile.*

» Fuyez la manie ancienne des gouvernemens de vouloir trop gouverner : laissez aux individus, laissez aux familles le droit de faire ce qui ne nuit point à autrui ; laissez aux communes le pouvoir de régler elles-mêmes leurs propres affaires en tout ce qui ne tient pas essentiellement à l'administration générale de la République ; en un mot, rendez à la liberté individuelle tout ce qui n'appartient pas naturellement à l'autorité publique, et vous aurez laissé d'autant moins de prise à l'ambition et à l'arbitraire.

» Respectez surtout la liberté du souverain dans les assemblées primaires. Par exemple, en supprimant ce code énorme qui entrave et qui anéantit le droit de voter sous le prétexte de le régler, vous ôterez des armes infiniment dangereuses à l'intrigue et au despotisme des directoires ou des législatures ; de même qu'en simplifiant le code civil, en abattant la féodalité, les dîmes et tout le gothique édifice du droit canonique, on rétrécit singulièrement le domaine du despotisme judiciaire.

» Au reste, quelque utiles que soient toutes ces précautions, vous n'aurez rien fait encore si vous ne prévenez la seconde espèce d'abus que j'ai indiquée, qui est l'indépendance du gouvernement.

» La Constitution doit s'appliquer surtout à soumettre les fonctionnaires publics à une responsabilité imposante, en les mettant dans la dépendance réelle non des individus, mais du souverain.

» Celui qui est indépendant des hommes se rend bientôt indépendant de ses devoirs : l'impunité est la mère comme la sauvegarde du crime, et le peuple est toujours asservi dès qu'il n'est plus craint.

» Il est deux espèces de responsabilité, l'une qu'on peut appeler morale, et l'autre physique.

» La première consiste principalement dans la publicité ; mais suffit-il que la Constitution assure la publicité des opérations et des délibérations du gouvernement ? Non, il faut encore lui donner toute l'étendue dont elle est susceptible.

» La nation entière a le droit de connaître la conduite de ses mandataires. Il faudrait, s'il était possible, que l'assemblée des délégués du peuple délibérât en présence du peuple entier; un édifice vaste et majestueux, ouvert à douze mille spectateurs, devrait être le lieu des séances du corps législatif; sous les yeux d'un si grand nombre de témoins, ni la corruption, ni l'intrigue, ni la perfidie n'oseraient se montrer; la volonté générale serait seule consultée; la voix de la raison et de l'intérêt public sera seule entendue. Mais l'admission de quelques centaines de spectateurs encaissés dans un local étroit et incommode offre-t-elle une publicité proportionnée à l'immensité de la nation, surtout lorsqu'une foule d'ouvriers mercenaires effraient le corps législatif pour intercepter ou pour altérer la vérité par les récits infidèles qu'ils répandent dans toute la République? Que serait-ce donc si les mandataires eux-mêmes méprisaient cette petite portion du public qui les voit, s'ils voulaient faire regarder comme deux espèces d'hommes différentes les habitans du lieu où ils résident et ceux qui sont éloignés d'eux, s'ils dénonçaient perpétuellement ceux qui sont les témoins de leurs actions à ceux qui lisent leurs pamphlets, pour rendre la publicité non-seulement inutile, mais funeste à la liberté?

» Les hommes superficiels ne devineront jamais quelle a été sur la révolution l'influence du local qui a recelé le corps législatif, et les hommes de mauvaise foi n'en conviendront pas; mais les amis éclairés du bien public n'ont pas vu sans indignation qu'après avoir appelé les regards du peuple autour d'elle pour résister à la cour, la première législature les ait fuis autant qu'il était en son pouvoir lorsqu'elle a voulu se liguer avec la cour contre le peuple; qu'après s'être en quelque sorte cachée à l'Archevêché, où elle porta la loi martiale, elle se soit renfermée dans le Manége, où elle s'environna de baïonnettes pour ordonner le massacre des meilleurs citoyens au Champ-de-Mars, sauver le parjure Louis, et miner les fondemens de la liberté! Ses successeurs se sont bien gardés d'en sortir. Les rois ou les magistrats de l'ancienne police faisaient bâtir en quelques jours une magnifique salle d'Opéra, et, à la honte de la raison humaine, quatre ans se sont écoulés avant qu'on eût préparé une nouvelle demeure à la représentation nationale! Que dis-je? celle même où elle vient d'entrer est-elle plus favorable à la publicité et plus digne de la nation? Non, tous les observateurs se sont aperçus qu'elle a été disposée avec beaucoup d'intelligence par le même esprit d'intrigue, sous les auspices d'un ministre pervers, pour retrancher les mandataires corrompus contre les regards du peuple. On a même fait des prodiges en ce genre; on a enfin trouvé le secret, recherché depuis si long-temps, d'exclure le public en l'admettant; de faire qu'il puisse assister aux séances, mais qu'il ne puisse entendre, si ce n'est dans le petit espace réservé aux *honnêtes gens* et aux journalistes; qu'il soit absent et présent tout à la fois. La postérité s'étonnera de l'insouciance avec laquelle une grande nation a souffert si long-temps ces lâches et grossières manœuvres, qui compromettaient à la fois sa dignité, sa liberté et son salut.

» Pour moi, je pense que la Constitution ne doit pas se borner à ordonner que les séances du corps législatif et des autorités constituées seront publiques, mais encore qu'elle ne doit pas dédaigner de s'occuper des moyens de leur assurer la plus grande publicité; qu'elle doit interdire aux mandataires le pouvoir d'influer en aucune manière sur la composition de l'auditoire, et de rétrécir arbitrairement l'étendue du lieu qui doit recevoir le peuple; elle doit pourvoir à ce que la législature réside au sein d'une immense population, et délibère sous les yeux de la plus grande multitude possible de citoyens.

» Le principe de la responsabilité morale veut encore que les agens du gouvernement rendent à des époques déterminées et assez rapprochées des comptes exacts et circonstanciés de leur gestion; que ces comptes soient rendus publics par la voie de l'impression, et soumis à la censure de tous les citoyens; qu'ils soient envoyés en conséquence à tous les départemens, à toutes les administrations et à toutes les communes.

» A l'appui de la responsabilité morale il faut déployer la responsabilité physique, qui est en dernière analyse la plus sûre gardienne de la liberté; elle consiste dans la punition des fonctionnaires publics prévaricateurs.

» Un peuple dont les mandataires ne doivent compte à personne de leur gestion n'a point de constitution ; un peuple dont les mandataires ne rendent compte qu'à d'autres mandataires inviolables n'a point de constitution, puisqu'il dépend de ceux-ci de le trahir impunément, et de le laisser trahir par les autres. Si c'est là le sens qu'on attache au gouvernement représentatif, j'avoue que j'adopte tous les anathèmes prononcés contre lui par Jean-Jacques Rousseau. Au reste, ce mot a besoin d'être expliqué, comme beaucoup d'autres, ou plutôt il s'agit bien moins de définir le gouvernement français que de le constituer.

» Dans tout état libre les crimes publics des magistrats doivent être punis aussi sévèrement et aussi facilement que les crimes privés des citoyens, et le pouvoir de réprimer les attentats du gouvernement doit retourner au souverain.

» Je sais que le peuple ne peut pas être un juge toujours en activité, aussi n'est-ce pas là ce que je veux ; mais je veux encore moins que ses délégués soient des despotes au-dessus des lois. On peut remplir l'objet que je propose par des mesures simples dont je vais développer la théorie.

1° Je veux que tous les fonctionnaires publics nommés par le peuple puissent être révoqués par lui, selon les formes qui seront établies, sans autre motif que le droit imprescriptible qui lui appartient de révoquer ses mandataires.

2° Il est naturel que le corps chargé de faire les lois surveille ceux qui sont commis pour les faire exécuter : les membres de l'agence exécutive seront donc tenus de rendre compte de leur gestion au corps législatif. En cas de prévarication, il ne pourra pas les punir, parce qu'il ne faut pas lui laisser ce moyen de s'emparer de la puissance exécutive; mais il les accusera devant un tribunal populaire, dont l'unique fonction sera de connaître des prévarications des fonctionnaires publics. Les membres du corps législatif ne pourront être poursuivis par ce tribunal pour raison des opinions qu'ils auront manifestées dans les assemblées, mais seulement pour les faits positifs de corruption ou de trahison dont ils pourraient être prévenus. Les délits ordinaires qu'ils pourraient commettre sont du ressort des tribunaux ordinaires. Dans l'un et dans l'autre cas ils pourront être jugés, ainsi que les autres fonctionnaires et les autres citoyens, sans qu'il soit nécessaire que le corps législatif ait déclaré qu'il y a lieu à accusation contre eux ; seulement l'accusateur public du tribunal sera tenu d'informer le corps législatif des poursuites dirigées contre les membres prévenus.

» A l'expiration de leurs fonctions les membres de la législature et les agens de l'exécution, ou ministres, pourront être déférés au jugement solennel de leurs commettans : le peuple prononcera simplement *s'ils ont conservé ou perdu sa confiance.* Le jugement qui déclarera qu'ils ont perdu sa confiance emportera l'incapacité de remplir aucune fonction publique. Le peuple ne décernera pas de peine plus forte ; et si les mandataires sont coupables de quelques crimes particuliers et formels, il pourra les renvoyer au tribunal établi pour les punir.

» Ces dispositions s'appliqueront également aux membres du tribunal populaire.

» Quelque nécessaire qu'il soit de contenir les magistrats, il ne l'est pas moins de les bien choisir : c'est sur cette double base que la liberté doit être fondée. Ne perdez pas de vue que dans le gouvernement représentatif il n'est pas de lois constitutives aussi importantes que celles qui garantissent la pureté des élections.

» Ici je vois répandre de dangereuses erreurs ; ici je m'aperçois qu'on abandonne les premiers principes du bon sens et de la liberté pour poursuivre de vaines abstractions métaphysiques. Par exemple, on veut que dans tous les points de la République les citoyens votent pour la nomination de chaque mandataire, de manière que l'homme de mérite et de vertu qui n'est connu que de la contrée qu'il habite ne puisse jamais être appelé à représenter ses compatriotes, et que les charlatans fameux, qui ne sont pas toujours les meilleurs citoyens ni les hommes les plus éclairés, ou les intrigans portés par un parti puissant qui dominerait dans toute la République, soient à perpétuité et exclusivement les représentans nécessaires du peuple français.

» Mais en même temps on enchaîne le souverain par des réglemens tyranniques; partout on dégoûte le peuple des assemblées; on en éloigne les sans-culottes par des formalités infinies : que dis-je? on les chasse par la famine, car on ne songe pas même à les indemniser du temps qu'ils dérobent à la subsistance de leurs familles pour le consacrer aux affaires publiques.

» Voilà cependant les principes conservateurs de la liberté que la constitution doit maintenir : tout le reste n'est que charlatanisme, intrigue et despotisme.

» Faites en sorte que le peuple puisse assister aux assemblées publiques, car lui seul est l'appui de la liberté et de la justice : les aristocrates, les intrigans en sont les fléaux.

» Qu'importe que la loi rende un hommage hypocrite à l'égalité des droits, si la plus impérieuse de toutes les lois, la nécessité, force la partie la plus saine et la plus nombreuse du peuple à y renoncer? Que la patrie indemnise l'homme qui vit de son travail lorsqu'il assiste aux assemblées publiques; qu'elle salarie par la même raison d'une manière proportionnée tous les fonctionnaires publics; que les règles des élections, que les formes des délibérations soient aussi simples, aussi abrégées qu'il est possible; que les jours des assemblées soient fixés aux époques les plus commodes pour la partie laborieuse de la nation.

» Que l'on délibère à haute voix : la publicité est l'appui de la vertu, la sauvegarde de la vérité, la terreur du crime, le fléau de l'intrigue. Laissez les ténèbres et le scrutin secret aux criminels et aux esclaves : les hommes libres veulent avoir le peuple pour témoin de leurs pensées. Cette méthode forme les citoyens aux vertus républicaines; elle convient à un peuple qui vient de conquérir sa liberté, et qui combat pour la défendre : quand elle cesse de lui convenir la République n'est déjà plus.

» Au surplus, que le peuple, je le répète, soit parfaitement libre dans ses assemblées ; la Constitution ne peut établir que les règles générales, nécessaires pour bannir l'intrigue et maintenir la liberté même ; toute autre gêne n'est qu'un attentat à la souveraineté.

» Qu'aucune autorité constituée surtout ne se mêle jamais ni de sa police, ni de ses délibérations.

» Par là vous aurez résolu le problème encore indécis de l'économie politique populaire, de placer dans la vertu du peuple et dans l'autorité du souverain le contrepoids nécessaire des passions du magistrat et de la tendance du gouvernement à la tyrannie.

» Au reste, n'oubliez pas que la solidité de la Constitution elle-même s'appuie sur toutes les institutions, sur toutes les lois particulières d'un peuple ; quelque nom qu'on leur donne, elles doivent toutes concourir avec elle au même but ; elle s'appuie sur la bonté des mœurs, sur la connaissance et sur le sentiment des droits sacrés de l'homme.

» La déclaration des Droits est la constitution de tous les peuples ; les autres lois sont muables par leur nature, et subordonnées à celle-là. Qu'elle soit sans cesse présente à tous les esprits ; qu'elle brille à la tête de votre code public ; que le premier article de ce code soit la garantie formelle de tous les droits de l'homme ; que le second porte que toute loi qui les blesse est tyrannique et nulle ; qu'elle soit portée en pompe dans vos cérémonies publiques ; qu'elle frappe les regards du peuple dans toutes ses assemblées, dans tous les lieux où résident ses mandataires ; qu'elle soit écrite sur les murs de nos maisons ; qu'elle soit la première leçon que les pères donneront à leurs enfans.

» On me demandera peut-être comment, avec des précautions si sévères contre les magistrats, je puis assurer l'obéissance aux lois et au gouvernement. Je réponds que je l'assure davantage précisément par ces précautions là-même : je rends aux lois et au gouvernement toute la force que j'ôte aux vices des hommes qui gouvernent et qui font les lois.

» Le respect qu'inspire le magistrat dépend beaucoup plus du respect qu'il porte lui-même aux lois que du pouvoir qu'il usurpe, et la puissance des lois est bien moins dans la force militaire qui les entoure que dans leur concordance avec les principes de la justice et avec la volonté générale.

» Quand la loi a pour principe l'intérêt public, elle a le peuple lui-même pour appui, et sa force est la force de tous les citoyens, dont elle est l'ouvrage et la propriété. La volonté générale et la force publique ont une origine commune : la force publique est au corps politique ce qu'est au corps humain le bras, qui exécute spontanément ce que la volonté commande, et repousse tous les objets qui peuvent menacer le cœur ou la tête.

» Quand la force publique ne fait que seconder la volonté générale, l'état est libre et paisible ; lorsqu'elle la contrarie, l'état est asservi ou agité.

» La force publique est en contradiction avec la volonté générale dans deux cas : ou lorsque la loi n'est pas la volonté générale, ou lorsque le magistrat l'emploie pour violer la loi. Telle est l'horrible anarchie que les tyrans ont établie de tout temps sous le nom de tranquillité, d'ordre public, de législation et de gouvernement ; tout leur art est d'isoler et de comprimer chaque citoyen par la force pour les asservir tous à leurs odieux caprices, qu'ils décorent du nom de lois.

» Législateurs, faites des lois justes ; magistrats, faites-les religieusement exécuter : que ce soit là toute votre politique, et vous donnerez au monde un spectacle inconnu, celui d'un grand peuple libre et vertueux. »

— La Convention décrète, comme premier article de la Constitution, que la République est une et indivisible. — Décret, sur la motion de Danton, déclarant que les peines prononcées contre les rebelles ne porteront que contre ceux qui auront commencé ou propagé la révolte.

COMMUNE. — *Séance du 10 mai.*

Un des citoyens chargés de conduire à Marseille la famille des Bourbons, rend compte de sa mission. Il fait les plus grands éloges de la ville de Marseille, dans laquelle règne le plus pur patriotisme, et où on lit sur les portes de tous les citoyens, cette inscription républicaine : *Vivre libre ou mourir.*

Les sections s'assemblèrent pour le recrutement de la Vendée; on leur dit : La patrie est en danger, il faut dix mille hommes; c'était beaucoup pour Marseille qui en avait déjà fourni quinze mille. Eh bien! le lendemain matin dix mille hommes se sont trouvés sur la place d'armes, le sac sur le dos.

Quelques jours après on annonça des troubles du côté d'Avignon; il fallait une force armée pour aller mettre les mécontens à la raison : que fit-on à Marseille? On demanda quels étaient les bataillons de garde; on trouva que c'étaient le premier et le second.

Et le lendemain les premier et deuxième bataillons partirent pour Avignon, et furent remplacés dans le service par les bataillons suivans : *Citoyens*, dit l'orateur, *voilà du patriotisme.*

Le conseil arrête que le rapport des commissaires envoyés à Marseille sera imprimé, envoyé aux quarante-huit sections, à la Convention nationale et aux sociétés populaires.

Des députés Liégeois demandent, au nom de leurs collègues, à former une compagnie pour marcher contre les rebelles de la Vendée; le conseil applaudit au zèle de ces braves citoyens, accepte leur offre, et leur laisse la liberté de choisir leurs chefs.

La section de la Croix-Rouge annonce que son contingent est complet, et demande qu'il soit procédé à son organisation en compagnies. Le conseil nomme un commissaire à cet effet.

Des commissaires de la section des Piques réclament contre la saisie de divers chevaux attelés aux voitures à la porte des spectacles.

Le conseil arrête que les chevaux saisis seront à l'instant remis aux propriétaires, munis de certificats de leurs sections respectives, à la charge par eux de les représenter lorsqu'ils en seront requis, et d'en faire leur soumission.

Le conseil, délibérant sur les moyens d'exécution de la loi et des arrêtés relatifs aux chevaux de luxe, a arrêté que lorsque les formalités préalables auraient été remplies par les commissaires des sections, les chevaux de luxe destinés au service de la République seraient conduits dans les écuries indiquées par la Commune, et marqués au fer chaud d'un bonnet de la liberté, en présence des commissaires qui conduiront lesdits chevaux. La reconnaissance qui en sera donnée par le gardien contiendra, outre le signalement des chevaux, la mention expresse de cette marque, et ce, sous peine de forfaiture.

Les canonniers des sections armées de la première légion annoncent que toutes les compagnies de canonniers de cette légion ont arrêté de tirer au sort les compagnies entières et déjà organisées. Par le résultat du sort, la deuxième et la quatrième compagnie vont marcher contre les rebelles de la Vendée.

Plusieurs citoyennes se sont présentées au secrétariat de la municipalité, et, pour se conformer à la loi sur la police municipale, ont déclaré être dans l'intention de s'assembler et de former une société où les femmes seules pourront être admises. Cette société a pour but de délibérer sur les moyens de déjouer les projets des ennemis de la République. Elle portera le nom de *Société Républicaine Révolutionnaire*, et se réunira à la bibliothèque des Jacobins, rue Saint-Honoré.

CLUB DES JACOBINS. — *Séance du 10 mai.*

Léonard Bourdon fait lecture d'une lettre adressée à la municipalité de Paris par les six sections de Dijon. Voici la substance de cette lettre :

« Malgré les suppôts du despotisme, les modérés et les feuillans, mille fois plus dangereux pour la République que les ennemis du dehors, la ville de Dijon rendra justice à la ville de Paris, et ne se séparera jamais d'elle. Dijon considère la France comme un camp dont Paris est le quartier général, et elle sera la première à voler à son secours au premier signal. » (Applaudi.)

« Une pareille lettre, observe l'orateur, vous sera écrite par la ville de Lons-le-Saunier, pour vous prouver que les départemens ne croient point les calomnies dirigées contre la ville de Paris. Quoique la lettre ne vous soit pas adressée, je demande que vous écriviez à cette ville pour l'assurer de votre attachement imperturbable à la cause publique. »

Cette proposition est mise aux voix, et Léonard Bourdon est chargé de la rédaction de cette lettre.

Cet orateur fait ensuite l'historique de ses travaux patriotiques à Orléans. Le pain s'y vendait 9 sous la livre, il en a fait diminuer le prix. Il a fait donner des secours à la classe indigente. Il s'est ensuite transporté avec son collègue dans le département du Jura, qui est infecté par le fanatisme. Liberté, religion, voilà le cri de ralliement des gens de la campagne. « Nous avons obtenu, ajoute-t-il, que tous les prêtres réfractaires fussent transportés jusqu'aux frontières de la Suisse. Ce département a douze bataillons prêts à marcher où le danger de la patrie les appellera. Le projet de taxe ou impôt progressif sur les riches a fait le plus grand effet. Le peuple a vu avec regret que ce projet n'avait pas été décrété par la Convention. Le peuple n'a aucune confiance dans les nobles; il est persuadé que cette caste d'hommes ne peut être l'amie sincère de la République.

» Les journaux aristocratiques pullulent dans les départemens; tous demandent des mesures répressives pour empêcher la circulation de ces écrits liberticides. Il faut tomber, la loi à la main, sur les aristocrates.

» Tous les citoyens s'élèvent contre les colosses d'administrations de département, qu'ils proposent de remplacer par de grandes municipalités.

» J'ai reçu partout de grandes plaintes contre la Montagne. On ne se plaint pas de son énergie, on n'accuse pas ses principes, mais on se plaint qu'elle n'est jamais à son poste lorsqu'il s'agit de nommer des secrétaires.

» Je crois qu'il est très-important que la société arrête que tous les membres de la Convention seront très-exacts aux appels nominaux, aux nominations, et à la rédaction du procès-verbal. Cet arrêté est d'autant plus important que plusieurs membres de la Montagne ont été déclarés absens lors de l'appel nominal qui a eu lieu relativement à Marat. »

Un membre propose de faire imprimer et distribuer la discussion qui a eu lieu à la Convention avant de prononcer le décret d'accusation contre Marat.

Bourdon de l'Oise. « Je demande l'ordre du jour sur toutes ces propositions ; il faut des mesures révolutionnaires. Vous avez envoyé aux frontières tout ce qu'il y avait de braves ; il n'y a plus ici que de vils clercs de procureur et de notaire, qui nous insultent. (Applaudi.) Vous qui avez fait la révolution du 10 août, vous qui avez pris le glorieux titre de sans-culottes, occupez-vous de grandes mesures révolutionnaires, ou c'en est fait de la liberté. »

La société arrête qu'elle ne regardera comme ses frères les membres de la Convention qu'autant qu'ils seront exacts à la lecture du procès-verbal, aux appels nominaux et aux nominations des présidens et secrétaires.

Le président annonce que les patriotes de la section de la Butte-des-Moulins prient leurs frères de cette section de vouloir bien se réunir à eux pour affaires très-pressantes.

Léonard Bourdon continue : « Le peuple a la plus grande confiance dans ceux qui se sont opposés à l'appel au peuple. Douze bataillons sont prêts à marcher dans le département du Jura ; mais ils demandent qu'il n'y ait plus de nobles à la tête des armées.

» J'ai envoyé au comité de salut public deux lettres adressées par des aristocrates à leurs mères. Il en résulte que Dumourier n'est pas le seul qui nous ait trahis. J'invite tous les patriotes à se rendre assidûment à leurs sections et à y proposer des mesures très-révolutionnaires. Déjà le bruit se répand dans les départemens que les sections de Paris sont partagées d'opinions. Les hommes d'état et les aristocrates profitent du moment où les ouvriers sont à leurs journées pour remplir les sections et y exercer une influence liberticide. »

Dufourny. « Ce matin on a fait distribuer une feuille de Marat remplie de diatribes et d'horreurs contre Danton et Robespierre. Il faut veiller pour savoir quels sont nos agresseurs. »

Un membre demande la lecture de cette feuille. On passe à l'ordre du jour.

N...... « Une vérité démontrée pour tous les hommes clairvoyans, c'est que la liberté n'a jamais couru de plus grands dangers que dans le moment actuel. Dans la Vendée un noyau contre-révolutionnaire est formé; les ennemis de l'intérieur grossissent le torrent qui doit vous entraîner dans son cours. Vous avez dans le sein de la République des nobles qui trament contre la liberté et qui sont suspects sous tous les rapports. Il faut les mettre en état d'arrestation. Il faut que ces hommes, pour qui la liberté est un supplice, nous servent d'otages.

» Il faut aussi arrêter tous les gens suspects. Quarante mille brigands sont soudoyés ici pour détruire les Jacobins. Si vous ne prenez des mesures promptes la liberté périra. Il faut s'occuper en même temps des moyens de faire aimer la révolution. Le citoyen qui ne vit que de son travail ne doit payer aucun subside. Décrétez que ces citoyens ne paieront aucun subside, vous les attacherez à la cause de la liberté. Ils détestent les ci-devant nobles, ils les regardent comme les auteurs de tous nos maux; ils brûlent d'ardeur, mais ils manquent d'armes. Décrétez que des fabriques d'armes seront ouvertes dans toutes les places publiques.

» Je demanderais que les spectacles fussent fermés jusqu'à ce que les troubles de la Vendée soient apaisés. (Applaudi.) Quand la patrie est en danger, les citoyens ne doivent s'occuper que des moyens de la sauver, il ne faut d'autres spectacles que les sociétés populaires, les sections et les ateliers d'armes. Il faut établir dans chaque département un tribunal; il faut épouvanter, par la terreur des supplices, tous ces hommes qui n'aiment pas la liberté.

» Il faut mettre la faux de l'égalité dans la main des tribunaux, ou la remettre entre les mains du peuple : il n'y a pas de milieu. Il faut former dans chaque département des bataillons révolutionnaires, entretenus aux dépens des riches, qui n'ont pas de courage. Ce sont des mesures indispensables qui doivent être prises dans le plus court délai. Vos ennemis de l'intérieur ne ferment pas l'œil ; ils épient le moment de vous écraser, et si vous ne les prévenez, le peuple et la liberté succomberont. »

N...... « J'ai été envoyé commissaire dans les départemens pour le recrutement, qui s'est fait avec succès. Je me suis fait représenter par la municipalité la liste des ci-devant nobles, et je les ai fait mettre en arrestation dans leurs municipalités respectives. J'ai pris, en même temps, des mesures pour faire rentrer les contributions de 1791 et 1792.

Un militaire, arrivant de l'armée des Alpes, monte à la tribune et annonce que le recrutement s'est fait de la manière la plus prompte et la plus heureuse ; qu'il y a vingt mille hommes au-dessus du contingent, et que les troupes des frontières ne demandent pas mieux que de marcher contre les rebelles.

Hassenfratz demande que le ministre de la guerre fasse marcher en poste les bataillons qui doivent repousser les brigands de la Vendée.

Un jeune membre de la société fraternelle lit une lettre de Talien, datée de Tours. En voici la substance :

« Je suis ici au milieu des plus grands événemens. Thouars, place importante, a été pris hier par les ennemis. (Cris de douleur.) Le commandant s'est laissé bloquer, quoiqu'il eût six mille hommes sous les armes. Chinon est à la veille d'être pris, et nous avons fait transporter à Tours toutes les munitions de guerre. Je travaille jour et nuit. Dites donc à tous nos frères les Jacobins que le conseil exécutif nous trompe ; que le ministre de la guerre est au-dessous de sa besogne. Dites-leur qu'il serait bien important d'envoyer dans les départemens des missionnaires pour combattre l'esprit rolandin, qui a fait les plus grands progrès.

« Nous avons fait justice de tous les chefs de la légion germanique. Des secours sont partis pour Chinon. Le département d'Indre-et-Loire vient d'écrire à la Convention pour que je reste dans son sein. Cette confiance me flatte. »

N..... « C'est comme membre du tribunal révolutionnaire que je demande la parole. Si ce tribunal est unique à Paris, il sera bientôt accablé sous le poids des conspirateurs. La Montagne, qui l'a créé, ne le soutient pas. Nous travaillons jour et nuit; mais nous avons besoin d'aide. Que chacun soit à son poste, et la patrie sera sauvée. Il ne faut pas toujours parler, il faut agir ; si vous ne sonnez le tocsin politique, la liberté est perdue. Il faut fermer les spectacles et tous les lieux publics, qui sont les repaires de l'aristocratie. (Grand bruit dans les tribunes.)

» Qu'on saisisse tous les ennemis de la révolution, qu'on les mette en état d'arrestation ; qu'on force les insouciants de suivre la marche de la révolution. Quand je vois l'apathie dans laquelle nous sommes plongés, je me demande si la patrie est en danger ; et cette apathie même prouve l'excès du danger. Il faut que la Montagne se déclare en insurrection ; si elle ne le fait pas, le peuple se lèvera. (Applaudi.) Ce n'est pas par des applaudissemens qu'on sauve la chose publique ; que tous les citoyens soient à leur poste. »

N..... « Je ferai le plus grand reproche à la Montagne de n'avoir pas adopté toutes les mesures que le tribunal révolutionnaire lui a proposées. Il faut augmenter le nombre de ses membres et de ses commis. Je demande qu'il n'y ait dans la République que cinq à six tribunaux révolutionnaires ; la multiplicité de ces tribunaux ferait échapper la trace de plusieurs conspirations. »

N..... « Le tribunal révolutionnaire fait très-bien son devoir, mais il faudrait qu'il fût secondé par une seconde section. Les prisons sont pleines, et ce tribunal ne peut suffire au travail qui se multiplie à l'infini. »

Robespierre. « Vous vous étonnez de l'engourdissement de tous ceux qui devraient veiller à la chose publique. Sachez que Pitt a obtenu du parlement anglais 35 millions, qui sont répandus en France, pour arrêter la marche de la révolution. Sachez que ces

35 millions en valent au moins 50 en assignats. Toutes nos administrations sont corrompues.

» Les états-majors sont composés des créatures de La Fayette. Votre conseil exécutif est composé en partie d'hommes très-suspects; les égoïstes, les indifférens, et tous les riches, font des vœux pour la contre-révolution; il n'y a que les hommes gueux, il n'y a que le peuple qui puisse sauver la patrie, et le peuple a à lutter contre tous les genres de corruption.

» Il faut que l'autorité exécutive soit placée dans des mains populaires et incorruptibles, dans la main de ces hommes purs qui placent leur bonheur dans le bonheur général. Il faut que l'autorité publique soit populaire.

» Ne vous arrêtez plus à des détails, ne dénoncez plus la Montagne, car elle est ce qu'il y a de plus pur dans la République. Attachez-vous aux principes. Tarissez la source de la corruption; voilà la chose dont on ne s'est jamais occupé. On a toujours déclamé contre les ministres et les généraux, et on les a toujours laissés en place. L'opinion publique est encore dans la main de nos ennemis, parce qu'ils peuvent soudoyer les écrivains mercenaires.

» L'homme qui aurait les facultés morales les plus étendues ne peut lutter seul contre la corruption de son siècle s'il n'est secondé par l'énergie de ses concitoyens; la liberté ne périra pas, mais elle ne sera que le fruit des plus grandes et des plus longues calamités. Des torrens de sang le plus pur couleront, et nos ennemis entraîneront dans leur tombe une partie des défenseurs de la République. Citoyens, que le premier de vos principes soit celui-ci : que la patrie ne peut plus être sauvée que par les plus grands efforts de l'énergie républicaine et de l'héroïsme populaire.

» Je n'ai pas autre chose à vous dire, car si l'esprit public ne se ranime pas, si le génie de la liberté ne fait pas un dernier effort, j'attendrai sur la chaise curule où le peuple m'a élevé, le moment où les assassins viendront m'immoler. » (Applaudi.)

Bourdon de l'Oise. « Vous avez pris le titre de sans-culottes;

qu'avez-vous fait pour eux? Dans les départemens que j'ai parcourus, un père, une mère me disaient : j'ai mes enfans aux frontières, et je meurs de faim. Ce spectacle de la misère publique déchirait mon cœur. On faisait rétrograder la révolution en empoisonnant l'opinion publique. Vous avez établi un tribunal révolutionnaire; créez un tribunal révolutionnaire censorial, qui exerce sa censure sur tous les écrits. Prenez cette grande mesure, et vous triompherez. Occupez-vous du bonheur des sans-culottes. On ne peut se dissimuler que les denrées se soient élevées à un point que le peuple ne peut plus exister.

» Au lieu de taxer le grain, faites supporter l'excédant au riche; que le peuple soit nourri aux dépens du riche. Il vous comblera de bénédictions, et la révolution est achevée.

» Citoyens, dans un état républicain les denrées de première nécessité ne doivent pas être considérées comme marchandises, autrement le riche fera toujours la loi au peuple; il accaparera les denrées par spéculation comme par malveillance; il pourra faire brûler les subsistances d'un million d'hommes. Je somme tous les citoyens qui vous proposent des mesures révolutionnaires d'en adopter une comme celle-ci. (En prononçant ces mots, l'orateur fait briller son sabre aux regards des spectateurs, dont une partie applaudit avec transport.)

Desfieux. « La Convention est transportée dans le nouveau local. On a passé à l'ordre du jour sur une demande faite par les patriotes de trois cents cartes, et cependant quatre cents personnes sont entrées avec des cartes dans les tribunes privilégiées, et l'on ne peut pas même entrer dans les corridors sans montrer une carte.

» Voici un autre abus. Dans cette salle, il est impossible de rien entendre. La faction a su ce qu'elle faisait; elle a rejeté le plan d'un architecte patriote (Boyer), qui voulait faire une salle où tout le monde eût entendu; car c'est pour le peuple qu'elle est faite.

» Je demande qu'on fasse réparer cette salle aux dépens de Roland et de toute sa clique. Faites venir Boyer, pour connaître les raisons pour lesquelles son plan a été écarté ; alors nous ferons mettre Roland en état d'arrestation. » (Applaudi.)

« Un membre appuie cette dernière proposition, et observe que le plan perfide de Roland a obtenu la préférence sur tous les autres. Quant à la première proposition, ajoute-t-il, je déclare que les inspecteurs ont fait leur devoir. (Bruit.)

» Le citoyen Desfieux lit un passage de la séance des Jacobins de Marseille du 24 avril dernier. En voici la teneur :

« Bayle fait lecture d'une lettre de Rebecqui à Charles Barbaroux, dans laquelle ce lâche défectionnaire rend compte des événemens malheureux arrivés à Beaucaire, qu'il approuve très-fort, parce que ceux qui ont été tués, noyés, blessés, empoisonnés, étaient de la secte de la Montagne. Après quelques bavardages insignifians, Rebecqui annonce à son ami une lettre d'un nommé Bouscarle, de Marseille, et membre de la société, laquelle lettre renferme des détails trop curieux ; elle finit par un post-scriptum abominable. Rebecqui dit que le seul moyen de sauver la République, c'est de faire marcher sur Paris les quarante mille hommes qui combattent les rebelles des départemens de la Vendée, des Deux-Sèvres et autres. En finissant, Rebecqui recommande à Barbaroux d'embrasser Couödio, Saint-Leu, Duperret, Duprat, etc., tous brissotins et rolandins. » (*Journal des Débats du club*, n. CDXII.)

Dans son audience du 10 mai, le tribunal révolutionnaire acquitta Jean-Honoré-Théodore Morel, commis chez un receveur de loterie ; François Martin, compagnon orfèvre ; Louis-Charles-Barthélemy Guy, clerc de notaire, et Michel Bouvet, domestique, prévenus tous les quatre d'avoir coopéré à un attroupement séditieux paraissant avoir pour but de s'opposer au recrutement ; il fut enjoint à ces jeunes gens d'éviter à l'avenir de troubler l'ordre public. — A la même audience, Fouquier-Tinville se désista à l'égard du général René-Joseph Lanoue, mis en accusation comme prévenu d'avoir favorisé l'entrée des Prussiens à Aix-la-Chapelle; en conséquence, le général fut rendu à la liberté. — Pierre Boucher, conducteur de diligence, prévenu d'avoir favorisé une correspondance d'émigrés, fut aussi acquitté. Le dernier acquittement prononcé le même jour, 10 mai, fut celui de Jean-Baptiste Lenormand, imprimeur, accusé d'avoir imprimé la tragédie de Louis XVI. — La presse girondine du 10 mai se borne à cette ligne du *Patriote français*, n. MCCCLXVI : « Le calme règne dans cette ville (Paris). » — Les recrutemens avancent rapidement dans les sections. »

« LOCAL DE LA CONVENTION *au Palais national (les Tuileries); désignation de l'emplacement des comités, bureaux, corps-de-garde, etc.*

» *Nota.* Le pavillon du côté du nord se nomme *pavillon de la Liberté*; celui du milieu, *pavillon de l'Unité*; et celui du midi, *pavillon de l'Egalité.*

» *Pavillon de la Liberté.*

» Comité des décrets, au rez-de-chaussée; bureau des procès-verbaux, *idem*; bureau des scrutins, *idem*; comité d'inspection, au premier étage; bureau de l'inspection de la salle et des fournitures, *idem*; bureau des mandats, *idem*; comité d'agriculture, au second étage; comité de commerce, *idem*; comité de législation, au troisième étage; à côté du pavillon de la Liberté, l'escalier des amphithéâtres publics.

» *Extrémité de la salle, côté du pavillon de la Liberté sur le jardin.* — Les bureaux de la poste; le bureau des distributions; le contre-seing.

» *Arrière-corps entre le pavillon de la Liberté et celui de l'Unité.* — La salle d'assemblée de la Convention nationale; l'antisalle; le salon de la liberté; l'antisalle au haut de l'escalier principal.

» *Rez-de-chaussée sous la salle de la Convention et le salon de la Liberté.* — Sous la salle, corps-de-garde des vétérans, des pompiers, des grenadiers de la gendarmerie nationale; sous le salon de la Liberté, corps-de-garde de la garde nationale; sous l'antisalle de la Liberté, au rez-de-chaussée, le comité des pétitions, correspondances et renvois; la commission centrale.

» *Pavillon de l'Unité.*

» L'escalier principal pour les députés; le vestibule servant de passage au public. Au bas du vestibule, côté du pavillon de la Liberté, la galerie conduisant aux amphithéâtres publics et à la galerie des pétitionnaires; celle du côté du pavillon de l'Égalité conduit au corps-de-garde des archives, à l'escalier des archives nationales, qui sont au premier étage, au salon du comptage des assignats, attenant aux archives; au conseil exécutif provisoire, qui est au rez-de-chaussée; et à l'escalier de descente de la galerie souterraine, qui conduit au pavillon de l'Égalité.

» *Arrière-corps entre le pavillon de l'Unité et celui de l'Égalité.* — Sur la cour, le comité de la guerre; le comité de la marine; la commission de l'examen des marchés des fournisseurs de l'armée; le comité colonial.

» *Extrémité de l'arrière-corps à côté du pavillon de l'Égalité, au bas du grand escalier, au rez-de-chaussée.* — Sur la cour, un corps-de-garde, le garde-meuble et la lingerie; le comité de salut public, sur le jardin.

» *Au premier étage.* — Le comité de division, sur le jardin.

» *Pavillon de l'Égalité.*

» Le comité des assignats et des monnaies, au rez-de-chaussée; le comité de liquidation, au premier étage; le comité des finances, au second, sur le jardin; le comité des contributions, au second étage, sur la rivière; le comité de l'examen des comptes, au troisième étage, sur le jardin; le comité des ponts-et-chaussées, au troisième étage, sur la rivière.

» *Hôtel dit de* Brionne, *petite place du Carrousel.* — Le comité d'instruction publique, au rez-de-chaussée; le comité de sûreté générale, au premier étage; le comité de secours publics, au premier étage, sur le devant; le comité d'aliénation, au second étage; le comité des domaines, au second étage; le comité diplomatique, au second étage, sur le devant; la commission des Douze, au second étage, côté de la cour du Palais national; la commission des Six pour l'argenterie du château, à côté de celle ci-dessus.

» *Place du Petit-Carrousel, à côté de l'hôtel ci-dessus*; l'imprimerie nationale et les bureaux de l'imprimerie. » (*Le Républicain, journal des hommes libres,* n. CXCI.)

CONVENTION. — *Séance du 11 mai.*

Lecointre-Puyraveau demande la punition de Quétineau, général-commandant dans la Vendée, que l'on assure avoir fait crier : *Vive le roi!* par ses soldats, et s'être rendu aux rebelles avec deux mille cinq cents hommes. Taillefer pense que l'on doit tirer le canon d'alarme et fermer les spectacles. Thuriot propose la suppression des journaux incendiaires, le départ, sur-le-champ, des volontaires de Paris, et la confiscation des biens du traître Quétineau. Baraillon est d'avis d'une amnistie en faveur des hommes émigrés qui mettront bas les armes. Bourdon accuse le général Labourdonnaye d'avoir renvoyé cinq mille hommes, armés et équipés par les commissaires, dans le département de la Manche. Lehardy déclare que les journaux dénoncés sont ceux qui ont fait la révolution. Bentabolle réclame une taxe de guerre sur les riches, tant pour le départ des volontaires que pour la solde des pauvres qui composeront la garde de Paris. Collot-d'Herbois demande l'arrestation des hommes déclarés suspects par les municipalités ou les sociétés populaires, l'application d'un tiers de leur fortune aux dépenses de la guerre, et la rénovation du conseil exécutif. Levasseur propose que, dans le danger où se trouve la patrie, le comité de salut public soit continué tel qu'il est. Vive opposition de Salles et Barbaroux. Décret qui continue le comité de salut public pour un mois, avec les mêmes pouvoirs. Barrère, au nom de ce comité, donne connaissance de diverses lettres du commissaire Tallien, annonçant la trahison de Quétineau, agent de Dumourier, la prise de Thouars et de trois mille hommes par les rebelles. Il présente une cartouche signée par Domainguet, colonel-général de la cavalerie de l'armée chrétienne. Décret pour l'envoi de huit bataillons dans les départemens maritimes de l'Ouest, les honneurs du Panthéon à Dampierre, l'élévation d'un monument en l'honneur des Marseillais qui ont péri à Thouars, et l'examen de la conduite de Quétineau. Décret pour le transport au cabinet national d'histoire naturelle des objets du cabinet de Chantilly.

COMMUNE. — *Séance du 11 mai.*

Une nombreuse députation de la section des Arcis se présente au conseil et déclare que cette section est prête à marcher tout entière contre les rebelles. Le conseil, au milieu des plus vifs applaudissemens, arrête qu'il sera fait mention civique au procès-verbal du zèle et du dévouement des citoyens de la section des Arcis.

Le conseil a arrêté que les médecins des prisons seraient tenus, sous peine de destitution, de lui envoyer chaque jour le bulletin des prisonniers malades; que le département serait invité à s'occuper de désigner pour les prisonniers un local plus commode et plus salubre que celui de la Conciergerie et autres, et à veiller avec soin à ce que les enfans prévenus de délits, et qui sont dans les maisons de détention, soient séparés suivant leur sexe, et n'aient aucune communication avec les scélérats qui y sont enfermés.

Lecture faite de l'ordre du commandant-général, dans lequel il prévient qu'il arrive à Paris quinze mille fusils. Un membre demande que Santerre soit invité à désigner le jour de leur arrivée. Le citoyen maire donne à ce sujet quelques explications dont le conseil est pleinement satisfait.

Le conseil arrête que les fusils arrivant à Paris seront répartis dans les sections qui seront chargées de les faire réparer, et qu'à la suite du présent arrêté, l'on ajoutera la loi portant le mode de paiement de ces réparations.

Les volontaires que fournit la section du Mont-Blanc pour la Vendée viennent jurer d'exterminer les rebelles. Leur capitaine, ancien garde-française, prend la parole :

« Depuis long-temps, dit-il, on nous effraie du nombre des brigands de la Vendée. Que nous importe leur nombre? où sont-ils? Voilà tout ce qu'il faut savoir. »

Le président du conseil répond avec une énergie républicaine. Le conseil arrête qu'il sera fait mention civique au procès-verbal du dévouement des volontaires de la section du Mont-Blanc, et ordonne l'impression de leur discours et de la réponse du président.

CLUB DES JACOBINS. — *Séance du 11 mai.*
Présidence de Bentabolle.

Le bataillon des citoyens de la section des Tuileries qui part pour la Vendée entre précédé des tambours et de la musique guerrière. Il défile au milieu des applaudissemens.

L'orateur. « Citoyens, la section des Tuileries a formé dans son sein deux compagnies de républicains qui partent pour exterminer les satellites des tyrans et surtout les véritables anarchistes. »

Le président. « Si les trahisons de Dumourier, si les intrigues de nos calomniateurs avaient pu abattre notre courage, nous déposerions toute espèce de crainte en voyant la partie la plus saine du peuple se rallier à nous. Oui, citoyens, nous allons prêter avec vous le serment de mourir plutôt que d'abandonner la révolution française, qui consacrera le bonheur du monde. Les défenseurs de la liberté ne périront jamais, parce qu'ils combattent pour les droits sacrés de la nature et de l'humanité. » (Applaudissemens.)

Les chapeaux s'agitent, et tous les membres s'écrient : *Vive la République!*

Un des militaires. « Je pars pour combattre les fanatiques de la Vendée ; mais je demande que les volontaires qui ont quitté leur corps et qui se cachent à Paris soient obligés de rejoindre. »

Hassenfratz. « Le ministre de la guerre a proclamé cet ordre. J'invite donc les membres des comités révolutionnaires à demander aux volontaires réfugiés à Paris s'ils ont une permission particulière, et à les obliger à rejoindre s'ils n'ont ni pouvoir, ni infirmités. »

Un des militaires prie la société de leur envoyer tous les journaux et ouvrages patriotiques, et particulièrement Marat.

Le président invite le pétitionnaire à se rendre au secrétariat, où on lui remettra, tant pour lui que pour ses camarades, un certain nombre d'imprimés patriotiques, et le journal de Marat, dont la société reçoit tous les jours un certain nombre d'exemplaires.

Un membre. « Il a été mis en principe qu'on lèverait un impôt martial sur les riches. Cette mesure, qui est certainement le meilleur levier révolutionnaire, n'est point encore exécutée.

» Il est très-instant que l'impôt de guerre soit décrété ; mais il ne faut pas que la contribution se fasse par sections ; les secours doivent se répartir également entre tous les citoyens de Paris. Remarquez que les sections sont plus ou moins riches, et le fort doit aider au faible ; le surplus de l'impôt servira à nourrir les sans-culottes qui sont sans ouvrage.

» Je crois que dans les circonstances où nous sommes, les barrières doivent être sévèrement gardées. »

Desfieux. « Depuis long-temps on parle d'une taxe de guerre. Cette taxe ne vient pas. La section de Bon-Conseil a fait une liste des riches financiers, des riches notaires qui sont restés à Paris. Eh bien ! leur contribution à raison de dix pour cent s'élève à 64,000,000, et la liste n'est composée que de cent personnes. Cette section a envoyé cette liste à la municipalité, qui a invité toutes les sections à la compléter, pour qu'elle soit envoyée à la Convention, qui décrétera cet impôt. » *(Journal des Débats du club des Jacobins, n. CXCVII de la correspondance.)*

PRESSE.

Dans le n. MCCCLXVII du *Patriote français*, Girey-Dupré revient en ces termes sur l'arrêté porté contre ce journal par la Commune de Paris, à la séance du 8 mai.

« *Samedi 11 mai.* — Il y a trois jours que le grand arrêté a été fulminé contre moi, et on ne lui a encore donné aucune suite. La municipalité serait-elle convaincue, comme tout le monde, qu'elle a fait une sottise, et qu'elle a impudemment compromis son autorité en la mettant aux prises avec la liberté de la presse? L'exemple du juge de paix Larivière, qui s'est brisé contre ce rocher; l'exemple de la municipalité du 2 septembre, dont la toute-puissance a échoué contre moi, ne doivent-ils pas apprendre à Chaumette et à ses collègues que *l'inviolabilité* des écrivains républicains est un principe auquel on ne peut attenter impunément?

» La municipalité actuelle a imité en un point celle du 2 septembre : c'est qu'elle m'a poursuivi lorsqu'on parlait de toscin, du canon d'alarme, lorsqu'on méditait des massacres. Toute la différence est que les massacres médités alors ont été exécutés, et que ceux que l'on médite aujourd'hui ne le seront point; *j'en jure par la résistance à l'oppression.*

» Peut-être nos municipaux ont-ils espéré que leur arrêté ferait croire dans les départemens que le *Patriote français* était suspendu, et ralentirait par-là le zèle des abonnés; mais je déclare qu'une force physique seule (et je ne la crains pas) pourra m'empêcher de continuer mes travaux; je déclare que mon journal est la propriété de tous les républicains, et que je le mets sous leur sauvegarde; je déclare que, quels que soient les événemens, mes engagemens seront remplis; je déclare que, si mon journal est momentanément suspendu, je poursuivrai sans relâches, quand les lois régneront (*et* BIENTOT *elles régneront*), tous les auteurs de cet attentat aux droits de l'homme. »

CONVENTION. — *Séance du 12 mai.*

Les représentans Boisset et Moïse Bayle transmettent un arrêté par lequel ils cassent un tribunal populaire et un comité central établis par les sections de Marseille, qui leur ont signifié de partir de cette ville sous vingt-quatre heures. Granet propose qu'il soit sursis jusqu'après l'arrivée des commissaires envoyés par les sections. Barbaroux accuse les commissairss de la Convention d'avoir prêché le brigandage et le meurtre, et demande la suspension de leur arrêté. Marat attribue les troubles de Marseille au parti de Roland, dont Barbaroux est l'organe. Guadet observe qu'on levait six mille hommes pour venir à Paris, mais il s'est opéré une révolution contre les fauteurs de l'anarchie ; i conclut au rappel des commissaires non conservés et à la limitation des pouvoirs accordés aux représentans en mission. Thuriot est de l'avis du renvoi au comité de salut public. Décret qui suspend provisoirement l'arrêté des commissaires.

COMMUNE.—Il n'y eut pas de séance de la Commune le dimanche 12 mai.

CLUB DES JACOBINS. — *Séance du 12 mai.*

« Une citoyenne, soldat canonnier, qui a été devant Maëstricht, faite ensuite prisonnière par l'ennemi, et échappée à la faveur de son sexe, réclame contre le refus que lui a fait sa section de lui délivrer une carte de sûreté. La société, applaudissant au courage dont elle a déjà donné des preuves, et à sa résolution de ne quitter les armes que lorsque les ennemis de la patrie auront été vaincus, lui accorde à l'unanimité un diplôme pour lui servir de sauvegarde.

» La section des Invalides communique un arrêté qui invite les autres sections à bannir tous les intrigans de leurs assemblées. Elle n'a fait que prendre cette mesure, et son contingent a été complet.

» Une députation de la société des citoyennes révolutionnaires, séant en la salle de la bibliothèque des Jacobins, fait part aussi d'un arrêté où elle invite les citoyennes de toutes les sections à exciter leurs maris à prendre les armes, à combattre l'égoïsme des apathiques, à former elles-mêmes des bataillons d'amazones, à arborer la cocarde tricolore, et à grossir le nombre de la société naissante des citoyennes révolutionnaires.

» L'orateur porte la même invitation, et avec beaucoup d'énergie, aux citoyennes des tribunes, ne leur dissimulant pas que la part qu'elles prennent à la révolution en écoutant des discours n'est pas assez active.

» Elle appelle ensuite la sollicitude de la société sur la section du Finistère, et invite les membres à obtenir de leurs sections respectives que la répartition de la masse de leurs contributions s'étende sur les citoyens du Finistère, pour subvenir à la subsistance des familles d'un grand nombre de ceux dont l'indigence est le seul obstacle qui arrête leur ardeur à aller combattre les révoltés.

» Après des applaudissemens souvent réitérés, le président fait, au nom de la société, une réponse satisfaisante.

» Les citoyens formant le contingent de la Halle-aux-Blés défilent tambour battant. Leur orateur fait un discours qui ne laisse pas douter des sentimens républicains qui les animent.

» Il ne dissimule pas en même temps combien il est essentiel que leur départ ne laisse pas leurs familles en proie à la fureur des malveillans, surtout d'armer tous les sans-culottes de Paris, pour en former une armée révolutionnaire, capable d'en imposer à tous les ennemis de la chose publique. Il insiste d'autant plus qu'il s'aperçoit de la négligence qu'on y apporte. » (*Le Républicain, journal des hommes libres*, etc., n° CXCIV.)

PRESSE DU 12.

» Le fils du ci-devant roi est incommodé. La municipalité lui a refusé le médecin demandé par la mère; cette conduite est au moins très-impolitique : il faut éviter jusqu'à l'ombre du soupçon. » (*Patriote français*, n° MCCCLXVIII.)

CONVENTION. — *Séance du 15 mai.*

Le général Custine écrit pour demander un successeur. Il motive l'offre de sa démission sur ce que son républicanisme a été suspecté par les représentans Ruamps, Montaut et Soubrany, à cause de la lettre par laquelle il demandait au duc de Brunswick de lui faire remettre le capitaine Boos, qui avait osé se dire chargé d'une mission de sa part, ayant pour objet d'inviter les commissaires de la Convention et le général commandant à Mayence à traiter de la reddition de cette ville.

Suite de la discussion sur la Constitution.

[*Condorcet.* Citoyens, vous ne pouvez vous dissimuler les dangers auxquels nos troubles intérieurs et nos divisions intestines exposent la République. Une ligue puissante nous assiége de toutes parts; mais que pourra-t-elle si les Français, qui tous veulent la liberté, savent enfin se réunir pour la défendre?

Le remède à ces troubles, à ces divisions, la nation entière vous l'a indiqué : c'est l'établissement d'une Constitution républicaine.

Le moment où le peuple français pourra se reposer sur des lois fixes, revêtues de son approbation, est celui où vous verrez disparaître, et les conspirations, et les révoltes, et les ambitions particulières, et ces passions personnelles qui sont dégénérées en fléaux publics.

C'est alors que, tous les Français connaissant enfin sous quelles lois douces, égales et justes ils pourront exercer leur liberté, jouir de leurs biens, se livrer à leurs travaux, développer leur industrie, il ne sera plus au pouvoir du fanatisme religieux ou de l'hypocrisie politique de tromper l'ignorance ou d'égarer le patriotisme.

Citoyens, vous devez vous hâter d'apprendre à la France, à l'Europe, que ce devoir sera rempli; que rien n'aura la force de vous en détourner; que vous-mêmes vous ne voulez pas avoir le funeste pouvoir de tromper l'attente de la nation.

J'ai cherché une mesure qui pût remplir cet objet important. Vous avez promis de sauver la patrie, et je ne vous conseillerai point de remettre en d'autres mains le dépôt que vous avez accepté; je ne vous parlerai point d'inviter le peuple à prononcer sur nos divisions personnelles; car ce serait l'exposer à les partager; je ne vous proposerai aucunes de ces résolutions, qui annonceraient que vous désespérez ou de la chose publique ou de vous-mêmes.

Je vous propose de fixer un terme suffisamment éloigné auquel les assemblées primaires seront convoquées pour accepter ou rejeter la Constitution, si nous en avons terminé le projet; ou pour nous remplacer par des élections nouvelles, si ce grand ouvrage n'a pu être achevé.

Si vous prenez ce parti, dès lors toutes ces imputations si peu méritées de vouloir perpétuer le pouvoir dans vos mains, de profiter des maux publics pour satisfaire vos intérêts, votre ambition, vos passions même; dès lors tous ces prétextes de tant de calomnies s'évanouiront devant vous.

Qui pourrait en effet vous reprocher encore, et cette cumulation de tous les pouvoirs, et cette autorité extraordinaire d'un de vos comités, et ces pouvoirs si étendus délégués à vos commissaires? Je ne partage point les craintes que ces résolutions ont inspirées, les soupçons qu'elles ont fait naître; mais, quelle qu'en soit l'injustice, leur existence seule vous fait un devoir de les dissiper; dès lors la nation consolée verra le terme où elle aura enfin des lois; elle connaîtra du moins celui où l'erreur de ses choix pourra être réparée.

Chaque jour nous voyons le patriotisme même altérer cette unité par des mesures partielles que le péril excuse, mais dont l'habitude deviendrait bientôt dangereuse.

Tant qu'on ne verra point l'époque où un ordre durable, établi par la volonté nationale, pourra répondre à chaque partie de la République de sa tranquillité, de sa sûreté, comment voulez-vous que chacune d'elles ne cherche pas le moyen de se sauver elle-même, et que la force nationale ne se dissipe pas en efforts incohérens et mal combinés?

Si des événemens suspendent cette partie importante de nos travaux ; si des débats les interrompent, ces retards ne produiront plus ni les mêmes inquiétudes ni les mêmes défiances ; on ne vous reprochera plus avec la même amertume un mal auquel vous aurez vous-même fixé un terme.

Cromwel n'eût osé dissoudre le parlement d'Angleterre, si cette assemblée eût offert une Constitution au peuple, si même elle eût seulement fixé le terme où de nouveaux représentans seraient appelés pour achever l'ouvrage qu'elle n'aurait pu terminer. Monk n'eût point établi la royauté si ce même parlement, répétant cette même faute une seconde fois, n'eût laissé ce général perfide maître de l'instant où une nouvelle représentation nationale serait convoquée.

Voici le décret que je vous propose :

« La Convention nationale, considérant qu'au moment où les citoyens renouvellent leurs efforts et leurs sacrifices pour la défense de la liberté, il est de son devoir de leur en montrer le but et le prix ; que l'incertitude de l'époque où elle présentera la Constitution à l'acceptation du peuple alimente les espérances tyranniques des ennemis étrangers, et fournit aux conspirateurs domestiques un prétexte de calomnier la représentation nationale, de rejeter sur elle, ou de faire envisager comme durables les maux qui sont la suite inévitable du passage orageux et rapide de l'oppression à l'égalité ; considérant que le moyen le plus efficace de confondre les ennemis de la liberté française est de leur montrer qu'au milieu même de tous les genres de guerres et de divisions, il existe un centre indestructible de forces et de volontés pour organiser et maintenir la République ; considérant enfin qu'elle prépare d'avance le règne des lois, en s'en imposant à elle-même, et qui mettent le salut public à l'abri de tous les événemens, de toutes les erreurs et de toutes les passions, décrète ce qui suit :

» Art. 1. Dans le cas où les assemblées primaires n'auraient pas été antérieurement convoquées pour accepter ou rejeter un plan de Constitution présenté par la Convention nationale, il sera formé une nouvelle Convention, et à cet effet les assemblées primaires se réuniront à l'époque du 1ᵉʳ novembre prochain, sans aucune autre convocation.

» 2. La nouvelle Convention sera composée de la même manière que la Convention actuelle, et ses membres élus sous les mêmes formes, conformément à l'acte de l'assemblée législative du ... août 1792.

» 3. S'il y a lieu à la formation d'une Convention nouvelle, elle ouvrira ses séances le 15 décembre prochain. »

Aux voix! aux voix! s'écrient simultanément un grand nombre de membres. (Après quelques instans de tumulte, Thuriot obtient la parole.)

Thuriot. Lorsque le corps législatif a provoqué la formation d'une Convention, il a eu pour objet d'établir une nouvelle Constitution.

La France a applaudi à cette mesure. Vos mandats premiers ont donc été de vous occuper de la Constitution. Mais si vous vous retirez sans avoir rempli ce vœu, vous vous déclarez indignes du caractère dont vous aviez été revêtus; vous déclarez à la nation française que vous n'avez pas eu assez de courage pour lui donner une Constitution. (On applaudit.)

Or, quel est celui d'entre vous qui serait assez lâche pour rentrer dans ses foyers après cette déclaration? Vous avez formé un comité pour vous présenter un plan de Constitution. Vous lui avez donné quatre mois de temps; il vous a soumis ce plan, et en général ce plan n'a pas eu l'approbation de tous les patriotes.

Il est constant que les parties de ce plan qui ont obtenu l'assentiment de l'assemblée ont été puisées dans l'ancienne Constitution. Maintenant, je suppose que nous soyons parvenus à l'époque, et qu'elle ne fût point terminée, croyez-vous que des hommes nouveaux qui seraient appelés à vous remplacer pussent prendre des mesures capables de sauver la République?

Je ne connais pas de plus sûr moyen de faire la contre-révolution ; car c'est dire en propres termes : Nous n'avons pas le courage de faire le bien ; nous sommes dans l'impossibilité de l'opérer : venez, arrivez, vous, car nous trahissons la patrie.

Je demande que la Convention, fidèle à ses principes et à ses sermens, ne permette pas à ses membres de diriger son attention sur des objets semblables, qui peuvent porter l'alarme dans la République.

Au surplus, si l'on insiste, je demande que, par appel nominal, chaque membre soit tenu de venir déclarer à la tribune s'il se sent le courage de faire une Constitution, de demeurer à son poste, et de sauver la République. (On applaudit.)

Sur la proposition de Lasource, l'assemblée décrète l'impression de la motion d'ordre de Cordorcet et l'ajournement.]

Barrère donne lecture de l'arrêté du conseil exécutif qui nomme Custine général en chef de l'armée du Nord, et confie provisoirement le commandement de l'armée du Rhin au général Houchard.

La Convention approuve cet arrêté.

Billaud-Varennes. Je déclare que je ne prends pas part à la délibération.

Barrère. Voici un arrêté du département de l'Hérault.

« ART. 1. Les conseils généraux des communes feront un état exact des citoyens peu aisés de leur ville qui ont marché sur Perpignan.

» 2. Que chaque jour ils requerront ceux de leurs concitoyens qui sont demeurés dans leurs foyers, et cela à tour de rôle, et ayant égard aux facultés d'un chacun, de faire, ou faire faire une journée de labourage ou de toute autre nature de travail, dans les possessions de ceux de leurs frères pauvres qui ont pris les armes pour obéir à la réquisition.

» 3. Que si le temps de la moisson arrive avant que ces généreux Français soient rentrés dans leur domicile, leur récolte sera faite par les soins et sous la surveillance de leurs municipalités, et aux frais des citoyens les plus aisés de la commune, en pressant toujours ceux qui sont reconnus pour inciviques.

» 4. Que s'il existe quelques citoyens pauvres, sans biens fonds, vivant de leur industrie, qui aient été obligés de se déplacer pour une aussi belle cause, les conseils-généraux des communes pourvoiront à la subsistance de leur famille par une taxe qu'ils établiront sur les citoyens aisés, et préalablement sur ceux qui n'auront point donné des preuves de civisme, ou dont l'égoïsme et l'indifférence pour la chose publique sont notoirement connus.

» 5. S'il existait d'assez mauvais citoyens pour désobéir auxdites réquisitions, les conseils-généraux des communes pourvoiront provisoirement et par voie d'avance aux frais que ces divers travaux pourront exiger, en transmettant à l'administration du département la liste de ceux qui se refuseront à des mesures aussi légitimes, et que l'humanité seule commande. » (On applaudit.)

L'assemblée décrète l'approbation de cet arrêté en ces termes :

« La Convention nationale approuve l'arrêté du département de l'Hérault du 5 mai, et décrète qu'il sera exécuté dans tous les départemens ; elle ordonne qu'il en sera fait mention honorable dans le procès-verbal. »

COMMUNE. — *Séance du 15 mai.*

Nous empruntons à la *Chronique de Paris*, n° CXXXV, le compte-rendu suivant :

« Les volontaires des sections de la République et des Tuileries se présentent au conseil et demandent des armes et divers objets d'équipement, afin de pouvoir marcher promptement contre les rebelles de la Vendée ; ces réclamations sont renvoyées aux différentes commissions pour leur faire obtenir ce dont ils peuvent avoir besoin.

» La section du Temple demande que le conseil prenne des mesures vigoureuses contre les sections qui n'ont pas encore fourni leur contingent. Elle a quarante hommes d'excédant, qu'elle destine à la formation de l'armée révolutionnaire soldée.

» Cinq compagnies de la section de l'Unité, formant le contingent de cette section, traversent la salle du conseil, en criant : *Vive la nation* ; *Vive la République !* Elles demandent des armes pour terrasser les tyrans et les fanatiques de la Vendée. Le conseil prendra des mesures pour leur en procurer : elles sortent en chantant l'hymne des Marseillais ; et sur le réquisitoire de Chaumette, le lilas qu'elles portaient restera déposé à la maison commune, et servira à faire des couronnes qui seront distribuées aux vainqueurs de cette section à leur retour de la Vendée. On nomme de plus des commissaires pour presser, au comité de salut public, la prompte délivrance des armes.

» La section de la Patrie expose les dangers de donner le commandement de nos armées à des étrangers. Cet arrêté sera communiqué aux sections, pour obtenir leur vœu à ce sujet.

» L'administration de police rend compte de la situation de Paris, et soumet au conseil des mesures liées à la tranquillité publique. « Animées, disent les administrateurs, par l'enthousiasme de la liberté, de nombreuses cohortes républicaines vont se mettre en marche pour réduire les rebelles de la Vendée ; mais elles sont tourmentées par une inquiétude bien pardonnable. On ne peut se dissimuler que dans ce moment Paris renferme dans son sein un nombre immense de gens suspects et vraisemblablement malintentionnés : les dissensions qui ont eu lieu dans différentes sections, les rassemblemens effectués dans plusieurs endroits de la ville, l'audace avec laquelle se sont montrés les aristocrates, tout doit nous faire craindre qu'après le départ de nos braves frères, dont la présence n'a pas peu contribué à les contenir, ils ne troublent encore la tranquillité publique de Paris, et ne parviennent, par leurs manœuvres perfides, à mettre la République dans les dangers les plus imminens....

» Nos frères qui partent et ceux qui ont déjà combattu laissent des familles peu fortunées, il faut venir à leur secours ; le sybarite voluptueux, le riche égoïste doit surtout payer le repos dont il jouit et la défense de sa propriété. Il est donc instant de terminer le mode de répartition de l'emprunt forcé. La révolution, en nivelant les fortunes, prive nécessairement la classe intéressante des ouvriers du travail qui les nourrissait. Le devoir des magistrats du peuple est de venir au secours des indigens. Nous croyons utile de chercher les moyens d'établir à Paris une armée révolutionnaire soldée, composée seulement de patriotes peu fortunés, de véritables sans-culottes, que l'impérieuse nécessité a pu seule retenir dans nos murs. Nous pensons qu'une mesure indispensable, c'est le désarmement et l'arrestation, jusqu'à la fin des troubles qui dévastent le département de la Vendée et autres, de tous les gens suspects qui abondent à Paris, et qui naguère ont failli y allumer la guerre civile.

» Le conseil arrête, 1°, qu'après le recrutement, il sera organisé une armée révolutionnaire soldée, qui fera le service à Paris, et qui sera toujours en état de réquisition ; 2° que le désarmement et l'arrestation des gens suspects sont dévolus au maire et à l'administration de police, et que le mode en sera discuté dans le secret. »

FIN DU VINGT-SIXIÈME VOLUME.

TABLE DES MATIÈRES

DU VINGT-CINQUIÈME VOLUME.

PRÉFACE. — Exposition comparée des principes politiques de la Gironde et de la Montagne.

HISTOIRE PARLEMENTAIRE. — AVRIL 1793. — *Convention nationale.* — Charlier demande que la Convention décrète qu'elle ne se séparera point avant d'avoir achevé la Constitution; ordre du jour, p. 1. — Une députation de la Commune paraît à la barre, p. 2. — Adresse des 48 sections qui demande l'expulsion de 22 Girondins, p. 5 à 7. — Boyer-Fonfrède demande l'appel au peuple des départemens, p. 8. — Thirion appuie la pétition, p. 13. — Communication sur la position des commissaires livrés aux Autrichiens par Dumourier, p. 15. — Fin de la séance permanente du mois d'avril, p. 15. — *Commune de Paris.* Elle arrête une nouvelle députation à la Convention, p. 16. — *Club des jacobins.* Renseignemens sur la situation du département du Bas-Rhin, p. 17. — Renseignemens sur l'adresse des sections, p. 19. — *Tribunal Révolutionnaire.* Affaire Blanchelande, p. 20. — Extrait du *Patriote français*, p. 25. — *Convention.* Manifeste de la Convention de France à tous les peuples et à tous les gouvernemens, p. 23. — Détention des d'Orléans à Marseille; séquestre de leurs biens, p. 27. — Lasource sur l'adresse des sections propose l'appel au peuple, p. 27. — Opposition de Philippeaux, p. 36. — *Commune.* Elle décide qu'elle consultera les sections sur une nouvelle démarche à faire près la Convention, p. 37. — *Presse.* Extrait du *Patriote français*, suicide d'un jeune Anglais, p. 38. — *Convention.* Situation fâcheuse des subsistances, rapport de Romme sur la Constitution, p. 59. — *Commune.* Discussion sur les subsistances, p. 45. — *Club des jacobins*, p. 45. — Discours de Robespierre, p. 46. — *Tribunal Révolutionnaire*, acquittemens, p. 51. — *Convention.* Le département de Paris paraît à la barre, il demande le *maximum*, p. 51. — Extrait du journal de Marat, p. 53. — *Commune, maximum*, p. 55. — *Club des jacobins.* Sur la situation des partis dans la Convention, p. 55. — *Tribunal révolutionnaire.* Condamnation d'une femme, p. 60. — *Convention.* Discussion sur cette condamnation, p. 61. — Discussion sur la Constitution, p. 62. — De la liberté des cultes, p. 63. — Opinion de Vergniaud, p. 63. — De Danton, p. 64. *Commune*, p. 65. — *Club des jacobins*, p. 66. — Introduction du *Journal des Amis* par Fauchet, p. 67. — *Convention.* Nouvelle discussion sur l'adresse des sections, p. 78. Discours de Vergniaud, p. 79. — Décret qui déclare calomnieuse l'adresse des sections de Paris, p. 84. — Nouvelle députation de la Commune, p. 84. — Discours de Robespierre jeune, p. 85. — La députation de la Commune reçoit les honneurs de la séance, p. 86. — *Commune*, p. 87. — *Tribunal révolutionnaire*, p. 88. — Extrait du *Patriote français*, p. 89 et du journal de Marat, p. 90. — Séance de la Convention, p. 91. — *Idem* de la Commune, p. 91. — *Club des Jacobins.* Déclaration des droits présentée par Robespierre, p. 95. — *Convention.* Députation des sections du faubourg Saint-Antoine, dénonciation contre les Girondins, p. 97. — *Commune*, p. 101. — *Club des jacobins.* Boissel lit une déclaration des droits dite des sans-culottes, p. 107. — Fabre d'Eglantine sur le vol du garde-meuble, p. 107. — Discussion sur la désignation des vrais coupables, p. 109. — Séance de la Convention, p. 112. — *Idem* de la commune, p. 112. — Certificats de civisme, p. 113. — *Tribunal révolutionnaire.* Audience du 21, procès de Marat, p. 114 à 130. — Plaidoyer de Marat, p. 122. — Marat est acquitté, p. 129. — *Convention.* Discours de Robespierre sur la propriété, p. 130. — Discours de Saint-Just, p. 133. — Marat est apporté triomphalement par le peuple dans la Convention, p. 142. — Discours de Marat, p. 143. — Discours de Danton, p 144. — *Commune.* Certificats de civisme, p. 145. — *Club des jacobins*, p. 146. — Réflexions du *Patriote français* sur l'acquittement de Marat, p. 148. — Narration du procès par Marat, p. 149. — Séances de la Convention et de la Commune, p. 152. — Décret sur l'empreinte des monnaies, p. 154. — Suite de la discussion sur la Constitution, p. 154. — Opinion d'Anacharsis Clootz, p. 155. — Discours de Petit, p. 157. — *Commune.* La section Bon-Conseil propose à la ville de lever des bataillons de volontaires, pour faire la guerre en Vendée, p. 161. — *Club des Jacobins.* Discussion sur le journal de Brissot, p. 162. — Adresse de la ville d'Auxerre, p. 166. — Dénonciation contre les officiers qui commandent en Vendée, p. 168. — *Presse.* Notice sur le triomphe de Marat, p. 172. — Notice sur Pétion, p. 172. — *Convention.* Vues révolutionnaires présentées au comité de salut public par le département de l'Hérault, p. 177. — *Commune*, Mesures en faveur des Liégeois, p. 180. — *Tribunal révolutionnaire*, p. 182. — *Convention.* Opinion de Creuzé-Latouche sur les subsistances, p. 184. — Adresse de la section des Droits-de-l'Homme, p. 185. — Le citoyen Buonarotti demande la grande naturalisation, p. 186. — *Commune.* Elle adopte la fille de Lazowski, p. 188. — Pompe funèbre de Lazowski, p. 188. — *Convention.* Arrêté du département d'Indre-et-Loire portant interdiction contre les journaux Girondins, p. 191. — Motion sur le tribunal révolutionnaire, p. 191. — Observations de Buzot; discussion p. 192. — Réclamations contre des arrestations ordonnées par le comité de sûreté générale; discussion p. 197. — *Commune.* Certificats de civisme, p. 206. — Adresse de la commune aux Parisiens sur l'enrôlement pour la Vendée, p. 207. — Compte-rendu de l'ancien comité de surveillance de la Commune, p. 208. — *Convention.* Discussion sur le *maximum*, p. 210. — Décret sur la répartition des armées, et sur les pouvoirs des représentans du peuple, p. 219. — *Commune.* Subsistances, p. 226. — Recrutement pour la Vendée, p. 227. — *Départemens.* Situation de la ville de Lyon, p. 229. — Vendée, p. 234. — Massacre de prisonniers républicains à Machecoult, p. 234. — Combat de Chemillé, p. 236. — Combat de Beaupréau, p. 237. — Combat des Aubières, p. 238. — *Bulletin des armées.* Armée du Nord, p. 238. — Armée du Rhin, p. 240. — Armée des Pyrénées, p. 242. — *Documens complémentaires*, p. 245. — Procès-verbal des conférences des commissaires de la Convention avec Dumourier, p. 246. — Extrait des Mémoires d'un homme d'état sur la conspiration de ce général, p. 257. — Proclamation du prince de Cobourg rédigée de concert avec Dumourier, p. 265. — Histoire des Brissotins, ou fragment de l'histoire secrète de la révolution, par Camille Desmoulins, p. 266.

Mai 1793. — Coup d'œil général sur les événemens du mois de mai, p. 310. — *Convention.* Adresse du faubourg Saint-Antoine sur le recrutement pour la Vendée, p. 516. — Interruptions et discussions violentes à la suite, p. 519 à 529. — Tribunal révolutionnaire, p. 529. — *Commune.* Le conseil arrête la forme et le montant de levée pour la Vendée; texte de l'arrêté, p. 532. — *Convention.* Discussion sur le *maximum*, p. 535. — *Commune*, p. 541. — *Convention.* Décret sur le *maximum*, p. 545. — *Commune*, p. 547. — Santerre demande à marcher en Vendée, p. 548. — *Club des Jacobins*, p. 549. — *Tribunal révolutionnaire*, p. 550. *Presse*, p. 551. — Séance de la Convention, p. 552. — *Commune.* Troubles dans les sections de Paris à l'occasion du recrutement, p. 552. — *Club des Jacobins.* Une députation du conseil général invite les Jacobins à se rendre dans leurs sections, afin de s'opposer aux mécontens, p. 553. — Agitations dans Paris; appels du *Patriote français*, p. 554. — Aventures de Marat dans sa section, p. 557. — *Commune*. Les agitateurs s'emparent de plusieurs sections et en chassent les patriotes, p. 557, 559. — Émeutes dans les rues, p. 558. — Serment que se prêtent les opposans, p. 560. — Discours de Chaumet à la Commune, p. 561. — *Convention*. Discussion sur les troubles de Paris, p. 565. — Députation d'une des sections dont les opposans se sont emparés, p. 567. — *Commune*. Mesures prises contre les opposans, p. 568. — Formation d'une manufacture d'armes à Paris, p. 570. — Les rassemblemens sont dissipés, p. 571. — *Club des Jacobins*, p. 571. — *Convention*. Proposition sur les devoirs et les droits des représentans du peuple dans les départemens, p. 575. Discussion, p. 575. — Rapport du comité des finances, p. 575. — Un chapitre du budget, p. 578. — *Commune*. La section de l'Unité a chassé les agitateurs de son sein, p. 579. — Adresse de la section des Champs-Élysées, p. 580. — *Convention*. Discussion sur les mesures à prendre pour arrêter les progrès des Vendéens, p. 581. — Discours de Robespierre, p. 582. — Discussion sur les troubles de Paris, p. 585. — Discours de Vergniaud sur la Constitution, p. 586. — *Commune*. Arrêté sur un emprunt forcé sur les riches, p. 599. — Club des Jacobins, p. 401. — *Presse*. Sections insurgées contre les enrôlemens pour la Vendée, p. 401. Poursuites de la commune contre le *Patriote français*, p. 400 et 403. — Séance de la Convention, p. 403. — La Convention transporte ses séances aux tuileries, p. 403. — *Commune*. Arrêté sur les chevaux de luxe, p. 404. — *Club des Jacobins*, motions révolutionnaires, p. 406. — *Tribunal révolutionnaire*, détails de l'affaire Rivier-Mauny et Beaulieu, p. 408 à 429. — Notice biographique sur Fournier dit l'Américain, p. 429. — Dénonciation contre Gorsas; il est accusé d'avoir été juge et massacreur en septembre, p. 430. — *Convention*. Discussion sur la Constitution, p. 431. — Discours de Robespierre sur la Constitution, p. 432 à 447. — *Commune*. Rapport sur l'esprit de la ville de Marseille, p. 448. — Les réfugiés liégeois forment une compagnie pour la guerre de la Vendée, p. 448. — Des femmes demandent l'autorisation de former une société politique, p. 449. — *Club des Jacobins*. Rapport sur la situation d'Orléans, p. 450. — Motion révolutionnaire de Bourdon, p. 451. — Motion contre les riches et les suspects, p. 452. — Lettre de Talien sur la situation de la Vendée, p. 453. — Discours de Robespierre, p. 454. — Lettre de Rebecqui à Barbaroux, p. 457. — Acquittemens par le tribunal révolutionnaire, p. 457. — Description du nouveau palais de la Convention, p. 458. — Séance de la Convention, p. 460. — *Commune*. Mesures philanthropiques, p. 461. — *Club des Jacobins*. Discussion sur un impôt à lever sur les riches, p. 463. — Extrait du *Patriote français*, p. 464. — *Convention*. Mouvemens à Marseille, p. 465. — *Club des Jacobins*. Discours des citoyennes révolutionnaires, p. 465. — *Convention*. Discours de Condorcet sur la Constitution, p. 467. — Décret sur l'organisation des mesures nécessaires pour assurer l'existence des familles des volontaires qui font partie des armées, p. 471. — *Commune*. Adresse de diverses sections, départ pour la Vendée, p. 472.

www.ingramcontent.com/pod-product-compliance
Lightning Source LLC
Chambersburg PA
CBHW060223230426
43664CB00011B/1536